景福宮

경복궁에 대해 알아야 할 모든 것

景福宮

경복궁에 대해 알아야 할 모든 것

친절하면서도 꼼꼼한 경복궁 답사기

양택규 지음

cum libro
책과함께

경복궁에는 날마다 수많은 사람으로 북적거린다. 산책 삼아 둘러보는 사람도 있고, 안내원을 따라 귀 기울이는 사람도 있다. 어떤 때는 우리나라 사람보다 외국인이 더 많을 때도 있다. 미안한 말이지만 안내원의 말에 귀를 기울이고 고개를 끄덕이는 사람은 외국인일 경우가 많다. 경복궁에서의 한나절은 우리 시민들에게 좀 아까운 소일(消日)거리인 것 같다. 입궁할 때는 느긋해 보이던 사람도 조금만 지나면 웬 조바심인지 휘휘 둘러보고 어서 빠져나갈 곳을 찾는다.

나는 경복궁에서 자원봉사하는 안내원이다. 요즘에는 '문화해설사'라는 말로 통하는데, 그러한 직함은 어쩐지 화려한 느낌이 들어 부담스럽다. 그래서 우리는 '궁궐 지킴이'라고 한다. 나는 국문학도지만 역사가 재미있다. 꾸며낸 소설보다 실제로 있었던 역사가 좋다. 그 중에서도, 지금은 비록 과거의 장일 수밖에 없지만, 한 시대의 준엄한 현실을 지휘했던 경복궁의 당당함이 좋다. 경복궁에는 나라를 이끈 통치자의 열정이 있고, 민초의 애달픈 삶을 일구려는 지도자의 고뇌와 연민이 배어 있다. 경복궁은 소일거리로 구경 삼아 슬슬 지나칠 곳이 아니다.

다행히 문화유산에 관심 있는 경복궁 방문객이 늘어나고 있다. 초등학생 자녀를 동반한 학부모, 계발활동 기회를 얻어 열심히 메모하는 중고등학생, 번잡한 현대생활에서 갑자기 낯선 과거로 되돌아 왔다는 듯이 새삼스럽게, 그러나 진지하게 귀 기울이는 교양과정 대학생은 말할 것도 없고, 지방에서까지 역사 탐방을 위해 거리를 따지지 않고 어렵사리 방문하는 단체도 적잖다. 문화유산 안내를 보람으로 여기는 우리 궁궐 지킴이들에게는 모두 고마운 분들이다.

경복궁은 슬쩍슬쩍 스쳐가기만 해도 한나절이 걸린다. 이 방대한 궁궐을 한두 시간 안에 안내하는 것은 수박 겉핥기에 가깝다. 이왕이면 알차게 안내하고 싶은데 그게 안 된다. 욕심은 그렇다 치고 우선 쉴 곳도 마땅하지 않은 방문객들의 발품이 여간 고역이 아니다. 내가 안내서를 마련하고자 하는 이유가 여기 있다. 내게는 이 책을 읽고 어느 정도 경복궁에 대한 이해가 이뤄지기를 바라는 소박한 소망이 있다. 경복궁을 찬찬히 돌아볼 만큼 넉넉한 시간을 낼 수 없는 분들을 위해, 경복궁에 녹아 있는 옛사람들의 정성에 조금이라도 다가가려는 분들을 위해, '우리 것'을 사랑하는 분들을 위해 도움을 드리고 싶다.

보잘것없는 역량으로 넓고 깊은 경복궁의 세계를 건드린다는 것이 내게는 어려운 과제였다. 감히 이율곡 선생의 말씀으로 비유하면 "개미에게 태산을 지게 하는 것"이라 할 만한 무게였다. 그럼에도 불구하고 이 일을 치르기로 작정한 것은, 비록 저 낮은 곳에 있지만, 내가 경복궁을 안내하고 있고, 조금이라도 더 들려드리고 싶은 말이 있기 때문이다.

이 글의 진술 순서를 짜는 데 약간의 고민이 있었다. 탐방객들은 남쪽 광화문 근처부터 북쪽 신무문에 이르기까지 차근차근 살펴보는 게 정도다. 그러나 경복궁의 업무 및 생활 영역은 우리가 걸어가는 순서대로 친절하게 배치되지는 않았다. 홍례문을 통과하여 후원 쪽 건청궁까지 곧장 나아가면 좋겠으나, 그러다 보면 수정전과 경회루, 동궁을 놓치게 된다. 이 시설들은 경복궁 중심축에서 벗어나 있기 때문이다. 그래서 답사객들을 안내할 때 중심축을 가운데 두고 동쪽으로, 서쪽으로 들락날락해야 한다. 그 지점이 근정전과 사정전 부근이다. 이 글에서는 사정전에서 연조 구역인 강녕전, 교태전으로 바로 나아가지 않고 외조 구역인 궐내각사를 먼저 돌아보았다. 답사 경로와 다르기 때문에 다소 혼란스럽겠지만, 이 시설들의 존립 성격상 그럴 수밖에 없었다는 점을 이해해주었으면 좋겠다.

이 글은 내가 경복궁에 관심을 두면서 접했던 독서의 결과다. 독자적 저작이라기보다는 여러 정보를 모아 재구성했다고 보는 게 맞다. 경복궁을 사랑하는 사람들, 궁궐문화를 발굴하고 정리하느라 밤을 낮 삼은 연구자들, 문화재를 발굴하고 관리하는 기관의 종사자들, 경복궁 문화의 저변 확대를 위해 어려운 환경을 마다하지 않은 자원봉사자, 문화해설사들은 내가 감사해야 할 소중한 분들이다. 이 책 곳곳을 누비고 있는 자료와 설명은 그분들에게서 나온 정보들이다. 여러 자료들의 출처를 일일이 밝히지 못하고 이 책의 뒷부분에 '참고문헌'으로 묶어 알려드리게 된 점을 바다 같은 국량으로 이해해주시기 바라며 거듭 감사의 말을 올린다.

진부한 인용이지만, "구슬이 서말이라도 꿰어야 보배"라는 속담이 있다. 만일 '책과함께' 출판사가 아니었다면 이 원고는 햇빛을 쐬지 못했을 것이다. 필자의 지명도도 전혀 없는 데다가 난삽한 글

을 류종필 사장은 큰 부담을 무릅쓰고 채택해주었다. 박은봉 실장은
글쓰기 방향을 제시하고 정확한 표현을 위해 수고를 마다하지 않았
다. 편집부에서는 오랫동안 꼼꼼히 살피고 곱게 꾸미느라 잔 고생이
너무 많았다. 이분들의 노고가 이 책을 읽는 독자들의 문화재 사랑
으로 피어나 널리 번져나가기를 바랄 뿐이다.

양택규

차례

■ 저자의 말 .... |4

1 경복궁이 지나온 길

한양 천도와 창건 .... |12
법궁시대 .... |28
공궐기의 경복궁 .... |42
폐허 위에 다시 세운 경복궁 .... |51
일제강점기의 경복궁 .... |60
경복궁 옛 모습 되살리기 .... |67

2 경복궁으로 가는 길

도성 .... |76
사대문과 큰길, 저자 .... |81
육조거리 .... |90
궁성 .... |104

3 새로 보는 경복궁

광화문 · | 112

흥례문 일곽 · | 122

근정전 일곽 · | 136

사정전 일곽 · | 182

궐내각사 · | 200

경회루 · | 213

강녕전 일곽 · | 230

교태전 일곽 · | 254

동궁 일원 · | 288

자경전 일곽 · | 308

향원정과 건청궁 · | 327

집옥재 일원 · | 351

때를 기다리는 전각들 · | 359

태원전 일원 · | 370

신무문을 나서면 · | 386

| 부록 |

전통건축 엿보기 · | 398

편액 · | 413

경복궁 연표 · | 418

■ 맺음말 · | 422

■ 참고문헌 · | 427

■ 찾아보기 · | 429

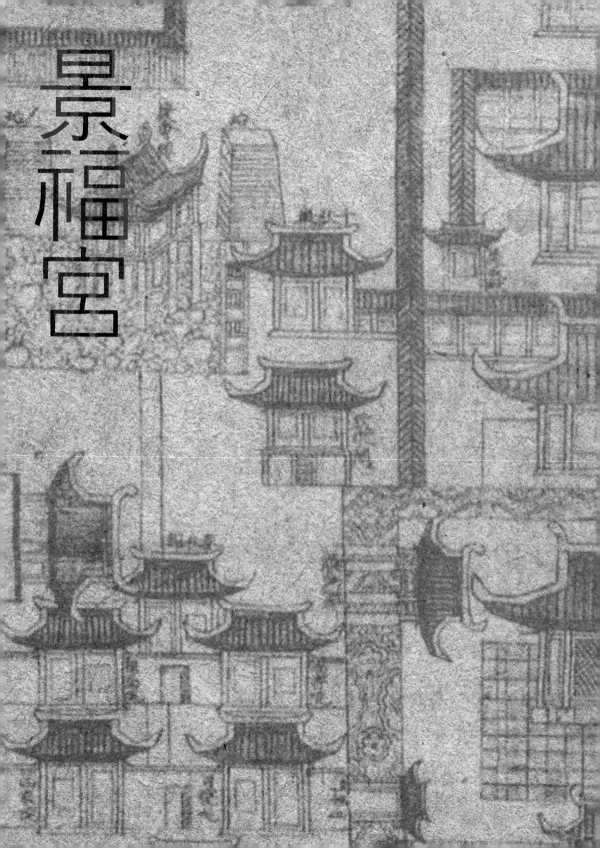

景福宮

1

경복궁이 지나온 길

한양 천도와 창건

경복궁은 조선왕조 개국 4년 되는 해(1395)에 개성에서 한양으로 도읍을 옮기면서 세운 으뜸 궁궐이다. 정문인 광화문 남쪽으로 육조거리를 조성하고, 그 연장선에 근정전, 사정전, 강녕전 등 주요 전각(殿閣)들을 한 줄로 세워 왕조국가인 조선의 상징 축으로 삼았다.

태조 이성계의 집안은 대대로 무인 가족이었다. 7대조 이용부는 무관 차상위직인 대장군이었고, 그의 아들 이의방은 정중부, 이고와 짜고 의종(毅宗, 고려 18대 임금)을 몰아낸 무신란의 주동 인물이었다. 이의방의 동생 이인은 무신정권 시절에 장군으로 있다가 이의방의 몰락과 함께 전주로 내려갔다. 이인의 아들이자 이성계의 고조인 이안사는 아버지의 뒤를 이어 전주지방에 기반을 닦고 한때 세력을 떨쳤다. 그러나 중앙에서 파견한 벼슬아치와의 알력으로 삼척을 거쳐 원나라의 통치권이었던 함경도 동북면으로 이주하여 대대로 원나라 벼슬살이를 했다.

이성계가 고려로 귀화한 것은 공민왕 때였다. 반원 정서가 강했

던 공민왕이 원나라 관할의 쌍성총관부(화령, 지금의 함경도 영홍지
방)를 회복하려고 군대를 파견했을 때 아버지 이자춘이 고려군을
지원한 공으로 삭방도(강원도 이북) 만호 겸 병마사로 임명되었고,
이자춘이 죽자 이성계가 뒤를 이어 동북지방 실력자로 성장했다.
이후 이성계는 원나라 잔존세력, 홍건적, 여진족, 왜구 등 곳곳에
서 창궐한 외적을 물리침으로써 군사적 강자로 떠올랐다.

이성계의 국새 인수

이성계가 권력의 핵심에 등장하게 된
계기는 1388년(우왕 14년)의 위화도 회군이었다. 랴오둥(요동)을 정
벌하라는 조정의 명령을 마뜩찮게 여기고 있던 이성계는 압록강 하
구의 위화도에 머물다가 말머리를 돌려 개경(개성의 옛 이름)으로 진
격했다. 개경에 입성하자마자 우왕을 강화도로 쫓아버리고 그의 장
인이자 막후 실력자인 최영을 죽였다. 아홉 살 난 우왕의 아들 창
(昌)이 뒤를 이었다.

그러나 1년 만에 창은 왕씨 혈통이 아니라 신돈의 핏줄이라는 이
유로 그를 폐위하고 정창군 요(瑤)를 임금으로 내세웠다. 고려 신종
(神宗, 20대 임금)의 7대손으로 우유부단한 풍류객에 지나지 않은 인
물이었다. 그가 고려의 마지막 임금 공양왕(恭讓王)이다. 즉위 전의
요는 왕통과 거리가 먼 종친에 지나지 않았다. 이성계 등 신흥세력
이 여러 종친 가운데 요를 차출한 것은 그들의 앞길에 자리를 깔아
줄 만한 인물로 여겼기 때문이다. 공양왕은 왕위에 오르자마자 신
흥세력의 등쌀에 못 이겨 쫓겨난 우와 창을 죽이도록 명령했다. 공
양왕에게 이성계와 그의 추종세력은 신하가 아니라 공포의 대상이

태조 : 만년의 모습을 담은 전주 경기전의 영정이다. 조선왕조의 정통성을 상징하는 태조의 어진은 특별관리되어 태종 때 제작된 모습으로 지금까지 전해오고 있다.

었다. 공양왕은 이성계와 동맹하기로 결심했다. '신하의 뜻'을 헤아려 알맞게 처신할 것이니 좋은 관계를 유지하자고 다짐할 생각이었다.

그러나 임금이 전례 없는 동맹의식을 준비하고 있는 동안, 신흥세력에 포위된 대비 안씨(공민왕의 후비)는 뜻밖의 교서를 내렸다. 임금을 끌어내리고 이성계에게 전국새(傳國璽)를 넘겨준다는 내용이었다. 왕씨 왕조가 이씨 왕조로 바뀌는 순간이었다.

공양왕이 장차 태조의 사제(私第, 개인 집)로 거둥해 술자리를 베풀고 태조와 동맹하려는 의장(儀仗)이 이미 늘어섰는데, 시중 배극렴 등이 "임금이 혼암해 도리를 잃고 인심도 떠나갔으므로, 사직과 백성의 주재자가 될 수 없으니 이를 폐하십시오." 하고 마침내 왕대비에게 요청해 교지를 받들어 시좌궁(時座宮, 임금의 임시 거처)에 이르러 선포했다. "임금이 되고 싶지 않았는데 여러 신하들이 나를 강제로 임금으로 세웠습니다. 성품이 불민해 사기(事機)를 알지 못하니 어찌 신하의 심정을 거스른 일이 없겠습니까?" 부복한 공양왕의 눈에서는 두서너 줄기 눈물이 흘렀다. |《태조실록》, 1392년 7월 17일|

1392년 7월 17일 이성계는 수창궁(壽昌宮)에서 권지고려군국사에 올랐다. 고려 초기에 건립된 수창궁은 개성 서소문 안에 있던 별궁이다. 원나라 침공 때 강화도로 천도(1232)한 39년을 제외하고는 만월대 본궐(本闕)이 고려의 황궁(皇宮)이었다. 회경전(會慶殿)이

정전(正殿)이었으나 홍건적의 침입으로 불타버렸기 때문에 수창궁을 고쳐짓고 공민왕 때부터 정전으로 삼은 것이다. 수창궁은 무신란 때 반(反)쿠데타의 거점이었다. 쿠데타의 주동 인물을 6대조로 모신 이성계가 무신란 반대세력의 거점이었던 수창궁에서 막강한 군사력을 등에 업고 국권을 잡은 것이다. 이로써 34대, 475년간 존속했던 고려왕조는 종말을 맞았다.

나라이름

공양왕으로부터 '공손하게(恭) 정권을 넘겨받은(讓)' 이성계가 권력을 잡은 지 얼마 안 되어 명나라 황태자가 죽었다. 이성계는 애도 기간을 정해 모든 관리들에게 100일 동안 상복을 입도록 하고 중추원사 조림(趙琳)을 계품사(啓稟使, 나랏일을 명나라에 알리는 사신)로 파견했다. 조림은 황태자 혼전(魂殿, 신위를 모신 전각)에 조의품을 바친 뒤 홍무제에게 통치자의 성(姓)이 바뀌었음을 알리고, 나라 이름을 바꾸겠다는 뜻을 전했다. 조림은 3개월 만에 귀국했다.

> "고려는 산이 경계를 이루고 바다가 가로막아 하늘이 동이를 만들었으므로, 우리 중국이 통치할 바는 아니다. …… 백성 교화는 자유로이 할 것이며, 하늘의 뜻을 따르고 사람의 마음에 부합함으로써 동이를 편안하게 하고, 말썽을 부리지 않는다면 사절이 왕래할 것이니 실로 그 나라의 복일 것이다. 문서가 도착하는 날에 나라 이름을 결정하고 빨리 달려와서 보고하라." | 《태조실록》, 1392년 11월 27일 |

조림이 가져온 칙지(勅旨)였다. 이성계는 새 나라 창업을 문제 삼지 않겠다는 홍무제의 뜻에 따라 원로와 중신을 즉각 소집해 국호 문제를 협의하고 주문(奏文, 아뢰는 글)을 작성했다.

저희 나라는 왕씨 후손인 요(瑤)가 어리석고 미련하여 스스로 멸망할 지경에 이르렀습니다. 그리하여 온 나라가 저를 추대해 임시로 나랏일을 보게 하므로 놀랍고 두려워 몸둘 바를 모르겠습니다. 황제께옵서 저에게 권지국사를 허가하시고 나라 이름을 물으시니, 모든 백성과 더불어 감격의 기쁨이 넘칩니다. 생각하옵건대, 제가 나랏일을 맡았다고는 하나 나라 이름을 마음대로 지을 수는 없습니다. 조선(朝鮮)과 화령(和寧), 이 두 이름 중에서 골라주시기를 바라옵니다. |《태조실록》, 1392년 11월 29일 |

화령은 이성계의 출생지다. '조선'은 단군조선 및 기자조선, 위만조선과 연관된 명칭으로 이들의 정신을 이어받는다는 의미가 담겨 있다. 이성계는 자주적인 태도를 버리고 국호를 겹으로 올려 승인을 요청했다. 며칠 후 예문관 학사 한상질(韓尙質, 정난공신 한명회의 할아버지)이 사례용으로 좋은 말 30마리를 이끌고 명나라로 떠났다.

"동이의 국호로 조선이란 칭호가 아름답고, 또 이 이름이 전래한 지 오래됐으니, 그 이름을 근본하여 본받을 것이며, 하늘의 뜻을 받들어 백성을 다스림으로써 영원히 번성하게 하라." |《태조실록》, 1393년 2월 15일 |

1393년 2월, 한상질이 돌아와 예부의 자문(咨文, 중국과 왕복하던 외교 문서의 하나)을 올렸다. 감격한 이성계는 한상질에게 토지 50결을 하사하고 전국에 대사령을 내렸다. 민심의 동요를 염려해 '고려'로 참칭하던 새 나라는 2월 15일부터 황국(皇國) '고려'를 버리고 제후국 '조선'으로 정식 출범했다. '조선'과 함께 국호 후보에 올랐던 '화령' 지방은 영원히 흥하라는 뜻에서 '영흥'으로 이름을 바꿨다.

한양천도

국호가 정해지자 새 도읍지를 찾는 일이 태조의 과제였다. 새 왕조는 개성에서 벗어나야 할 몇 가지 부담을 안고 있었다. 개성은 고려왕조에 뿌리내린 귀족들의 소굴이었다. 그러나 태조는 원나라에 귀속되었다가 귀화한, 뿌리 약한 군인 출신이었을 뿐이다. 정계에 등장한 지 10여 년 만에 급진개혁파의 지지로 왕권을 차지한 '덜 준비된 혁명가'였으므로 유력한 귀족들의 호감을 샀을 리 만무했다.

태조가 개성을 떠나야 할 또 다른 이유는 정치적 사건이 터질 때마다 유포된 개성지기쇠왕설과 남경천도설이었다. 1358년(공민왕 7년), 서운관에서 지기쇠왕설을 들어 남경으로 거둥해 지덕(地德)을 쉬게 하자는 건의가 있었다. 이때 공민왕은 한양으로 천도할 계획까지 있었으나, "한양은 장차 이씨가 도읍할 땅"이라는 도참설이 나돌았다. 개성은 신하가 임금을 내치는 망국의 땅이라는 말도 떠다녔다. 태조로서는 혁명 과정에서 친구 정몽주, 선배 최영 등을 불가피하게 희생시킨 죄책감에서 벗어나고 싶었을 것이다. 태조의 마음속에 있는 제1후보지는 한양이었다.

정도전(?~1398) : 우왕 9
년(1383) 동북면도지휘사
이성계의 막료가 되어 개
혁 이론가로 활약했다. 태
조 7년, 조준, 남은 등과 함
께 조선 개국의 주역으로
발언권을 강화하다가 이방
원에게 제거됐다.

한양길지설 : 한양은 도참설의 열렬한 신봉자 문
종(文宗, 고려 11대)이 한양길지설에 따라 남경을
개창하여 서경(평양), 중경(개경)과 함께 삼경 체제
를 갖춘 이래 여러 임금들이 도읍을 옮기려고 점
찍은 곳이었다. 숙종(肅宗, 고려 15대)은 백악산 남
쪽 기슭에 별궁을 짓고, 이곳에 임어하여 서울과
지방관리들의 하례를 받았다. 숙종은 별궁이 들어
선 자리를 법궁으로 삼고 천도할 뜻을 세우기도
했다. 숙종의 뒤를 이은 예종(睿宗)도 한양 별궁에
네 차례나 행차했다. 그는 이곳에 몇 달씩 머무르
면서 천도의 꿈을 가졌으나 실현하지는 못했다.
충선왕(忠宣王, 고려 25대) 때는 양주가 한양부로
승격하면서 천도설이 분분했고, 이후 공민왕, 우
왕도 연례행사로 남경에 행차하여 천도의 희망을 버리지 않았다.

태조의 천도 의지는 전국새 인수 무렵부터 싹텄다. 고려군국사에
오르고 한 달쯤 지난 1392년 8월 13일, 태조는 한양으로 도읍을 옮
기도록 도평의사사에 명령을 내렸다.

태조의 천도 명령에 신하들의 반대론이 일었다. 도읍을 옮기면 많
은 사람들이 이주해야 했다. 개성에 자리 잡은 사람들에겐 생업이
뿌리째 뽑히는 일이었다. 게다가 한양에는 새 나라에 걸맞은 궁궐과
많은 관원들을 수용할 만한 시설이 없었다. 당연히 민가를 접수해야
했다. 필연적으로 한양 거주민들은 외지로 밀려날 수밖에 없다. 이
무렵 한양 호구는 2만 호였다. 한 가구당 다섯 명씩 계산하면 약 10
만 명의 생활환경이 바뀌는 셈이다.

당시 개경에는 약 50만 명 정도가 살았던 것으로 추정하고 있다.

개경 주민은 관료와 군사, 상인, 무당, 노비들로 구성돼 있었는데, 대부분은 새 왕조에 거부감을 가지고 있었다. 당연히 한양 천도에 부정적일 수밖에 없었다. 설령 새 나라에 기대를 거는 사람이라도 정든 삶의 터전을 떠나 새로운 환경에 적응할 일을 생각하면 까마득한 일이었을 것이다. 그래서 길지로 이름난 개성을 버리고 한양으로 천도하는 것은 말도 안 된다고 모이기만 하면 쑥덕거렸다. 그 중에는 혁명의 동지이자 최고 참모인 정도전도 끼어 있었다.

"천하의 큰 나라(중국)도 역대에 도읍한 곳은 서너 곳에 불과합니다. 도읍이란 풍수나 따져 찾아지는 것이 아닙니다."

태조의 천도 의지는 확고했다.

"예부터 새 나라를 연 임금은 반드시 도읍을 옮겼다. 내 대에 내 손으로 도읍을 정할 것이다."

무학(1327~1405) : 조선 개국과 함께 왕사로 활동했다. 태조는 중요한 사안이 있으면 무학에게 자문을 구했다. 주로 회암사에 머물렀으며 종실의 어려움이 있을 때마다 정신적 지주가 되어 문제를 해결하려고 노력했다.

계룡산 천도 계획 : 1392년 11월, 태조는 왕실의 태를 묻을 만한 땅〔胎室〕을 찾아보도록 문하부판사 권중화(權仲和)를 양광도(지금의 강원도 남부와 충청도를 합한 지역), 경상도, 전라도로 내려 보냈다. 왕족의 태는 가장 좋은 땅을 찾아 봉안한다. 태실을 찾아보라는 말은 도읍으로 삼을 만한 땅을 찾으라는 것이다. 한 달 정도 돌아보고 이듬해 정초에 돌아온 권중화는 전라도 진동현(珍同縣, 지금의 충청남도 금

산군)의 산수형세도와 함께 양광도 계룡산 주변의 지도를 태조에게
바쳤다. 며칠 후, 태조는 진동현을 진주(珍州)로 승격시켰다. 그리고
"이달 18일에 계룡산으로 거둥할 것이니 준비하라"고 측근들에게
명령했다. 지도에 나타난 계룡산의 형세에 솔깃했던 것이다. 태조는
측근을 데리고 양주 회암사에 들러 무학대사까지 끌어들여 2월 초
에 계룡산에 도착하여 도읍지로 삼을 만한지 살피도록 했다. 계룡산
은 도읍지로 손색이 없다는 의론이 나왔다. 3월부터 도성 축조 공사
가 시작됐다. 그런데 공사가 진행되던 12월, 무학과 함께 지리(地理,
건물이나 무덤이 들어설 땅의 길흉을 따지는 풍수학)에 밝기로 유명한 경
기도관찰사 하륜이 제동을 걸었다.

> "도읍은 마땅히 나라의 중앙에 있어야 합니다. 계룡산은 남쪽에 치우쳐
> 있어 도읍지로 적당하지 않습니다. …… 계룡산 부근은 산이 건방(乾方,
> 정북과 정서 사이)에서 오고 물은 손방(巽方, 정동과 정남 사이)에서 흐릅니
> 다. 이것은 송나라 호순신(胡舜臣)의 말처럼 '물이 장생(長生)을 해쳐 쇠패
> (衰敗)가 곧 닥치는 땅'이므로 도읍지로 적당하지 않습니다."
>
> | 《태조실록》, 1393년 12월 11일 |

계룡산 천도 계획은 백지화되었다.

태조의 무악 거둥 : 태조는 하륜에게 천도할 땅을 다시 찾아 도평의
사사 협의를 거쳐 안(案)을 올리라고 했다. 하륜은 무악의 남쪽을
지목했다. 지금의 서울 신촌 일대다. 태조는 권중화, 조준(趙浚) 등
을 보내 하륜이 말한 곳을 살피게 했다. 그들은 "땅이 좁고 골짜기
에 끼어 있어서 안으로는 궁궐, 밖으로는 시장과 종묘, 사직을 세울

만한 자리가 없다"고 보고했다. 하륜은 이에 맞서 "좁다고 하나 경주와 평양에 비하면 오히려 넓고, 나라의 중앙에 있을 뿐만 아니라, 수송이 편리하고 산수의 모습이 빼어나므로" 도읍의 조건을 갖춘 최적지라고 강조했다. 그러자 "한강에서 가까워 교통은 편리하나 수성에는 불리하다"는 반박이 뒤따랐다.

의론이 분분하자 태조는 직접 보고 결정하기로 했다. 그해 가을, 태조는 무악으로 거둥해 형세를 살폈다. 동행한 서운관들은 불가론자들에게 힘을 실어줬다. 하륜의 선택에 솔깃했던 태조는 역정이 났다. 그래서 무악이 합당하지 않다면 도읍으로 삼을 만한 곳이 어디냐고 물었다.

서운관들은 부소(扶蘇, 개성 남서쪽 부소산 밑)가 첫째, 남경(南京, 한양)이 다음이라고 말했다. 그리고 개성의 지덕이 아직 쇠하지 않은 듯하므로 새 궁궐을 지어 그대로 송경(松京, 송악산 아래의 서울, 곧 개성)에 머무르는 것이 좋겠다고 덧붙였다. 오래전부터 일부에서는 "개성은 천년의 길지"라는 말이 있었다. 서운관들은 고려왕조의 생명은 500여 년 만에 끝났으므로, 아직도 500년의 지기가 남아 있다고 본 것이다.

마음이 언짢아진 태조는 한양 땅에 미련을 털지 못하고 백악 아래 옛 별궁 터로 어가를 돌리고 서운관에게 지세를 물었다.

"개성이 좋고 여기가 다음이나, 안타까운 것은 북쪽이 낮아(백악, 145미터) 물(청계천)이 마른 것입니다."

"개성인들 부족함이 없겠는가. 사방에 들어선 마을 수효도 고르고 뱃길이 좋으니 백성들에게 편리할 것이야."

한양 천도에 대한 집념의 일단이었다. 무학대사가 거들었다.

"사면이 높고 수려하며 중앙이 평평하니 성을 쌓아 도읍을 정할 만하나 여론을 듣고 결정하십시오."

　임금이 여러 대신들에게 한양에 대해 의견을 말하도록 했다. 임금의 마음을 꿰뚫어본 대신들은 도읍을 꼭 옮겨야 한다면 이곳이 좋다고 화답했다. 얼마 안 있어 도평의사사에서도 지지 의견이 올라왔다.

> "우리나라는 단군 이래로 혹은 합하고 혹은 나누어져서 각각 도읍을 정했으나, 전조 왕씨가 통일한 이후 송악에 도읍을 정하고, 자손이 서로 계승해온 지 거의 500년에 천운이 끝나 자연히 망하게 됐습니다. …… 한양은 안팎 산수의 형세가 훌륭하기로 이름난 곳이요, 사방으로 통하는 도로의 거리가 고르며 배와 수레도 통할 수 있으니, 여기에 도읍을 정하는 것이 하늘과 백성의 뜻에 맞을까 합니다." |《태조실록》, 1394년 8월 24일 |

경복궁 창건

　백악 남쪽 산기슭의 평탄한 곳에 자리 잡은 고려 별궁 터는 백악(지금의 청와대 뒷산)을 주산으로, 목멱(남산)을 안산으로 삼으며, 서쪽의 인왕산이 백호, 낙산(서울 종로구 동숭동)이 낮은 구릉을 이루면서 청룡이 된다. 혈장의 사방으로 사신사(四神砂, 전후좌우에 있는 네 개의 산)가 에워싸고, 그 산들이 자연스럽게 이어져 울타리를 이루고 있는 형세다. 이를 다시 북한산이 진산이 되고 관악산이 조산(朝山), 아차산과 덕양산(경기 고양 소재)이 좌청룡·우백호가 되어 밖에서 감싸고 있으며, 멀리는 백두산이 태조산(太祖山)으로 버티고 앉아 금강산·구월산·한라산이 외청

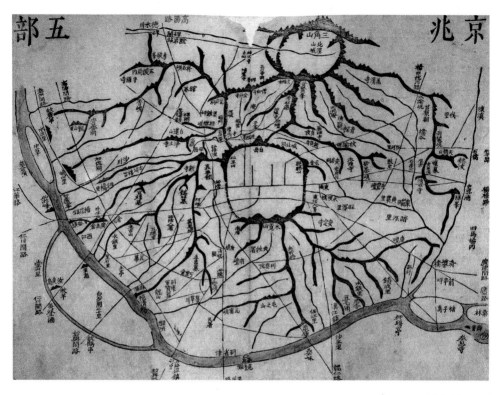

경조오부 : 철종 12년(1861) 김정호가 제작한 지도. 도성과 그 주변의 산줄기와 물줄기를 한눈에 파악할 수 있다. 사신사로 둘러싸인 중심 부분이 한성의 혈장이며, 청계천은 동쪽으로 흘러 중랑천에 닿고, 이 중랑천은 서쪽으로 흐르는 한강과 합류한다. 실선은 도로망이다.

룡·외백호·외조산(外朝山)으로 한양을 안고 있다.

　외수인 한강은 멀리 북동방에서 흘러와 남산 남쪽을 감고 돌아 서남쪽으로 흘러가며 그 끝을 볼 수 없다. 또 내수 청계천은 백악산과 인왕산 사이에서 시작하여 도성의 중앙을 가로지르며, 남산의 여러 계곡에서 흘러 내려온 물을 받아들인 후, 중랑천을 거쳐 한강에 스며든다. 즉 청계천이 궁궐의 앞쪽을 북서방에서 동남방으로 돌아 명당수가 되고, 한강은 북동방에서 들어와 서남방으로 흘러 도성을 감싸고 있는 것이다. 청계천은 옷깃〔襟〕과 같고, 한강은 띠〔帶〕와 같아 산하금대(山河襟帶, 산이 옷깃처럼 둘리고, 강이 띠처럼 주위를 돌아 흐르는 형세)의 형상을 갖추었다. 이런 지세에 진을 치면 적에게는 불리하고, 아군에게는 유리한 요충지가 된다고 일러왔다.

1394년(태조 3년) 9월, 신도궁궐조성도감을 설치하고 권중화, 정도전, 심덕부, 남은, 이직, 김진 등이 궁궐과 종묘, 사직, 도로가 들어설 자리를 정한 뒤 설계도를 작성했다. 왕실과 중신들은 10월 25일 개경을 떠나, 28일(1994년 서울시는 정도 600주년을 맞아 이날을 '서울 시민의 날'로 제정했다) 한양에 도착했다. 그리고 한양부 객사를 이궁으로 삼아, 한양부를 한성부로 고치고 정무를 시작했다. 12월 4일, 궁궐이 들어설 자리에서 개기제를 올리고 전국의 스님, 목공, 석공 등 기술자와 역부들에게 동원령을 내렸다. 궁궐 공역은 경기도에서 9,500명, 충청도에서 5,500명의 인부를 차출해 투입했다. 건축 현장은 심덕부(沈德符, 1328~1401)의 지휘 아래 급속도로 진행됐다. 이때 동원된 일반 역부들은 농번기에는 돌려보냈으므로 궁역(宮役)의 중심은 스님들이었다. 고려 때는 숭불의 영향으로 많은 사람들이 승적에 올랐다. 이중 많은 스님들은 설법보다 재회(齋會), 상사(喪事) 등의 의식을 돕는 경우가 많았고, 각종 공역에 부역하는 것이 상례로 되어 건설 공사에 익숙했으므로 그들이 동원된 것이다.

착수 10개월 만인 1395년(태조 4년) 9월 말에 새 왕궁이 위용을 드러냈다. 일주일 후, 정도전이 궁궐의 이름을 지어 올렸다.

"신 정도전, 삼가 손을 모으고 머리를 조아려 《시경》〈주아〉편에 나오는 '이미 술에 취하고 덕에 배가 불러서 군자 만년의 빛나는 복[景福]을 빈다'라는 시구에서 따와 새 궁궐을 경복궁으로 부르기를 청하오니, 전하와 자손께서 만년 태평의 업을 누리시고, 사방의 신민으로 하여금 길이 보고 느끼게 하옵니다. 그러나 《춘추》에 '백성을 중히 여기고 건축을 삼

가라' 했으니, 어찌 임금으로 하여금
백성만 괴롭혀 스스로 봉사[自奉]하라
는 것이겠습니까?

|《태조실록》, 1395년 10월 7일 |

경복궁 궁역은 광화문에서 강녕전
까지였다. 이때의 전각은 정전을 비롯
하여 연침(燕寢), 보평청(報平廳), 전
문(殿門), 오문(午門), 회랑, 누각, 중
추원(中樞院), 삼군부(三軍部) 등 앞면
만 계산하여 모두 390여 칸이었다.

창건의 기본 구도는 공예 기술서인
《주례(周禮)》의 〈고공기〉를 따랐다.
〈고공기〉는 좌묘우사(左廟右社), 면조
후시(面朝後市), 전조후침(前朝後寢)
이라는 궁궐의 배치 원리를 제시한 문
헌이다. 동쪽에 종묘, 서쪽에 사직단
을 둔 것과 궁궐 앞에 업무 공간을 두

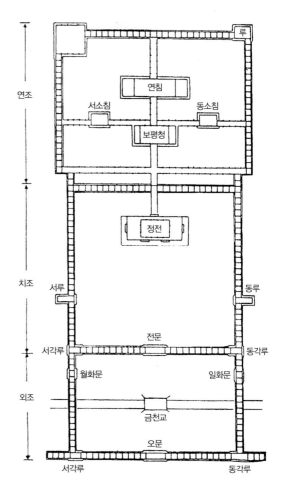

경복궁 창건 당시 배치 추
정안 :《태조실록》 4년 9월
29일자 기사를 바탕으로
작성한 도면으로 이 밖에
신무문을 제외한 궁성문과
궐내각사가 더 있다.

고 왕족의 생활공간을 뒤에 둔 것은 이 제도를 충실히 따른 것이다.
면조후시의 원리는 지형상 지켜지지 않았다. 면조는 세종로의 전신
인 육조거리이고, 후시는 상업지역인 운종가다.

궁궐 조영의 시작은 천리를 이 땅에 구현하겠다는 인식에서 출발
했다. 조선은 고려와 달리 성리학으로 무장한 개혁적 인물들이 개
국했다. 그들은 성리학의 이상을 실현하는 견인차인 임금이 천하의
중심이라는 것을 궁궐 구조물 곳곳에 상징으로 나타냈다. 눈만 뜨

면 시야로 들어오는 경복궁의 온갖 길상 문양, 일화문 · 월화문 · 건춘문 · 영추문 등 사대문은 물론이고 일월오봉도 · 사신상과 십이지 신상 · 단청 · 전각의 배치 등 거의 모든 표현과 구조가 천리와 지리에 묻어나 있음을 쉽게 발견할 수 있다.

"검소하면서도 부족하지 않고 화려하면서도 사치하지 않은" 궁궐 : 경복궁은 베이징의 자금성과 곧잘 견주어진다. 자금성은 경복궁보다 늦은 1407년에 영락제(명나라 3대 황제)가 축조한 궁성이다. 베이징에 다녀온 사람은 태화전(太和殿, 자금성 정전)의 부속 건물보다도 작다는 직관으로 경복궁의 정전인 근정전을 평가절하한다.

벌판에 버티고 서 있는 자금성은 저절로 탄성이 나올 만큼 거창하다. 엄격한 대칭의 단호한 직선은 숨이 막힐 정도로 삼엄하다. 그러나 경복궁은 중국의 궁제를 참고했으나 답습하지는 않았다는 점에서 궁궐 조영자들의 독자적인 철학을 읽을 수 있다. 경복궁에 담긴 조영자들의 정신을 살펴보지 않은 채, 겉만 보고 단순 비교하는 것은 무의미하다. 음양오행과 풍수 개념, 민본사상, 한국인의 미의식을 융합한 경복궁의 세계를 간과하기 때문이다.

경복궁은 광화문에서 강녕전까지만 대칭일 뿐 나머지는 전통적인 조선인의 미관과 세계관을 조화롭게 구사한 구조물이다. 근정전 지붕은 백악의 능선을 따라 부드럽게 흐르고 있으며, 전각과 그것을 싸고 도는 온갖 조직은 천리와 지리의 합일을 지향하는 상징체계로 짜여 있다. 흥선대원군이 중창한 내전 구역도 직사각형을 기본으로 하되 사각 평면을 다양하게 조합한 ㄴ자형으로 설계했다. 건물은 자오선과 묘유선(卯酉線, 동서로 연결한 선)으로 짠 격자틀 안에 배치하려고 노력했지만 중국 궁제의 기본 구도를 탄력적으로 적용했다.

또 "자금성은 천자궁이고 경복궁은 제후궁"이라서 작다는 견해
도 있다. 이는 비교의 기준을 잘못 설정한 데서 오는 오류다.

조선왕조 최초의 헌법인《조선경국전》의 내용을 보자.

> 궁원(宮苑)이 사치하면 백성을 수고롭게 하고 재정을 손상시키는 지경에
> 이르게 될 것이고, 누추하면 조정의 위엄을 보여줄 수 없게 될 것이다. 검
> 소하면서도 누추한 지경에 이르지 않고, 화려하면서도 사치한 지경에 이
> 르지 않도록 하는 것이 아름답다. 검소란 덕에서 나오는 것이고 사치란 커
> 다란 악이니 사치스럽게 하는 것보다는 차라리 검소해야 할 것이다. 자고
> 로 띳집과 흙섬돌로 꾸미면 태평성대를 이룩할 수 있었고, 화려하고 사치
> 스럽게 궁전을 꾸미면 위망(危亡)의 재앙에서 벗어날 수 없었다.

궁궐의 규모를 작게 한 것은 검약한 생활을 지향하는 성리학 정
신의 발현이자 위민의 의지라고 봐야 한다.

법궁시대

조선의 궁궐 경영은 양궐체제였다. 개국 초기의 정국 혼란기를 극복한 태종은 태조가 창건한 경복궁에 들지 않고 응봉 자락에 이궁으로 창덕궁을 새로 지어 주로 그곳에 머물렀다. 경복궁이 법궁다워진 것은 세종이 임어한 뒤였다. 이후 조선 전기의 임금들은 법궁과 이궁에 번갈아 임어했다. 성종은 비좁은 창덕궁 옆에 내전적(內殿的) 요소가 강한 창경궁을 지어 웃전들이 머물도록 했다. 경복궁이 법궁이었던 때는 몇 번의 정변(政變)과 북쪽 여진족의 행패를 빼고는 비교적 안정된 시기였다.

경복궁 전각들이 들어선 지 2년 뒤인 1397년(태조 6년) 겨울부터 궁성을 쌓기 시작했다. 궁성은 왕궁을 보호하는 성벽이다. 경복궁 외곽은 이때까지 견고한 보호시설이 없었다. 우리나라는 전통적으로 집을 먼저 짓고 담을 쌓았다. 담을 먼저 둘러 영역 표시를 확실히 한 뒤 집을 짓는 중국과는 다른 전통이다. 경복궁도 이 관습에서 벗어나지 않았다.

궁성 공역은 전각을 세울 때만큼 밀도 있게 진행되지 않았다. 궁성을 쌓는 동안 '1차 왕자의 난'(1398)과 그 여파로 태조가 상왕으로 물러난 정변이 있었고, 극심한 가뭄이 들어 백성들을 괴롭혔다. 공역은 감축관(監築官)들의 느슨해진 근무 자세에다 얼마 안

되는 스님과 석공만으로 1399년(정종 1년) 1월까지 진행되었다. 궁성이 준공되고 주변이 조용해지자 궁궐 북쪽에 까마귀들이 연일 몰려들어 극성을 떨고, 근정전 용마루에는 까치가 올라 앉아 소란을 피웠다.

조선 2대 왕이 된 정종은 1차 왕자의 난 여진(餘震)으로 떠밀려 앉은 보위가 말할 수 없이 거추장스러웠다. 궐 밖 굶주린 백성들의 신음소리, 대궐 하늘을 덮은 까마귀의 검은 그림자, 지붕 위에 앉은 까막까치의 날카로운 울음은 임금의 부덕을 일깨우려는 하늘의 꾸짖음으로 들렸다. 심란한 정종은 드러내놓고 물러나겠다고 말하지는 않았지만, 가능하다면 이 자리를 피하고 싶었다.

그래서 신하들에게 건강을 핑계 삼아 불편한 심기를 내비쳤고, 임금이 피방할 만한 곳은 개경밖에 없다는 신하들의 의견이 나왔다. 신하들의 추천이 아니었더라도 개경은 고향이나 다름없었으므로 늘 그리운 곳이었고 한성은 불편한 곳이었다. 임금이 된 뒤에는 더욱 그랬다. 가시방석이었던 왕위의 부자연스러움은 그의 사후까지 이어졌다. 정종이라는 묘호는 숙종 때에야 정해졌다. 그래서《정종실록》의 원래 제명은 '공정대왕실록'이다. 세종조차 사촌이었던 정종의 혈육을 왕족으로 정당하게 대우하지 않았다. 대통이 태조에서 태종으로 이어져 임시 임금에 지나지 않는다는 해석이다.

정종의 개경 환도

애당초 한양 천도에 대해서는 개경의 기득권 세력, 특히 상인들의 반발이 거셌다. 한양 천도가 결정된 뒤, 개경에서 영업 활동을 할 수 없다는 금지령이 떨어졌는데도 이

주하지 않았고, 국가 통제가 심해지자 아예 개경과 한양 두 군데에 거처를 마련하고 왕래하면서 법망을 피하기도 했다. 겉으로는 피방을 명분으로 삼았으나, 정종의 마음은 환도의 결행이었다. 정종은 상왕을 받드는 처지였으므로 백성들에게는 개성으로 되돌아가겠다고 소리 높여 말할 수 없는 딱한 사정이 있었다. 그래서 어머니 신의왕후의 제릉(齊陵, 경기도 개풍군 상도면 풍천리 소재)에 참배하러 갔다가 환궁하지 않고 그곳 경덕궁(敬德宮, 창업 이전의 이성계 처소)에 슬그머니 머물러버렸다. 임금이 개경에 이어함으로써 경복궁은 세상에 모습을 드러낸 지 몇 년 되지도 않아 뒷전으로 물러난 신세가 되었다.

정종 2년(1400) 정월, 이번에는 동복형제 간에 피바람이 일었다. 1차 왕자의 난이 이복형제 간의 후계권 다툼이라면, 이 피바람은 이방원과 그의 바로 윗형 방간과의 후계권 다툼이었다. 혈육 사이의 권력 다툼은 정종이 가장 두려워했던 상황이다. 역량도 없으면서 욕심만 앞세운 방간을 쉽사리 제압했다. 이제 방원의 앞길에 놓인 걸림돌은 말끔히 사라졌다. 모든 권력과 이목이 그에게 집중되었다. 그해 11월, 임금은 선위교서와 옥새를 실권자인 방원의 정무처로 내려보냈다. 방원은 눈물까지 흘리며 받지 않으려는 척했으나, 정종의 마음은 이미 확고했다. 태조가 칠순을 맞아 불사(佛事)를 겸해 동해안을 유람하고 있을 때였다. 상왕이 된 정종은 개성 송악산 기슭의 인덕궁(仁德宮, 송악산 기슭의 연경궁을 고친 이름. 한성으로 돌아온 태종이 정종을 위해 지은 거처도 연경궁이다)에서 비로소 홀가분한 생활에 들어갔다.

한양시대가 열리다

방원이 수창궁에서 조선 3대 왕으로 등극한 지 얼마 안 돼 큰불이 일어 대전(大殿, 임금의 거처)까지 재로 변했다. 4년 뒤(1405)에는 더 큰 불이 일어났다. 잇단 화재에 시달린 태종은 개성이 머물 만한 곳이 못 된다고 판단했다. 그래서 궁리 끝에 아버지가 창건한 경복궁을 법궁으로 삼고, 한성 응봉 기슭의 향교 자리에 이궁을 마련해 그곳에 머물기로 작정했다. 하지만 경복궁에 들어가는 것도 별로 내키지 않았다. 동복형을 쫓아낸 개경에서 떠나고 싶은 만큼 이복동생들의 피로 얼룩진 경복궁도 내키지 않았던 것이다.

이궁은 1404년(태종 4년) 10월에 공사를 시작해서 1년 만에 끝낸 단기 공사였다. 태종은 중심 전각이 웬만큼 들어서자 지체하지 않고 입어(入御, 1405년 10월)했다. 그리고 닷새 후에 창덕궁이라는 이름을 붙였다. 그는 창덕궁에 임어한 뒤에도 연이어 출입문과 누각들을 더 보탰다. 창덕궁은 태종 재위 12년에 돈화문이 세워지고, 공역이 마무리됨으로써 면모를 거의 갖추게 되었다.

한성 천도와 함께 태종은 개천(開川, 청계천)을 정비했다. 경복궁 앞에는 관아를 지었고 운종가 종루 부근에는 행각을 세워 시전을 열도록 했다. 이로써 한성은 명실공히 정치, 경제, 문화의 중심지가 됐다.

태종 8년 5월, 중풍으로 고생하던 태상왕이 눈을 감았다. 계모 신덕왕후를 증오했던 태종은 아버지의 국상을 마치자 황화방(皇華坊, 서울 중구 정동)에 버티고 있는 정릉(貞陵, 신덕왕후 능호) 격하 작업에

■ 궁전의 종류

- **법궁(法宮)** 왕조의 법통을 상징하고, 왕이 공식적으로 활동하며 일상생활을 하던 으뜸 궁궐. 조선 전기의 경복궁, 후기의 창덕궁.
- **이궁(離宮)** 화재와 같은 재난이나 왕이 자의적으로 거처를 옮기고 싶어할 때를 대비하여 만든 양궐체제의 제2궁궐. 법궁보다 한 단계 낮으나 법궁과 같은 공식 활동 공간이다. 조선 전기의 창덕궁, 후기의 경희궁.
- **행궁(行宮)** 왕이 잠깐 머무는 서울 밖 공간으로 지방 행차의 거점. 주로 관아에 딸려 있다. 경기도의 왕릉 부근, 온양·화성·북한산성·남한산성 행궁.
- **별궁(別宮)** 왕이 사신을 접대하거나, 왕·세자가 비(妃)를 맞아들이기 위해 특별히 마련한 궁전. 또 왕이 즉위하기 전에 살던 집[潛邸, 잠제]을 일컫기도 한다. 수강궁(세종 초기 상왕 태종의 거처), 안동별궁(명성황후의 결혼 전 임시 거처), 창의궁(영조 잠저), 어의궁(효종 잠저), 운현궁 등으로 사궁(私宮)이라고도 한다.

광통교와 정릉 신장석 : 광통교는 국중 대로(임금이 지나는 길)인 남대문로와 청계천이 만나는 지점에 축조된 성 안 최대의 다리(길이 약 13m, 너비 15m, 높이 3m)다.

들어갔다. '1차 왕자의 난'의 마무리였다. 처음에는 정릉 수호군 일부를 귀향 조치하고, 묘역을 줄여 100보 근처까지 주택지를 허락하는 등 슬슬 뜸을 들였다. 세도가들이 정릉 숲의 나무를 베어다 저택을 지어도 말리지 않았다. 그러다가 어느 정도 분위기가 무르익었을 때(태종 9년 2월), 무덤을 파고 도성 밖 동쪽 모퉁이에 있는 양주 사을한록(沙乙閑鹿, 서울 성북구 정릉동)으로 방출해버렸다. 도성 안에 능묘가 자리 잡고 있는 것은 온당하지 못하며, 중국 사신이 묵는 태평관과도 가깝다는 것이 꼬투리였다. 정자각을 헐고 봉분의 흔적을 말끔히 치운 뒤, 그 자리에 새 건물을 지어 태평관의 북루로 삼았다. 광통교(광교)가 홍수로 무너졌을 때는 흙다리를 돌다리[石橋]로 바꾸면서 정릉 호석을 받침돌로 사용했다. 수많은 사람들이 밟고 지나다니도록 한 것이다.

태종에게 경복궁은 "산이 가두고, 물이 말라 임금을 사로잡고 겨레붙이를 없애는"(태종실록 14년 6월 28일, 하륜의 말) 곳이었지만, "아버지 태조가 나라를 세우면서 창건"한 궁궐이라 하여 자주 들렀다.

때로는 경복궁으로 거처를 옮기기도 했다. '내가 거주하지 않는다면 자손도 살지 않을 것'이란 생각이었으나 오래 머물지는 않았다. 그는 경복궁에 들를 때마다 낡은 곳을 찾아 수리하도록 명령했으며, 외국 사신이 오면 반드시 사정전에서 영접했다. 기울어가는 경회루를 새로 짓고 이곳에서 연회를 베풂은 물론 중요한 국가 행사 장소로 삼았다. 태상왕 생신 때는 경회루로 모셔 잔치를 벌였고, 문무과 같은 인재 등용 시험도 경복궁에서 치렀다. 비록 이런저런 사정으로 창덕궁에 머물고 있었지만 그곳은 어디까지나 이궁일 뿐이고 경복궁을 법궁으로 대접하는 일에는 소홀하지 않았던 것이다.

태종은 보위에 오른 지 17년 9개월을 끝으로 셋째 충녕대군에게 면복(冕服)을 넘겨줬다. 세종은 즉위하던 해(1418) 11월, 아버지를 편안히 모시기 위해 창덕궁에 덧대어 수강궁을 지었다. 이때부터 태종은 상왕, 또는 '수강궁 전하'로 불렸다. 수강궁 전하는 한가롭게 풍류와 사냥을 마음껏 즐기다가 1423년(세종 5년) 여름, 격정으로 점철된 삶을 마감했다. 12명의 비빈, 후궁들에게서 12남 17녀를 두었다. 조선 전 시기를 통해 가장 많은 자녀를 남긴 임금이다.

세종 시대, 새로워진 경복궁

경복궁이 안팎으로 법궁다워진 것은 세종이 경복궁으로 정무처를 옮긴 1426년(세종 8년)부터였다. 정종의 개성 환도 이후 세종이 이어할 때까지 경복궁은 무늬만 법궁이었지 실제는 제 위상에 걸맞은 역할을 하지 못하고 있었다. 세종은 입어하자마자 집현전 학사들을 시켜 출입문에 광화문·건춘문·영추문·일화문·월화문이라는 이름을 달고, 금천교를 영제교라 불렀다. 그리고 동궁 창건(세종 9년), 사정전·경회루 중수(重修, 11년), 광화문 개축(改築, 13년), 문소전(14년)·강녕전 개축과 신무문 신축(15년), 보루각 설치(16년), 흠경각 조성과 선원전 이축(移築, 20년), 교태전 창건(22년) 등 수많은 전각들을 쉴 새 없이 짓거나 고쳤고, 궐 안에 과학문화의 이기(利器)들을 설치함으로써 경복궁의 면모를 새로이 했다.

세종 이후, 문종과 단종 무렵까지 경복궁에는 왕족의 훈김이 떠나지 않았다. 그러나 세조 이후에는 경복궁보다 창덕궁이 임금들의 주된 거처가 되었다. 경복궁이 평지에 어느 정도 엄격한 궁제를 갖춘 데 비하여 창덕궁은 지리적 조건에 맞춰 전각을 자유롭게 배치한 궁전이다. 그래서 임금들은 넓고 정연한 경복궁보다 아기자기한 창덕궁을 신호했다.

성종은 창덕궁 선정전과 수문당(修文堂, 지금의 희정당)에서 주로 기거했다. 재위 기간 동안 무너져가는 경회루를 다시 짓고, 창경궁을 창건하는 토목공사를 벌였다. 경회루 개건은 성종 재위 5년 봄부터 시작하여 1년 이상 진행된 대역사였다. 당시 대신들은 퇴락한 부분만 수리를 해도 충분하다고 여러 차례 건의했으나 모두 철거하여 돌기둥에 용과 꽃을 새겨 웅장하고 화려한 누각으로 바꿨다.

당시 창덕궁에는 대왕대비(세조비, 정희왕후), 어머니 소혜대비(덕종비), 양어머니 안순대비(예종비)가 함께 살았다. 그래서 정희왕후는 비좁은 창덕궁을 떠나 수강궁으로 거처를 옮기고자 했다. 거처가 옹색했기 때문이다. 할머니의 딱한 심정을 헤아린 성종은 수강궁 자리에 궁전을 크게 지어 바치기로 했다. 새 궁전은 1483년(성종 14년) 영중추부사 이극배가 지휘하여 1년 만에 전각을 짓고 궁성을 둘렀다. 그러나 넓은 거처를 원했던 정희왕후는 새 궁전에 들어보지도 못한 채 승하했다. 66세의 정희왕후는 노환을 다스리기 위해 두 대비와 함께 온천이 있는 온양 행궁에 머물다가 새 궁전 공사가 시작되던 해 초여름에 눈을 감았다. 대궐 밖에서 대비가 숨을 거둔 것은 이때가 처음이었다. 객사한 시신은 집에 들이지 않는 것이 조선의 법도였다. 대왕대비라고 해서 예외일 수 없었다. 정희왕후의 빈전은 대궐에 마련되지 못하고 영순군 이부(李溥, 세종의 5남 광평대군의 외아들)의 저택에 차려졌다. 영순군의 집이 세조가 묻힌 광릉으로 가는 길목에 있었기 때문이다. 그리하여 소혜대비와 안순대비가 창경궁의 첫 주인이 됐다.

연산군 시대

역대 임금들이 도덕적인 인간이 되고자 고민했다면 연산군은 감정에 충실한 인간이었다. 통치자가 아니라 광대였다. 광대였으므로 궁궐은 놀이터가 되었다. 그는 자신의 놀이에 걸맞도록 궁궐을 화려하게 고쳤다. 궁역을 넓히고, 놀이판을 해치는 주변의 민가 1천여 호를 철거했다. 백성들이 궁 안의 놀이 모습을 기웃거리지 못하게 궁성을 더 높였다. 창덕궁 금원은 전국에서 잡아온 동물들로 채워졌다. 궁성에 붙은 성균관을 옮기고, 그곳에 사냥감 동물을 길렀다. 금원의 부용지 동남쪽 언덕에는 서총대를 쌓아 야외무대로 이용했고, 서총대 앞에는 연못(지금의 춘당지로 추정)을 파서 풍광을 보탰다. 자기만의 고상한 궁궐 풍경에 어울리도록 관리들에게는 화려한 비단옷을 입혀 곁다리로 삼았다. 관리는 물론 기생이나 악공의 복장을 디자인하고, 머리 장식까지도 새로 제정했다.

연산군은 경회루도 새롭게 구성했다. 성종이 "내가 사치와 아름다운 것을 좋아하기 때문이 아니라, 선왕이 창건했으므로 무너지는 것을 좌시할 수 없다." 하여 특별관리했는데도 연못 서쪽에 만세산이라는 섬을 만든 것이다. 그리고 용선(龍船)을 띄워 기생들과 함께 오락가락하면서 노닐었다. 창덕궁에서 경복궁 뒤쪽까지 높은 담장을 치고, 동네 어귀에는 문을 내라고도 했다.

궁궐을 삼킨 불길

1553년(명종 8년) 9월 13일, 내수사제조 박한종(朴漢宗)의 지휘로 경복궁의 강녕전을 보수하던 중 불을 너무 땐 나머지 불길이 밖으로 번졌다. 근정전, 경회루, 함원전, 청연루를 빼놓고는 편전과 침전 구역이 모두 잿더미로 변했다. 1543년(중종 38년), 동궁이 불에 타 없어진 뒤 아직도 복구되지 않아 많은 사람들이 안타까워하던 때였다.

> 유학 서엄(徐崦)이 상소했다. "박한종은 소매 속에 들어 있는 독사요 팔에 붙어 있는 전갈로서 난을 일으킬 도적이요 나라를 망칠 장본인이니, 이러한 싹은 철저히 제거하지 않을 수 없습니다. 더구나 궁전이 불탄 것은 한종의 죄입니다. 대체로 은총을 바라 경솔하게 옛것을 헐고 새로 개축한 것(경복궁을 수리한 일)은 곧 국권을 마음대로 휘두르고 일 꾸미기를 좋아하는 악이 드러난 것입니다. 심지어는 하인들을 엄책하여 새로 만든 온돌방에 아랫것을 시켜 매일 불을 잔뜩 때게 하고 자신은 집으로 물러가 있었으니, 실화의 원인이 과연 한종의 잘못이 아니라고 하겠습니까. 사람들은 모두 한종의 고기를 씹고자 합니다." |《명종실록》, 1553년 10월 23일 |

이전에도 사소한 화재는 몇 차례 있었으나 경복궁 대부분을 태워 버린 것은 창건 이래 처음이었다. 대대로 내려오던 진귀한 보배, 서적, 임금 어머니의 고명(誥命)은 물론 옷과 장신구가 한꺼번에 재로 날아갔다. 약간의 책과 주방기구만 경회루 연못의 작은 배에 실려 재난을 피했을 뿐이다. 삼전(三殿, 중종비·인종비·임금 내외)은 거처할 곳이 없어 창덕궁으로 갔다. 불타 없어진 전각 중 흠경각은 세종의 성지(聖智)로 창건되었다 하여 이듬해 4월에 제일 먼저 복구됐다. 그리고 삼전이 한데 머무는 곳은 너무 구차하고, 체모에 어긋난다 하여 나머지 재건 공사를 서둘렀다. 그리하여 그해 6월에 동궁, 9월에 사정전, 강녕전, 교태전 일곽, 양심당, 자미당 등이 새 모습을 드러냈다. 동궁이 편전이나 침전보다 먼저 회복된 것은 오래전부터 재목을 마련하고 있었기 때문이다. 이 공사는 대부분 부역으로 진행됐다. 이때 동원된 군사와 스님이 2,200명, 수당을 받고 일한 사람이 1,500명이었다.

임진년의 전란 속에서

이후 경복궁은 1574년(선조 7년) 근정전을 수리한 일 외에는 별 탈 없이 안정을 유지했다. 그러나 설마 하고 국방 태세에 느슨했던 1592년(선조 25년) 4월 14일 해질 무렵, 700여 척의 왜군 병선이 부산 앞바다에 나타나 수평선을 까맣게 물들였다. 고니시 유키나가(小西行長) 휘하의 제1번대가 곧바로 부산진을 치고 올라왔다. 19일에는 제2번대 가토 기요마사(加藤淸正)의 부대가 대마도를 떠나 부산에 상륙했고, 같은 날 제3번대 구로다 나가마사(黑田長政)의 부대가 김해로 진격했다. 총 9개 번대로

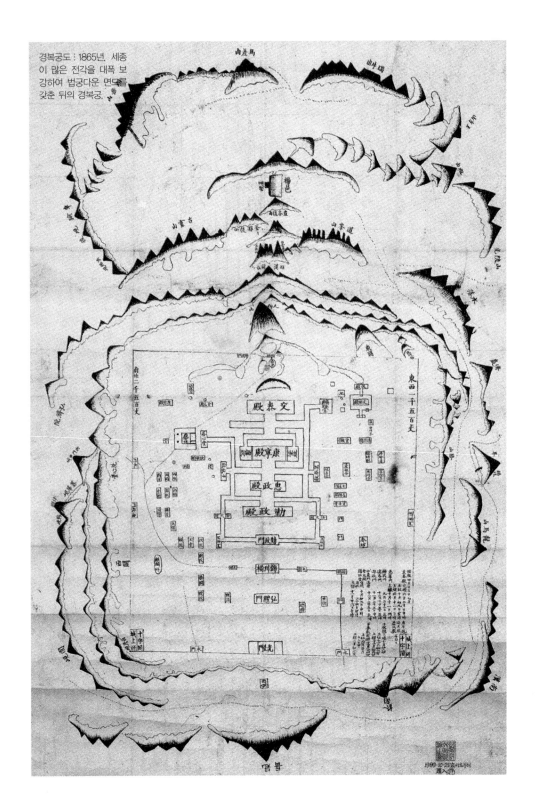

경복궁도 : 1865년. 세종이 많은 전각을 대폭 보강하여 법궁다운 면모를 갖춘 뒤의 경복궁.

편성된 왜군은 여러 갈래로 나뉘어 이렇다 할 저항도 받지 않고, 한성을 향해 얼음바닥에 박덩이 미끌어지듯 거침없이 진격했다.

5월 3일, 제1번대가 동대문을 통해 무혈입성했다. 4일에는 제2번대가 들어와 한성 초토작전을 전개했다. 왜군의 침입에 혼비백산한 선조가 일찌감치 도성을 버리고 북변(北邊)으로 떠난 뒤였다. 이때 가토 부대 종군승 제다쿠(釋是琢)는 경복궁을 둘러보고, 그 장엄한 모습을 그의 《조선일기》에 이렇게 묘사했다.

> 북산 아래 남향해 자궁(紫宮, 경복궁)이 있는데 돌을 깎아서 사방 벽을 둘렀다. 다섯 발자국마다 누(樓)가 있고 열 발자국마다 각(閣)이 있으며 행랑을 둘렀는데 처마가 높다. 전각의 이름은 알 수 없다. 붉은 섶돌로 도랑을 냈는데 물이 서쪽에서 동쪽으로 흐른다. 정면의 돌다리는 연꽃무늬를 새긴 돌난간으로 꾸몄다. 교각 좌우에는 돌사자 네 마리가 다리를 지키고 있다. 그 한가운데에는 돌을 다듬어서 포개어 담을 쌓았는데 높이가 8자이고 네 귀퉁이에 방향에 맞추어 네 마리씩 열여섯 마리의 돌사자가 놓여 있다. 그 위에 자신(紫宸), 청량(淸凉)이라는 두 전당이 있다. 기둥은 돌인데 용을 새겼다. 지붕에는 유리기와를 덮었고 잇단 기와 줄이 푸른 용 같았다. 매단(梅檀) 나무로 엮은 서까래에는 풍경을 하나씩 달았다. 채색한 들보와 붉은 발에는 금과 은을 펴 돌렸고 구슬이 주렁주렁 달렸다. 천장 사방 벽에는 오색팔채(五色八彩)로 기린, 봉황, 공작, 난새, 학, 용, 호랑이를 그렸다. 계단 한가운데에는 봉황을 새긴 돌이, 그 좌우에는 단학(丹鶴)을 새긴 돌이 깔렸다. 이곳이 용의 세계인지 신선의 세계인지 보통 사람의 눈으로는 분간할 수 없을 정도다.

그러나 뒤늦게 도착한 종군승 덴케이(天荊)의 기록은 전혀 다르다. 그는 《서정일기(西征日記)》 5월 7일자에 "궁궐에 들어가니 모두 폐허로 변해 있었다"라고 썼다. 경복궁, 창덕궁, 창경궁이 며칠 사이에 사라져버린 것이다. 제3번대는 종묘에 진을 쳤다. 그러나 밤마다 신군(神軍)이 나타난다는 말이 돌았다. 분위기가 흉흉하고 병사들이 두려워하여 진영이 뒤숭숭해졌다. 왜군 지휘부는 종묘를 태워버리고 남별궁[南別宮, 태종의 둘째 경정공주가 하가해 거주하던 조대림의 집. 일명 작은공주댁(小公主宅). 지금의 서울 중구 소공동 조선호텔 정문 앞]으로 진지를 옮겼다.

민가를 접수, 행궁으로 삼다

압록강 의주까지 내달아 명나라 신종의 품안을 그리워하며 이제나저제나 전세의 호전만을 기다리던 선조는 이듬해 10월 초하루에 한성으로 돌아왔다. 그러나 궁궐이 모두 타버려 들어갈 곳이 없었다. 임금은 궁여지책으로 월산대군(성종의 형)의 옛집을 접수해 행궁으로 삼았다. 이때 정릉동에는 월산대군의 증손인 양천도정 이성(李誠)이 살고 있었다. 그러나 이 집은 시어소(時御所, 임금의 임시 거처)로 사용하기에는 너무 옹색했다. 그래서 이웃한 계림군(성종의 손자)의 옛집과 주변 민가를 수용해 행궁에 편입했다. 양천도정과 계림군의 집을 정전과 침전, 심의겸의 집은 동궁, 지금의 조선호텔 앞에 있었던 심강(沈鋼, 심의겸의 아버지)의 옛집은 종묘로, 부근의 민가는 각 관아와 약방·승문원·상의원·상서원·향실 등 궐내각사가 되었다.

"여염에 오래 있을 수도 없는 데다가 허술해 걱정스럽다. 더우나 왜적들이 묵던 소굴(행궁과 가까운 남별궁에는 종묘에 머물렀던 왜군 제3번대가 옮겨와 주둔했었다)인데 이런 곳에서 기거하는 게 어찌 편하겠는가. 경복궁은 성이 있고 후원이 넓으니, 남산 소나무를 베어놓았다가 내년 봄에는 임시 건물을 지어서 이어하도록 하라."

10월 25일, 선조가 이 같은 희망을 드러냈으나, 거처를 임시로 짓는다는 것은 체통에 어긋날 뿐만 아니라 풍수로 보아도 경복궁은 불길하다는 말이 있어 창덕궁을 일으켜 이어하기로 했다.

공궐기의 경복궁

임진왜란은 온 나라를 초토화했다. 뜻밖의 전란으로 의주까지 몽진했던 선조는 귀환한 뒤에 들 곳
이 없어 정릉동 행궁에 머물다가 승하하고, 뒤를 이은 광해군이 불타 없어진 창덕궁을 재건하여 법
궁으로, 경덕궁을 새로 지어 이궁으로 삼았다. 조선 후기의 임금들은 경복궁에 별로 관심이 없어 270년 넘게
폐허로 버려졌다.

선조는 정릉동 행궁에서 무려 16년을 견디다가 세상을 떴다.
뒤를 이은 광해군의 세자 시절은 매우 암담했고, 즉위할 때도
불안하기는 마찬가지였다. 임진왜란의 소용돌이에 휘말려 자
기 몸 보전에 허둥대던 선조가 후궁 공빈 김씨의 아들로 태어난 광
해군을 몽진 직전에 허겁지겁 세자로 임명했다. 전란 중이었으므로
책봉식도 치르지 못했다. 그래서 전쟁이 끝난 뒤에는 명나라 고명
도 받지 않은 처지에 세자 행세를 한다고 부왕으로부터 온갖 수모
를 받았다. 그러다가 계비 인목왕후가 영창대군을 낳았다. 적자를
후계자로 삼는 것이 조선의 종법(宗法)이다. 서자는 적자가 없는 경
우에만 장남으로 이어지는 게 정상이었는데, 광해군은 차남이었다.

선조는 뒤늦게 태어난 적자 영창대군에게 크게 집착했으나 세자를 바꿀 여유를 얻지 못하고 죽는 바람에 광해군이 즉위한 것이다.

기반이 취약한 광해군은 왕권을 확보하기 위한 방편이 필요했다. 그 중의 하나가 전화로 사라진 궁궐의 중건과 자기만의 색깔을 드러낼 수 있는 왕궁을 세우는 것이었다. 광해군은 실로 왕성하게 궁궐 영건을 추진했다. 경복궁 중건의 1차 책임자인 선조는 구체적인 단계까지 입안했으나 피해가 극심해 복구가 불가능한 데다가, 경복궁 터가 불길하다는 풍수적인 믿음까지 곁들여져 포기하고 말았다. 그리하여 경복궁 재건을 위해 마련한 자재를 창덕궁을 다시 짓는 데 이용했다. 이 공사는 그대로 광해군에게 이어져 즉위한 해(1608)에 인정전을 비롯한 주요 전각이 모습을 드러냈고, 다음 해에는 창덕궁 공사가 마무리 단계로 접어들었다. 이 과정에서 선조의 부묘 (祔廟, 삼년상을 치른 뒤 신주를 종묘로 옮기는 일)와 궁핍한 재정 문제가 겹쳐 공사는 잠시 중단되기도 했다.

창덕궁 시대

1611년(광해군 3년) 10월, 임금은 정릉동(서울 중구 정동) 행궁에 '경운궁(慶運宮)'이라는 궁호를 부여하고 창덕궁으로 이어했다. 그해 12월, 창덕궁 생활을 달가워하지 않았던 광해군은 경운궁(덕수궁)으로 환어했다가 1615년(광해군 7년)에야 신하들의 열화와 같은 요청으로 창덕궁에 자리를 잡음으로써 창덕궁은 법궁의 지위를 얻게 됐다.

광해군은 창덕궁과 창경궁을 중건하는 데 그치지 않고 인경궁, 경덕궁, 자수궁(慈壽宮)을 창건하면서도 경복궁 중창에는 관심이 없었다. 자수궁은 인왕산 아래 준수방(俊秀坊, 서울 종로구 옥인동)에 왕기가 서렸다는 말을 듣고 다가올 위험을 미리 막기 위해 1616년에 지은 왕궁이다. 인경궁은 증경내변(曾經內變, 단종·연산군의 변고)의 궁궐이라 해서 창덕궁 입어를 꺼려했던 광해군이 새로이 마련하여 머물고자 했던 곳이다. 광해군이 의욕적으로 추진했던 인경궁은 재위 9년(1617), 사직단 북쪽에 공사를 시작하여 6년여의 공역 끝에 완성됐다.

그러나 인경궁 공사가 진행되는 도중에 새문동(돈의문 안)에 왕기가 있다는 말이 또 들렸다. 새문동에는 정원군이 살고 있었다. 정원군은 전쟁 전에 세자 자리를 놓고 광해군과 경합을 벌였던 신성군의 친동생이다. 광해군은 새문동의 기상을 꺾기 위해 이복동생 정원군의 집을 접수했다. 그리하여 1617년(광해군 9년) 7월, 광해군은 이복동생 집을 헐고 그 자리에 또다시 새로운 궁궐 조영공사를 시작했다. 이것이 경덕궁(영조 36년 경희궁으로 개칭)이다. 공역은 광해군 12년(1620)에 끝났다. 인경궁과 경덕궁 역사가 동시에 진행됐으므로 이미 시작된 인경궁 규모는 예상보다 축소될 수밖에 없었다. 자수궁은 인조반정(1623) 직후 헐리고, 인경궁은 정원군의 아들 인조가 이괄의 난으로 소진된 창덕궁과 창경궁을 재건하면서 뜯어다 부재로 썼기 때문에 지금은 흔적도 없다.

버려진 궁궐

조선 후기에는 창덕궁을 법궁, 경덕궁을 이궁으로 삼아 정치적 거점이 되었다. 인조는 왕위에 오르자마자 광해군이 서궁(경운궁)에 가두었던 인목대비를 경덕궁으로 모셨고, 자신도 주로 이곳에서 정무를 보았다. 숙종과 경종, 정조, 헌종, 철종이 이곳에서 태어났다.

도성 안에는 창덕궁, 창경궁, 경덕궁 등이 동서로 자리 잡아, 임금들은 경복궁 중창의 현실적 필요성을 느끼지 않았다. 이 무렵의 버려진 경복궁 터를 보고 숙종 때의 시인 홍세태(洪世泰)는 이렇게 탄식했다.

우리 성조(聖祖) 그 옛날 만세 터전 열었는데,

오늘의 법궁은 예전과 다르네.

누대(樓臺) 자리 주춧돌엔 이끼 나고,

오리, 기러기 소리 나는 못에 풀만 가득하구나.

협성(夾城)에 둘린 구름 서기 아직 어리는데,

폐원(廢苑)에 꽃피어도 번성한 가지 볼 수 없네.

승평세월 한번 가면 다시 오기 어려운 것,

세상일 쓸쓸하니 늙은이들 슬퍼하네.

조선 후기 임금들의 경복궁에 대한 관심은 소극적이었다. 더러 시골 유생들이 "나라를 여신 태조께서 큰 뜻을 세워 명당에 창건한 궁궐"이므로 경복궁을 중창해야 한다고 상소를 올렸으나 묵살했다. 그저 어쩌다 생각날 때 문소전(文昭殿, 경복궁 북동쪽에 있었던 태조비 신의왕후 한씨 사당) 옛터를 참배하고, 경회루 연못에서 기우제를 올리거나 가물에 콩 나듯 근정전 뜰에서 경과정시(慶科廷試, 나라에 경사가 있을 때 이를 기념하고자 열었던 과거)를 치르는 정도였다. 한때 현종이 병약한 어머니(인선왕후)가 한가하게 지낼 수 있도록 대비전을 짓고자 했으나 대신들의 반대로 무산됐다.

경복궁 중창 문제가 의제로 오른 적은 있었다. 1680년(숙종 6년) 8월, 신무문 밖에 있던 제단인 회맹단을 둘러본 뒤 사정전 터에 이르러 황폐해진 옛 법궁의 모습을 보고 임금이 탄식하자, 좌의정 민정중이 궁궐 중흥의 책임이 임금에게 있다고 진언했다. 임금은 이 자리에서 영의정 김수항으로부터 옛 경복궁 규모에 대해 자세한 설명을 들었으나 그것으로 끝이었다. 재위 중 시골 유생들이 경복궁을 영건하여 이어하기를 몇 차례 요청했을 때도 적절한 시기가 아니라면서 상소문을 접어버렸다. 1700년 6월, 사헌부에서는 "왕자들이 저택을 지으려고 기와, 돌, 벽돌 등을 경복궁 안에서 가져가는데, 경복궁은 조종의 법전이므로 아무리 하찮은 물건일지라도 함부로 움직여서는 안 된다."고 상소했다. 그러나 왕족이 이곳의 기와와 돌을 가져다 쓰는 일은 새삼스러운 일이 아니라면서 시큰둥했다. 이 시기는 왕족의 집을 짓거나 수리할 때 경복궁 터에 무성한 소나무를 베어 갔고, 일부 관리들은 이를 빙자하여 관재(棺材)로 팔아넘기기도 했다. 숙종이 재위 중 경복궁에서 한 일은 주민들을 동원하여 궐 터에 번식한 송충이를 잡게 한 것과 노인 150여 명을 초청하여 경로잔치를 한 차례 베푼 정도였다.

경복궁 옛터를 가장 많이 들른 임금은 영조였다. 그는 즉위하자마자 경복궁 후원 지역에 어머니 숙빈 최씨의 사당인 육상묘(毓祥廟)를 세우고 기회 있을 때마다 이곳을 참배하면서 경복궁 옛터를 경유했다. 재위 21년 9월, 육상묘에 참배하고 경복궁을 둘러보면서, 법전 편액의 '근정(勤政)'을 되새김하여 즉위 초의 의지를 다잡았고, 29년 2월에는 강녕전 옛터에 설치한 장막에서 여민락을 감상한 뒤 건춘문, 영추문, 광화문 부근에 사는 백성들에게 1년치 세금을 면제해줬다.

근정전 뜰은 영조가 중요 행사장으로 적극 활용한 곳이었다. 《영조실록》에는 문무과를 비롯한 각종 과거시험 장소로 쓰였다는 기록이 빈번하게 나타난다. 가끔 조참을 받으며 전교를 내렸고, 대보단(大報壇, 창덕궁 금원에 있는 명나라 황제들의 사당)을 향해 망배례를 올리는 장소로도 삼았다. 자신의 칠순에는 이곳에서 모든 관리들의 하례를 받았으며, 재위 43년 12월에는 세손(정조)의 술상을 받는 예를 치르고, 사관에게 "근정전에 나아가 여러 신하와 함께 음복하고 피리를 불게 하여 임금이 듣고 눈물을 흘렸다."고 기록하게 했다.

경회루 연못도 영조의 관심 지역이었다. 세손을 데리고 수시로 방문함은 물론 가뭄의 근심을 덜기 위하여 주변을 정비하고, 개국 공신으로부터 분무공신(奮武功臣, 영조 4년 이인좌의 난을 평정한 공신)에 이르기까지 지손(支孫)·적손을 따지지 않고 모두 참석하도록 하여 잔치를 베풀기도 했다.

영조 어진 : 조선 후기 경복궁에 새로운 시설을 베푼 유일한 임금이다.

영조는 조선 후기 경복궁에 새로운 시설을 베푼 유일한 임금이다. 재위 43년 1월에 선잠단(先蠶壇, 성북구 성북동 소재)에서 제사한 후, 왕비의 주도 아래 내외명부가 뽕 따는 행사를 치른 성종 때의 옛일을 추념하여 경복궁에서 축하 의식을 치르겠다는 계획을 발표했다. 같은 달 20일, 근정전 북쪽에 단(壇)을 설치해 왕비로 하여금 친제(親祭)를 행하고 3월 첫 사일(巳日, 뱀날)에 내외명부를 거느리고 뽕을 따라고 분부했다. 3월이 되자 임금 내외와 며느리 혜빈(정

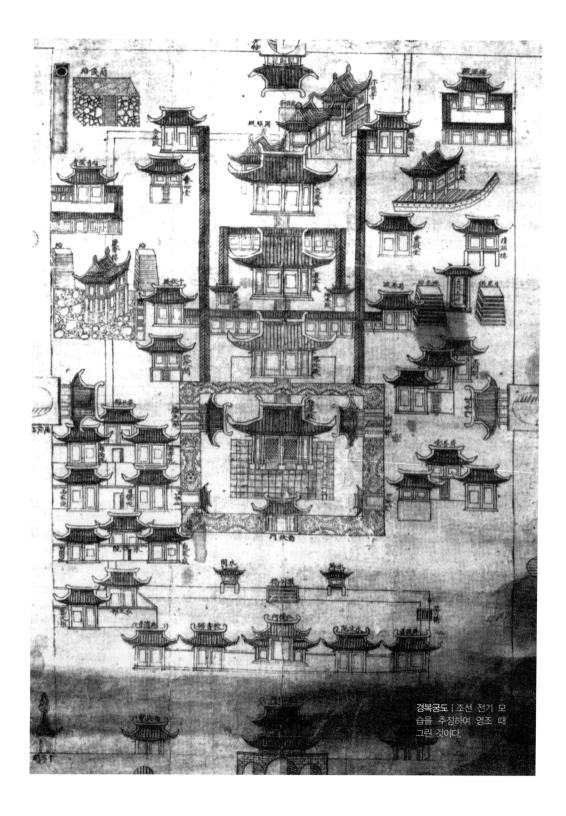

경복궁도 : 조선 전기 모습을 추정하여 영조 때 그린 것이다.

조의 생모), 세손 내외가 경복궁에서 채상례를 거행하고 근정전에 나아가 진하한 뒤, 다음 날 경잠과(耕蠶科, 나라에 경사가 있을 때 치렀던 부정기 과거시험) 정시를 베풀었다. 46년 1월에는 친잠단에 나아가 정해년(1767년, 영조 43년) 친잠 때에 쌓은 단에 '정해친잠(丁亥親蠶)'이란 네 글자를 직접 써서 돌에 새기고, 유사에게 비음기(碑陰記)를 쓰도록 했다.

흥선대원군의 증창 의지

흔히들 조선 전기의 명군으로 세종을, 후기의 명군으로 정조를 꼽는다. 세종은 명목뿐인 법궁을 알차게 다진 임금이다. 그러나 개혁군주로 이름을 떨친 정조의 이상은 화성(華城)을 축조하여 왕권을 강화하는 데 있었으므로 경복궁에는 신경을 쓰지 않았다. 또한 정조의 뒤를 이은 순조부터 고종 이전까지는 몇 개의 명문거족이 나라를 쥐고 흔들던 세도정치 시대였다. 세도가문은 임금의 후원자가 아니라 왕비의 후견인이었다. 그들의 목표는 가문이 오래도록 영화를 이어가는 것이었다. 그러나 왕궁은 왕실이 머무는 곳이다. 세도가들은 궁궐보다는 자신들의 권위에 걸맞은 거처에 더 관심이 있었다.

이 와중에 무너져가는 왕실을 보며 심각하게 고민한 사람이 흥선대원군이었다. 그는 선대왕의 직계 혈통이 아니었다. 인조의 8세손인 아버지(남연군)가 영조의 서손 은신군의 양아들로 들어가지 않았다면 종친부에 끼지도 못할 인물이었다. 직계 혈통으로 보면 흥선대원군은 은신군과 15촌 조손(祖孫) 사이지만 아버지가 영조의 고손이 됨으로써 익종(추존된 순조의 아들 효명세자), 철종과는 6촌 사이로 가까워졌고, 종실의 한 사람이 되어 가물거리는 왕실과 종친의 앞날을 누구보다도 먼저 걱정하게 됐다. 그래서 안동 김씨의 발호에 속앓이를 하고 있던 익종비 신정왕후와 뜻을 맞췄다. 세자가 없는 상태에서 후계왕의 임명은 대왕대비의 권한이다. 철종이 승하할 때 신정왕후는 왕실의 최고 어른이었다. 신정왕후는 흥선대원군의 희망에 따라 열두 살 된 그의 둘째 아들을 철종의 후임으로 결정했다. 그가 바로 조선 26대 임금 고종이다.

폐허 위에 다시 세운 경복궁

오랫동안 빈 터로 남아 있던 경복궁은 왕권을 강화하려는 흥선대원군의 집념으로 1868년(고종 5년)에 다시 세워졌다. 중창된 경복궁은 고대 중국의 예법에 크게 벗어나지 않으면서 조선 왕실의 전통과 현실의 조화를 꾀했다. 전체적으로 중국 궁제의 규칙적 배치를 따르면서 부분적인 변화와 파격을 가미한 것이다. 중심부에 정무 공간을 두고, 뒤편으로 왕족의 생활공간, 그리고 곳곳에 크고 작은 정원을 두었다.

어린 고종을 대신하여 섭정의 대임을 맡은 흥선대원군이 가장 의욕적으로 추진한 사업은 경복궁 중창이었다. 대원군은 "왕실의 권위를 회복하고, 나라의 체통을 바로잡기 위해" 경복궁을 다시 지어야 한다고 대왕대비 신정왕후에게 건의했고, 대비는 경복궁 중창이 익종(추존. 순조의 아들 효명세자)의 유지였다는 점을 들어 흔쾌히 받아들였다. 임진왜란으로 소실된 지 무려 273년 만이었다.

1865년(고종 2년) 4월 초, 새 궁궐 영건도감을 조직하고 재원 마련과 부역의 원칙을 세웠다. 백성을 부리는 일을 신중하게 할 것, 조정의 고관에서부터 지방의 수령까지 능력에 따라 출연할 것, 양반들은 서울과 지방을 막론하고 원납하는 자가 있으면 관작을 내리고 포상하되 강요하지는 말 것, 종친들도 재원 마련에 적극 동참할 것 등이었다. 자금 확보에 왕실과 종친, 정부관리, 양반들이 앞장서도록 한 것이다. 대왕대비는 솔선하여 10만 냥을 하사했다.

경복궁의 공역은 1865년(고종 2년) 4월 13일 새벽, 황폐한 터전을 정리하는 일부터 시작됐다. 옛 궁궐 터를 따라 궁성을 쌓았으며 성문과 내전 건축 공사가 진행됐다. 인부는 도성 안 사람과 도성에서 가까운 지역의 농민들이 자진 부역이라는 명목으로 동원됐다.

궁궐 재건과 연이은 화재

경복궁의 일부가 모습을 드러내고 대부분이 뼈대를 갖춰가던 고종 3년 3월, 동십자각과 훈련도감 가건물에서 불이 났다. 이 화재로 건물 800여 칸과 목재가 사라졌다. 사람들은 내심 궁궐 공사가 중단될 것이라고 지레 짐작하고 환호했다. 그러나 흥선대원군의 의지는 꺾이지 않았고 사람들의 기대도 원성으로 바뀌었다. 목재를 마련하기 위해 양반들의 선산이나 마을 성황당의 나무까지도 베어냈다. 고종 4년 2월에는 영건도감 역소에서 지핀 불씨가 대형 화마로 변해 애써 준비한 건자재를 깡그리 삼켜버렸다. 그동안 수직군사들이 계속 순찰을 돌았으므로 단순한 실화가 아니었다. 방화범은 흥선대원군의 적대 세력 아니면 고달픈 노역자였을 것이나, 꼬리가 잡히지 않았다. 연이은 화재로 경복궁 중창 노력은 심각한 재정난에 부딪혔다.

재정을 충당하기 위해 대원군은 자발적 기부금 명목으로 원납전을 강제로 거뒀다. 백성에게 되도록 부담을 주지 않으려던 초기의 방침과는 사뭇 달라진 것이다. 토지세에 덧붙여 '결두전(結頭錢)'이라는 부가세를 거두었으며, 도성문을 출입하는 사람에게는 문세를 징수했다. 그래도 부족해 당백전(當百錢, 일종의 국채)을 발행했다. 당백전은 종래 엽전에 비해 100배에 해당한다는 뜻이나 실은 20배에도 못 미치는 악화(惡貨)였다. 심지어 남자들에게는 신낭전(불알 단 값. 장정에게 매긴 세를 비꼬아 이른 말)을 물리기도 했다.

1867년(고종 4년) 11월 16일, 고종이 대왕대비(신정왕후, 익종비), 왕대비(명헌왕후, 헌종계비), 대비(철인왕후, 철종비), 왕비(명성황후)와 함께 경복궁으로 행차했다. 그리고 위용을 드러낸 근정전에서 백관의 축하를 받았다. 그러나 궐내각사와 행각 등 일부는 아직 공사가 진행 중이었다. 왕실의 이어와 조정의 시무에는 적절하지 않아서 다음 해에 공역을 끝내고 이어하기로 했으나 공사가 지연돼 약속은 지켜지지 않았다.

1868년(고종 5년) 7월 2일, 13만 평의 대지에 330여 동의 궐내 전각 7,225칸 반, 후원 전각 232칸 반, 궁성 1,063칸 반, 후원 둘레 698칸 반 규모(국립문화재연구소 자료)의 궁궐이 들어섰다. '오보일루 십보일각(五步一樓 十步一閣)'이라고 할 정도의 큰 공사였다. 새 궁궐이 제 모습을 갖추자 국왕과 왕실이 경복궁에 들어와 정무를 개시했다. 고종 2년에 설치한 경복궁 영건도감은 7년 후인 고종 9년에 해체되었다. 왕실의 권위에 걸맞게 경복궁을 다시 세우려던 흥선대원군의 의지가 7년 만에 마무리된 대역사였다. 조정에서는 영건도감 도제조 김병학, 제조 이최응 이하 여러 관계 관원들을 포상했다. 경복궁 창건 당시의 공로자 정도전, 남은, 이직, 심덕부 등에 대해서는 지방 관원들을 보내 묘소에 음식을 올리도록 했다.

건청궁 영건

1873년(고종 10년) 8월, 내탕금으로 궁성 안 북쪽에 건청궁을 지었다. 은밀하게 진행된 건청궁 공사를 알아챈 좌의정 강로 등은 경복궁이 중창돼 급할 것도 없는데 다시 화려한 궁전을 짓는 것은 사체에 맞지 않는다고 진언했으나 고종은 시큰둥한 반응을 보였다. 경복궁 중창과 당백전 발행에 따르는 민원, 재정 파탄 등의 책임을 물어 대원군을 퇴진시킬 무렵이었다.

12월, 순희당(純熙堂, 위치 미상)에서 불이 나 석사당(錫社堂), 자경전, 복안당, 자미당, 교태전, 복도와 행각 등 내전 664칸 반이 삽시간에 소진됐다. 임금 내외와 대왕대비, 왕대비, 대비 등은 거처를 찾아 창덕궁으로 이어했다. 소실된 자경전은 해를 넘겨 중건되고 이 공사와 병행해 전무(殿廡, 바깥채), 회랑의 기능이 불편했던 교태전 등의 재건 공사를 시작했다. 1876년(고종 13년) 4월에 교태전, 자미당, 인지당 등의 건물이 중건되거나 개건되어 창덕궁으로 갔던 왕실이 경복궁으로 돌아왔다. 그러나 7개월 만인 그해 겨울에 다시 큰불이 일어 교태전, 강녕전, 함원전, 자경전, 인지당, 건순각, 자미당, 덕선당, 협경당, 복안당, 순희당, 연생당, 흠경각, 홍월각 등 내전 모두와 외전 일부가 잿더미로 변했다. 항간에는 연이은 화재가 왕비와 사이가 틀어진 대원군 측의 책동이라는 풍문이 떠나렸다. 잇단 재변으로 임금 내외는 잠시 건청궁에 머물다가 다시 창덕궁으로 옮기고 소실된 궁궐의 재건을 기다려 환어하기로 했다.

그러나 서구 열강들의 개방 압력, 재정 고갈, 시아버지 대원군과 며느리 왕비와의 갈등 등 내우외환이 겹쳐 경복궁 재건은 관심 밖으로 밀려났다. 고종은 별수 없이 경복궁이 복구되지 않은 상태에서 10여 년의 이궁 생활을 마치고 1885년 1월 건청궁으로 돌아왔다.

고종 일가가 일제의 감시
망을 피해 의지했던 정동
의 러시아 공관. 지금은 탑
만 남아 있다.

제국 식민주의의 소용돌이

19세기 후반의 조선 정부는 총
체적 위기 국면이었다. 미국, 독일, 영국, 러시아, 프랑스 등 서구
열강 외교관들의 발걸음으로 조정 문턱은 한가할 날이 없었다. 건
청궁 시대의 실권자는 임금이 아니라 왕비였다. 왕비는 여러 나라
가운데 러시아에 호감을 갖고 그쪽에 기대어 외세를 견제하려고 했
다. 그러자 일찍이 조선을 지배하기 위해 신경을 곤두세웠던 일본
이 발끈했다. 일본은 왕비를 제거하고 임금을 연금해 조선 정부를
무력화하기로 결정했다. 1895년(고종 35년) 10월, 일본은 일단의 칼
잡이들을 앞세워 건청궁에 난입했다. 그들은 쉽사리 왕비에게 칼을
내리쳤다. 그것으로 끝이었다. 쓰린 시절을 딛고 일어선 명성황후
의 삶은 간단명료하게 끝나버렸다.

최상의 지지자였던 왕비를 저세상으로 보낸 고종은 일본의 엄중
한 감시망에 들어갔다. 도처에서 번득이는 살의로부터 독자적인 생

존이 어려운 상황이었다. 그래서 경복궁에서 벗어나 일본의 견제 세력권인 정동 외교가에 기대는 수밖에 없다고 생각했다. 이듬해 2월 11일, 고종은 이완용, 이범진 등 친러·친미파와 측근들의 도움으로 경복궁을 은밀하게 빠져나가 러시아 공관으로 들어갔다. 이것이 바로 아관파천이다.

조선의 상징인 임금을 러시아에 빼앗긴 일본은 '독립국가 조선의 체통'을 내세워 국왕의 조속한 환궁을 요청했다. 임금이 외국 공관 품에 안긴 일로 자존심이 상할 대로 상한 유생들도 환궁하라는 상소를 연일 올렸다. 〈독립신문〉도 "조선 대군주 폐하(갑오개혁 이후 고종을 일컫는 공식 호칭)께서 외국 공관에 계시는 것은 좋지 않다"고 거들었다. 그러나 고종은 "불안과 공포가 짓누르고 있는 궁전보다는 아관(俄館)의 한 칸 방이 더 안전하다"며 고집을 부렸다.

돈덕전 2층의 고종과 세자 : 2층 가운데 칸에는 고종이, 왼쪽 칸에는 세자(순종)가 시종들과 함께 밖을 내려다보고 있다. 순종이 즉위(1907)한 곳이기도 한 돈덕전은 1921년 이후 철거됐다.

프러시아식 황제복을 입은 고종

경운궁의 단절체제

러시아의 품에서 벗어나라는 내외의 압력이 끊이지 않자 고종의 버티기도 한계에 부딪혔다. 임금의 신분으로 외국 공관을 빌려 생활하는 것도 구차하기 짝이 없었다. 정초에는 알현하러 온 외교관들로 붐벼 체통이 말이 아니었고, 시중드는 상궁과 나인들도 비껴 설 공간조차 없으니 환궁하자고 아우성이었다. 별수 없이 외국 공관과 가깝고 궁역도 별로 넓지 않아 경비하기 수월한 경운궁(덕수궁)으로 옮기기로 했다. 그래서 황태자 내외가 머물고 있던 경운궁을 대대적으로 보수하고, 서재로 이용하던 건청궁 서쪽의 집옥재 보물을 옮겼다. 고종은 1897년(건양 2년) 2월 25일 인화문을 통해 경운궁으로 들어갔다. 경복궁을 떠난 지 1년 만이었다.

그해 10월 12일, 〈독립신문〉은 고삐를 늦추지 않고 "제후국 지위에서 벗어나 자주적인 국가로서의 면모로 탈바꿈해야 한다"는 독립협회의 강력한 진언을 보도했다. 고종은 이를 받아들여 국호를 대한제국, 연호를 '건양(建陽, 갑오개혁 후 김홍집 내각이 1896년부터 사용하던 연호)'에서 '광무(光武)'로 고치고, 스스로 황제가 되어 독립제국이 되었음을 나라 안팎에 선포했다. 이로써 경운궁이 대한제국의 법궁으로 단궐체제가 됐고, 경복궁은 궁궐로서의 기능과 역할을 마감했다.

1905년(광무 9년, 을사년) 11월, 일본 천황의 특사 이토 히로부미가 고종황제를 찾아왔다. 그는 조선 '황실의 안녕과 존엄'을 확고히 다진다며 5개 항을 담은 외교문서에 날인을 요청했다. 요컨대 조선의 외교 활동은 일본 외무성이 지휘하며, 일본을 경유하지 않고는 어떠한 독자적 교섭을 해서는 안 되므로 조선의 외교문제를 관리하기 위해 통감을 둔다는 것이었다. 고종황제는 이토의 강압적인 서명 요구를 거절했으나 경운궁 수옥헌에 모인 이완용(학부대신), 이지용(내부대신), 박제순(외부대신), 권중현(농상공부대신), 이근택(군부대신)이 적극적으로 찬동함으로써 일본의 원안대로 통과됐다.

1906년(광무 10년) 2월, 을사조약에 따라 이토가 초대통감으로 부임했다. 이토는 일본에서 데려온 경찰들로 병력을 대폭 강화하고 헌병대를 확대, 강화했다. 내각을 개편하고, 경운궁에 경찰분서를 두어 통감부 관리나 내각대신이 아니면 왕궁에 들어오지 못하도록 했다. 대한제국은 통감부의 괴뢰정부로 전락하고, 고종황제는 수옥헌에 유폐되다시피 했다.

답답한 정국을 풀 길이 없던 고종은 조선 현실을 국제사회에 호소하려고 시도했다. 마침 네덜란드 헤이그에서 만국평화회의가 열리고 있었다(1907). 그래서 이 회의에 이준, 이상설, 이위종으로 구성된 대한제국 대표를 보내 을사조약의 부당성을 폭로하려 했다. 그러나 이를 알고 있던 일본과 미국, 영국의 훼방으로 대한제국 밀사들은 회의장에 들어가는 데 실패했다. 만국평화회의에 참석하려는 대한제국 밀사들의 움직임은 일본 외교관에 의해 본국에 보고됐다. 본국의 통고를 받은 조선통감 이토는 경운궁에 군대를 들여보내 고종황제의 시종들을 체포·구금하고, 고종에게 헤이그에서 벌인 망동에 대해 책임을 지고 황제 자리에서 내려오라고 윽박질렀다. 일본 군대는 삼엄하게 경운궁을 둘러쌌고, 남산에는 대포를 걸어 경운궁을 겨누었다. 이완용까지 합세해 "황태자에게 양위하고 빨리 물러나라"고 고함쳤다. 통감부와 이완용 내각은 유약해 보이나 노회한 고종황제보다 병약한 황태자가 훨씬 만만했던 것이다.

순종 즉위와 창덕궁 이어

1907년 7월 20일, 황태자 척(拓)이 경운궁 돈덕전에서 27대 임금으로 즉위했다. 조선의 마지막 왕

순종이다. 돈덕전은 고종황제가 외국 사신을 알현하기 위해 세운 서양식 건물로 석조전 뒤에 있던 전각이다. 순종 즉위로 연호는 '융희(隆熙)'로 바뀌었고, 통감부의 허수아비가 된 황제는 창덕궁으로 거처를 옮겼다. 창덕궁이 법궁이 되면서 경운궁은 별궁으로 추락해 이름도 '덕수궁'으로 바뀌었다.

1909년(융희 3년) 10월 26일, 조선 지배의 기초를 닦은 이토가 만주 시찰을 마치고 러시아 재무대신 코코프체프(Kokovtsev)와 만주·조선 문제를 논의하러 하얼빈에 갔다가 안중근(安重根, 1879~1910)의 총탄에 맞아 죽었다. 조선 지배의 기둥이 쓰러지자 충격에 휩싸인 일본 조야(朝野)는 조선의 숨통을 끊어버리기 위한 강력한 처방을 추진했다. 그래서 2대 통감 소네 아라스케(曾禰荒助)를 불러들이고, 육군대장 출신의 데라우치 마사타케(寺內正毅)를 새 통감으로 임명했다. 데라우치는 총리대신 이완용을 병합조약 전권대사로 지명했다. 그리고 전권대사 위임장을 황제에게 받아오라고 명령했다. 이미 조선의 통치자는 황제가 아니라 데라우치였다. 1910년(융희 4년) 8월 22일, 창덕궁 대조전 동쪽의 익각(翼閣) 흥복헌에서 이완용은 융희황제를 윽박질러 날인받은 위임장을 챙겨 남산 기슭의 통감부로 달려갔다. 그리고 데라우치와 함께 미리 준비해둔 조약문에 서명했다. 모두 8조항으로 된 이 문서는 "조선황제는 통치권을 일본 천황에게 넘겨주고, 천황은 이를 수락한다"는 골자였다. 그리고 일주일 뒤에 융희황제는 국권을 일본에 넘긴다는 조칙을 내렸다. 이로써 대한제국은 조선왕조 창업 519년 만에 무대 뒤로 사라졌다.

일제강점기의 경복궁

경복궁을 다시 지은 지 40여 년, 일제는 일부 전각만 남기고 대부분의 건물들을 철거하여 조선의 상징적 요소를 지워버리려고 안간힘을 썼다. 광화문을 비롯한 외전 일부를 헐어낸 자리에는 조선총독부 청사를 지어 궁궐을 가렸다. 13만 평의 대지 위에 7,225칸의 전각이 빽빽이 들어찼던 조선의 심장은 겨우 10분의 1 정도만 남은 초라한 몰골로 변했다. 일제의 만행은 여기서 그치지 않았다. 각종 전시회를 빙자하여 북새통을 만들고, 축사를 지어 오물이 나뒹굴게 하여 나라의 존엄성을 하루아침에 땅에 떨어뜨렸다. 궁궐은 국권과 자치 능력의 상징이다. 일제의 경복궁 해체 공작은 1910년 한일병합 훨씬 전부터 치밀하게 진행되어 '점령→장악→지배→해체→조선 경영'의 수순으로 나아갔다.

경복궁 훼손 작업

일제가 경복궁 해체 계획을 본격적으로 추진한 것은 1902년부터였다. 그해 6월 말, 일본은 건축사학자 세키노 다다시(關野貞)가 이끄는 조선고건축 조사단을 파견했다. 세키노는 두 달 동안 우리나라에 머물면서 곳곳의 유적과 서울의 남산, 궁궐을 낱낱이 조사했다. 그리고 일본으로 돌아가 〈조선건축조사보고서〉를 작성했다. 조선의 주도권을 놓고 러시아와 싸움을 벌여 승리한 직후, 을사조약을 앞둔 해였다. 세키노는 한일병합조약을 맺은 해에도 진고개 파성관(巴城館, 송병준이 첩에게 차려준 일본 요릿집)에 머물면서 조사활동을 했다. 이는 조선신궁,

조선총독부 청사 등 앞으로 전개될 조선경영 시설들이 들어설 자리를 찾아보려는 의도도 있었다. 뒷날 조선총독부는 이때 세키노 일행이 수집한 사진자료를 상당량 채택하여 《조선고적도보》를 발간했다. 지금 문화재청에서 '경복궁 옛 모습 되살리기' 자료의 하나로 《조선고적도보》 도판(圖版)을 준거로 삼고 있는 것은 역사의 아이러니다.

1907년 조선을 장악한 일제는 남산 왜성대(倭城臺, 중구 예장동 지역)에 조선통감부 청사를 세웠다. 1910년에 한일병합조약이 체결되자, 3대 통감으로 부임했던 데라우치가 자연스럽게 초대 조선총독에 올랐다. 데라우치는 일본의 위세와 조선지배에 어울리는 새 청사가 필요했다. 그래서 도쿄제국대학 건축과 이토 쥬타(伊藤忠太) 교수에게 총독부 청사와 신궁이 들어설 자리를 부탁했다. 이토는 세키노의 대학 선배였다. 이토는 총독부는 경복궁 안에, 신궁은 남산에 자리 잡도록 했다. 1912년에 경복궁 관리권이 총독부로 넘어갔다. 이때부터 경복궁은 누구의 간섭도 받지 않고 총독부의 뜻대로 디자인할 수 있게 되었다. 총독부는 요코하마, 고베 등지에서 이름을 날리던 독일 건축가 게오르그 데 라란데(George de Lalande)를 고문으로 위촉하여 총독부 청사 기본 설계에 들어갔다. 그는 도쿄에 있는 데라우치 집을 지은 사람이었다. 그러나 설계도가 완성되기도 전에 데 라란데가 갑자기 요코하마에서 죽었다. 그래서 대만총독부 청사 건립에 참여했던 노무라 이치로(野村一郎)와 총독부 기사인 구니에다 히로시(國枝博)가 데 라란데의 나머지 작업을 이어받아 1914년에 완성했다.

조선총독부 청사가 세워질 곳은 근정문 앞, 영제교가 있는 어구 이남의 홍례문 일곽이었다. 건물의 기본 계획이 마련되자 조선총독부는 홍례문과 주위 행각, 영제교, 유화문, 광화문과 홍례문 사이의 담장, 용성문, 협생문을 철거했다. 총독부 청사 신축은 약 2년여의 준비기간을 거쳐 1916년 6월에 착공했다. 공사는 압록강 기슭에서 잘라온 낙엽송 9,300그루로 기초를 닦고, 평양산 석회, 목포 앞바다 해태(식용 김의 재료가 되는 해초), 독일산 유리 등 1등급 자재들을 동원했다. 총독부 안을 장식한 대리석은 한반도 곳곳에서 캐왔다. 겉을 싼 화강석은 동대문 밖 창신동 채석장에서 채취했다. 이 공역에는 매일 조선인 800명이 투입되어, 준공까지 연 인원 200만 명이 피땀을 흘렸고, 일본인과 중국인 석공 300여 명을 동원했다. 여기에 참여한 건축가 중에는 독일인과 일본인 말고도 박길룡, 손형순, 김득린 등 조선 건축가도 일곱 명 끼어 있었다.

각종 행사장으로 전락한 궁궐

총독부 청사 설계도가 완성된 1914년, 일제는 다음 해에 개최될 '시정 5주년 기념 조선물산공진회'를 준비하면서 주요 전각 10여 채를 세외한 동궁 일원, 건춘문-동십자각-광화문 안-영추문 안 궐내각사 일대를 말끔히 정리했다. 5,200여 평의 대지에 전시 공간을 꾸민다 하여 대부분 헐어서 방매하거나 일부는 뜯어고쳤다. 정지 작업을 마친 경복궁 궁역은 아무것도 없는 벌판이나 마찬가지였다. 일제는 말짱한 공간을 깔끔하게 다듬어 정원으로 꾸미고, 전국 각지에서 끌어 모은 석탑, 부도, 불상 따위를 배치했으며 근정전과 교태전은 물산공진회 개회식장과 귀빈실로 썼다. 개회식 날, 데라우치 총독은 근정전 용상을 개조한 식단(式壇)에서 개회사를 낭독했고, 폐회식도 이곳에서 치렀다.

　물산공진회는 한일병합으로 '개선되고 발전한' 각종 문물과 우리나라의 문화재들을 전시함으로써 조선이 일본 덕분에 삶의 질이 향상했다는 것을 안팎으로 선전하고, 조선왕조의 상징인 경복궁에서 전시회를 엶으로써 식민통치의 정당성을 홍보하기 위한 일종의 산업박람회였다. 1915년 9월 11일부터 10월 30일까지 50일 동안 열렸다. 물산공진회장은 1호관, 2호관, 창고, 미술관, 기계관, 진열관, 귀빈관, 동양척식주식회사 특별관, 철도국 별관, 야외음악당 등으로 구성되었다. 물산공진회가 끝난 뒤, 1호관 자리에는 조선총독부 청사가 들어섰고, 미술관은 박물관으로 바뀌었으며, 빈 터는 공원 또는 광장이 조성되거나 총독 관저, 관리들의 관사, 분수대, 화단, 정구장, 야구장 등이 들어섰다.

　1917년, 창덕궁 내전 일대에 큰불이 났다. 일제는 이를 재건한다는 핑계로 경복궁 내전 건물의 대부분을 해체해 창덕궁으로 옮겼다. 이로 인해 경복궁은 궁궐다운 면모를 완전히 잃었다. 1921년, 물산공진회 때 뜯어고친 근정전 용상은 순직경찰관 초혼제를 지내

조선부업품공진회 때의 광화문 : 앞면을 조잡한 장식으로 가리고 임금 전용이었던 어칸은 아무나 통행하도록 개방했다.

는 제단으로 바뀌었고, 이후 근정전은 식민통치 기간 내내 조선 의병들에게 죽은 일본경찰, 헌병과 조선인 하수인의 영혼을 합사하거나 위로하는 공간으로 이용되었다. 법전의 존엄성은 가차 없이 짓밟힌 채 침략자들의 영혼을 달래는 사당 정도로 전락한 것이다.

1923년 10월, 조선부업품공진회(朝鮮副業品共進會)가 개최되었다. 그해 9월 1일에 일어난 관동대지진 때 일본인이 서시른 만행으로 흉흉해진 조선의 민심을 잠재우고 경제 불황을 타개하기 위해 연 전시회였다. 이 행사를 준비하는 과정에서 육조거리의 해태상이 제자리를 떠났고 전찻길을 내는 데 불편하다 하여 서십자각을 헐어냈다. 3대 총독 사이토 마코토(齋藤實)도 데라우치처럼 근정전 안에서 개·폐회식을 치렀고, 6대 총독으로 다시 부임한 뒤에 치른 조선박람회 때도 이 같은 만행을 되풀이했다.

당초 예정보다 1년 늦은 1926년 10월에 조선총독부 청사가 완공되었다. 그동안 3·1독립운동(1919)과 6·10만세운동(1926)이 일어났다. 2만 9,481평에 세워진 총독부 건물은 5층 규모로 앞면 128.3미터, 옆면 68.7미터, 높이 22.5미터, 옥탑돔까지는 47.9미터, 건축면적은 2,219평, 총 건평은 9,306평이었다. 준공식 날에는 광화문에 축하 휘장이 늘어졌고, 철종의 부마 박영효 후작이 '조선총독부 만세' 삼창을 선도했다. 일장기와 만국기가 펄럭이는 경회루에서는 축하연이 떠들썩하게 벌어졌고, 하늘에서는 축포가 터졌다. 이 날 종로 3가 단성사에서는 나운규가 제작, 감독, 주연한 영화 〈아리랑〉이 개봉됐다. 이 일로 나운규는 쇠고랑을 찼다.

일제는 조선총독부 건물이 완공되자 광화문을 철거하려고 했다. 그러나 일부 일본 지식인들의 반대에 부딪혀 이듬해 9월 건춘문 쪽으로 이건하는 데 그쳤다. 이때 민예학자 야나기 무네요시(柳宗悅)는 대단히 안타까워했고, 세키노 다다시, 이토 쥬타 등은 소극적으로 반대했다.

축사와 정화조가 들어서다

1929년 10월, 시정 20주년 기념 조선박람회가 개최됐다. 경복궁은 또 한 번 전시장 노릇하느라 50일 동안 몸살을 앓았다. 경제공황과 농업공황에 빠진 일본의 내부 불만을 조선으로 돌리기 위한 행사였다. 이때 총독부는 축산장려시책을 편다면서 근정전 서행각 너머 궐내각사 지역에 축사를 세우고 정화조를 설치했다. 이 때문에 경복궁에는 가축 냄새가 진동하고 오물이 여기저기 발에 채였다. 조선박람회 때 관람객 출구는 영추문이었다. 이 무렵, 관람객을 실어나르는 전찻길이 서쪽 궁성 밑을 지나갔는데, 전차의 진동으로 홍예문의 북쪽 담장이 무너졌다. 그 후 영추문이 없어졌다.

1932년 10월, 역대 임금의 어진(御眞, 임금의 화상이나 사진)을 봉안한 선원전이 이토 히로부미 사당인 장충동 박문사(博文祠)로 팔려나갔다. 지금의 신라호텔 영빈관 자리가 박문사가 있었던 곳이다. 박문사 담장은 광화문을 건춘문 북쪽으로 옮길 때 뜯어낸 궁성의 석재로 쌓았다. 박문사 정문은 경희궁의 정문인 흥화문을 옮겨 지은 것이었다.

1935년에는 건청궁을 헐어낸 자리에서 대한제국 병합 25주년 기념 박람회 소동을 벌였다. 이때부터 경복궁은 일반인이 마음대로 드나들 수 있도록 개방됐다.

경복궁 훼손 작업은 그 뒤에도 악착같이 진행되었다. 개조했던 근정전 서쪽의 승정원과 선전관청을 헐고 총독부 청사 별관과 문서고를 지었고(1938), 건청궁을 없앤 자리에는 총독부 미술관 별관이 들어섰다(1939). 이 같은 줄기찬 공작을 통해 경복궁의 전각은 본래의 10분의 1 정도(36동)만 남았다.

일제강점기의 궁궐을 보고 시인 조지훈(趙芝薰, 1920~1968)은 이렇게 읊었다.

> 벌레 먹은 두리기둥, 빛 낡은 단청, 풍경 소리 날러간 추녀 끝에는 산새도 비둘기도 둥주리를 마구 쳤다. 큰 나라 섬기다 거미줄 친 옥좌 위엔 여의주 희롱하는 쌍룡 대신에 두 마리 봉황새를 틀어 올렸다. 어느 땐들 봉황이 울었으랴만, 푸르른 하늘 밑 추석을 밟고 가는 나의 그림자. 패옥 소리도 없었다. 품석 옆에서 정일품, 종구품 어느 줄에도 나의 몸 둘 곳은 바이 없었다. 눈물이 속된 줄을 모를 양이면 봉황새야 구천에 호곡하리라.
>
> | 조지훈, 〈봉황수〉 |

경복궁 옛 모습 되살리기

광복 후에도 경복궁은 일제가 남긴 상처를 오랫동안 그대로 안았다. 일제강점기에 들어선 시설들을 반성 없이 그대로 이용했고, 미인대회를 열어 온 국민의 구경거리를 제공하기도 했다. 심지어는 경복궁이 유교문화의 응집 공간이라는 특성을 무시하고 옛 선원전 자리에 대표적 불교 유산을 한데 모아 콘크리트 덩어리(지금의 국립민속박물관)로 버무리기도 했다. 다행히 문화재청에서는 1990년부터 '경복궁 옛 모습 되살리기' 작업에 들어가 조선총독부 청사를 걷어내고 원래 그 자리에 있었던 흥례문과 행각을 복원했으며, 임금과 왕비의 침전 및 왕세자가 기거한 동궁, 제례 공간인 태원전 등을 다시 살리는 등 옛날 경복궁의 면모들을 일부나마 회복해가고 있다.

1935년 봄부터 일반인에게 공개된 경복궁의 현실은 광복 후에도 50여 년 가까이 그대로 이어졌다. 경복궁은 시민들의 놀이터였으며 학생들의 좋은 소풍 장소였다. 대한민국 정부도 경복궁을 전시장으로 이용하는 데는 일제에 뒤지지 않았다. 해방 10주년 기념 산업박람회(1955)를 이곳에서 개최했고, 군사정부는 근정문 안에 특설무대를 꾸며 '5·16 혁명군 위문공연'(1961)을 벌였으며, 다음 해에는 혁명 1주년 기념 산업박람회를 열었다.

사회의 목탁임을 자부하는 한 유명 언론사는 한술 더 떠 경복궁에 화려한 무대를 설치하고 해마다 미스코리아 선발대회를 열었다. 당시의 미인 선발대회는 전 국민의 관심사였다. 전국에서 뽑혀 올라온 미녀들은 수영복을 입고 몸매를 뽐내며 무대를 오락가락했다. 이 정도로도 성이 안 차 미스 유니버스 선발대회를 열어 세계 미녀들을 모아놓고 향원정 일대에서 수영복 경연대회(1980)를 펼쳤다.

이렇게 나라를 주도하는 기관들이 궁궐의 존엄성을 떨어뜨리는 가운데도 문화적 자각이 서서히 이뤄지긴 했다. 조선총독부 건물이 국립중앙박물관으로 바뀌고, 궐내각사 지역에 있던 5층 콘크리트 건물(철거된 중앙청 별관)에 국립문화재연구소가 들어섰으며, 건청궁 자리에는 명성황후 시해기록화관이 세워졌다.

경복궁의 원형 회복은 1989년에 기본 궁제를 복구·복원하려는 계획이 수립되면서 본격화됐다. 문화재청이 추진하는 '경복궁 옛 모습 되살리기'는 침전, 동궁, 홍례문, 태원전, 광화문 등 5개 권역이나. 복원 규모는 1990년부터 2009년까지 93동이다. 사업이 완료되면 경복궁은 12만 6,337평의 터전에 129동의 전각을 갖추게 된다. 이는 흥선대원군 때 중창한 전각 330여 동의 40퍼센트 정도에 해당하는 규모다.

경복궁의 제 모습은 우선 시멘트 구조물과 현대 시설물을 제거하고, 《궁궐지》·《조선왕조실록》, 대한제국 말기와 일제강점기에 작성된 실측조사 및 보수공사 도면, 진찬도, 대한제국 말기부터 일제시대를 거쳐 오늘에 이르기까지의 사진과 발굴조사 자료로 고증하여 되찾는다. 복원 시점은 고종 5년(1868) 경복궁을 중창한 시기다. 그러나 그때의 설계도면이 없고 일제에 의해 크게 훼손된 곳도 많아 원형을 제대로 살리는 것은 쉽지 않은 일이다. 복원의 어려움은 회랑으로 처리한 근정전 행각과 홍례문 행각을 보면 이해할 수 있다.

임금과 왕비의 처소인 강녕전과 교태전은 1995년 8월(12동 794평), 세자 내외가 살았던 자선당과 비현각은 1999년 12월(18동 352평)에 공사를 마쳤다. 흥례문 권역은 광복 50주년 기념일(1995년 8월 15일)에 조선총독부 청사 해체작업을 시작해 이듬해 연말에 완전히 걷어내서, 2001년 10월에 어느 정도 옛 모습(6동 517평)을 드러냈다. 집옥재는 주변 환경을 정비하여 2006년 10월부터 일반인들에게 공개했다. 태원전 터는 군부독재 시절 30경비여단이 주둔하면서 집옥재와 함께 일반인의 접근을 통제했던 곳이다. 선대왕의 어진을 봉안하거나 제례 장소로 쓰였던 태원전은 1999년부터 공사(25동)를 시작, 2005년에 복원공사를 마쳤다. 건청궁은 2006년 대부분의 건물을 되살리고 2007년 여름까지 조경 등 최종 마무리를 거쳐 10월부터 일반인

에게 개방했다. 함화당과 집경당 일원도 두 건물만 덩그러니 남아 있었으나 부속 시설과 행각을 되살리고 새로이 단장했다. 발굴 작업을 마무리한 흥복전 일곽도 머지않아 옛 모습을 되찾을 것으로 보인다. 잘못 세워진 광화문은 틀어진 방향을 바로잡고 콘크리트 구조였던 골조와 부재를 전통 자재로 바꿨다. 광화문 좌우로 펼쳐진 궁성은 광화문 복원 사업과 함께 이뤄낸 성과이다.

　경복궁이 법궁다운 권위를 지니기 위해서는 사라진 구조를 되살리는 것 못지않게 살아남은 전각을 원래 모습대로 유지하는 것 또한 중요하다. 전통 건축물은 대부분 나무로 짰기 때문에 석조물에 비하여 내구성의 한계가 있다. 오늘날의 경복궁이 장엄하면서도 산

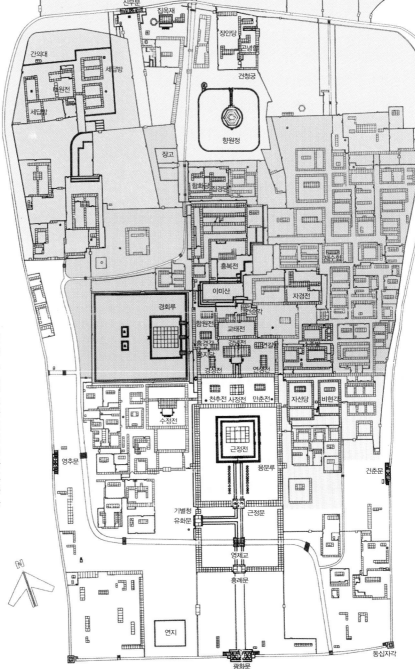

- 궐내각사
- 동궁
- 외전
- 내전
- 별전
- 후원

신무문　집옥재
　　　　장안당
간의대　　　곤녕합
　　　　건청궁
태원전
세답방
세답방　　장고
　　　　향원정

함화당·집경당

흥복전
아미산　자경전
집옥재
경회루　교태전
함원전
흠경각　강녕전　건길
함홍각
천일각　경성전　연생전
경정전
천추전　사정전　만춘전　자선당　비현각

수정전

근정전

융문루

기별청
유화문　근정문

영추문

영제교

흥례문

건춘문

연지

광화문　동십자각

북궐도형 : 19세기 말에 제작된 경복궁 시설 평면 배치도. 궐내각사, 치조, 연조, 동궁, 원유, 후원 등으로 조성된 궁궐은 하나의 계획도시다. 지금은 빈 공간이 많지만 중창 당시는 모든 시설이 빽빽이 들어차서 미로처럼 얽혀 있었다. 갈색 글자는 복원·보수 중 또는 복원 준비 중, 검은색 글자는 현재 있는 전각.

궁 역	일제강점기를 극복한 건물	경복궁 옛 모습 되살리기(1990~2009)		
		복 원	진행 중	예 정
궁성과 궐문	건춘문, 신무문, 동십자각	영추문	광화문과 동·남쪽 궁성	
외조		흥례문 일곽		
치조	근정전 일곽 사정전, 천추전, 수정전	만춘전(한국전쟁 때 불탔음)		
연조	자경전 일곽 재수합 집경당과 함화당	강녕전 일곽 교태전 일곽 장고(醬庫)	집경당·함화당 행각	흥복전 일곽, 소주방
경회루	경회루	동쪽 담과 문		
동궁 일원		비현각, 자선당		
건청궁 일원	향원정, 집옥재 일원	건청궁		
별전		태원전 일원	문경전과 회안전 터 정비	

뜻한 느낌을 주는 것은 옛것을 잘 간수하려는 노력의 결과다. 그러나 꼼꼼히 들여다보면 부재나 단청이 낡고 퇴락한 곳이 눈에 띈다.

우리가 감탄하는 근정전도 옛 모습 그대로가 아니라 최근에 보수한 것이다. 전각의 보수는 땜질이 아니다. 완전히 해체해서 다시 맞춰야 한다. 처음 지을 때처럼 만만찮은 시간과 경비, 공역이 든다.

2001년 1월부터 2년 11개월 동안 진행된 근정전 보수공사는 건물을 지탱하는 캐나다산 재목으로 고주(高柱) 4개를 모두 교체했다. 지붕은 무게를 줄이기 위해 지붕의 흙을 걷어내고 송판을 깔아 빈 공간을 형성한 덧집 기법을 적용했다. 2층을 완전히 해체하고 추녀 4개 중 3개를 교체했으며, 4만 7천여 개의 기와를 새로 입혔다.

기후와 풍토가 다른 곳에서 자란 목재를 우리 전통 건축에 사용하는 것은 변칙이다. 그러나 근정전을 보수할 때 기둥감을 수입한 것은 우리나라에 쓸 만한 소나무가 없었기 때문이다. 조선의 궁궐 건물이나 왕족의 관재(棺材)는 금강송(金剛松)을 사용했다. 금강송은 더디게 자라 나이테가 조밀하고 송진 함유량이 많아 잘 썩지 않고, 갈라지지 않으며, 강도도 높아 옛날부터 우수한 목재로 인정받았다. 궁궐 전용 목재이기 때문에 금송(禁松)이라고 하며, 몸통 안이 황금빛을 띤다 해서 황장목(黃腸木)이라고도 한다. 강원도와 경상북도 일부 지역에 금강송 군락지가 형성되었으나 일제강점기에 베어 일본으로 실려 가거나 남벌로 남아나지 못했다. 문화재청에서는 2005년 11월 11일, 산림청과 협조하여 경북 울진군 서면 소광리 소재 150만 평의 금강송 군락지에 1,111그루를 심고 '금강소나무 보호림'으로 지정하여 앞으로 150년 동안 육성하기로 했다. 이 금강송은 전통 목조 건물을 수리하고 복원하는 데 사용하게 된다.

다시 살아나는 경복궁

경복궁은 한국적 삶의 응축 공간이다. 이 궁궐에는 유교적 삶의 양식과 정신이 녹아 있다. 이곳에 들어와 보면 과거의 지도자들이 어떻게 나라를 경영하고 백성들을 이끌고자 했는지 가시적으로 확인할 수 있다. 조선시대 지도자들은 유교적 삶에 충실하려고 노력한 사람들이다. 그러나 하나의 정신만을 붙들고 투철하게 산다는 것은 성인이 아닌 이상 그리 수월한 일이 아니다. 경복궁이 유교의 산물이기는 하나 다른 대상에 대해 배타적이지는 않다. 큰 줄기는 성리학적 체계이지만 그 가지에는 다양한 생각이 매달려 있다. 유불선(儒佛仙), 풍수학은 물론이고 조선 말기에는 신당(神堂)까지 있었을 정도다. 구성원의 다양한 삶의 양식이 알게 모르게 묻어 있는 것이다.

경복궁은 조선의 법궁이다. 500년 왕업이 숱한 곡절을 겪으면서 형태가 바뀌거나 훼손되기도 했지만 5대 궁 가운데 터가 가장 넓고 전각은 가장 장엄하다. 임진왜란 이후 오랜 공궐기를 거쳤으나 창업정신이 가장 투철하게 형상화된 곳이다. 역할에 따라 궁역이 명확하고 정연하다. 법궁인 경복궁은 나라이고 도시였다. 궁궐의 주인은 왕족 몇 명뿐이었지만 그들을 거드는 사람은 헤아릴 수 없이 많았다. 나라의 최고 어른부터 관리, 나인을 수발하는 하녀까지 이곳에서 먹고 자거나 출퇴근하며 일과를 보냈다. 온갖 사람들이 머무르는 곳이므로 당연히 그들을 위한 편의시설이 갖추어져 있다.

경복궁은 현재진행형이다. 현대생활의 복잡한 환경에서 벗어나 옛 정취에 젖어보려는 사람들의 발길이 끊어지지 않는 한 경복궁은 숨 쉬는 곳이다. 경복궁은 관람 대상에 머무르지 않는다. 지도자나 공무에 임하는 사람에게는 올바로 일하라고 질타하고 시민들에게는 바르게 살라고 일깨워준다. 경복궁의 모습도 날마다 새로워지고 달마다 달라진다. 방문객의 눈을 거스르지 않으려고 애쓰며 옛 모습을 되살리려는 대패질과 망치질이 조용히, 그러나 숨 가쁘게 이어진다. 무심코 지나치면 눈에 띄지 않지만, 꼼꼼히 둘러보면 어제와 오늘이 같지 않다. 그러므로 과거완료가 아니다. 일제강점기 이후, 경복궁은 결코 짧지 않은 겨울잠에서 깨어난 지 얼마 안 된다. 경복궁이 가야 할 길은 멀다. 문화재청에서는 단기복원 사업이 마무리되는 2009년부터 약 20년에 걸쳐 장기복원 사업을 추진할 예정이다. 아직 살려내지 못한 주요 전각과 외곽지역의 건물들을 복원하고, 변형된 궁성과 조경 체계를 제대로 갖추는 일은 숙제로 남아 있다.

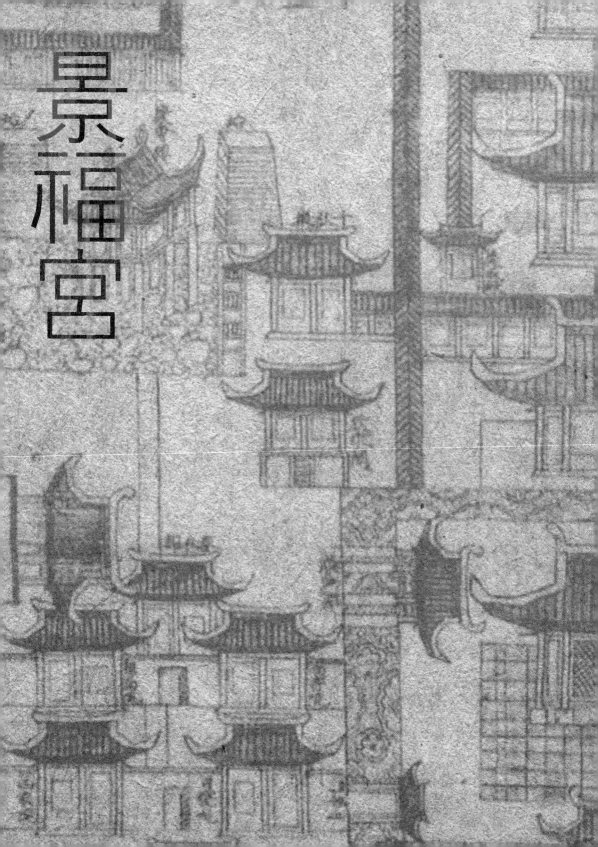

景福宮

2

경복궁으로 가는 길

도성 _사적 10호

궁궐은 통치자가 머물면서 정령(政令, 법령)을 내보내고 백성을 보살피기 위해 고민하는 나라의 중심이다. 따라서 경복궁에 올바로 다가가기 위해서는 그곳을 감싸고 있는 환경을 알아두는 것이 좋다. 지금은 서울시 관할이 605제곱킬로미터에 이르는 방대한 지역이지만 조선의 한성부는 주로 도성 안을 가리켰다. 도성은 궁궐의 1차 보호시설, 궁성은 2차 보호시설이다.

백악은 서울의 주산이다. 좌우로 낙산과 인왕이 나래를 펴고, 그 가운데 백악의 정기가 모인 곳에 경복궁이 자리를 틀었다. 경복궁 앞에 공손하게 머리를 숙이고 있는 목멱이 안산이다. 한양은 이 내사산(內四山)에 안겨 있다. 이 내사산을 연결하여 쌓은 성곽이 한양 도성이다. 경복궁은 한양성의 서북쪽에 치우쳐 있어 북궐이라고도 부른다. 궁의 위치가 한쪽으로 기운 까닭은 주산인 백악을 진산으로 삼아 터를 잡았기 때문이다. 그리고 경복궁을 기준으로 삼아 동쪽의 창덕궁과 창경궁을 동궐, 경복궁 서남쪽의 경희궁을 서궐이라 불렀다. 백악의 좌우에서는 두 가닥의 물줄기가 흘러나왔다. 경복궁은 두 물줄기의 중심에 있다. 동쪽 물줄기(중학

도성은 태조 이후 두 차례에 걸쳐 대대적인 보수 공사가 이뤄졌다. 개축 공사의 흔적은 축성 방식의 차이로 알 수 있는데, 서울 중구 장충동 신라호텔 동편(신당동 쪽) 성벽에서 이를 확인할 수 있다. 현재 남아 있는 한양성은 약 12킬로미터다.

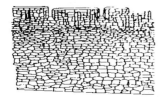

태조 5년(1396) : 다양한 크기의 깬 돌로 쌓은 난석 쌓기. 비교적 잔 석재로 쌓았다.

세종 4년(1422) : 규격화한 돌로 큰 것을 아래에 깔고 위로 올라갈수록 작아진다. 위쪽은 태조 때의 석재를 다시 사용했다.

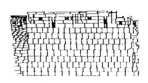

숙종 30년(1704) : 네모 반듯하게 규격화한 돌을 거의 수직으로 빈틈없이 쌓아 견고한 느낌을 준다.

천)는 건춘문 앞과 육조·기로소 동편을 지나고, 서쪽 물줄기는 인왕산 계곡에서 흘러나와 경복궁과 육조의 서쪽을 지나 황토현에 이르러 동류(東流)한다. 이 물줄기는 중학천과 만나 청계천을 이루어 서입동출(西入東出)하는 한성의 명당수가 되었다.

도성 쌓기

지금 서울의 주거지는 도심지보다 외곽에 더 많이 형성되어 있다. 서울의 25개 자치구 중 중구와 종로구만 도성 안일 뿐 나머지는 성 밖이다. 한양 천도 이래 1910년까지 한성부의 관할은 도성 안과 성 밖[城底] 10리였다. 이 기간의 한성부민은 대부분 성 안에 살았다. 성저 10리는 왕실과 양반들의 사냥터 또는 놀이터였으므로 일반 백성들이 쉽사리 접근할 수 없는 지역이었다. 성 안 사람들에게 농산물을 대는 사람들이 사는 정도였다.

도성 쌓기는 태조 5년 1월 9일 개기제(開基祭, 터를 닦기 시작할 때

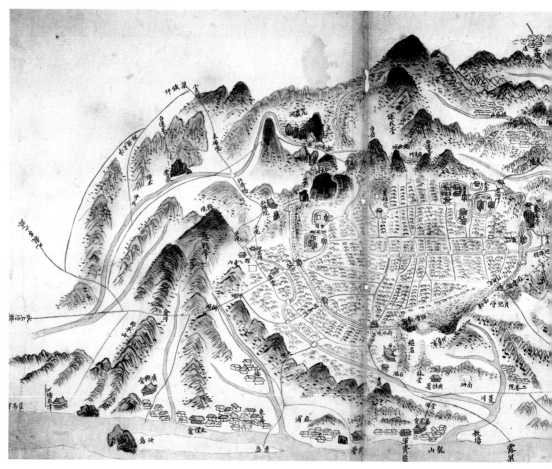

도성도 : 조선 후기 도성 안에 궁궐이 자리 잡은 모습과 청계천으로 흘러드는 물줄기를 볼 수 있다. 19세기 전반.

지내는 제사)로 시작됐다. 농한기를 이용해 경상도, 전라도, 강원도와 평안도 안주 이남, 함경도 함흥 이남의 민정 11만 8,070명을 동원했다. 백악산 정상에서 숙정문까지의 구간은 함경도, 숙정문에서 혜화문은 강원도, 혜화문에서 숭례문은 경상도, 숭례문에서 돈의문은 전라도, 돈의문에서 백악산 정상 사이는 평안도 장정이 맡았다.

성터의 총 길이는 5만 9,500척이다. 이 길이를 1구간 600척씩 총 97구간으로 나누어 2개의 구간마다 판사·부판사 각 1명, 사(使)·

부사·판관 등 12명을 감독관으로 배치했다. 1구간은 다시 여섯 도막으로 나누어 책임자를 두었다. 각 구간은 천자문의 글자 순서대로 차례를 매겼다. 백악산 동쪽의 제1구간부터 '天'자로 시작하여 '地, 玄, 黃……' 순으로 이어진다. 전체 성터는 천자문의 97번째 글자인 '吊(조)'에서 끝났다. 공사의 완성도를 높이기 위해 이중삼중의 책임자를 두었고, 그들에게 책임을 지우기 위해 성벽 바깥 면에 감독관 이름, 군명(郡名), 자호(字號) 등을 새겼다. 일종의 공사 실명제다. 지금도 태조 때 쌓은 남산 동쪽의 경상도 구역에는 '崑字六百尺(곤자육백척)', '劒字六百尺(검자육백척)' 등의 성각기(城刻記, 성을 쌓을 때 장대석에 공사구간과 해당 구역 책임자의 이름을 새긴 기록)가 남아 있다. 그러나 개기제부터 2월 28일까지 49일이라는 짧은 기간에다가 엄동설한이 겹쳐 공사에는 많은 무리가 따랐다.

성곽은 다듬지 않은 자연석으로 쌓았다. 장대한 기초석으로 받치고 성벽은 수직으로 올렸는데 돌과 돌 틈에는 작은 돌을 메우는 등 축성 방법이 거칠었다. 지대가 높고 험한 곳은 돌로, 낮고 평탄한 곳은 흙으로 쌓았다. 홍인지문(동대문) 부근은 지대가 낮은 늪지대라 지반을 다지기 위해 말뚝을 박고 돌을 채운 후에야 지상 공사를 할 수 있었다. 그래서 공력이 다른 곳보다 두 배나 들었다. 이 지역을 담당했던 안동과 성산 장정들에게는 정해진 공정을 맞춘다는 게 무리였다. 당시 경상도관찰사 심효생은 공사 기간을 10일 더 연장해달라고 조정에 건의했다. 그러나 일꾼을 농사철에 돌려보내겠다는 약속을 어길 수 없다 하여 흥인지문 부근의 축성은 물론 성문도 세우지 못한 채 마무리 공사를 일단 뒤로 미뤘다. 아직 공사가 미완성이었지만 도성의 총 길이는 1만 8,127미터, 평균 높이 7.5미터, 너비 6.5미터 안팎의 규모였다.

그해 여름에 큰 홍수가 났다. 1차 공사 때 쌓은 성곽은 대부분 토성이라서 이때 거의 유실됐다. 경상도·전라도·강원도 장정을 다시 동원해 8월 6일부터 9월 24일까지, 장마로 무너진 부분을 돌로 쌓았다. 현재 남아 있는 성곽은 세종과 숙종 때 대대적으로 보수한 것이다. 삼청동, 성북동, 장충동 일대에서 이를 쉽게 확인할 수 있다. 사적 10호로 지정된 서울 성곽은 숭례문에서 소의문(서소문)에 이르는 구간, 광희문(시구문)에서 흥인지문 구역을 빼놓고는 대부분 연결되어 있다. 연결된 구분은 간간히 단절되어 있기는 하나 일제 강점기 도시계획(1912, 경성시구개수예정계획)으로 훼손된 것을 1970년대부터 보수·복원한 결과다.

사대문과 큰길, 저자

성 안에는 정령을 받드는 무수한 관아가 있었다. 그 주변에는 어떤 방식으로든지 관아와 끈이 닿는 사람들이 살았다. 이들은 성 밖에서 들여온 생활필수품을 소비하는 사람들이었다. 그래서 성 안에는 왕래가 잦은 큰길이 있었고, 사대문이나 큰길에는 저자가 들어섰다.

성곽이 경계라면 성문은 통로다. 조선 초 성곽 공사와 함께 도성문의 홍예(무지개 모양으로 반쯤 둥글게 만든 문)와 문루를 조성했다.

이 문에는 오상(五常, 인의예지신)의 방향에 따라 한 글자씩 취해 흥인지문(興仁之門) · 숭례문(崇禮門) · 돈의문(敦義門) · 숙정문(肅靖門)이라는 편액을 달았다. 그리고 도성의 중심에는 종루(鐘樓, 보신각)를 두었다.

사대문 사이에는 다시 작은 문을 네 개 세웠는데, 홍화문(혜화문), 소의문, 광희문, 창의문(자하문)이다. 현재 소의문은 소실 뒤 복원되지 않았다.

사대문 중 유일하게 옹성을
두르고 있는 흥인지문.

사대문

흥인지문 :

흔히 동대문으로 불리는 흥인지문은
1869년(고종 6년)에 다시 지은 것이다.
도성의 8개 성문 중 유일하게 옹성을
거느렸고, 정방형에 가까운 틀 안에
네 자로 된 이름을 담았다.

흥인지문은 동쪽 도성의 좌청룡 끝
자락에 있다. 도성을 쌓을 때, 한성의 사신사 중 흥인지문에 인접한
낙산이 낮고 약하다는 점이 자주 흠으로 지적됐다. 동쪽이 약해 이
쪽으로 외적이 쉽게 침입한다고 보았다. 동쪽의 허전한 기운을 채
우기 위해서 군사적 관점이 아닌 풍수적 시각에서 비보염승책(裨補
厭勝策, 풍수적 약점을 보완하기 위해 부족한 부분을 채우거나 액운이 서린
땅에 조형물을 설치하는 것)으로 옹성을 쌓았다고 한다. 또 편액을 네
자로 하여 다른 문과 차별한 것도 허약한 동쪽을 보완하기 위한 방
편으로 '之(지)'자를 더 넣었기 때문이다. 흥인의 '흥(興)'은 번창
한다, '인(仁)'은 오행으로 목(木)이고 방위는 동쪽이다. 동쪽을 일
으켜 허술함을 막는다는 풍수적 의미가 담겨 있다.

숭례문 : 숭례문(속칭 남대문)은 한성의 정문이라 할 만큼 도성 제일
의 정문이다. 일반인은 물론 외국 사신도 이 문으로 출입했다. 양녕
대군이 썼다는 편액은 세로 현판이다. 숭례문의 '崇(숭)'은 불꽃이
위로 타오르는 모양이고, '禮(례)'는 오행으로 화(火)이며 방위로는
남쪽을 나타낸다. 따라서 두 글자를 세로로 겹치면 '炎(염, 불꽃)'이
되어 불이 타오르는 풍수의 의미를 띠게 된다. 세로 편액은 타오르

는 불꽃을 이미지화해서 불을 불로 막는다는 뜻을 담았다. 숭례문 밖에는 도성의 화기를 막기 위해 연못을 파고 연을 심었다. 이 연못을 남지(南池)라고 했는데 연꽃이 무성했다고 한다.

오랜 세월의 풍상을 거쳐온 이 문은 1961년 약 3년에 걸친 해체·보수로 면모를 새로이 했으나, 2008년 2월 방화로 인해 일부만 남고 삽시간에 재로 변했다. 이후 문화재청에서는 5년 3개월 동안 발굴과 실측을 거쳐 복구 사업을 진행했다. 2013년 5월 초에 복구를 완료한 숭례문의 모습은 소진되기 전과 사뭇 다르다. 1908년 조선통감부가 전찻길과 도로를 내면서 철거한 문에 연결된 성곽이 동쪽으로 53미터, 서쪽으로 16미터로 복원되었고, 용마루는 1.1미터 길어졌다. 동쪽 계단 폭은 2.9미터에서 5미터로, 지반도 조선후기 때와 같이 20~50센티미터 낮아졌으며 바닥에는 박석을 깔았다.

복구된 숭례문 : 화기를 막는다는 풍수적 의미에서 사대문 중 유일하게 세로 현판을 썼다. 양녕대군의 사당인 지덕사(至德祠)의 탁본 자료를 토대로 재현한 것이다.

돈의문 : 돈의문은 숭례문에 버금가는 대문이다. 1396년(태조 5년) 9월, 도성 2차 공역을 마무리할 때 다른 성문들과 함께 도성의 서대문으로 준공했다. 태종은 13년(1413) 6월 풍수가의 말에 따라 숙정문(북문)과 창의문(서북문)을 폐쇄하고, 돈의문을 약간 남쪽으로 옮겨 서전문(西箭門)이라고 바꿔 불렀다. 1422년(세종 4년) 2월에는 도성을 고쳐 쌓으면서 서전문을 폐쇄하고 더 남쪽으로 옮겨 이름을 돈의문으로 되돌렸다. 이때 새문[新門]이라는 별칭이 생겼다. 그래서 돈의문 안을 새문안, 그리로 통하는 길을 새문안길(신문로)로 불

돈의문 : 사대문 중 유일하게 복원되지 않았다. 돈의문이 있었던 중구 정동 옛 터에는 경향신문사가 들어서 있다.

렀다. '돈(敦)'은 '도탑다, 힘쓰다'는 뜻이고, '의(義)'는 오행의 서쪽이다. 사대문 가운데 일제 때 도로 확장 공사(1915)로 사라진 뒤 복원되지 않은 유일한 도성 대문이다. 돈의문 자리에는 현재 경향신문사 사옥이 있다.

숙정문 : 숙정문(肅靖門)은 북한산 동쪽 성북구 성북동 계곡 끝자락에 있다. 엄연한 도성문이면서 대문 대접을 못 받고 북문으로만 불린다. 오상과 방위에 맞춰 편액에 '智(지)' 자가 들어가야 하나 '靖(정)'의 의미가 '智'와 통하기 때문에 변화를 주었다. 《조선왕조실록》에서는 처음에 이 문을 숙청문(肅淸門, 태조 5년)이라고 했다. 그러나 중종 18년부터는 숙정문(肅靖門), 북정문(北靖門, 중종 26년), 숙

숙정문 : 1968년 보안상의 이유로 오랫동안 일반인의 접근을 막았다가 2006년부터 서쪽 성곽 0.5km, 북쪽의 진입로 0.6km 구간을 개방했다. 사적 10호. 편액은 박정희 전 대통령 글씨.

정문(肅靜門, 선조 20) 등 다른 이름들이 등장한다.

이 문은 태종 때, 경복궁의 양팔이라 할 수 있는 창의문과 숙정문을 통행하는 것은 지맥을 손상시킨다는 풍수가의 진언에 따라 폐쇄하고 소나무를 심어 통행을 막았다. 이 문을 열어놓으면 장안의 부녀자들의 품행이 음란해지기 때문에 닫아두었다는 속설도 있다. 세

시풍속에서 정월보름 이전에 부녀자들이 북문에 세 번 다녀오면 그해 액운을 물리친다고 했다. 평소 울타리 안에 갇혀 지내야 했던 부녀자들의 나들이에 대한 선망과 동경에서 비롯된 풍습이다. 북문은 집이라는 '감옥'으로부터의 해방이자 탈출구였다. 그래서 북문 주변은 여자의 꽃밭을 이뤘고, 남자라는 벌, 나비가 꼬였다. "사내 못난 것 북문에서 호강한다"는 속담이 생길 정도로 풍기가 문란한 곳이었다.

이후 숙정문은 음양오행 가운데 물을 상징하는 음에 해당하는 까닭에 가뭄이 들어 기우제를 지내는 시기에만 열고, 비가 많이 내리면 닫았다. 현대에 와서도 숙정문은 오랫동안 접근할 수 없었다. 1968년 북한 무장군인들이 청와대 부근까지 습격한 사건을 계기로 폐쇄했다. 이후 경비상의 문제로 40여 년간 접근이 불가능했던 숙정문은 2006년 4월에 이르러 비로소 통행금지가 풀렸다. 이때 개방된 구역은 홍련사(성북구 성북동)-숙정문-촛대바위에 이르는 1.1킬로미터 정도의 짧은 숙정문 권역이었다. 문화재청에서는 개방 구간이 너무 짧다는 탐방객들의 갈증을 해소하고 '북악산을 온전히 시민들에게 되돌려주기 위해' 2007년 4월 초부터 와룡근린공원(종로구 와룡동)에서 출발하는 백악산 성곽을 따라 숙정문과 백악 정상, 창의문(종로구 창의동)에 이르는 4.3킬로미터 구간을 전면 개방했다.

지금도 숙정문을 답사하려면 약간의 제약이 따른다. 숙정문이 있는 백악산에 들어가는 시간은 월요일을 제외한 오전 9시(11월부터 2월까지는 오전 10시)부터 오후 3시까지로 제한되어 있다. 출발 지점은 와룡근린 공원, 홍련사, 창의문이며 입산할 때는 반드시 신분증을 지참하고, 소정의 절차를 밟아 통표(通票)를 패용해야 한다. 정해진 경로를 따라 이동하게 되어 있으며, 답사 시간은 2시간 30분

정도 걸린다. 이동로 중간 중간에 설치한 전망대에 이르면 경복궁과 이를 둘러싼 세종로 일대, 사방으로 펼쳐진 서울 전경을 한눈에 내려다볼 수 있다.

한길大路과 저자市場

옛날 도성 안은 청계천을 중심으로 북촌과 남촌으로 구분됐다. 경복궁과 가까운 북촌 일대를 '웃대', 청계천 남쪽 광희문과 흥인지문 안팎을 '아랫대'라 했다. 백악과 응봉 자락을 등진 북촌에는 고관대작들이, 남산 기슭의 남촌에는 부귀는 갖추지 못했으나 기개만은 하늘을 찌르는 선비와 하급 벼슬아치들이 주로 살았다.

북촌과 남촌 사이의 중촌은 상점이 늘어선 운종가와 여러 관청이 들어선 지역이었다. 그래서 광통교에서 장통교를 지나 수표교에 이르는 청계천 일대는 중인과 상인의 가옥이 많았다. 중촌에서도 광교 주변에는 풍부한 밑천으로 대규모로 거래하는 상인이 많아 부촌을 이뤘다고 한다.

인왕산 아래는 별감, 사역원, 교서관, 통례원, 종부시 등의 아전들이 모여 살았다. 노비들은 주인댁에 붙어살았을 것이며, 내시들은 사직단 부근의 내시촌(火者洞, 효자동)에, 명륜동 일대에는 성균관 소속 노복들이 무리를 지어 살았다.

시장: 도성 안에는 숭례문에서 시작해 운종가의 종루에 닿는 한길과 시전이 늘어선 운종가(오늘날의 종로거리)가 있었다. 오가는 사람이 많은 한길과 출입이 빈번한 도성문 언저리에는 저자(市場)가

형성되었다.

도성 안은 소비 지역이다. 도성 안에서는 경작을 금했다. 따라서 소비물자는 성저 10리(조선시대 도성 안과 도성에서 10리를 경계로 삼아 한성부에 포함시킨 서울의 행정구역)에서 조달했다. 마포나루에서는 해산물이 들어왔고, 돈의문 밖에서는 미나리, 용산과 이태원 부근에서는 수박이나 호박 같은 청과물, 왕십리와 뚝섬에서는 채소를 재배하여 생계를 꾸렸다. 그래서 목덜미가 까맣게 탄 사람은 왕십리 배추 장수, 얼굴이 탄 사람은 마포 새우젓 장수라는 우스갯소리가 나왔다. 왕십리에서 광희문을 통해 야채를 팔러 오면 아침 햇살이 채소 장수 목덜미를 비추고, 서강이나 마포나루에서 해산물 장수가 돈의문 안으로 들어올 때 아침 햇살을 받아 얼굴이 탄 탓으로 나돈 말이다. 지금도 "왕십리 똥파리 달라붙듯"이라는 속담이 있다. 배추나 무 따위를 가꾸면서 인분을 많이 주므로 파리들이 모여들었기 때문에 생겨난 말이다.

숭례문 밖에는 짐꾼이나 날품팔이로 생계를 꾸리는 사람들이 많았다. 한강진, 동작진, 노량진, 두모포(옥수동) 등으로 전국의 물산이 집결했기 때문이다. 숭례문 앞에는 종루시전처럼 행각이 있었고 여기에 무단으로 덧댄 가가(假家, 임시로 가설한 가게)들이 소의문(1914년 헐린 서소문)까지 즐비하게 이어져 저자를 이뤘다. 이곳에서는 경강(京江, 뚝섬에서 양화나루에 이르는 한강)과 가깝기 때문에 서해의 각종 어물과 삼남에서 올라오는 곡물을 거래했다. 이곳이 칠패시장인데 오늘의 남대문시장으로 발전했다.

종루: 칠패시장에서 숭례문을 통과하여 동쪽으로 에돌아 가다가 광통교를 건너 운종가와 만나는 지점에 종루가 있었다. 고종 때 불

보신각 : 원래는 2층 누각 건물로 '종루'라고 했으나 화재를 만나 고종 때 다시 지으면서 보신각이 되었다.

타기 전에는 앞면 5칸, 옆면 2칸의 누각으로 2층 다락에 종을 걸어 시각을 알렸고, 아래층은 개방해 인마가 통행했다. 화재 후 고종 32년에 앞면 3칸, 옆면 2칸의 단층 팔작지붕으로 다시 짓고 임금이 '보신각(普信閣)'이라는 편액을 내렸다. 인의예지신의 다섯 방향 중 중앙에 있기 때문에 '信(신)'이 들어간 것이다.

이 보신각은 일제강점기 도로를 보수할 때(1915) 원래 위치에서 약간 뒤로 옮긴 것을 한국전쟁으로 파괴되자 다시 뒤로 물려 짓고(1953), 1979년 또 한 번 뒤로 물려 앞면 5칸, 옆면 4칸 중층 누각을 철근 콘크리트로 재건하고 위층에 종을 걸어 오늘에 이르렀다.

운종가 : 종루에서 운종가를 따라 황토마루 쪽 혜정교(지금의 광화문우체국 부근에 있던 다리)를 지나면 육조거리에 닿는다. 운종가는 흥인지문에서 돈의문까지 이어진 길이다. 현재 종로와 신문로에 해당한다. 너비 56척의 운종가에는 관아에서 행각을 마련하고 상인에게 대여해 시전을 벌이도록 했다. 이 시전은 특정 상품에 대한 독점권과 함께 여러 특전을 누리면서 궁궐과 관아가 요구하는 물품을 의무적으로 바쳤다. 운종가 시전과 칠패시장은 동북지방에서 올라온 어물과 도성 부근에서 재배한 채소를 거래했던 배오개[梨峴]시장과 함께 한성 3대 시장이었다.

종로와 신문로의 접점에는 언덕이 있었는데 황토마루라고 불렸다. 황토마루에서 서쪽으로 나아가면 경희궁 정문인 흥화문을 정면으로 만난다. 운종가가 홍화문 안으로 곧장 빨려 들어간 것이다. 홍화문을 관통한 이 길은 곧장 서쪽으로 진행하다가 북쪽으로 꺾여 남향한 정전의 전문인 숭정문에 연결된다. 홍화문에서 경희궁 궁성을 끼고 남쪽으로 에돌아 이어진 길이 새문안길이다. 활등처럼 휜 새문안길을 따라가면 돈의문이 나왔다.

오늘날의 태평로는 조선시대에는 없었던 길이다. 옛날에는 황토마루 남쪽 서학현(조선일보와 성공회당 사이)을 지나 경운궁 동쪽 궁성을 옆에 끼고, 무교(武橋) 남쪽에서 원구단 서쪽 물줄기를 따라가는 작은 길이 있었을 뿐이다. 태평로는 일제의 도시계획(1912)에 따라 개설된 도로다. 개설 당시 태평로는 황토현 광장(광화문 네거리)에서 대한문 앞을 지나 숭례문에 이르는 폭 15칸(약 27.3미터) 규모였다.

육조거리

육조거리는 관아가 늘어선 행정의 중심지다. 육조의 고위관리는 수시로 입궐하여 임금에게 업무를 보고하고 정무에 대한 협의를 했다. 육조는 사실상 임금의 통치업무가 집행되는 곳이다. 따라서 경복궁 답사는 육조거리에서부터 시작해야 한다. 동양의 도성 개념은 주작대로(朱雀大路)를 내포하고 있다. 도성의 남문과 궁성의 정문을 남북으로 잇는 중심가로서, 군주가 이 길 양옆에 관아를 끼고 남면(南面)하여 통치한다는 개념이다. 그러나 한성에는 숭례문에서 황토마루에 이르는 큰길이 없었으므로 통념 속의 주작대로와는 약간의 차이가 있다. 세종로의 전신은 주작대로에 해당하는 육조거리였다. 태종이 한성으로 재천도한 뒤 광화문 앞에 육조를 비롯한 주요 관아들을 마련함으로써 그 사이 큰길을 '육조 앞' 또는 '육조거리'로 부른 데서 비롯된 명칭이다.

광화문 동쪽의 맨 앞에 의정부가 있었다. 의정부는 육조를 통괄하는 최고의 행정기관으로 조선 초에는 도평의사사라고 했다. 의정부 남쪽으로 이조, 한성부, 호조, 기로소가 서쪽을 향해 어깨를 나란히 잇대고 있었다. 동쪽 관아들 뒤로는 백악에서 시작된 중학천이 흘렀다. 광화문 서쪽에는 예조를 위시해서 중추부, 사헌부, 병조, 형조, 공조, 장예원의 대문이 즐비하게 이어졌다. 사헌부 앞과 건너편에 해태가 마주 앉아 있었으므로 '해태 앞' 거리라고도 했으며, 1902년(고종 40년)에 세운 비각 때문에 '비각 앞'이라고도 불렀다. 일제시대에는 '광화문통'으로 불리다가, 1946년 10월부터는 세종의 묘호를 따서 '세종로'가 됐다.

"세종로에 세종대왕 없고, 충무로에 충무공 없고, 을지로에 을지문덕 없다. 그리고 동대문구에 동대문 없고, 서대문구에 서대문 없다."는 우스갯소리가 있다. 충무공은 충무로에 있지 않고, 가장 번잡하고 매연이 자욱한 광화문 네거리에 우뚝 서 있다. 원래 이 자리에는 이승만 초대 대통령의 동상이 버티고 있었다. 이 동상은 1960년 4월혁명 때, 성난 시민들이 무너뜨려 새끼줄에 묶인 채 끌려 다니다가 사라졌다. 그 후 이곳에 세종대왕상이 잠시 머물렀으나 군사문화가 위세를 떨치던 3공화국 시대에 경운궁으로 쫓겨가면서 이순신 장군에게 자리를 넘겨줬다.

1920년 전후의 광화문 앞 육조거리 : 큰길 양쪽에 궐외각사가 늘어서고 그 앞에는 육조에 드나드는 관리들을 다잡이하는 해태가 눈을 부릅뜨고 있다. 광화문 앞에는 3도로 이뤄진 석단을 펼쳤고, 문 양쪽에는 군막(軍幕, 초소)이 있었다.

관리의 출퇴근

이순신 장군이 눈을 부릅뜨고 내려다보는 곳은 황토마루였다. 동쪽은 운종가, 서쪽은 경희궁 흥화문 앞을 지나 돈의문으로 이어지는 새문안길이다. 운종가와 凸자 삼거리를 이루며 북으로 곧게 뻗은 육조거리는 운종가와 같은 너비로 황토마루에서 광화문에 이르는 광장이다. 옛날에 이곳은 행정의 중심지였다. 길 양편으로는 의정부에 딸린 육조를 비롯한 관아들의 정문이 즐비하고, 그 가운데 광장 같은 길에는 관리의 가마를 이끄는 길라잡이의 길 치우는 소리가 요란했으며, 우박 떨어지듯 출퇴근 관리들의 말발굽 소리가 났던 곳이다.

조선시대 중앙관서의 문반은 750명 정도였다. 여기에 궁궐과 관아를 지키는 무반과 여러 사연을 안고 왕래하는 중앙 및 지방관원들을 감안하면 육조거리와 운종가를 오가는 관리의 수는 훨씬 많았을 것이다. 관원들은 묘시(卯時, 5~7시에 해당하는 시각. 겨울에는 진시(辰時, 7~9시)로 조정)에 출근해 유시(酉時, 17~19시로 겨울에는 신시(申時, 15~17시))에 퇴근했다. 이들은 매달 두 번의 조하, 네 번의 조참에 참석하기 위해 근정전으로 향했고, 경우에 따라 핵심 관원은 상참과 윤대를 위해 사정전으로 들어갔다. 이렇게 육조거리와 그 주변은 관리들의 왕래가 분주했던 곳이다.

서울 종로구 청진동 일대는 서민들이 운종가나 육조거리를 지나는 고관들의 말을 피해 다니던 피맛골이 있었다. 신분이 낮은 사람들은 거리에서 말 탄 고관들을 만나면 행차가 지나갈 때까지 엎드려야 했다. 서민들은 이런 고단함을 피해 한길 양쪽 좁은 뒷골목으로 다니는 습속이 생겼는데, 피맛골은 이때 붙여진 이름이다. 서민들이 분주히 오가다 보니 피맛골 주위에는 선술집, 국밥집, 색주가가 번창했다.

임금의 행차

관료들만이 육조거리를 독차지한 것은
아니었다. 때로는 고단한 백성들에게 볼거리를 제공하기도 했다.
가장 볼 만한 것은 임금의 행차였다. 임금은 군사훈련, 온천행, 왕
릉 참배, 종묘 친제, 중국 칙사 영접을 위해 장엄한 의장을 갖추어
이곳으로 지나갔다. 임금의 궐 밖 거둥은 대단한 구경거리였을 뿐
만 아니라, 원통하고 억울한 일을 당한 사람이 징이나 꽹과리, 북을
쳐서 이목을 집중시킨 다음 자신의 사연을 직접 호소하는 기회이기
도 했다.

임금의 행차는 호위 병사들과 수행원, 의장 규모에 따라 대가(大
駕)·법가(法駕)·소가(小駕)로 나뉜다. 칙사 영접을 위해 모화관
으로 출발할 때나 친제를 위해 종묘로 갈 때가 가장 성대하다. 행
차는 목적지까지 길을 쓸고, 길 가운데에 엷게 황토를 까는 일부터
시작된다[導駕]. 이때 갑옷과 무기를 위풍당당하게 갖춘 군사 수백
명이 맨 앞에서 행렬을 이끌고[선상군병], 화려한 깃발과 의장용 창
검을 든 의장대가 뒤따르며, 수십 명이 메는 연의 앞뒤에는 해 가

임금이 거둥할 때 탔던 연
(輦) : 옥개에 붉은 칠을 하
고 황금으로 장식했으며,
둥근기둥 네 개로 작은 집
을 지어 올려놓고 사방에
붉은 난간을 둘렀다. 20여
명의 가마꾼이 멘다.

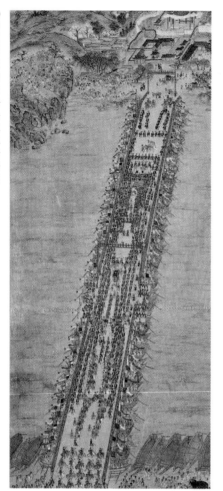

정조의 대가 행렬 : 정조 19년(1795) 봄, 아버지 사도세자와 어머니 혜경궁 홍씨의 회갑을 맞이해 사도세자의 현륭원이 있는 화성으로 혜경궁을 모시고 행차해 성대한 잔치를 열면서 거행했던 일련의 행사들을 8폭에 담은 〈화성능행도〉 중 '노량주교도섭도(鷺梁舟橋渡涉圖)'다. 주교는 세종의 여주 영릉이나 사도세자의 현륭원 참배를 위해 광나루와 노량진에 설치한 배다리다.

리개와 부채가 둘러싸고, 군악대가 이어진다〔의장〕. 다음은 면복(冕服) 차림의 임금이 탄 연, 이어 종친과 문무백관이 뒤따르고, 맨 뒤에는 선발대와 같은 규모의 군사 행렬〔후상군병〕로 마무리된다. 이 대가에는 헤아리기 어려울 만큼 많은 의장을 사용하며, 조선 전기에는 어연의 앞뒤로 약 6천여 명의 수행원이 따랐다.

대가보다 약간 규모가 작은 법가는 선농단, 성균관, 무과 전시 등에 친림할 때 하는 행차다. 이때 임금은 원유관과 강사포를 착용한다. 소가는 능 참배, 활쏘기 관람, 평상시 궐 밖 행차 등의 행렬이다. 대체로 법가에는 3천 명, 소가는 1,500명 정도가 수행했다. 임금이 목적지에 도착할 때까지 높은 산이나 으슥한 골목에는 매복병을 배치해 만일의 사태에 대비하고, 궁궐과 임금 사이를 연결하는 연락병을 두었으며, 이들을 감독하는 감찰관을 배치했다. 행차 때는 미리 반차도(班次圖, 왕실 또는 국가적인 행사 참여자나 의장물의 순서를 그린 그림)를 그려 위치와 순서를 정했다.

만인산 행렬

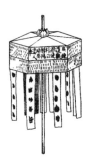

만인산

육조거리의 또 다른 볼거리는 만인산 행렬이었다. 임기를 마친 지방 수령들이 자기 치적을 글로 쓰거나 수놓은 깃발을 나부끼면서 자랑하는 시위다. 만인산은 화려하게 꾸민 일종의 일산(日傘, 해 가리개)이다. 가장자리에 고을 유지들이 자기 이름을 적은 여러 비단 조각 가닥들을 늘어뜨려 선화(善化)를 베푼 관찰사나 수령에게 준 것이다.

만인산 시위는 의정부가 지방관들의 선정을 장려하기 위해 공적이 두드러진 수령들을 왕실이나 중앙관서, 세상 사람들에게 널리 알리려고 고안한 제도다. 수령의 공적은 물론 다른 지방관에게 본보기를 보여 백성을 착취하거나 압제정치를 예방하려는 목적이었다.

그러나 일부 고약한 수령 중에는 공적도 없이 유지들을 꼬드겨 만인산 소동을 벌여 수령 자리를 연장하는가 하며 분식(分食)이라 하여 실제 비용보다 많이 거둬들여 신세진 사람끼리 나눠 먹기도 하는 등 폐단이 따르기도 했다.

역사의 애환이 담긴 거리

육조거리는 통치자의 정령이 나가고 민의가 분출했던 곳이다. 임금의 명령을 받든 어사가 이곳으로 나갔고, 지방관으로 임명된 관료가 이곳을 지나갔다. 세종은 이곳에 가마솥을 걸고 도성 안 굶주린 백성들에게 죽을 쑤어 주면서 가엾게 여겼다.

육조거리는 예나 지금이나 정의와 불의가 옥신각신했던 현장이다. 때로는 의롭지 못한 세력의 힘자랑으로 얼룩지긴 했지만 겨레의 기백이 올곧게 용솟음친 곳이었다. 중종 기묘년에는 조광조에게 사약을 내리자 성균 유생들이 피를 흘리며 권당(捲堂, 시위·동맹휴학)을 감행했고, 고종 을미년에는 왕비를 시해하려는 일본군에 맞서 궁궐수비대가 처절하게 저항했다. 1960년 봄에는 독재정권을 무너뜨리려는 젊은이들이 경무대(이승만 초대 대통령 관저)를 향해 성난 물결처럼 밀어닥치며 민주화의 함성으로 온 나라를 격동시켰고, 1978년 6월 26일에는 유신독재에 저항한 젊은이들의 광화문 연합 시위가 있었으며, 1987년 6월 10일에는 군사정권에 맞선 시민들이 힘차게 일어나 '6·29 선언'을 이끌어낸 곳이다.

육조거리였던 세종로가 연출한 역동성의 압권은 월드컵 응원이었다. 영상 경기를 응원하려는 시민들이 파도처럼 모여, 세종로는 '시민의 바다'가 되었다. 대한민국 축구가 16강에 드는 것만으로도 가슴 벅찬 일인데, 8강을 돌파하고 4강을 겨루게 되자, 분위기는 한껏 달아올랐고, 붉은 깨꽃(calvia) 바다를 이룬 응원단의 함성이 전파를 타고 온 세계에 울려 퍼져 '약동하는 대한민국'을 알렸다. 처음의 세종로는 붉은 셔츠를 입은 10대와 20대가 주축이었지만, 열기를 더해가면서 30, 40대는 물론이고 50, 60대도 머뭇거리지 않았다. 세대의 차이를 넘어 온 나라에 '신바람'을 몰아치게 한 곳이 2002년 여름의 세종로였다.

광화문 광장

문화적 전통을 자랑하는 나라에는 그 나라를 상징하는 거리나 광장이 있다. 영국의 트래펄가 광장, 교황청의 성 베드로 광장, 파리의 개선문을 중심으로 뻗어 있는 샹젤리

제와 12대로, 콩코르드 광장, 이탈리아의 캄포 광장, 캄파톨리오 광장, 베네치아 광장 등은 널리 알려져 있다.

우리나라에는 내세울 만한 광장이 없었다. 오래전부터 우리는 베이징의 톈안먼(天安門) 광장 같은 공간에 대한 부러움을 품어왔다. 그래서 서울시는 1994년 정도(定都) 600년을 맞아 역사

성, 경관성, 대표성을 갖는 세종로에 서울 상징거리 조성계획을 발표했다. 그러나 IMF 외환위기, 광화문·경복궁 권역 복원계획과의 조정 등이 맞물려 본격적인 추진에 어려움이 따랐다. 광화문 광장은 온갖 차량이 파도처럼 밀려들던 삭막한 거리를 역사 문화의 체험 장소로 전환한 인간 중심의 공간이다. 광장 조성 사업은 2008년 착공, 1년 2개월 만에 지금의 모습을 드러냈다. 원래는 16차로였으나 10차로로 줄이고 가운데 폭 34미터, 길이 555미터 공간에 들어선 것이 지금의 광화문 광장이다.

이 공간은 '광화문의 역사를 회복하는 광장', '육조거리의 풍광을 재현하는 광장', '시민이 참여하는 도시 문화의 광장', '청계천 연결부' 등으로 조성됐다. 전면에는 이순신 장군 입상, 뒤쪽에는 세종대왕 좌상을 배치했고 이순신 장군 동상 주변에는 연못과 바닥 분수 등 수경 시설을 설치했다. 무더운 여름날에는 이곳을 찾은 어린이들이 시원하게 물놀이를 할 수도 있다. 세종대왕 좌상은 세종문화회관 바로 앞이다. 국방의 상징 이순신 장군, 문화의 상징 세종대왕 사이에는 탐방객을 위한 편의시설, 전시관, 엘리베이터, 만남의 장소 등을 마련했다. 광장 가장자리는 폭 1미터, 길이 365미터 규모의 역사 물길을 조성했다.

기념비전 사적 171호

세종로에서 육조거리의 흔적을 찾는 것
은 쉬운 일이 아니다. 넓은 도로에는 차량의 물결이 파도처럼 밀려
오고 밀려가며, 양쪽에는 빌딩이 숲을 이루고 있다. 옛날의 자취는
'기념비각' 정도인데, 눈여겨보지 않으면 지나치기 십상이다.

종로와 세종로가 만나는 구석, 광화문 지하도에서 교보빌딩 방향
으로 올라와 오른쪽으로 시선을 돌리면 다소곳하게 자리 잡은 비각
이 눈에 들어온다. 이 안에 '고종즉위사십년칭경기념비'가 있다.

원구단에서 천지에 제사하고 황제의 큰 자리에 올랐다. 국호를 대한(大
韓), 연호를 광무라 했으니, 실로 단군, 기자, 신라, 고려 4천 년 이래로 처
음 있는 일이었다. 올해 임인년(1902)은 황제가 등극한 지 40년이 되며 보
령은 망육순(望六旬)이 된다. 이에 백관의 하례를 받고 유사에게 명해 기
로소를 수리하고 좋은 날을 가려 영수각[靈壽閣, 임금이 기로소에 들어온 사
실과 생년월일, 입사 연월일, 어명(御名), 아호 등 인적 사항을 적은 문서(御帖) 보
관 시설]을 참배하고 친히 기로소 신하에게 잔치를 베풀어 고황제 이하
세 임금의 고사를 이었다. |기념비문|

■ 세 임금의 고사 (故事)
기로소는 정2품 이상의 문관 가운데 70세 이상이 된 사람을 우대
하는 제도로 고려의 기영회(耆英會)를 계승한 것이다. 임금도 나
이가 많으면 기로소에 들기도 했는데, 태조, 숙종, 영조의 전례가
있다. 고종은 영조의 예에 따라 51세 되던 1902년(광무 6년)에 기
로소에 들어갔다.
• **태조** 60세 되던 1394년 기영회에 들어갔다.
• **숙종** 59세 되던 해를 망육(望六, 60세를 바라보는 나이)이라 하
여 앞당겨 기로소에 들어갔다.
• **영조** 아예 51세 되던 해를 망육이라는 신하의 건의를 받아들여
기로소에 들어갔다. 70세 되던 해(1764)에는 종묘에 배알
하고 경복궁 선원전에 배례한 뒤, 영수각에 나아갔다가 근
정전에서 입해 하례를 받았다.

이 비의 몸돌 위에는 순종의 황태자
시절 예필(睿筆, 세자의 글씨)로 '대한제
국황제 보령망육순 어극사십년 칭경기
념송(大韓帝國皇帝寶齡望六旬御極四十年
稱慶紀念頌)'이라는 전서(篆書) 제사(題
辭)를 새겼다. 비각은 2중 기단 위에 세
운 정방형으로 앞면 3칸, 옆면 3칸이며,

8각 초석에 둥근 기둥, 3단으로 짠 다포식이다. 네모지
붕의 정자 형태로, 남쪽 처마에는 '紀念碑殿(기념비전)'
이란 예필 편액을 걸었다. 일반 비각과 달리 편액에 '전
(殿)' 자가 붙어 우리나라 비각 중 격이 가장 높다.

기념비전 : 고종 즉위 40돌
과 51세가 된 것을 기념해
세운 비전.

  비전 둘레에는 돌난간을 두르고, 연잎과 연꽃을 새긴 동자기둥
위에 방위에 따라 사신과 십이지신을, 남 · 북의 돌계단에는 해태를
배치했다. 비전 남쪽 돌문은 네 개의 기둥을 세우고 철격자를 단 삼
문 형식이다. 가운데 문은 아치를 얹고, 중앙에 '萬歲門(만세문)' 이
란 편액을 새겼다. 편액 위에는 연잎과 연꽃을 새긴 동자기둥을 얹
고 그 위에 다시 주작을 얹었다. 각 문의 기둥 앞면을 당초문으로
장식하고 그 위에 해태가 앉아 있다.

  이 돌문은 일제강점기에 일본인이 떼내어 자기 집 대문으로 사용
하던 것을 1954년 7월, 전쟁으로 파손된 비전을 보수할 때 찾아다

원래 위치로 복귀시켰고, 다시 1979년에 완전 해체한 후 조립했다. 기념비전은 경운궁의 여러 건물과 함께 조선시대 말기를 대표하는 목조 건축물이다. 사적 171호로 지정된 비전 앞에는 서울과 전국 각 지역과의 거리 측정 기준점이 되는 도로원표(道路元標)가 있다.

해태상 해치상

지금의 정부종합청사 남쪽에 있었던 사헌부 앞과 육조거리 건너편 동쪽에 늠름한 해태(獬豸)가 있었다. 해태는 백관을 규찰하고 기강과 풍속을 바로잡으며, 억울한 일을 처결하는 사헌부의 표상이다. 이 해태는 임금이 머무는 경복궁 앞, 행정의 중심지인 육조거리를 지키면서 관리들이 엄정하게 공무를 처리하는지, 그 마음은 곧고 깨끗한지 눈을 부릅뜨고 감시했던 것이다.

어느 궁궐이든 정문 앞에는 노둣돌이 있다. 입궐에 앞서 모든 관리가 말에서 내려 신하의 도리와 체모를 가다듬으라는 장치다. 경복궁에 볼일 있는 관리의 노둣돌은 해태상 기단이다. 해태가 버티고 있는 곳의 안쪽은 신성하고 엄정한 궁역이므로 말이나 가마를 탄 사람은 탈것에서 내려야 했다. 해태상을 궐문 좌우에 두는 제도는 초나라 때부터 시작됐다고 한다. 주미(塵尾, 총채)라 하여 궁궐을 드나드는 관원들에게 해태의 꼬리를 쓰다듬게 했다. 마음속의 먼지를 털어내고 스스로 경계하는 마음을 가지라는 것이다.

해태는 궐문 지킴이이자 정의와 법의 수호자였다. 동북지방 거친 곳에 산다는 상상의 동물이다. 개호, 해치, 해천, 신양, 해타 등 여러 이름으로 불린다. 영물스러워 사람의 시비곡직을 가릴 줄 아는 재주를 지녔다. 이마에 뿔이 하나 있는데, 죄 지은 자, 말다툼할 때 바르지 못한 사람은 뿔로 받아넘기는 '정의의 동물'로 알려져 있다. 그래서 사헌부 관리는 해치관(해태의 뿔 모양을 만들어 붙인 관)을 쓰고 대사헌은 해치 흉배를 패용했다. 지금의 감사원과 비슷한 사헌부 앞에 해태를 배치한 것은 선악을 구별해 정의를 바로 세우라는 다짐이다.

해태가 정의와 법의 수호자가 된 유래는 먼 옛날로 거슬러 올라간다. 순임금 때 고요(皐陶)라는 신하가 있었다. 동이족 수령이었던 그는 국방과 형법을 관장하는 대리(大理)직에 임명돼, 누구나 승복할 수 있는 판결로 백성의 신망을 한 몸에 받았다. 순임금이 후계자로 여길 만큼 신임했는데 고요가 일찍 죽는 바람에 무위에 그쳤다는 전설이 있을 정도로 평판이 높았다. 그는 나라 안팎에 횡행하는 오랑캐를 물리쳤고, 형벌을 엄격하게 적용해 풍기를 바로잡았다. 죄의 유무를 가릴 때 고요가 이용한 것이 해태다.

정의를 지키는 수호신으로 중국에는 기린, 일본에는 고마이누(高麗犬)가 있다. 해태를 흔히 화재 예방과 연관 지어 말하는데, 본래 의미와는 거리가 있다. 해방 후 해태를 사법부의 상징으로 삼으려 한 적이 있다. 그러나 해태상은 본래의 상징성이 많이 희석됐다 해서 지지를 받지 못했다. 해태상은 경찰청과 의사당 앞은 그렇다 치

육조거리의 해태상 : 사헌부 앞 육조거리에 버티고 있던 궁궐 지킴이로 아래에 노둣돌 역할을 하는 기단이 있었다. 조선고적도보.

고 지역 경계 표지석으로 곳곳에 널려 있는가 하면 제과회사 상표로도 이용돼 모르는 사람이 없다. 의미가 너무 포괄적이고 대중화한 것이다. 현재 우리나라 사법부의 상징이 로마 신화에서 들여온 유스티티아 여신이라는 것은 한번쯤 되새겨볼 일이다.

육조거리의 해태는 흥선대원군이 경복궁을 중창할 때 이름 높던 조각가 이세욱(李世旭)이 만든 작품이다. 사자 형상의 머리 가운데는 뿔이 있다. 몸은 돋을새김의 둥근 반점으로 덮여 있다. 입 가장자리는 미소를 담뿍 머금었다. 친근감이 느껴지는 순진한 모습이다. 그러나 위로 치켜든 꼬리에는 기운이 가득 차 있고, 겨드랑이의 불갈기는 의지가 삼엄하다.

정부종합청사 앞에 떡 버티고 앉아 드높은 기개와 늠름한 기상으로 공무에 임하는 관리들을 감시해야 할 해태가 지금은 그 자리에 없다. 해태의 수난은 조선부업품공진회 개최(1923)를 사흘 앞둔 시점에 시작됐다. 부설 중인 전차 선로를 광화문에서 부업품공진회 출구인 영추문까지 연장할 때 해태가 전찻길을 방해한다는 이유로 육조거리에서 치워버린 것이다. 철거된 해태상은 조선총독부 청사 신축 공사가 한창 진행 중일 때, 거적이 씌워진 채 요란한 공사판 서쪽 궁성 아래에 팽개쳐졌다.

이렇게 버려진 해태가 다시 햇빛을 본 곳은 조선총독부 청사의 문간이었다. 경복궁에서 조선박람회(1929)가 마무리된 직후, 육조거리에서 쫓겨난 지 6년 2개월 만의 일이었다. 그렇게 40년 동안 조선총독부 현관을 지켰고, 광복 후에는 중앙청 현관을 지키다가 1968년부터는 광화문 양쪽에 앉아 문지기가 되었다. 엉뚱한 곳에서 수문장 생활을 시작한 지 40여 년, 지금 해태는 제자리를 찾은 광화문 앞에서 광화문 광장을 바라보며 나라의 지도자들에게는 정의롭게 일하라고 눈을 부릅뜨고, 고달픈 시민들을 향해서는 온화한 미소를 보내고 있다.

궁성

궁궐이란 궁과 궐의 합성어다. 궁은 임금과 신하가 정무를 보고 왕족의 생활이 이뤄지는 공간이다. 궐은 궁을 지키는 담장, 망루, 출입문을 묶어 이르는 말이다. 따라서 담장, 곧 궁성은 궐의 다른 모습으로 백성들로부터 궁궐을 보호하는 시설이다. 궁성의 거의 네모난 형태를 이루고 남쪽의 양쪽에는 각루(角樓)인 동십자각과 서십자각, 동서남북 네 방향에는 대문에 해당하는 건춘문, 영추문, 광화문, 신무문이 있었다.

궁궐은 삼엄한 곳이다. 담장은 높고, 궐문은 금방이라도 삼켜버릴 듯하며, 하늘을 찌를 듯한 문루는 바라보기만 해도 목덜미가 서늘하다. 출입자를 바라보는 수문군사가 눈을 부라리고 궁성을 돌아가는 순찰병의 옷깃에서는 찬바람이 인다. 궐대와 문루에서는 통행인을 뜯어보는 눈길이 쏟아진다. 궁궐은 특별히 허락받은 신분이 아니면 함부로 들어설 수 없다. 허가된 사람일지라도 출입 절차가 여간 까다롭지 않다. 관작(官爵)과 인연이 먼 백성이 궁 안을 기웃거리는 일은 상상할 수 없다. 하늘이 무너지고 땅이 꺼지는 것보다 더 절망적일 때, 이 세상 어디에도 기댈 곳이 없을 때, 죽기를 각오하고 마지막으로 나랏님의 온기라도 느껴보려고 다

가가면 또 모를까, 언감생심
이었다.

사비 자재(自在)가 광화문
의 종을 쳐서 원통하고 억
울한 일을 호소하므로, 임
금이 그 까닭을 물으니, 승
정원이 대답했다. "의금부
의 당직원이 (신문고 치는 것
을) 금하기 때문에 종을 친

것입니다." "신문고를 설치한 것은 사람들이 마음대로 칠 수 있게 하여,
백성들의 사정을 알아보려는 것이다. 왜 금했는가. 만약 진술한 말이 사
실이 아니라면 죄는 종을 친 사람에게 있는 것이니, 북을 관리하는 관리
에게 무슨 상관이 있겠느냐마는 이처럼 금지를 당한 사람이 반드시 여럿
일 것이니, 그 의금부의 당직원을 사헌부에 내려 국문하라."

| 《세종실록》, 1428년 5월 24일 |

신문고는 태종이 처음 설치했다. 억울한 일을 당한 백성이 송사
를 맡은 벼슬아치에게 하소연해도 풀리지 않을 때 이것을 치면 답
답한 실정을 임금에게 보고해준다며 의금부당직청에 달아놓고 치
게 했던 북이다. 처음에는 등문고(登聞鼓)라 했다가 나중에 신문고
로 고쳤다. 신문고는 당직 관리가 지키고 있다가 북 치는 사람의 사
연을 임금에게 보고했다.

답답한 사정이 있는 서울 사람은 먼저 담당 관리에게 알려 문제
를 해결하고, 문제가 풀리지 않으면 사헌부에게 알리도록 되어 있

다. 지방민은 사연을 고을 수령에게 알리고, 풀리지 않으면 관찰사, 그래도 안 되면 먼 길을 걸어와 사헌부 관리에게 바로잡아달라고 하소연하는 절차를 밟아야 한다. 이도 저도 안 되면 의금부 허가를 받아 북을 쳤다.

이처럼 북 치는 절차가 까다로울 뿐 아니라, 북을 쳤어도 격식에 어긋난다며 벌을 받기도 했다. 또 억울한 사연을 호소하려고 천리 길을 달려온 지방민 중에는 눈을 부릅뜬 의금부 관리들의 서릿발 같은 추궁에 주눅이 들어 말 한 번 제대로 붙이지 못하고 발길을 돌리기도 했다. 그러다 보니 신문고는 서울 문무관원의 청원이나 상소 방편으로만 이용됐다. 일반인들에게는 별다른 도움이 안 돼 민의상달에 한계를 드러냄으로써 벼슬아치들의 독점물로 전락했다. 또 조선 전기에는 부민고소금지법(部民告訴禁止法, 살인죄가 아닌 한 아전이 상급관원을 고소하거나, 백성들이 향직자·관찰사·수령을 고소하는 것을 금지한 규정) 때문에 하층민은 억울한 일을 겪고도 호소할 수 있는 통로가 없었다.

상소제도가 있긴 했으나 지배계층에게나 가능한 장치였다. 상소문은 승정원이 접수해 임금에게 올리는 문서다. 평민은 상소할 권리가 없을 뿐 아니라 한문을 모르므로 원천적으로 불가능했다. 그 해결책으로 등장한 것이 대궐에 들어가서 격쟁(擊錚)으로 억울함을 임금에게 직접 호소하는 방법이었다. 그러나 힘없는 백성의 궁궐 진입이 어디 쉬운 일인가. 궁전에 접근하려면 성문을 통과하거나, 궁성을 넘어야 하기 때문이다. 그래서 임금이 궐 밖으로 거둥할 때가 격쟁의 가장 좋은 기회로 이용되었다.

궐문 출입

경복궁의 궁성은 약 5미터 높이에 두께
는 2미터 정도다. 궁성은 외적에 대한 방어보다는 궁궐의 위엄을
더하고 궁전을 호위할 목적으로 쌓아서 비교적 낮았다. 그래도 보
통 사람의 키보다 세 배나 높다. 게다가 기와지붕에 처마가 담 안팎
으로 날개를 이뤄 단신 월장은 불가능하다.

지금의 궁성은 창건 당시 모습과 상당한 차이가 있다. 흥선대원
군이 경복궁을 중창할 때 새로 쌓았고, 그 중 남쪽 궁성은 일제강점
기에 완전히 다른 구조로 바뀌었을 뿐만 아니라, 동쪽 궁성의 절반
정도는 궁역 안으로 5미터쯤 밀려들어갔다. 다른 곳도 한국전쟁 때
상당히 파손된 것을 보수한 것이며 그 뒤에도 여러 차례 손질했다.
그럼에도 불구하고 얼마 남지 않은 자취를 통해 조선 전기 모습을
짐작할 수는 있다. 임진왜란으로 전각이 사라졌지만 궁성은 훼손된
채로 남아 있었고, 중창할 때 이를 헐고 다시 쌓았기 때문이다. 궁
성은 장대석 기초 위에 사괴석을 맞벽으로 올려 서까래를 얹고 기
와로 덮었다. 이렇게 쌓은 1,933.4미터의 담장이 경복궁을 둘러싸
고 있다.

궁궐에 잡인 출입을 통제하는 것을 숙청궁금(肅淸宮禁), 줄여서
'궁금'이라고 한다. 궁문과 궁성 수비는 내병조가 맡는다. 궁성은
수비군이 순장패를 패용한 인솔자를 따
라 순찰을 돌았다. 민가도 화재를 예방
하기 위해 궁성에서 멀리 떨어져 있다.
따라서 일반인이 순찰군의 이목을 피해
궁성에 접근하는 것은 예삿일이 아니다.

문은 내금위 병사들이 입직 승지에게

순장패 : 순장이 궁궐이나
도성 안팎을 순찰할 때 차
고 다니던 쇠붙이. 앞면에
'巡將(순장)', 뒷면에 '신
(信)' 자를 새겼다. 지름
10.5cm, 두께 0.7cm.

■ 인경과 파루
• **인경(人定)** 통행금지 신호. 저녁 8시경에 쇠북[鐘]을 28번 친다.
  쇠북은 음(陰)을, 28번 두드리는 것은, 밤, 잠, 하늘을 지키는 별
  자리(28수)를 상징한다. 인경은 어두운[陰] 밤에 평화를 지켜달
  라 고 하늘에 기원하는 의미도 있다.
• **파루(罷漏)** 통금해제 신호. 새벽 4시경에 북을 33번 친다. 나무
  와 짐승가죽으로 만들어진 북은 양(陽)으로 낮의 활동을 상징하
  며, 33번 두드리는 것은 불교적 우주관에서 온 세상을 뜻하는 33
  천(天)을 나타낸다.

문안패 : 궁궐에 문안을 드릴 때 가지고 드나들던 둥근 나무패. 위쪽에 연꽃잎 모양을 새겨 '問安(문안)' 두 글자를 낙인했으며, 뒤에는 이용자의 소속 전궁(殿宮)을 적었다. 위 그림은 경복궁의 강녕전이나 창덕궁 희정당 등 임금의 거처, 곧 대전 소속 궁녀나 외부인이 사용하던 일종의 출입증이다.

열쇠를 받아 해가 뜰 때 열고, 해가 지면 닫는다. 도성문의 파루나 인경보다 약간 빠른 시각에 여닫는다. 볼일이 있어 궐문을 들어서려면 신부(信符, 원형·직사각형·곡형 등 여러 모양의 목제 출입증)를 제시해야 한다. 신부는 각 관아에서 병조에 요청하면 매년 바꿔 발급해줬다. 한 면에는 '信符' 두 자와 발급한 해의 간지를 전자(篆字)로 낙인했다. 관료는 관직과 이름을 표기했고, 하인의 신부에는 소속 관서를 밝혔다. 비교적 자유롭게 궁문을 출입했던 무수리는 문패를 허리에 차고 다녔고, 궁적에 오른 궁녀가 공무로 외출할 때는 '出(출)'이라고 표시된 출패를 제시했다. 궁녀는 임금과 결혼한 것으로 간주하기 때문에 사사로운 출궁은 곤란하다. 가족을 보고 싶으면 부모가 찾아와 면회해야 한다. 이를 위해 궁녀 가족에게는 '內人家屬(나인가속)'이라는 신부를 하나씩 지급했다.

궐문을 출입할 때는 반드시 통적부(通籍簿)에 서명하고 소지품 검사를 받았다. 허락 없이 궐문을 들어오는 사람에게는 엄중한 벌칙이 따랐다. 무단으로 들어가면 장(杖, 까발린 볼기에 가하는 매질) 100대, 이를 막지 못한 수문병도 같은 벌을 받았다. 궁문 무단 출입자는 더욱 엄중해 장 60대에 징역 1년을 부과했다. 규정에 따라 궐문을 통과했다 하더라도 궁 안에서 규칙을 어기면 태(笞, 장형보다 가벼운 매질) 40대를 안겼으며, 임금이 임어한 곳이나 수라간에 접근하려면 극형을 각오해야 했다. 이렇게 궐문 출입이 엄격했는데도 잡인들의 궐내 출입이 많았다.

전지하기를, "앞으로는 광화문에 부녀자들의 출입을 금하고, 영제교 뜰과 근정전의 뜰에도 들어오지 못하게 하라." 하였다.

| 《세종실록》, 1431년 12월 10일 |

성종 때는 잡인이 떼 지어 들어와 서성이는 일이 자주 있었다는 기록이 있고, 인조 때는 영의정 집종을 사칭한 자가 궁성을 통과한 뒤 내전 문 앞까지 들어와 임금에게 직계(直啓, 직접 아룀)하려던 일이 있었다고 한다.

> 정언 김공예(金公藝)가 아뢰었다. "신이 전에 병조좌랑이었을 때 병조가 궐내에 잡인을 금지하였는데, 나인들의 사가에서 쓸 소부(小符) 1천 개와 신부 100개를 궐내에 들였습니다. 그 수가 이렇게 많아 출입을 금지하려고 해도 어려웠습니다. 신은 여알(女謁)이 성할까 염려됩니다."
>
> | 《중종실록》, 1518년 2월 1일 |

여알은 정사를 어지럽히는 여자를 말한다. 이렇게 많은 출입증을 반입했다는 것은 그만큼 궐내에 잡인들이 무성했다는 것을 반증한다. 김공예의 말로 미뤄보아 궐 안에 들어온 잡인들은 나인들을 중간에 내세워 사사로이 영향력을 행사하려는 폐단이 더러 있었던 것 같다.

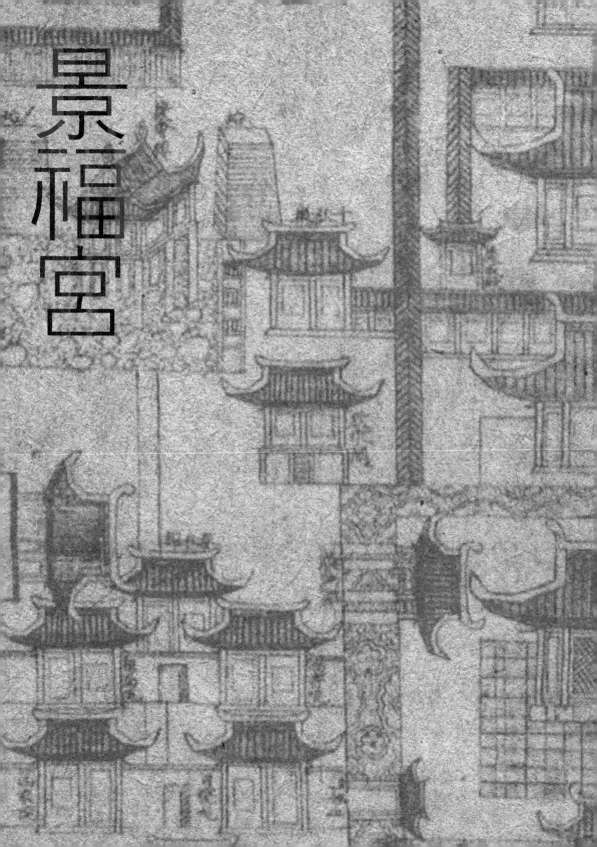

景福宮

3
새로 보는 경복궁

광화문

광화문은 경복궁의 정문이다. 이 문을 중심으로 서쪽에는 하늘에 제사하는 사직단이, 동쪽에는 조상신을 받드는 종묘가 있다. 문 앞에는 나라의 핵심 관아가, 뒤로는 외조 · 치조 · 연조가 중심축선 위에 늘어서 있었다. 그래서 문의 이름이 '빛이 사방을 덮고, 교화가 만방에 미친다' 는 뜻의 '광화(光化)' 이다. 태조 4년에 창건한 광화문은 경복궁 사대문 중 수난을 가장 많이 겪었다. 임진왜란으로 불타 없어진 것을 고종 때 중건했으나 일제가 조선총독부 청사를 지으면서 건춘문 북쪽으로 옮겼고, 한국전쟁 때 폭격으로 육축만 남고 문루가 날아가 버렸다. 1969년, 경복궁 앞으로 끌어와 다시 지었지만 철근 콘크리트 구조에다가 위치와 좌향이 잘못되어, 2006년 12월부터 복원 및 이전 공사를 시작, 2010년 8월 완공함으로써 옛 모습을 되살렸다.

광화문은 웅대함과 섬세함을 아우르는 규모에 전체적으로 균형과 조화를 이룬 구조물로 장려한 외관을 지녔다.

광화문은 경복궁이 조선의 법궁이라는 사실을 한눈에 보여준다. 다른 궁의 문들은 낮은 기단에 삼문형식이다. 그러나 경복궁의 사대문(광화문, 건춘문, 영추문, 신무문)은 석축을 높게 쌓고 중앙에 홍예문을 터서 문루를 얹은, 성곽문과 같은 구조다. 다른 궁의 문이 규모 있는 시설의 대문 정도라면 경복궁 사대문은 궐문이다. 그중에서도 광화문은 잘 다듬은 돌을 쌓아 홍예문을 셋이나 텄다. 당당하고 품격 높은 법궁 정문이다.

임금이 궐 밖으로 나들이할 때, 백성들 앞에 첫 모습을 드러내는 곳이 광화문이다. 가운데 홍예로 임금의 연이 나오고 좌우 홍예로 세자와 신하들이 통과한다. 중국에서 칙사가 올 때는 숭례문과 광화문에 오색 비단을 늘어뜨려 화려하게 장식하고 길에는 물을 뿌렸다. 근정전에서 베푸는 영칙의(迎勅儀, 칙사맞이 의전) 때 황제의 칙서를 받든 칙사는 광화문의 어칸을, 임금은 협문을 이용한다.

門化光

우리 민족혼의 상징 : 광화문 광장 조성 공사가 시작되기 전까지만 해도 문 옆에는 제자리를 찾지 못한 해태가 세종로의 도도한 차량 물결을 망연히 주시하고 있었다. 복원할 광화문의 현판은 중창 당시 현판서사관 임태영의 글씨.

어칸은 육조거리의 중심을 바라보고 뒤로는 홍례문, 근정문, 사정문, 향오문, 양의문의 중심을 관통하여 향원정에 이르기까지 일직선 위에 놓이도록 설계했다. 광화문에서 교태전까지는 임좌병향[壬坐丙向, 해산(亥山, 서쪽으로 약간 기운 북쪽의 백악산)을 주산으로 삼고 임방(壬方, 북북서)에 앉아 병방(丙方, 남남동)을 바라보는 좌향]의 축선을 중심으로 좌우 대칭이다. 축선 위에 놓인 대부분의 중심 전당(殿堂)은 직사각형의 행각으로 둘러싸여 있다.

광화문은 문루에 종을 걸어 도성 전역에 시각을 알리고, 비상경보를 발령하는 역할도 했다. 시각은 집현전 옆에 자리 잡은 보루각의 자격루가 알리는 신호를 표준시로 삼는다. 보루각에서 신호를 보내오면 근정문–광화문–종루로 타종이 연결돼 모든 궁문과 도성문을 여닫는 때를 전한다.

궁중의 비상사태를 알리는 신호로는 첩고, 첩종, 취각령이 있다. 상황의 위급한 정도에 따라 신호방법이 다르다. 비상사태를 대비하기 위해 임금과 왕비의 침전 지척에는 선전관이 밤낮으로 머물렀다. 선전관은 비상사태가 발생하면 도총부와 내병조 지휘관을 소집하거나 도성 안 병력의 동원 태세를 갖추었고, 나발을 부는 취라치가 항상 대기했다. 이 조치들은 정치가 안정되지 않았던 조선 초기에 많이 발동됐다.

광화문은 태조 4년 9월에 세워졌다. 창건 때의 이름은 남문(南門)이었다는 것 말고는 밝혀진 게 없고, 세종의 부탁을 받은 집현전 학사들이 광화문이라 지었다. '광화(光化)'는 《서경》의 '光被四表 化及萬方(빛이 사방을 덮고, 가르침이 만방에 미침)'에서 따온 말이다. '光天化日(밝은 세상과 안정된 시대)'의 줄임말로도 본다. 어둡고 혼란한 시대를 마감하고 밝고 안정된 정치로 태평성대를 열겠다는 통치자의 염원을 담은 것이다.

중창 당시 광화문은 석축 기단에 3궐(三闕)의 홍예를 만들고 그 위에 앞면 3칸, 옆면 2칸의 중층 우진각 지붕으로 된 목조 문루였다. 홍예의 어칸 천장은 주작이 날고 있는 모습을 담은 널천장이었다. 동협문 천장에는 기린이 달리고 있고, 서협문 천장에는 영귀(靈龜, 신령스러운 거북)가 바다에 떠 있었다.

안중식의 그림 〈백악춘효〉를 보면 육조거리 쪽 홍예 앞으로 석단이 펼쳐진 것을 볼 수 있다. 석단은 궁역의 어도처럼 삼도로 구획됐

이건 전 광화문의 바른 모습 : 5대 궁궐 정문 가운데 육축(陸築)에 중층 문루를 올리고 3개의 홍예문을 낸 것은 광화문이 유일하다. 경복궁이 조선의 법궁임을 단적으로 보여주는 것으로, 다른 궁의 정문은 모두 3문 형식이다. 조선고적도보.

다. 일제강점기에 광화문을 헐어 옮겨 짓기 전에는 석단 앞에 계단이 있었고, 양쪽으로 돌난간이 있었다. 이 석단은 선왕의 신주가 종묘로 나가기 전날, 연·여·향정(香亭)·대가·노부 등을 차비해두거나, 임금 행차에 참가하는 신료들이 말에 오르는 곳으로 삼았다. 군막이 있어 수문장청 소속이 아닌 삼군영(三軍營, 훈련도감·금위영·어영청) 군사들이 지키거나 대기하는 초소 역할을 하는 곳으로도 알려져 있다.

소설가 허근욱은 "언제나 광화문 거리를 지나칠 때면 나는 가슴이 뭉클해지고 눈시울이 뜨거워지곤 한다. 약소민족의 슬픔과 한이 아직도 가슴에 맺혀 있기 때문이다."라고 쓴 적이 있다.

광화문은 근현대사의 아픈 상처를 고스란히 간직한 건축물이다. 을미사변(1895, 명성황후 시해 사건) 때는 일본군과 싸우다 죽어간 궁궐수비군을 바라보았으며, 물산공진회(1915) 때는 일제 선전물과 각종 장식이 덕지덕지 붙는 수모를 당했다. 일제는 경복궁과 광화문을 유린함으로써, 조선의 권위를 짓밟으려는 야만을 본격적으로 가시

이건 전의 광화문 : 동십자
각 방향에서 바라본 측면
이다. 식축 앞에 석단의 난
간이 있고, 멀리 삼군부 관
아의 모습이 보인다. 조선
고적도보.

화했다. 주권이 일본으로 넘어갔음을 국민에게 주지시키려 했던 것이다. 부업품공진회(1923) 때의 그림을 보면 앞면을 가린 인공구조물 어칸에는 커다란 일장기 두 장을 걸어 올려 묶고 그 양편에 '副業品(부업품)', '共進會(공진회)'라는 커다란 표지와 요란한 일본풍 무늬로 전체를 꾸민 모습이 나타나 있다.

조선총독부 청사 준공을 앞두고 광화문을 철거하려던 일제는 야나기 무네요시를 비롯한 일본 지식인들의 반대로 계획을 바꿔, 1926년 7월부터 해체하기 시작해 이듬해 9월에 건춘문 북쪽으로 이건했다. 이때 육조거리 쪽에 놓여 있던 문 앞의 석단도 사라졌다.

완공된 총독부 청사에 입주한 일제는 '조선박람회'(1929)를 개최했다. 조선과 일본의 각종 생산물을 전시하는 대규모 산업박람회였다. 식민지배의 정당성과 성과를 대대적으로 홍보하기 위한 야심찬 프로젝트였다. 이때 건춘문 북쪽으로 옮긴 광화문 중층 문루 아래에 여러 개의 석조 기둥을 세우고 누각 모양의 지붕을 얹었다. 문루를 3층처럼 꾸민 것이다. 그리고 광화문을 각종 전람회의 정문으로 이용함으로써 아무나 궁역을 자유롭게 보행하도록 했다. 물론 일반인도 임금 전용 칸〔御間〕으로 거리낌 없이 드나들었다.

1950년, 민족상잔의 전쟁도 광화문을 비껴가지 않았다. 1·4후퇴 무렵에 폭격을 맞아 편전의 보조건물인 만춘전과 함께 문루가 사라져버렸다. 광화문이 경복궁의 전면으로 돌아온 것은 광복 후 20년이 더 지난 3공화국 시절이었다. 광화문이 찾아온 곳은 원래 위치가 아니었다. 종로구 이화동에서 안국동을 거쳐 광화문으로 이어지는 율곡로를 넓히기 위해 제자리에서 북쪽으로 14.5미터 뒤로 물러났다. 몸체도 목재 대신 당시에 각광받던 시멘트 자재였으므로 제 모습을 갖춘 것도, 올바른 좌향(坐向, 등진 방위에서 정면으로 보이는 방향)도 아니었다.

경복궁 전각의 대부분은 임좌병향의 일직선에 평행으로 배치했다. 광화문도 당연히 다른 궁문과 평행이었다. 그런데 동쪽 궁성에서 옮겨온 광화문은 남산의 서쪽 발치를 향해 슬쩍 비튼 좌향이다. 중앙청(옛 조선총독부 청사)과 평행으로 설계했기 때문이다. 중앙청 좌향에 맞춰 정문으로 삼다 보니 뒤로 물린 위치에서 다시 동쪽으로 10.9미터 이동했다. 광화문 복구에 참가한 사람들은 조선총독부 청사 설계 당시 남산 신궁을 바라보도록 의도적으로 뒤튼 사실을 외면하고, 광화문이 경복궁의 정문이라는 점도 고려하지 않았다.

옛 모습을 되살리겠다면 제 모습을 갖추도록 고민했어야 했다. 문화재청에서는 2006년 12월부터 잘못된 광화문을 걷어내고 제 모습 찾기 공사를 시작했다.

문화재청에서는 "12월 4일 흥례문 앞 광장에서 '광화문 제 모습 찾기' 선포식을 갖고 광화문 철거를 시작한다"고 밝혔다. 이날 행사에서는 광화문 철거·복원을 상징해 광화문 용마루의 취두(鷲頭)가 해체된다. 광화문은 내년 5월까지 해체·철거를 마치면 바로 복원공사에 들어가 2009년 말에 고종 당시의 모습을 드러낼 예정이다. 이 공사로 철골 콘크리트 구조는 국내산 육송 목조로 바뀌며, 문 앞에는 조망대를 설치하고 도로는 남쪽으로 30미터 밀려난다. 철거문제로 논란을 빚었던 박정희 대통령의 현판 글씨도 고종 때 공사 책임자였던 임태영(任泰瑛)의 한자 '光化門(광화문)'으로 복원될 가능성이 높다. 총 189억 8천만 원이 투입될 '광화문 제 모습 찾기' 공사는 모두 12동 169평, 광화문·용성문·협생문·봉선문·일각문·영군직소·수문장청·군사방·위소 등을 되살리는 역사(役事)다. 이와 함께 흥례문까지 이어지는 어도 100미터(폭 7.77미터), 남쪽 궁장 330미터(높이 6.44미터), 내부 담장 298미터(평균 높이 3.5미터)를 되살리고 해태상 2기도 자리를 옮기게 된다.

| 2006년 12월 4일 문화재청 보도자료 요약 |

십자각

광화문을 가운데에 두고 동서로 이어진 궁성 귀퉁이에 궐대가 있었다. 옛날에는 초병이 사수 경계를 폈던 망루다. 궁전의 '宮(궁)'과 궐대의 '闕(궐)'을 함께 일러 궁궐이라 하면, 같은 궁이라도 궐대가 없는 것은 궁궐이라 할 수 없다. 그냥 '궁전'일 뿐이다. 그래서 전통지리학자 최창조 교수는 "5대 궁 가운데 궐대는 경복궁에만 있으므로 경복궁만이 궁궐이라는 대접이 가능하다"고 언급했다.

동십자각은 현재 유일하게 남아 있는 궐대다. 고종 때 경복궁 중창과 함께 세운 이 망루는 광화문을 가운데 두고 궁성의 동남과 서남쪽에 대칭으로 서 있었으나 서십자각은 전차선로를 깔면서 사라졌다.

전찻길을 광화문에서 조선부업품공진회 출구가 되는 곳까지 연결하려는데 …… 현재의 길 모양대로 전찻길을 내려면 길 굽이가 여러 군데가 돼 전차의 운전이 거북할 뿐만 아니라 궁성의 서십자각 부근은 길도 좁고

또는 굽이가 너무 심해 궁장을 그대로 둔다 하면 그 부근 인가를 철폐해
야 할 텐데, 이 같이 함은 그곳 주민에게 막대한 손해가 있을 뿐만 아니라
경비도 더 드는 까닭으로 궁장을 헐고 서십자각을 철거할 수밖에 없다.

| 〈동아일보〉, 1923년 9월 2일 |

　그로부터 6년 후, 이번에는 조선박람회를 빌미로 동십자각 주변
을 대대적으로 정리했다. 동십자각이 길 가운데로 나앉고, 건춘문
북쪽으로 쫓아낸 광화문까지 이어지는 궁성이 5미터쯤 궁역 안으로
밀렸다. 200만 명 이상으로 예상되는 관람객 통행을 위해 궁성을 헐
고 도로를 넓혔기 때문이다. 밀려들어간 궁성은 조선총독부 청사 동
쪽의 야구장까지였다. 궁성을 헐면서도 총독부 전용 야구장만은 건
드리지 않았던 것이다. 지금의 관광객 주차장이 야구장이었다.
　동십자각은 망루라서 당직이 오르내릴 수 있는 계단이 있었다.

서십자각 안 시설 : 왕족이 이동할 때 이용하는 말, 가마 등을 관리하던 곳이다. 〈북궐도형〉을 바탕으로 그린 북궐도(일부).

서십자각안시설

일영대(日影臺)	해시계를 설치한 곳.
마랑(馬廊)	마구간.
전사청(典祀廳)	제사 일을 맡아보던 관아.
내사복(內司僕)	궁중의 가마, 마필(馬匹), 목장 등을 관장하는 관청.
연고(輦庫)	임금의 가마를 보관하는 곳.
덕응방(德應房)	공주, 옹주, 귀인, 숙의의 덩(가마)을 관리하고 덩꾼[德應軍]을 두어 가마를 메게 하던 곳.

당직들은 계단 끝에 있는 화강석 협문으로 드나들었다. 고종 2년, 건립 당시에는 지면에서 올라가는 계단이 담장에 의지해 이 문과 연결됐고, 안쪽에는 화강석 장대석을 약간 높이 쌓은 난간이 있었다. 그러나 담장을 안으로 밀어낼 때 잘려 나가 지금은 계단도 없이 축대와 문루만 남아 있다.

망루는 앞·옆 모두 3칸의 단층 누각으로 내부의 중앙 칸은 문짝을 단 방이다. 사모지붕 꼭지에 절병통을 얹었고 귀마루에는 잡상과 용두를 얹었다. 천장은 네모지붕 건물에 흔히 보이는, 서까래가 드러난 삿갓 모양이다. 각루(角樓)의 네 면은 기둥 사이에 낙양각을 정자처럼 아름답게 초새김하여 사방을 두루 살피는 데 걸림이 없도록 했다. 망루 기능과 함께 법궁 궐대로서의 장식성까지 도모한 것이다. 문루 주변에는 성가퀴를 쌓으면서 세 줄의 十자로 뚫새김[透刻, 투각], 기단 위는 당초문을 조각했고 네 면에는 서수(瑞獸, 돌짐승)의 머리 장식 석루조를 2개씩 댔다.

일제강점기 이전의 동십자각 안 궁역에는 오위도총부와 궁궐을 수비하는 군사들의 처소가, 동궁 쪽으로는 면복각과 상의원 등이, 서십자각 안에는 제사와 관련된 업무를 보던 전사청과 왕족의 말과

가마 등 탈것을 관리하던 내사복이 있었다. 동십자
각 쪽 궁역은 관람객의 주차장과 휴식공간
으로 바뀌었다. 동문(東門)으로 관람객을
태운 차량들의 출입이 분주하고, 주변
의 넓은 터는 말끔히 정리되어 은행
나무와 측백나무, 주엽나무·참나
무·은행나무·배롱나무·느티나
무가 거침없이 자라고, 봄이면 곱
게 단장한 개나리·철쭉꽃이 흐
드러지며, 한겨울에는 소나무·
사철나무가 기개를 뽐낸다. 서
십자각 안 내사복 자리에는 국
립고궁박물관이 들어섰다. 광화
문과 궁성이 제 모습으로 돌아
오면 십자각들도 옛 모습을 찾
게 될 것이다.

동십자각 안 : 최고 군사기관인 오위도총부와 함께 궁성과 궐문을 수비하던 군
사시설이 있었던 곳.

동십자각안시설	
아장(衙將)	군사에게 근무 배치를 하고 이들을 인솔해 궐내 순찰을 하는 책임자. 수장(守將)은 근무 중 이상 유무를 직접 임금에게 보고하는 우두머리.
상의원(尙衣院)	임금의 의복과 궁내의 재화·금·보화 등을 관리하고 공급하는 일을 맡았던 관청.
면복각(冕服閣)	임금의 제복인 면류관과 곤룡포를 관리하는 곳.
오위도총부 (五衛都摠府)	의흥위(中), 용양위(左), 호분위(右), 충좌위(前), 충무위(後) 등 5위를 총괄하는 관청.
수문장청	궐성과 궁궐 문의 경비를 담당하는 관청.

흥례문 일곽

일곽이란 행각으로 둘러싸인 지역을 말한다. 행각은 다른 공간과 구별하는 경계 시설이면서 그 안 주요 전각의 보조 기관이기도 하다. 그러나 흥례문 일곽은 중심 전각이 없는 빈 공간이다. 중간에 어구와 영제교만 있고 나머지는 빈 마당이다. 빈 마당으로 처리함으로써 다른 일곽의 주요 전각 못지않은 신성성을 부여했다. 실제로 흥례문 일곽에서는 근정전 하례에 앞선 행사의 주요 절차가 치러지는 엄숙한 공간이었다. 일제강점기에 사라진 흥례문과 행각, 영제교는 2001년에 복원했다.

흥례문으로 다가가는 갈래는 여럿이다. 동십자각 쪽의 동문, 광화문 복원 공사장 좌우에 임시로 터놓은 샛문, 국립고궁박물관 북쪽의 서문이 있다. 승용차를 타고 진입하려면 동문을 이용해야 하지만, 경복궁 가까운 곳에서 걷는 게 아니라면 지하철 경복궁역에서 나오는 게 가장 좋다. 경복궁역에서 빠져나오면 왼쪽에서 고궁박물관이 반기고, 그 앞에 흥례문 일곽의 행각과 그 너머로 궁궐 지붕이 넘실댄다. 고궁박물관 마당의 오른쪽은 광화문 복원 공사장이다. 광화문과 흥례문 사이에서는 매일 수문교대식이 여섯 번 재현된다. 엄숙하게 진행되는 수문교대식은 임금의 궐내 순행의식과 더불어 처음 찾는 사람들에겐 색다른 볼거리로 왕조시대의 분

위기에 조금이나마 젖어볼 수 있다.

　지금은 광화문 안이 벌판이지만, 일제가 훼손하기 전에는 흥례문 일곽의 동서 행각이 광화문 좌우의 궁성까지 곧장 이어져 양쪽 십자각 영역과 차단됐었다. 이 행각은 임진왜란까지 의정부 및 육조와 여러 관청에 소속된 관료들이 숙직하거나 대기하는 곳이었다. 중창할 때는 행각 대신 담을 쌓았는데, 서쪽 담에는 연지(蓮池)를 지나 서십자각 안쪽의 내사복이나 영추문 방향으로 오가는 두 칸짜리 용성문(用成門)을, 동쪽 담에는 사각문으로 협생문(協生門)을 달아 동십자각 안쪽의 오위도총부 방향으로 통하게 했다. 광화문 옆에는 수문장청, 수직군사방, 영군직소(營軍直所)가 자리 잡고, 광화문에서 근정전까지는 곧게 뻗었다.

흥례문 : 광화문과 근정문 사이의 중문(中門)이다. 이 같은 중문으로 창덕궁 진선문이 있으나 중층의 위용을 자랑하는 흥례문과 달리 단층이다.

백악춘효 : 광화문 안 마당에 회화나무 숲이 울창하고 광화문 앞 석단 끝에 해태상이 있는 것을 볼 수 있다. 안중식의 1915년 작품 부분회.

1915년경의 경복궁 모습을 담은 안중식의 그림 〈백악춘효(白岳春曉)〉를 보면 광화문 안쪽으로 숲이 울창하다. 옛날 주나라에서는 외조의 정문 안에 괴목(槐木, 회화나무·느티나무)을 심고 이 나무 밑에서 삼공(三公, 영의정·좌의정·우의정)이 나란히 앉아 오는 이를 맞이했다고 한다. 그래서 제왕의 궁전을 괴신(槐宸), 조정은 괴정(槐庭), 삼공의 자리를 괴위(槐位)라고도 한다. 우리나라에서도 이 제도를 따라 모든 궁성의 정문 안에 괴목을 심었다. 지금은 창덕궁 돈화문 안과 금천교 부근에만 자취가 남아 있다. 경복궁의 괴목은 흥례문 일곽을 걷어낼 때 사라졌다.

흥례문

(정도전이 말했다.) "천자와 제후가 권세는 다르나, 남쪽을 향해 앉아 정치하는 것은 정(正)을 근본으로 하는 점에서 같습니다. …… 천자의 문을 단문이라 합니다. 단(端)은 바르다[正]는 것입니다. 이제 오문(午門)을 정문(正門)이라 함은 명령과 정교(政敎)가 모두 이 문으로부터 나가게 되니, 살펴보고 윤허하신 뒤에 나가게 되면, 참소하는 말이 나돌지 않고 조작과 거짓이 불가능할 것입니다. 아뢰고 복명함이 다 이 문으로 들어와서 윤허하신 뒤에 나가게 되면, 사특한 일이 나올 수 없고 공로[功緖]를 상고할 수 있을 것입니다. (문을) 닫아서 이상한 말과 기이하고 사특한 백성을 끊게 하시고, 열어서 사방의 어진 이를 오게 하는 것이 정(正)의 큰 것입니다."

| 《태조실록》, 1395년 10월 7일 |

홍례문은 궁성 안의 첫 번째 문이다. 다른 궁에 별로 없는 중문이다. 궁궐의 정문과 법전의 전문(殿門) 사이에 난 중문은 경복궁 홍례문과 창덕궁의 진선문 밖에 없다. '예를 널리 편다'는 뜻으로 세종 8년에 홍례문(弘禮門)이라고 했으나, 흥선대원군이 중창할 때 건륭제(청나라 6대 황제) 이름이 홍력(弘曆)이므로 '홍(弘)'을 피해 '홍례문'으로 바꿨다. 문 안은 백악에서 끌어들인 물길만 있을 뿐 이렇다 할 시설이 없는 마당이다. 물길의 영제교를 건너면 치조 영역이다. 행각이 물길과 넓은 마당을 감싸 일곽을 이루고 있다.

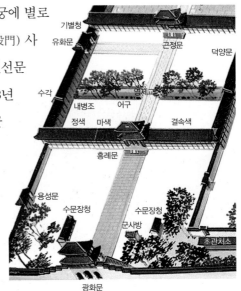

광화문과 홍례문 일곽 : 중심에 놓인 어도는 광화문에서 근정전까지 곧게 뻗어 경복궁의 중심축을 이룬다. 이 어도를 곧장 이으면 후원 지역의 향원정에 닿는다.

행각에는 국왕을 시위하는 병기와 군사 훈련을 담당하는 정색, 마색, 결속색 등 내병조 소속의 관아를 배치했다. 정색(政色)은 무관과 군사의 임면(任免)에 관한 일을, 결속색(結束色)은 대궐 안에서나 임금 나들이 때 일반인들의 질서를 바로잡는 일을 맡는다. 마색(馬色)은 관리가 지방에 갈 때 입마(立馬)와 초료(草料), 노문(路文)에 관련된 일을 맡았다. 입마는 역마를 길러 공무를 띤 관리에게 제공하는 일이고, 초료는 일종의 여행증명서다. 역원에서 관원이 초료장을 내밀면 잠자리와 말을 제공했다. 노문은 벼슬아치의 도착 예정일을 미리 목적지 관아에 알리던 공문이다. 역에서 말과 침식을 제공받을 수 있도록 마패 대신 발급한 문서로 마필 및 수행하는 하인의 수, 지나는 길목 따위를 상세히 기록했다.

홍례문 일곽은 경복궁 가운데 가장 철

■ 궁궐의 법전에 이르는 과정
경복궁 광화문 — 홍례문 — 영제교 — 근정문 — 근정전
창덕궁 돈화문 — 금천교 — 진선문 — 인정문 — 인정전
창경궁 홍화문 — 옥천교 — (생략) — 명정문 — 명정전
경운궁 대한문 — 금천교 — (생략) — 중화문 — 중화전

흥례문과 행각 : 유화문, 영제교와 함께 2001년 10월에 복원했다. 복원된 행각은 칸막이가 없는 행랑 형태다. 육조거리에서 광화문－흥례문－근정문을 거쳐 근정전에 이르기까지는 문마다 앞에 계단이 설치되어 점점 높아지는 구조다.

저하게 유린된 곳이다. 일제는 시정 5주년 기념 물산공진회를 준비하면서 흥례문과 행각의 벽을 모두 헐고 회랑으로 만들었다. 그리고 이곳에 전국 각지에서 걷어온 불교 유물을 전시했다. 다시 1년 후에는 조선총독부 건물을 짓는다고 이 일대를 모조리 철거해 방매(放賣)하거나 내팽개쳤다.

그 자리에는 물산공진회가 끝나자마자 근정전보다 우람한 총독부 청사를 세웠다. 민족정기의 상징인 법전을 식민지배의 총본산인 총독부 청사의 그늘로 가둬버린 것이다. 동양 최대의 르네상스식 건조물이었다. 시멘트 덩어리에 화강석을 입힌 이 건물은, 준공 전해에 총 부지 12만 7,900여 평에 세운 남산 조선신궁을 정면으로 바라보기 위해 경복궁의 축선에서 살짝 좌향좌한 좌향이었다. 일본

건국신화의 주신인 아마테라스 오미카미(天照大神)에게 한없는 충성을 바치는 구도다.

일제의 패망으로 마지막 총독 아베 노부유키(阿部信行)가 미 육군중장 존 하지(John R. Hodge)에게 항복 문서에 서명한 현장이기도 한 이 건물은 광복 후 '중앙청'으로 불리며 대한민국 정치 1번지가 됐다. 중앙청은 한국전쟁 때 소실된 내부를 1960년대에 보수해 정부청사로 쓰다가 1983년 초부터 개수 공사를 거쳐 1986년 8월부터는 국립중앙박물관으로 일반에게 공개했다. 문민정부(1993년 2월 25일 출범한 정부)는 1995년 광복 50주년을 맞아 지붕의 돔을 자르

조선총독부 청사 : 경복궁 전각들과 달리 남산의 조선신궁을 바라보는 좌향이다. 1995년에 철거했다.

고 철거작업에 들어가 1년여 만에 완전히 걷어내고 1997년부터 홍례문 복원공사를 서둘렀다. 이 공사는 경복궁 복원사업의 다섯 개 권역 가운데 침전과 동궁에 이어 세 번째로 2001년 10월 26일에 완공됐다. 일제가 조선총독부 건물을 세운 지 85년 만이었다.

주변 행각과 유화문, 기별청, 영제교, 어도, 금천과 함께 복원된 홍례문은 중층 목조건물로 앞면 3칸, 옆면 2칸이다. 다포계 겹처마이며 우진각지붕에 양성을 발랐다. 취두와 함께 상하층의 추녀마루는 용두로 마감했다. 용두 아래로 일곱 개씩의 잡상을 배열했으며, 사래 끝에는 토수를 끼웠다. 지반(地盤)은 조선총독부 건물을 지을 때 1.5미터 높게 돋웠기 때문에 복원 때는 본래대로 1.5미터의 땅

1920년 무렵의 광화문 안마당 : 홍예 쪽으로 어도가 곧게 뻗어 있고, 광화문 석축의 앞에 수직군사방이 보인다. 조선총독부 청사가 들어서기 전의 모습으로 주인을 잃어버린 터라 제대로 돌보지 않아 잡초가 무성하다. 조선고적도보.

을 깎아내렸다. 그래서 홍례문 안으로 들어가려면 계단을 딛고 올라가야 한다. 광화문에서 근정전에 이르는 구역은 문을 통과할 때마다 지대가 높아지는 구조다.

고종의 중창 시기를 복원 기준으로 삼았다지만 홍례문 행랑은 이때의 행각이 아니다. 일제가 물산공진회를 준비하면서 행각의 벽을 모두 헐어 회랑으로 만든 그대로다. 행각 구조를 살필 만한 도면이 없기 때문에 부득이 외면만을 살려냈다. 그래서 현재의 행랑은 일제가 전시 공간으로 이용하려고 개조한 모습이다. 서행각 유화문과 마주 보이는 동행각에 덕양문이 있다. 유화문은 빈청(영의정·좌의정·우의정의 3정승과, 정2품 이상 고위 관직자가 모여 국사에 관한 중요한 안건을 협의하는 곳)으로 나아가는 문이고, 덕양문은 동궁의 계조당에서 근정문 앞으로 들어오는 문이다.

영제교

치조는 정치 행위가 이뤄지는 곳이다. 최고의 행사 공간인 근정전 일곽과 임금의 집무처인 사정전 일곽이 치조에 해당한다. 옛 집현전 자리에 세운 수정전도 고종이 잠깐 편전으로 이용했다. 임금은 치조에서 신하와 정무를 협의하고 지휘한다. 그래서 이 전각들의 편액은 모두 '政(정)' 자 돌림이다. 근정문에서 강녕전 전문인 향오문 앞까지가 치조에 해당하는데, 치조의 첫 관문인 근정문에 다가가려면 영제교를 건너야 한다. 영제교부터 사실상 치조가 시작되는 셈이다.

태종은 재위 11년 8월에 "상지자(相地者, 풍수사·지관)가 명당에 물이 없음이 결함이라 하니 도랑을 개설하라"고 공조판서 박자청(朴

子淸, 1357~1423)에게 분부했다. 경복궁에
물길을 내도록 한 것이다. 경복궁에 명당
수가 모자란다는 것은 터를 잡을 때부터
흠으로 지적되었다. 그래서 창건 이래 평
화롭지 못했던 경복궁에 비보책을 쓴 것
이다.

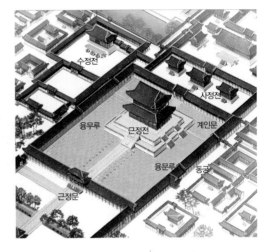

치조 권역

박자청은 백악 골짜기 물을 끌어들이
고, 이 물길을 영추문 안으로 에돌려, 경
회루 연못에서 빠져나온 개울과 합친 뒤
근정문 앞으로 흐르게 했다. 이는 단지 물만이 아니라 백악산의 정
기까지 궁 안에 끌어들이는 효과를 기대한 것이었다. 이 물은 흥례
문 동행각 밑을 지나 남향하여 중학천과 합류한다. 서입동출(西入
東出)의 명당수 개념을 적용한 것이다.

조선의 궁궐은 정전의 전문(殿門) 앞에 명당수가 흐르도록 하는
게 정석이었다. 배산임수의 풍수관에 따라 임금의 공간을 명당으로
만들기 위한 장치다. 이는 절집 입구에 있는 세심천(洗心川)과 같은
상징성을 띤다. 세속에서 묻은 마음의 때를 씻고 부처님을 뵈러 가
듯, 삿된 마음을 버리고 공명정대한 마음으로 들어가라고 긴장감을
심어주려는 의도다. 명당수가 흐르는 궁궐의 물길을 금천(禁川) 또
는 어구(御溝)라고 한다. 이 금천은 법전으로 들어가는 길목에 자리
잡고 거룩한 내부 공간과 외부의 일상적 공간을 구분한다. 이 장치
는 고려 때부터 우리나라 궁궐뿐 아니라, 중국과 베트남 궁궐 조영
의 필수 요소였다. 금천을 건너면 지엄한 임금의 공간이다. 왕릉 앞
에도 이 금천이 흐른다. 금천은 적군을 막기 위해 성 주위에 목책을
두르고 판 해자(垓字)와 같다. 금천은 외부의 사악한 기운을 차단한

영제교 : 흥례문 안 백성의
공간과 임금의 공간인 근
정전으로 이어주는 다리다.
아래 물길은 마음을 바루
는 세심천 기능과 함께 명
당수 역할을 한다.

다는 점에서 벽사적 의미가 강하다.

　금천에 설치한 돌다리가 금천교(禁川橋)다. 여기서 '금(禁)'은 대
궐〔天子所居〕을 가리키므로 금천은 궁궐의 개울이라는 뜻이다. 금
천교는 궁궐에 따라 고유명칭이 있다. 잘 알려진 것으로 창덕궁의
금천교(錦川橋), 창경궁의 옥천교(玉川橋)가 있다. 경복궁의 금천교
는 세종 8년부터 영제교(永濟橋)라고 불렸다. 이 다리들은 어구를
건넌다는 실용성보다는 서로 다른 공간을 연결해준다는 상징성이
짙다. 불국사의 청운교, 연화교가 속계에서 거룩한 부처님 나라〔佛
國〕로 이어주듯 백성의 일상적 공간과 신성한 임금의 세계를 연결
해주는 장치가 금천교다.

영제교의 길이는 13.85미터, 폭은 9.8 미터다. 다릿발은 홍예 형태이며, 난간은 하엽동자(荷葉童子, 난간을 받치는 연잎 모양의 짧은 기둥)로 팔각 돌난대를 떠받쳤다. 통로는 삼도(三道)로 짰다. 가운뎃길은 양쪽보다 약간 넓고 불룩하다. 삼도의 폭은 임금의 궐 밖 나들이 때 행렬과 같은 너비다. 어가는 이 가운뎃길로 지나간다.

영제교 난간 양쪽 엄지기둥에는 서수(瑞獸, 상서로운 짐승) 네 마리가 잡귀나 사악한 무리가 접근하지 못하도록 삼엄하게 지키고 서 있다. 조선의 궁궐은 중요한 건물이나 다리에 상상의 돌짐승을 배치해 시설물과 거기에 녹아 있는 정신세계를 수호하도록 했다. 마치 절집 입구의 금강역사나 사천왕이 부처님 나라를 지키는 것과 같다. 그러나 궁궐의 석수(石獸)들은 불교의 수호신이나 자금성의 이물(異物)처럼 험악한

표정을 짓지 않는다. 감시하는 시선은 날카롭지만 표정은 온화하고 다정하다. 그 형상은 애매하다 할 정도로 소박하여 보는 사람의 마음이나 시각에 따라 여러 가지 모습으로 다가온다.

영제교 옆 금천 기슭에는 상상의 동물인 천록(天祿)이 물길을 타고 몰래 들어올지도 모르는 사특한 기운을 경계하기 위해 홍예를 주시하고 있다. 몸 전체가 억센 비늘로 덮인 이 천록은 힘찬 발톱, 부릅뜬 눈망울, 삼지창 같은 뿔과 단정하게 가다듬은 불갈기를 과시해서 못된 기운의 음흉한 의도 자체를 차단한다. 이 천록 또한 아름다운 심성을 지닌 사람에게는 험악한 표정으로 다가오지 않는다.

서북쪽 영제교의 재미있는 석수들

어구를 지키고 있는 서북쪽 천록. 혀를 빼문 표정에 장난기가 서려 있다. (위)

영제교 들머리 난간법수에 올라앉은 석수. 출입하는 사람을 향해 환하게 웃고 있다. (아래)

북서쪽에 웅크리고 있는 천록도 마찬가지다. 장난스럽게 혓바닥을 빼물고 같이 놀아주기를 바라는 듯한 표정이다. 동남쪽 어구 바닥을 응시하고 있는 천록은 등에 큰 상처가 있어 나머지 셋과 조금 다르다.

> 경인년(영조 46년) 3월 9일에 경복궁을 찾아 남문으로 들어가니 돌다리가 있다. 다리 동쪽에 석천록(石天祿) 두 마리가 있는데, 서쪽에는 한 마리뿐이다. 비늘과 축 늘어진 갈기가 꿈틀거리는 것 같은 훌륭한 조각이다. 남별궁 뒤뜰에 등이 파인 천록이 하나 있는데 그 모양새가 이것과 같은 것으로 보아 이곳 돌다리의 서쪽 천록을 옮겨놓은 듯하지만 기록이 없어 고증할 수는 없다. | 유본예, 《한경지략(漢京識略)》 |

이 기록대로라면 영제교의 천록은 남별궁으로 옮겨졌다가 제자리로 돌아온 셈이 된다.

어도 : 원칙적으로 임금은 땅 위를 걷지 않는다. 연이나 여와 같은 가마[어가]를 타고 이동한다. 어가가 지나가는 길이 어도다. 바닥보다 약간 높게 조성된 어도는 좌도와 우도가 시위한다. 좌도와 우도는 시위 군사나 호종(扈從, 왕가를 모시고 따르는 일)하는 사람만 통행하도록 되어 있다. 관리나 군민(軍民)이 이유 없이 영제교를 건너면 벌로 장 80대를 맞았다고 한다. 궁 안에서는 더욱 엄중하여 어도로 통행하면 장 100대를 맞고, 만약 수위(守衛)가 관찰 소홀로 범칙자를 몰라보면 장 30대로 그치지만 알고도 모른 체하면 범인과 같은 벌칙을 적용했다.

영제교를 꽉 채운 어도는 곧장 근정문을 통과하여 근정전 월대

(궁전이나 누각 앞에 펼쳐놓은 섬돌)까지 이어진다. 이 어도는 경복궁의 중심축이 되어 양쪽으로 일월, 문무, 춘추 등 상대적 개념을 적용한 시설을 배치했다. 근정전 일곽의 일화문·월화문, 융문루·융무루, 사정전 일곽의 만춘전·천추전, 강녕전 일곽의 연생전·경성전, 궐문인 건춘문·영추문은 이 원리를 적용한 것이다. 근정문 앞에는 이 어도가 삼거리를 이뤄 한 줄기가 서행각의 유화문에 닿는다. 임금이 정승들을 존중하여 그들의 의견을 들으려고 유화문 밖의 빈청을 방문할 때 이용하던 길이다.

유화문과 기별청

영제교를 지나면 왼편으로, 마치 인왕산을 진산으로 삼은 듯한 유화문이 보인다. 유화문을 열면 빈청(賓廳)이 나타났고, 그 오른편에 승정원이 있었다. 둘 다 궐내각사의 핵심 관아다. 이 일대에는 임금을 도와주는 정무부서와 왕족의 생활을 보조하는 실무부서가 포진했다. 흥례문으로 들어온 관리는 유화문 왼쪽의 판문을 통해 궐내각사로 출근하고 조정에 큰 행사가 있을 때도 이 문으로 들어와 대기한다.

유화문은 궐내각사와 치조가 만나는 접점이다. 《논어》학이(學而)에 "예를 행할 때는 和(화)가 가장 귀하다"는 구절이 있다. 維(유)는 어조사, 和(화)는 온화·화목하다는 뜻이 있으므로 유화란 '예를 실천함에는 온화·화목함이 가장 중요하다'라는 말이다. 유화문은 평소에는 닫혀 있다가 임금이 빈청을 방문할 때만 열린다. 사정전이 신하가 임금을 찾아가 정무를 논의하는 자리라면 유화문은 임금이 빈청에 들러 정승들의 의견에 귀를 기울인다는 뜻이다.

기별청 : 조정의 근황을 적은 조보(朝報)를 지방에 발송했다. 2칸, 맞배지붕이며 내부는 온돌이다.

임금은 정승을 빈객이라 하여 신하라기보다 손님으로 예우했다. 그래서 외국 손님 접대를 전담한 예빈시(禮賓寺)는 정승들의 음식 대접까지 맡았다. 지금의 유화문은 앞면 3칸, 옆면 2칸, 팔작지붕이며 맞배지붕인 기별청과 함께 2001년에 복원됐다.

유화문에 붙은 2칸 집은 기별청이다. 기별청에서는 조보(朝報)를 발송했다. 조보는 국가가 발행하는 신문이라 할 수 있다. 여기에는 국왕이 내리는 명령과 지시, 유생이나 관리들이 올리는 소장(疏狀), 관리 임면 등의 기사와 함께 사회적 관심거리도 약간 실어서 서울과 지방관서, 상류계층에게 돌렸다. 승정원의 관장 아래 사관이 매일 작성한 조보는 닷새분씩 묶어서 발송하여, 지방관리는 약 일주일 뒤에 받아볼 수 있었다.

이 문서는 개국 초에 '기별' 또는 '기별지'라 했던 것을 세조 때부터는 '조보'라 불렀다. 중종 때는 상공인에게도 배포했는데, 1577년(선조 10년) 8월에는 민간에서 인쇄하여 돈을 받고 팔기도 했다. 그러나 몇 개월 만에 조정에서는 정보가 이웃 나라에 흘러가면 나라의 기밀이 알려진다 하여 조보의 상업적 이용을 막았다.

승정원이 발표하는 조보의 기사는 정서보리(正書報吏, 조보를 베끼는 승정원서리)가 베낀다. 그들은 빠른 시간 안에 팔도에 배포해야 할 만큼 많은 양을 베껴야 했기 때문에 붓놀림이 빨랐다. 그래서 판독하는 데 어려움이 따르는 조보의 흘린 글씨를 두고 '조보체'라는 말이 생겼다. 조보는 갑오개혁 때 '관보(官報)'로 이름이 바뀌었다. 지금도 정부에서는 각종 법령, 고시(告示), 예산, 조약, 서임(敍任), 사령(辭令), 국회·관청 사항 따위를 담은 관보를 발행하고 있다.

조보 : 짧은 시간에 대량으로 베끼느라 날려 썼기 때문에 읽기가 녹록하지 않았다.

근정전 일곽

근정전은 임금이 신하들의 하례를 받거나 공식적인 대례(大禮) 또는 사신을 맞이하던 곳이다. 궁궐 안에서 가장 큰 규모와 격식을 갖춘 건물로 높이 쌓아올린 2단의 월대 위에 우뚝 섰다. 앞에는 주요 행사를 치를 수 있는 마당이 있고, 그 둘레는 행각이 감싸고 있다. 박석을 간 앞마당에는 품계석을 두 줄로 세워 벼슬아치들이 정렬하는 기준으로 삼았다. 근정전 내부는 2개 층을 터서 높고 웅장한 공간을 만들고 그 가운데에 어좌를 놓아 왕의 권위를 심도 있게 상징화했다. 경복궁이 온 나라의 중심이라면, 근정전은 경복궁의 고갱이다.

경복궁은 중국 궁제의 영향을 받은 오문삼조(五門三朝)의 구조다. 무릇 궁궐이란 고문(皐門)·고문(庫門)·치문(雉門)·응문(應門)·노문(路門)을 갖추고, 외조(外朝)·치조(治朝)·연조(燕朝)의 세 건물군을 가져야 한다는 제도다.

흥선대원군은 경복궁을 중창할 때, 왕실의 권위와 왕권의 정통성을 바로 세우기 위해 중국의 옛 제도를 충실히 따르고자 했다. 《주례》의 〈고공기〉에 따르면 천자의 궁은 5문, 제후의 궁은 3문을 둔다고 했다. 흥선대원군은 조선이 제후국이었지만 천자궁을 지향하려는 속내를 경복궁에 가시화했다.

황궁처럼 꾸며 자주적 면모를 갖추려는 흥선대원군의 이러한 속셈은 근정전 보개천장의 칠조룡, 강녕전의 5침 구조에서 쉽사리 엿볼 수 있다. 한자문화권에서 중국의 황제는 용, 주변 국가의 임금은 봉황으로 표상된다는 말이 있고, 설령 제후에 해당하는 임금을 용으로 표현한다 해도 칠조룡은 황제에게만 허용하고 임금은 오조룡에 머문다는 게 관례였다. 침전 제도도 천자 6침, 제후 3침이라 했다. 조선 전기의 경복궁 침전은 3침이었다. 경복궁을 다시 지으면서 흥선대원군은 침전 구역인 강녕전 일곽에 연길당과 응지당을 보태 5침으로 격을 높였다.

중창된 경복궁을 황궁 구조로 보면 광화문〔皋門, 고문〕, 홍례문〔庫門, 고문〕, 근정문〔雉門, 치문〕, 사정문〔應門, 응문〕, 향오문〔路門, 노문〕이 5문이다. 그러나 이 같은 해석이 무리라고 하여 제후국의 삼문삼조를 고집하는 사람들이 적지 않다. 외조의 정문이자 바깥문이 고문(皋門, 광화문), 치조의 정문이자 가운데 문이 치문(雉門, 근정문), 연조의 정문이 노문(路門, 향오문)이라는 것이다.

외조는 신하들이 궁궐 안의 행정을 지원하고 임금의 측근에서 정무를 보좌하는 관아지역이다. 흔히 궐내각사(闕內各司)라고 부른다. 치조는 국가의 주요 행사와 통치 행위가 이뤄지는 정무 공간, 연조는 임금과 왕족이 먹고 자고 쉬는 침전과 원유(苑囿, 울을 치고 동물을 기르던 곳)다.

근정문 : 5대 궁궐의 법전 전문 중 유일한 중층이다. 삼문 양쪽에는 편문으로 일화문과 월화문을 냈다. 근정전 행사 때 동쪽 일화 문은 문관이, 서쪽 월화문 은 무관이 이용했다.

근정문 보물 812호

영제교를 건너서 곧장 나아가면 근정전 일곽이다. '근정' 이란 임금의 부지런함이 정치의 으뜸이라는 뜻이다.

(정도전이 말했다.) "천하의 일은 부지런하면 다스려지고 그렇지 못하면 폐하게 됨은 필연의 이치입니다. 작은 일도 그럴진대 하물며 정사와 같은 큰일이겠습니까? …… '아침에는 정사를 듣고, 낮에는 어진 이를 찾아보고, 저녁에는 법령을 닦고, 밤에는 몸을 편안하게 한다' 라고 옛 선비들이 말한 것이 임금의 부지런함입니다. 또 어진 이를 구하는 데에 부지런하고 어진 이를 쓰는 데에 빨리 한다' 했으므로 근정(勤政)이라 했습니다.

| 《태조실록》, 1395년 10월 7일 |

근정전은 경복궁의 중심 건물이다. 임금이 조하·조참을 받거나, 즉위 후 하례, 사신 접견 등 국가의 중요 행사를 이곳에서 치렀다. 넓고 높은 2층 월대 위에 세워진 정전을 중심으로 동·서·남쪽에 2칸 폭의 행랑과 행각을 두고 중심축 남쪽에 근정문을, 북쪽에 단 칸 행각과 사정문을 두었다. 근정전 일곽은 고종 때 중창한 후 몇 차례의 보수를 거쳐 오늘에 이르렀다.

근정문에 들어서려면 흥례문처럼 계단을 딛고 올라가야 한다. 이 문은 임금 내외와 세자, 중국 칙사만 출입할 수 있었다. 그래서 특별한 행사가 있을 때만 열고 평소에는 닫아두었다. 임금이 궐 밖 나들이를 할 때 궐내에서 이용하는 가마에서 내려 연으로 옮겨 타는 장소도 근정문이었다.

근정문은 조정의 출입구일 뿐 아니라 근정전 행사에 앞서 진행된 정치적인 활동이 시작되는 곳이다. 국상 중인 세자의 옥새 인수, 왕비·세자의 책봉, 문과 전시(殿試, 과거 복시에 합격한 사람이 어전에서 치르는 시험. 석차가 매겨지는 과거로 낙방은 없다), 새로 개발한 화포(火砲, 화약 무기, 곧 포와 총)의 성능 확인 및 군사 훈련의 지휘 등 국정 운영의 근간을 이루는 실질적인 행사가 근정문 앞마당에서 이뤄졌다.

세종은 1440년 8월, "조하와 책봉례를 비롯한 대례는 근정전에서 거행하고, 조참과 객인(客人, 사신)을 인견할 때는 근정문에서 거행하라"고 지시했다. 세조도 2품 이상은 영제교 북쪽, 3품 이하 관리는 남쪽에 정렬하도록 하여 조회를 받았다.

근정문은 임금이 외국 사신에게 국방력을 과시하는 행사장이었는가 하면, 수직군사 훈련을 참관하는 곳이었다. 태종은 18년 정월 초하룻날 태평관에 머물고 있던 칙사에게 근정전 연회를 베풀면서 근정문 밖에 불꽃놀이 기구를 설치하게 하고 해가 진 뒤에 그들과 함께 불꽃놀이를 관람했다. 이때의 광경을《태종실록》은 이렇게 전한다. "불꽃이 하늘에 치솟고 폭음이 궁정을 뒤흔드니, 사신과 두목이 매우 신기하게 여겨 찬탄하기를 그치지 않았다."

세종은 새로운 병기를 개발할 때마다 근정문 앞마당에서 시연하도록 해 그 성능을 확인했고, 비상시를 대비한 수직군사들의 조련 장소로 삼았다. 세조도 즉위하던 해에 시종과 종친, 시위 무관들을 대동하고 취라치에게 광화문에 올라 소라(螺)와 대각(大角, 나발)을 불도록 했다. 그리고 후원에서 신기전(神機箭, 화약을 장치하거나 불을 달아 쏘던 화살)을 쏘게 한 뒤, 백악과 남산, 홍인문, 성균관 북쪽 고개, 인왕산 고개, 돈의문에서도 모두 대각과 신기전으로 호응하도록 했다. 군호가 어김없이 전달되는지 점검한 것이다.

즉위식 : 근정문 앞마당은 가례를 치르는 곳이지만 국상 때 곡하는 흉례(《국조오례의》에 따르면 제사는 길례, 왕비나 세자 책봉 및 연회와 관련된 행사는 가례, 사신 맞이는 빈례, 군대 의식은 군례, 국상은 흉례다)의 장소이기도 하다. 흉례(凶禮) 중의 으뜸은 새 임금의 즉위식이다. 즉위식은 선왕이 죽은 뒤 5~6일 만에 치러진다. 복상 중의 후사왕은 상주이므로 '죄인'의 신분이다. 빈전을 지키던 세자는 일단 상복을 면복으로 갈아입고 근정문 앞으로 나와 옥새를 받드는 의식을 치른다. 실질적인 옥새의 인계·인수는 선왕의 시신이 안치된 빈전에서 이뤄졌다. 선왕의 훙서(薨逝)와 때를 맞춰 대비의 손 안으로 들어간 옥새가 빈전에서 후계왕에게 전달되는 것이다. 성복(成服) 중이지만 즉위식에 참석한 관리들도 이때는 예복차림이다. 옥새 인수식을 치른 새 임금은 조정의 어도를 통과하여 근정전 옥좌에 앉아 뜰에

도열한 백관으로부터 축하를 받는다. 즉위식을 마치면 다시 상복으로 갈아입고 빈전으로 돌아가 졸곡(卒哭) 때까지 상주 역할에 전념한다. 세자가 즉위하면 졸곡 이전 26일 동안은 업무를 보지 않는다. 이 기간 동안 새 임금은 치상에 전념하고, 원상(院相)으로 임명된 두세 명의 대신이 승정원에 숙직하며 정무를 총괄했다.

세자가 옥좌에 오르는 일을 '등극'이라고 한다. 북극성에 오른다는 뜻이다. 북극성은 예부터 북진(北辰), 북성(北星), 중극(中極)이라 불렸고, 사계절을 바로잡고 기후의 변화를 주관하는 신으로 섬겼던 별이다. 하늘 중심에 있는 북극성은 오랜 옛날부터 다른 별들의 옹위를 받는 것으로 인식됐다. 지상에서는 임금을 북극성과 같은 존재로 간주해 세자가 왕위에 오르는 것을 등극이라고 했던 것이다. 조선 전기의 정종과 세종, 단종, 세조, 성종, 중종, 명종, 선조 등 여덟 명의 임금이 근정문에서 즉위하고 근정전에서 하례를 받았다.

다른 궁의 정전 : 위부터 창덕궁 인정전, 창경궁 명정전, 경운궁 중화전, 경희궁 숭정전. 인정전만 근정전과 같은 중층이다. 다른 정전들이 푸른빛 빗살창호인 데 비해 고종황제와 융희황제(순종)가 임어했던 인정전과 중화전은 노란색 창호다.

답도 : 중층의 위용을 갖춘 법전 전문은 5궁 가운데 근정문이 유일하다. 다포 양식으로 부재들의 형태가 날카로우면서도 지붕의 곡선은 유연하다. 문 앞 계단에 놓인 답도는 임금의 가마가 위로 떠가는 판석이다. 계단 가운데는 답도가 비스듬히 누워 있고, 그 옆에 임금만 내디딜 수 있는 3단의 디딤돌[御階]을 댔다. 임금이 가마를 타지 않고 근정문에 오를 때는 이 어계의 오른쪽 디딤돌을, 내려올 때는

왼쪽 디딤돌을 이용한다. 소맷돌(돌 축대의 귀퉁이에 세우는 돌)은 해태 두 마리가 허리를 펴고 길게 엎드린 모습을 새겨 성역인 답도와 디딤돌을 지키도록 했다. 답도에는 구름 속에서 날개를 활짝 펴고 노니는 봉황을 돋을새김했다. 봉(鳳)은 수컷, 황(凰)은 암컷이다. 답도와 디딤돌 앞면은 억만창생을 상징하는 당초문이 봉황〔임금과 왕비〕을 떠받들고 있다.

봉황은 성군이 출현해 태평성대를 이루면 나타난다는 상서로운 새다. 이 새가 날면 성군의 덕치가 펼쳐져 천하가 태평해진다고 했다. 중국에서는 오래전부터 봉황을 태평성세를 이룬 나라에만 나타나는 성천자의 상징으로 인식했다. 조선의 역대 임금들도 뜰 앞에 봉황이 노닐고 격양가가 울려 퍼지기를 염원했다. 세종이 할아버지 태조의 공덕을 경송(敬頌)하여 안무(按舞)한 〈봉래의(鳳來儀)〉도 그러한 소망 중의 하나일 것이다.

경복궁에서 가장 많은 새가 봉황이다. 전각의 막새에도 날고 있고, 자경전의 월문, 아미산의 굴뚝에도 있고, 왕비의 비녀에도 봉황이 날고 있다. 그래서 궁궐을 봉궐, 봉황을 장식한 수레를 봉거, 또는 봉여(鳳輿)라고 했다. 성천자가 임어하는 도읍은 봉성, 궁궐 안의 연못을 봉지(鳳池)라고 하는 것도 같은 생각에서 나온 개념이다.

궁전 전문의 답도는 경복궁 근정문과 경희궁의 숭정문, 경운궁의 중화문에만 있다. 고종이 칭제건원(稱帝建元)하면서 하늘에 제사를 지냈던 원구단 황궁우 답도와 대한제국기의 황제궁인 경운궁의 답도에는 봉황이 아니라 쌍룡이 꿈틀거리고 있다.

일화문 · 월화문

　근정문은 편문으로 일화문(日華門)과 월화문(月華門)을 달고 있다. 해[日]는 양(陽)이므로 동쪽, 달[月]은 음(陰)이므로 서쪽이다. 동쪽의 일화문은 문관, 서쪽의 월화문은 무관이 드나든다. 관리들은 근정문과 잇닿은 어도를 피해 편문에 연결된 행랑을 통해서만 조정으로 들어갈 수 있다. 임금이 법전에 임어하여 조회를 받을 때는 관리들이 영제교 남쪽과 북쪽에 늘어섰다가 안내하는 관리를 따라 편문으로 들어갔다.

　임진왜란 전에는 이 편문들이 근정전 동서 행각의 남단에 있었다. 두 문은 지금의 옹색한 모습과는 달리, 1530년대의 〈중묘조서연관사연도(中廟朝書筵官賜宴圖)〉에는 중층의 규모 있는 건물로 묘사돼 있다. 조정으로 들어가는 문으로서의 권위와 함께 이 문을 드나드는 관리들의 자부심을 드높이기에 충분했다. 조선 전기에 일화문 밖은 세자궁인 자선당이 붙어 있었고, 월화문을 나서면 궐내각사 영역이었다.

근정전 국보 223호

근정문을 들어서면 드넓은 자리에 우뚝 솟은 근정전이 버티고 있다. 활짝 펼쳐진 마당 주변으로는 동서남북으로 행각이 곧게 뻗어 장쾌하고, 분위기는 오싹할 만큼 엄숙하고 가지런하다. 이곳이 한반도의 한가운데이며, 권력의 꼭짓점이고, 경복궁의 핵심이다. 여기에서 모든 정교(政敎)가 온 나라로 퍼져나갔고, 여기가 조선팔도의 유생들이 꿈에서라도 들어오고 싶어 했던 곳이다.

충성 서약 : 근정전은 임금이 신하들로부터 충성서약과 하례를 받는 법전이다. 옥새 인수 절차를 마친 임금은 근정전 옥좌에 앉아 '천세, 천세, 천천세(제후는 '천세', 황제는 '만세'를 세 번 산호한다. 조선은 대한제국 선포 후에야 비로소 '만세'를 외쳤다)'를 외치는 신하들을 굽어보게 되며, 매년 정월 초하룻날과 동짓날에는 조하를 받고, 생신날과 삭망, 나라에 경사가 있는 날에는 축하행사가 베풀어졌다. 그래서 이곳을 수하지소(受賀之所)라고 한다. 세자 책봉, 왕족의 혼례, 회갑연, 양로연, 전승을 기리는 경축행사를 베풀었고, 법령의 반포와 사신을 맞는 외교적 의전도 근정전에서 치렀다.

근정전에서 정기적으로 치르는 행사에 모든 관리가 참여하는 조하(朝賀)와 조참(朝參)이 있다. 한성의 모든 관리가 삭망과 5일, 11일, 21일, 25일에 조복을 입고 여기에 모여 임금에게 문안을 드리는 엄숙한 의식이다. 이 의례는 근정문 중앙에 남향한 어좌와 좌우

©김성철

근정전 : 앞면 5칸, 옆면 5칸의 중층이지만 내부는 통층이다. 다포계 팔작지붕, 아래층의 평주 사이에는 벽체 없이 솟을꽃빗살로 짠 사분합문을 세 짝 또는 두 짝씩 사방으로 둘렀다. 2단으로 짠 월대에는 난간을 두르고 계단 법수에는 사신상과 십이지신상을 새겨 근정전을 수호하도록 했다. 건물 높이는 약 23m.

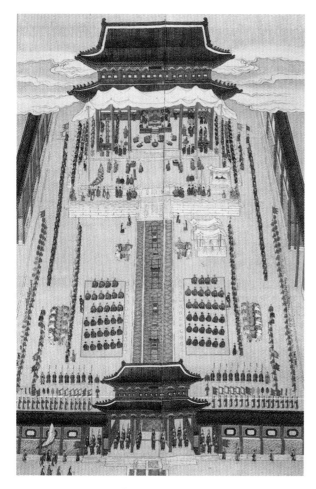

무진진찬도병 : 고종 5년 (1868) 12월 6일, 고종은 자신을 왕위에 오르게 한 신정대비의 회갑을 기리는 진찬을 마련했다. 잔치 과정은 궁중 화원 10명이 매달려 8폭의 병풍에 담았다. 그림은 신하들의 근정전 진하례. 46.7×136.3cm, LA 카운티박물관.

에 향안(香案, 향로나 향합을 올려놓는 상)을 설치하고 홍례문 안에 악대를 배치하는 일부터 시작된다.

관리들은 근정문 밖에 대기하고 있다가 정리(廷吏)의 안내에 따른다. 그들은 반수(班首, 선임자)를 따라 들어와 자신의 품계 위치에서 북쪽을 향해 정렬한다. 북이 처음 울리면〔初嚴, 초엄〕 내병조에서 의장(儀仗)을 설치하고 군대를 정렬시킨다. 북이 두 번 울리면〔중엄〕 종친과 시종신들이 사정문 밖에서 지시를 기다린다. 북이 세 번 울리면〔삼엄〕 문무백관이 지정된 위치에 서고, 임금은 유장한 아악의 선율과 함께 보여를 타고 나타난다. 임금이 자리에 앉으면 좌우통례의 구령에 따라 4배하고 '평신(平身)'을 외치면 의식이 끝난다. 의식이 끝난 뒤 조계(朝啓)라 하여 민원을 듣기도 했다. 만일 사정이 있어 임금이 조회에 참석하지 못할 때는 권정례(權停禮, 임금 없이 임기응변으로 거행하는 의식)를 치렀다. 삭망의 조하에 참석할 수 없는 지방관리는 객사의 궐패 앞에서 망궐례(望闕禮, 임금과 궁궐의 상징으로 나무에 '闕' 자를 새긴 패를 만들어 각 고을 관아의 객사에 봉안하고 예를 올리는 의식)로 대신한다.

외교적 의전 : 조선의 외교 노선은 사대교린이었다. 문화적 · 물질적으로 앞서는 나라는 섬기고[事大], 그렇지 않은 나라에는 회유와 응징을 구사하면서 소극적인 관계를 유지했다. 그래서 중국에 대해서는 눈밖에 나지 않도록 적극적으로 대했고, 일본이나 오키나와 · 여진과는 약탈이나 노략질을 일삼지 않도록 다독거리며 사이좋게 〔交隣〕 지내고자 했다. 중국에서는 의기양양한 칙사가 왔고, 교린국에서는 봉물(封物)과 함께 국사(國使)가 왔다. 이 같은 외국 사신을 영접하고 외교문서를 접수하는 곳이 근정전이다.

중국의 칙사 맞이 의전은 가례에 준하는 영칙의다. 칙사가 한성에 오면 임금은 면류관에 구장복을 갖추고 모화관에 나가 지극 정성으로 맞이했다. 칙사는 숭례문으로 들어와 태평관에 여장을 풀었다. 칙사가 태평관에 머무는 동안 조정에서는 도착한 다음 날부터 일곱 차례의 공식적인 연회를 베풀어 융숭하게 대접했다. 대궐의 정전에서 베푸는 연회는 임금이 친행하지만, 태평관 연회는 재상이 대행하는 경우가 많았고, 임금을 대신해 세자가 참석하기도 했다. 임금이 참석해도 연회의 주인은 칙사였다. 칙사는 동쪽에 앉아 먼저 술을 마신 후 손님의 신분으로 서쪽의 임금에게 술잔을 권했다. 임금은 칙사가 건네는 술 일곱 잔을 받아 마시는 게 관례였다. 이때 접대하는 술은 백주(白酒)로 50도가 넘는 독주다. 술에 약한 임금에게는 여간한 곤욕이 아니다.

영칙의 때, 정전의 용상에는 황제를 상징하는 궐패를 놓았다. 신하들이 정전 전문을 이용하지 못하는 것처럼, 이때 임금은 제후 신분이므로 어칸으로 들어올 수 없다. 임금은 어칸 동쪽 문, 세자는 서쪽 문을 이용한다. 황제의 궐패가 용상에 버티고 있으므로 임금은 정전 안으로 들어가면 안 된다. 임금은 신료(臣僚), 세자와 함께 정전 서쪽 뜰에 서서 궐패를 향해 망궐례를 올린다. 칙사가 칙서를 들고 정전으로 올라가면 임금은 몸을 굽혀 신하의 예를 보인다. 칙사가 용상의 궐패 앞에 칙서를 봉안하면 임금과 참석자들은 절을 네 번 올려 제후국의 예를 보여준다. 그리고 서쪽 계단을 통해 월대로 올라가 무릎을 꿇고 칙사가 건네는 칙서를 받든다. 이어 태평관 연회 때처럼 황제를 대신한 칙사는 동쪽에서, 임금은 서쪽에서 마주 보고 두 번 절한 후 다례에 들어간다.

일본, 오키나와, 여진 등에서 국서를 가져온 국사에게는 빈례에 해당하는 수린국서폐의(受隣國書幣儀)로 비교적 간소한 의전이 베풀어진다. 이때는 영칙의와 달리 임금이 주인이고 국사는 손님이다. 임금은 익선관과 곤룡포 차림으로 용상에 앉아 국서를 접수한다. 영칙의와 절차는 같으나 임금과 국사의 위상은 영칙의 때와 반대가 된다.

천인합일의 이상 : 근정전은 조선 창업의 정신을 새로이 하고 요순정치를 되살리려 했던 태조의 희망과 의지로 태어났다. 경복궁이 5대 궁의 수석궁이라면 근정전은 경복궁의 꽃이다. 유교문화의 정화, 천리를 구현하는 힘의 원천이었다. 천인합일은 유교정신의 이상이다. 이 건축에 참여한 사람들은 천리와 지리를 조화롭게 배합해 근정전에 그 실현의지를 각인했다.

상월대의 사신(四神)은 하늘의 동서남북에 펼쳐진 별자리를 상징한다. 각각 일곱 별자리를 거느린 사신의 옹위를 받으며 근정전 보좌에 좌정한 임금은 별 중의 별 북극성이고, 네모진 조정과 행각, 기단은 지상 세계를 표상한다. 이처럼 천원지방(天圓地方, 하늘은 둥글고, 땅은 모남을 일컫는 말)이라는 인식의 골격 속에는 임금이 하늘의

뜻[天理]을 땅[百姓]에 실현하는 존재라는 이념이
철저하게 작용하고 있다. 우주관을 천원지방으로
형상화한 근정전은 천인합일의 경지를 가시적으로
구현한 것이라고 볼 수 있다.

장중하면서도 날씬한 곡선
의 미를 한껏 드러낸 근정
전의 처마와 선자서까래.

곡선의 미 : 근정전은 격조 높은 고건축의 명품이
다. 당대 최고의 건축가가 최고의 재료로 최상의
솜씨를 뽐냈기 때문만은 아니다. 우리나라 사람들
의 성정과 공간 감각을 유감없이 발현한 것이 근정전이다. 한국인
의 미의식을 자연미, 소박미라는 데 동의하는 사람들은 그 바탕을
자연과의 어울림에서 찾는다.

근정문의 동행랑 끝부분에서 근정전을 바라보면 유연하게 하늘
로 튕겨 오른 처마 끝이 백악의 능선에 닿고, 백악의 능선은 솟아오
르는 듯하다가 눈을 부릅뜬 산의 이마를 타고 응봉으로 부드럽게
흐른다. 근정전은 주산인 백악을 정면으로 등지지 않고 서북쪽으로
약간 비낀 좌향[亥山爲主]으로 아늑하게 앉아 있고, 높지도 낮지도
않은 왼쪽 행각 너머로는 병풍처럼 펼쳐진 인왕산에 포근히 안겨
있다. "근정전은 백악이 있어 그 자리에 있다." 이 시대의 대표적인
궁궐 건축가의 찬사다.

곡선은 한국미의 한 특징이다. 포물선으로 부풀어 오른 고향의
초가지붕이 그러하며 어릴 때 동무들과 오르내리던 마을의 야트막
한 산줄기가 그렇다. 초가지붕에 박이 올라앉고 보름달이라도 두둥
실 떠 있다면 금상첨화다. 초가지붕이 위쪽으로 불룩하게 부풀어
올랐다면 기와지붕의 처마는 빨랫줄처럼 아래로 처지는 현수곡선
이다. 대개의 기와집 처마는 중간 부분에서 수평을 유지하는 듯하

모루단청(사정전)

긋기단청(자시문)

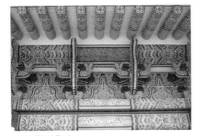
비단단청(집옥재)

다가 추녀 부분에서 살짝 상승 곡선을 이루며 튕겨 오른다.

근정전의 처마는 활등처럼 굽은 완벽한 호상(弧狀)이다. 거의 눈에 띄지 않을 만큼의 각도 차이를 두고 일정하게 서까래를 배열했기 때문이다. 치밀한 계산 아래 정연한 변화를 준 서까래는 깔끔한 곡선을 이루며 정렬되어 있다. 따라서 도리에 걸린 서까래는 위아래, 내민 머리의 위치가 모두 다르다. 호선을 이룬 이 궤적을 계속 따라가면 반대쪽 추녀와 만난다. 곧 하늘에 커다란 타원이 그려지는 것이다. 조정, 행각, 기단을 네모꼴로 조직하여 지상세계(地方)를 형상화했다면 지붕은 원의 속성을 부여하여 하늘(天圓)을 나타낸 것이다. 근정전의 구조는 천원지방, 곧 하늘은 둥글고 땅은 네모지다는 인식에서 한 치도 벗어나지 않는다.

기와집의 추녀가 하늘을 향해 고개를 들고 있는 것은 선자서까래 덕분이다. 우리 선조들은 추녀에 걸린 서까래가 하늘 쪽으로 곡선을 이루면서 부챗살처럼 퍼지는 공법을 착안했다. 근정전 처마를 정면의 일정한 위치에서 바라보면 서까래가 곧게 좌우로 이어지다가 추녀의 양끝만 휘어 오른 것 같다. 그러나 다가서서 보면 가운데가 안쪽으로 빨려 들어간 것처럼 휘어졌음을 알 수 있다. 곧 네 방향의 처마는 미인의 허리처럼 중심 부분이 잘쑥한 네모꼴인 것이다. 네모와 원이 융합된 천인합일의 경지다.

일본 기와집은 선자서까래가 없다. 추녀에 걸린 서까래가 45도 각도를 이루며 처마로 나간다. 추녀를 축으로 하여 상대편 서까래와 직각으로 만나는 것이다. 그래서 지붕의 귀퉁이는 직선으로만 이뤄진 사각형이다. 일본 건축은 큰 건물일수록 용마루와 처마가 수평을 이루므로 양끝이 처진 듯한 착시현상을 일으킨다. 자금성의 우람한 건물 처마와 용마루도 평행선이다.

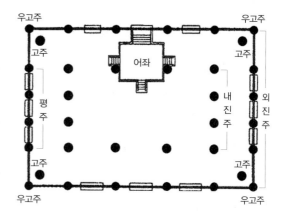

근정전의 기둥 배치도

창건 당시의 근정전과 사정전은 청기와로 덮여 유리지붕처럼 아름다웠다. 청기와는 중국에서 수입한 코발트를 입힌 것으로 값이 꽤 비싼 데다가 고도의 제작 공법이 필요한 자재였다.

> "장마로 근정전 추녀머리가 무너져 보수해야 하는데, 청기와를 구워 만들자면 그 비용이 만만치 않으므로 아련와(牙鍊瓦)를 구워서 덮을까 한다. 그런데 우리나라 사람은 모든 일에 빨리 하고자 하여 정밀하지 못하니, 어떻게 하면 깔끔하게 구워서 비가 새지 않도록 하겠는가."

| 《세종실록》, 1433년 7월 12일 |

세종이 청기와를 못 입혀 대신들에게 토로한 안타까움이다.

경복궁 전각에 적용한 기둥의 안쏠림[오금법]과 귀솟음 공법은 착시현상을 방지하기 위한 배려다. 근정전을 떠받치는 기둥은 바깥기둥[外陣柱]과 안두리기둥[內陣柱], 그리고 내부의 네 귀퉁이에 세운 귀고주[隅高柱, 우고주]의 세 겹으로 짜여 있다. 바깥기둥은 수직으로 세우지 않고 안쪽으로 약간 쏠리도록 했다. 상부의 무게를 바깥쪽으로 분산시켜 안정성을 확보하려는 효과와 함께 정면에서 바라본 기둥이 바깥으로 튀어나오는 듯한 착시현상을 교정하려는 공법이다. 근정전의 바깥 네 모퉁이에 세운 기둥도 다른 기둥[平柱]보다 조금 높다. 역시 시각적 오차를 바로잡기 위한 귀솟음 공법이다.

황극수 '5'의 적용 : 근정전의 바깥은 앞면 5칸, 옆면 5칸의 장엄한 중층이다. 우주만물의 근본 요소와 변화를 상(象)과 수(數)로 설명하는 동양의 상수론에서 5를 황극수(皇極數)라고 한다. 황극은 만물이 생성, 전개되는 근원이라는 점에서 태극과 같은 개념이다. 만상의 근원은 혼돈[chaos, 카오스]이다. 이 원초적 혼돈상태에서 밝고 맑은 기운은 하늘이, 흐리고 무거운 기운은 땅이 됐다. 이 세상이 음양으로 나뉘고 상하좌우로 분화해 만물이 나타났다. 만물 중 사람에게는 식욕, 색욕, 권력욕이 있다. 황극은 이 같은 원초적 욕망이 생기기 전의 중용 상태를 말한다. 여기에는 분열과 갈등이 없다. 유가(儒家)는 임금이 어느 쪽에도 치우치지 않는 공명정대한 심경이기를 요구한다. 이 경지가 황극이다. 그래서 황극은 지극히 올바른 법으로 인식돼 왕도정치의 지침이 됐다.

황극수는 1에서 9까지의 숫자 배열 중 중심에 있는 5를 가리킨다. 5를 황극수라고 하는 것은 홍범구주[洪範九疇,《서경》의 홍범에 기록된 것으로 우임금이 집대성한 정치도덕의 아홉 가지 법칙. 곧 오행(五行), 오사(五事), 팔정(八政), 오기(五紀), 황극(皇極), 삼덕(三德), 계의(稽疑), 서징(庶徵), 오복(五福)] 중 다섯 번째가 황극이기 때문이다. 또한 5는 오행의 토(土)로서 오방(五方)의 중심에 해당한다. 정전 칸수에 5의 수를 적용한 것은 근정전의 위상을 공명정대한 왕도정치의 중심, 나아가서 천지사방의 중심에 올려놓기 위한 것이다. 지리적 위치 또한 궁의 사대문인 건춘문·광화문·영추문·신무문, 담 밖으

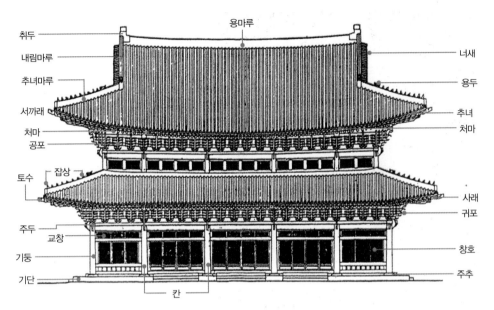

취두

내림마루

추녀마루

서까래

처마

공포

잡상

토수

주두

교창

기둥

기단

용마루

너새

용두

추녀

처마

사래

귀포

창호

주초

칸

| 근정전 정면도 |

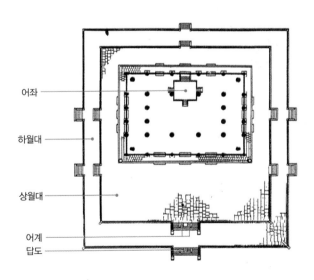

어좌

하월대

상월대

어계

답도

| 근정전 평면도 |

근정전은 전통건축의 명품
이다. 최고의 목수가 최고
급 자재로 최고의 기법을
구사했다. 외관의 장엄과
아름다움은 물론이고 건통
건축이 갖춰야 할 모든 요
소를 빠짐없이 갖췄다. 한
국전통건축연구회, 《한국전
통건축(1) 궁궐 건축》

로는 낙산·인왕산·목멱산·백악산을 사신으로 삼는 명당의 중앙에 두었다.

근정전 내부의 장엄 : 근정전은 바깥에서 보면 중층이지만 안은 탁 트인 통층이다. 벽돌바닥에서 천장까지 한눈에 들어온다. 내진주와 귀고주는 힘차게 솟아 법전 내부의 심도를 높였다. 아래층의 네 면에는 정교하게 짠 운공 형식의 아홉 겹 공포로 장엄을 꾸며 임금의 공간에 위엄을 한껏 드높였다. 위층의 기둥은 아래층 퇴량과 내목도리, 멍에창방이 짜인 부분에 세웠고, 공포는 아래층과 같은 운공이다. 내진주는 독립된 고주로 외진주와 퇴량으로 연결됐다.

옥좌 주변의 환경 : 임금이 어좌에 좌정하면 좌우로 인검이 시위한다. 어탑 위는 섬세하게 짜맞춘 공포와 화려한 장식으로 장엄한 닫집으로 닫고, 앞에는 임금의 권능을 상징하는 국새와 의장물들을 진열했다.

퇴량과 뜬창방 사이의 아래에는 당초문을 새긴 낙양각을 돌렸고, 뜬창방 위는 머름을 두고 운공으로 장식했다. 아득하게 솟아오른 고주에는 주두, 창방과 안초공을 짜고 그 위에 소란반자를 꾸몄다. 소란과 반자에 입힌 채색의 정교한 조직은 전통 건축미의 극치라 할 만하다.

감입천장의 칠조룡 : 중앙의 감입천장(천장 중심에 장식을 새기거나 박아 넣어 따로 만든 천장)에는 오색구름 속에 노니는 황룡 한 쌍이 헌원

경을 가운데 두고 노닌다. 승천하는 황룡을 새긴 감입천장 둘레는 싱싱한 여름 숲처럼 뇌록색(磊綠色, 옥색) 바탕의 우물반자가 시원하게 펼쳐졌다.

근정전 보개천장의 날씬한 칠조룡.

오행설에서 황룡은 중앙에 자리매김한다. 황룡의 위치는 월대의 사방에서 근정전을 수호하고 있는 청룡, 백호, 주작, 현무 등 사방신의 정점이며 경복궁 사대문을 지키는 방위신의 중심이다. 황룡이 청룡보다 높은 신분임은 말할 것도 없다. 황룡은 천자를 상징한다. 창덕궁 인정전과 창경궁 명정전에는 봉황이 날고 있지만 황제궁인 경운궁 중화전과 얼마 전 복원한 경희궁 숭정전에는 황룡이 승천하고 있다. 근정전의 보개천장(궁전이나 불전 등의 천장에서 가운데를 높게 하여 보개처럼 만든 천장)에는 날씬한 황룡이 일곱 발톱을 자랑하는 데 비해 경운궁 황룡은 몽땅한 비만형의 오조룡이고, 경희궁 황룡도 칠조룡이지만 나약하여 애처로운 느낌을 준다. 경복궁 창건 당시에는 봉황이었다가 중창하면서 칠조룡을 띄웠는지, 창건 때부터 황룡이었는지는 확실하지 않다. 조선의 임금을 황제와 같은 반열에 올려놓음으로써 청나라 영향권에서 벗어나고자 하는 대원군의 의지를 담은 것이라고 설명하는 학자도 있다.

황룡 중에서 칠조룡의 품격이 가장 높다. 일곱 개의 발톱에 대해서는 문헌적 근거가 없으나, 학자에 따라 음양과 오행을 합한 수, 천지인 삼재(三才)와 사계절을 합한 수, 북두칠성의 수를 상징화하여 우주만물의 근원이 되는 임금의 권위를 부여한 것이라는 설 등 분분하다.

용은 봉황처럼 갖가지 동물을 조합한 상상의 동물이다. 사슴 뿔, 낙타 머리, 도깨비 눈, 뱀의 목, 잉어 비늘, 호랑이 주먹, 목 아래는 거꾸로 박힌 비늘, 지렁이 배, 독수리 발톱, 소의 귀, 긴 수염을 지닌 형상이며 턱 밑에 명주(明珠)를 지녔다고 옛 사람들은 믿었다.

어좌와 닫집 : 앞면의 다섯 칸 중 가운데 칸의 뒤쪽 내진주는 그 사이를 막고 일월오악병을 두른 어좌를 마련했다. 법전 내의 텅 빈 공간은 이 어좌의 장엄을 꾸미기 위한 의장물들의 배설(排設, 의식이나 연회 등에 필요한 여러 가지 기구를 차려놓는 것을 말함)을 전제로 설계했기 때문에 내부의 초점은 어좌에 있다.

임금의 근정전 행사의 출발점은 사정문이다. 임금은 사정문에서 월대 북쪽 계단으로 연결된 천랑(穿廊, 건물에 잇댄 임금 진용 보랑)을 통해 상월대로 올라와 근정전 동쪽 문으로 들어간다. 즉위식이나 교린국의 국서를 접수하기 위해 근정문에서 올 때는 정면 문으로 들어왔을 것이다. 안으로 들어온 임금은 어탑 앞에 있는 5단의 계단으로 올라간다. 임금이 남쪽을 바라보고 앉으면, 건장한 장수 두 명이 북쪽 계단으로 올라와 일월오악병 아래 좌우 작은 문으로 인검을 들고 들어와 시위한다.

어탑 위에는 장식으로 달아놓은 닫집[唐家]이 있다. 기둥은 바닥에서 지붕을 떠받치는 게 아니라 허공에 매달려 있다. 땅에서 올라가지 않고 하늘에서 성스러운 영감을 내려받는 형상이다. 닫집 덮개는 절집 보좌처럼 기와지붕 형식이 아니라 하늘에 물결치는 꽃구름으로 생겨서 마감했다. 덮개 안쪽은 포작을 섬세하게 꾸몄고, 귀를 접은 보개 안에는 여의주를 가지고 노는 황룡 한 쌍이 서기를 품고 있다.

일월오악도 : 임금을 향한 백성들의 칭송과 나라 융성의 염원, 우주 질서에 대한 경외심과 오악사상이 녹아 있는 그림이다. 임금이 있는 곳에는 반드시 이 그림이 있다.

일월오악도 : 모든 궁궐의 정전과 편전의 옥좌 뒤에 펼쳐진 붙박이 그림이 일월오악도다. 임금이 임어하는 곳에 일월오악도가 있다. 임금은 반드시 이 그림 앞에 앉는다. 멀리 행차를 할 때도, 죽은 뒤 관 속에 누워 있을 때도, 어진의 배경으로도 일월오악병(일월오악도를 그린 병풍. 오악도는 오봉도라고도 한다)이 놓인다. 임금의 행차를 그린 반차도에는 임금의 모습은 없고 일월오악병만 보인다. 임금의 행차는 곧 일월오악병의 행차다. 지엄한 임금의 얼굴을 이 병풍이 대신하는 것이다.

일월오악도는 우주의 조화를 상징하기 위해 추상적이고 관념적인 세계를 단순하면서도 화려한 색채로 도상화한 것이다. 여기에는 임금을 향한 백성들의 칭송과 나라의 융성 염원, 우주 질서에 대한 경외심이 녹아 있다. 이 그림에 담은 지향(志向)은 《동문선》의 〈천보(天保)〉에 잘 나타나 있다.

> 하늘이 뒤에서 받쳐주니 임의 자리 굳으시도다.
> 두터운 성덕 지니시면 어떤 복이라고 안 열리며,
> 하늘이 끼치는 복이거니 그 많음을 어찌 헤아릴까. ……
> 하늘이 뒤에서 받쳐주니 흥성 아니함 없으시도다.

산 같고 언덕 같고 작은 언덕 큰 언덕 같고

흘러드는 개울 같아 복 더함은 한없도다.……

지극한 정성에 신이 오시어 임에게 많은 복 내리시도다.

순박한 저 백성들이 편안하게 배를 불리고

천하 모든 사람이 임의 덕 도와 이루게 하리.

변함없는 달과 같고 떠오르는 해 같으시리.

저 남산과 같으신 수명 무너지고 이지러짐 없으리.

소나무 측백나무 무성하듯 임의 자손 무궁하리.

• **일월** : 일월오악도의 세계는 하늘과 땅으로 구분된다. 하늘에는 해와 달이 떠 있다. 해와 달에서는 빛이 쏟아진다. 해가 지면 달이 뜨고, 달이 지면 해가 솟는다. 이 순환에는 단질이 없다. 이 연속적인 순환에 따라 해와 달이 품어내는 빛〔밝음〕도 끊임이 없다.

해는 양이고 달은 음이다. 음양은 우주나 인간 사회의 모든 현상을 생성→변화→소멸로 이끄는 에너지의 두 축이다. 우주에 분산된 이 에너지가 모이면 생명체가 생성되고 흩어지면 소멸한다. 음양은 만물의 근본일 뿐만 아니라, 우주로 발전해 천도(天道)라는 함축적 의미를 띤다. 해와 달은 멈추지 않고 주어진 시간에 자기 길을 가면서 온 누리를 밝힌다. 이처럼 임금은 하늘의 도를 따르는 데 게을리 해서는 안 된다. 부지런히 민심을 살펴 태평성대를 이루도록 힘쓰는 것이 왕도다.

• **오악** : 일월오악도의 땅은 산과 폭포, 소나무, 파도로 구성된다. 한국인에게 산은 숭배의 대상이다. 단군신화, 가락국 신화까지 거슬러 올라가지 않아도 된다. 학교 교가마다 단골로 등장하는 게 가까

이 있는 산 이름이다. '무량산 지켜주는 포근한 터'에서 공부하며 그 산의 정기를 받아 훌륭하게 자라자고 다짐한다.

한국인은 예부터 공동체를 보호해준다고 믿는 신령스러운 산을 진산이라 하여 제사를 드렸다. 그 으뜸은 오행에 접맥된 오악이다. 신라는 토함산 · 지리산 · 계룡산 · 태백산 · 부악(대구)을 오악으로 삼았고, 고려는 사악(四嶽)이라 하여 덕적산 · 백악 · 목멱(남산) · 송악산에 제사를 지냈다. 조선은 백두산 · 금강산 · 묘향산 · 지리산 · 삼각산에 산단(山壇)을 조성해 나라의 이름으로 봄 · 가을에 제사를 드렸다.

• **폭포 · 나무 · 파도** : 산에서는 두 줄기 폭포가 내리뻗어 바다를 이루고, 이 바다를 소나무 숲이 에워싸고 있다. 《용비어천가》 제2장의 "뿌리 깊은 나무는 바람에 안 흔들리므로 꽃이 좋고 열매가 풍성합니다. 샘이 깊은 물은 가뭄에 아니 그치므로, 내〔川〕가 이뤄져 바다에 갑니다."와 다르지 않다. 물은 생명의 원천이며, 소나무는 강인한 생명력을 구가한다.

파도는 산수복해(山壽福海)라는 동양의 길상 관념에서 나온 것으로 복을 상징한다. 이 파도는 '조정'이라는 뜻도 있다. '조(潮, 파도)'와 '조(朝, 조정)'의 중국 발음이 비슷한 데서 유래한 것이다.

의장물 : 어탑 앞에는 대보(大寶), 시명지보(施命之寶) 등 뒤웅이 〔인장함〕가 있다. 임금의 인장을 새보(璽寶)라고 한다. '새'는 대보라고도 부르는 나라의 정식 인장이고, '보'는 임금의 인장 전체를 포괄적으로 이르는 말이다. 새는 옥으로 만들었기 때문에 옥새라고 한다. '朝鮮國王之印'이라고 새긴 대보는 사대국 외교문서에만

사용한 국인(國印)이다. 왕위 계승 때 왕권의 징표로 전수됐으며, 임금의 궐 밖 행차 때 위의를 과시하기 위해 행렬의 앞에서 봉송되기도 했다. 병자호란 이후에는 청나라에서 만들어준 국인을 공식 대보로 사용했으나, 숙종 때부터는 명나라에서 준 옛것을 모조해 비장해두고 왕위 계승식 때만 이용했다. 중국과의 사대관계가 끝난 갑오개혁 후에는 대보를 폐지하고, '大朝鮮國寶(대조선국보)'와 '大朝鮮大君主之寶(대조선대군주지보)' 등을 썼다. 갑오개혁 이전의 대보 손잡이는 거북의 모습이었으나 그 뒤로는 용을 정교하게 새겼다.

국인이 외교문서용이라면 어보는 국내용이다. 어보에는 교지(教旨, 4품 이상 관료에게 내리는 임명장)나 교서(教書, 임금이 발표하는 문서)에 쓰는 시명지보, 서적을 반포 또는 하사할 때 쓰는 선사지기(宣賜之記), 서책의 발간에 사용하는 동문지보(同文之寶), 임금이 지은 글에 찍는 규장지보(奎章之寶), 규장각 관리[閣臣]의 교지에 쓰는 준철지보(濬哲之寶)·명덕지보(明德之寶)·광운지보(廣運之寶), 과거시험과 관련된 문서에 사용하는 과거지보(科擧之寶) 등이 있었다. 이러한 인장들은 도승지의 책임 아래 상서원에서 제작, 관리했다. 뒤웅이 앞에는 세자와 최측근들의 품석(品席)이 있고 그 뒤에 사관이 쓰는 탁자를 놓았다. 내부 바닥에 널린 수많은 물품들은 임금 거둥 때 따라다니는 의장이다.

월대

근정전은 두 층의 돌기단과 그 위에 얹은 외벌대 댓돌에 위풍당당하게 앉아 있다. 이 돌기단이 월대(越臺)

다. 임금이 이곳에서 일식과 월식을 관찰했다 해서 월대(月臺)라고
도 한다. 월대의 바닥은 박석을, 외벌대에는 전돌을 깔고, 가장자리
는 낮게 물매(기울기)를 주었다.

근정전의 앞 월대는 뒤쪽보다 훨씬 넓다. 앞 월대는 일종의 무대
다. 진연(進宴)이나 나라의 경축연이 베풀어질 때, 상월대는 왕족이
나 측근들을 위한 상석이 된다. 임금의 자리 뒤에는 당연히 일월오
악병이 놓이고 차일이 하늘을 가린다. 고종 때 신정왕후의 회갑을
기리는 근정전 하례 장면을 그린 〈무진진찬도병(戊辰進饌圖屛)〉을
보면 월대 위에 친 차일이 있다. 이처럼 보통 때는 노출돼 있지만
행사 때는 월대에 차일을 침으로써 실내 환경으로 바뀌었다. 하월
대는 악공들이 자리 잡거나, 잔치 때 무희들이 춤을 펼치기도 한다.
옆 월대는 시종이나 별시위(궁궐 방비를 위한 정식 군사가 아니라 특별히

임금 전용 답도와 디딤돌：
봉황을 새긴 판석 양쪽에
디딤돌을 쌓고 서수를 조
각한 소맷돌로 마감했다.
답도와 디딤돌 앞면의 덩
굴무늬는 임금을 받드는
백성을 상징하며, 서수는
왕권의 수호자다. 이 공간
의 위에는 하늘의 사신과
십이지신이 굽어보며 엄호
하고 있다.

월대 모서리의 석수 : 표정
은 부드럽지만 부릅뜬 눈
매는 날카롭다. 오른쪽에
돌출한 조각은 어미의 품
을 파고드는 새끼까지 거
느린 서수 가족이다. 대를
이어 왕권을 지키겠다는
다짐을 형상화했다.

조직한 호위대)들이 도열하는 공간이다.

상 · 하월대는 동서로 각각 두 벌씩, 남북으로 한 벌씩 모두 열두
벌의 계단을 두었다. 계단은 고란층제(높은 계단의 난간)를 두고, 월
대의 가장자리는 하엽동자를 둘러 팔각의 연속된 돌난대를 받들도
록 했다. 동 · 서 · 북쪽 계단은 둥그스름한 무지개 소맷돌로 보호하
고 위층은 석수와 태극을 음각한 석고(石鼓), 아래층 마감돌은 모두
태극을 음각한 석고로 마무리했다. 석고는 하늘에 제사를 올릴 때
사용하는 악기다. 창덕궁이나 경운궁 등 다른 궁의 월대에는 난간
이 없다.

답도 : 삼도로 짠 남쪽 계단의 어계에는 답도가 있다. 근정문 답도
와 비슷하지만 신상이 굽어보고 있다는 점에서 환경이 다르다. 덩

굴무늬로 상징한 지상의 민초들이 사방에서 옹위하고, 좌우에서는 하늘이 내려 보낸 서수들이 답도의 봉황을 엄호하는 상황이다. 이는 하늘에서 점지한 임금이 백성들의 지지를 받아 홍익인간의 이상을 성취해야 한다는 다짐을 구상화한 것이다.

답도는 폐석으로도 불린다. 그래서 '폐하'는 폐석 아래를 뜻하는 말로 제후의 존칭이다. 황제는 폐상(陛上)에 임어하므로 폐하란 황제를 직접 부르지 않고 폐석 밑에 시립한 제후를 통해 부른다는 의미다. 옛날 선비들이 남의 집을 방문할 때 '이리 오너라' 하고 하인을 통해 주인을 찾는 것과 같은 이치다. 이는 한 다리 걸러 불러내는 예법이고, 요즘의 '여보세요'는 직접 통화하는 방식이다.

조선은 성리학으로 무장한 역성혁명파가 사대주의를 표방하면서 임금을 폐하로 부르던 고려의 관행을 깨고 전하로 낮춰 불렀다. 조선의 임금은 중국의 번국(藩國. 신하의 나라)이라 해서 스스로 비하한 것이다. 고려시대 당당하게 지칭하던 군주 호칭은 '전하'로 물러났다가 대한제국기에 고종과 순종이 황제의 자리에 오르면서 '폐하'로 돌아왔다.

얼마 전까지만 해도 대통령을 '각하'라고 부른 적이 있었다. 전하 아래는 '합하'→'각하'로 내려온다. 합하는 흥선대원군에게만 통용됐던 존칭이고, 각하는 정승과 판서급에 해당하는 호칭이다. 그러나 정승이나 판서는 각하로 대우하기보다는 임금을 상감으로 대접한 데 대한 상대적 개념으로 영감, 대감으로 부르는 게 통례였다. 왕조시대의 폐하나 전하라는 호칭은 곤란하지만, 국가를 대표하는 사람을 각하라고 부르는 것도 민망하기는 마찬가지다.

답도의 봉황 : 사엽화문(四葉花紋)을 돋을새김으로 감싸고 가장자리 테를 둘러 그 속에서 봉황이 노닐도록 하는 화려한 이미지를 구사했다. 네 모서리는 덩굴무늬와 꽃으로 장식하고 네 면의 테두리는 실선으로 깔끔하게 처리했다.

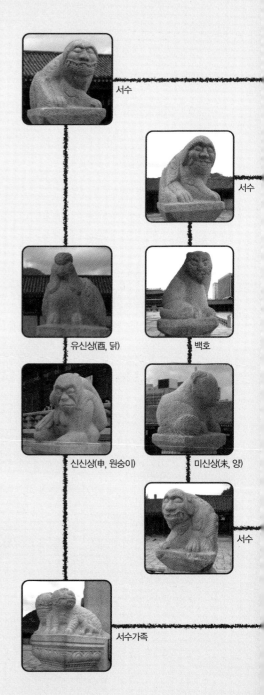

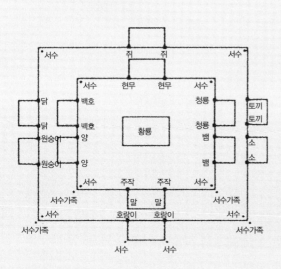

근정전의 서수 배치도 : 월대의 엄지기둥 법수에는 사신 상과 개·돼지를 제외한 십이지신상이 한 쌍씩 마주 보도 록 앉아 있다. 월대의 앞면 모서리의 난간 아래로는 동남 과 서남 방향으로 45도로 돌출시켜 앙증맞은 새끼가 어 미 품으로 파고드는 서수 가족을 배치했다.

술신과 해신은 월대에 없다. 청룡과 겹친 진신도 배치하 지 않았다.

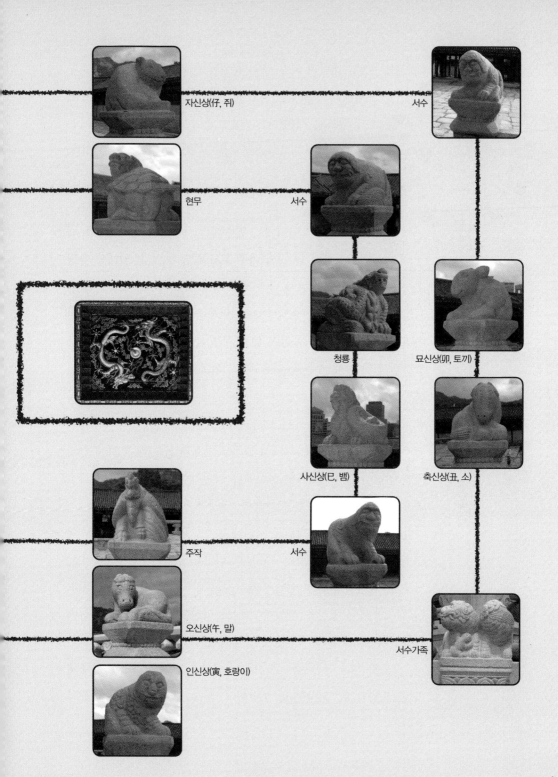

자신상(仔, 쥐)

서수

현무

서수

청룡

묘신상(卯, 토끼)

사신상(巳, 뱀)

축신상(丑, 소)

주작

서수

오신상(午, 말)

서수가족

인신상(寅, 호랑이)

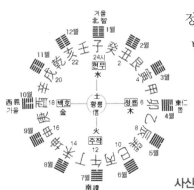

오행과 십이지신의 방위
및 시간 개념도

정면 계단의 좌우 구역 끝에는 문로주가 서 있고, 문로주 받침대가 소맷돌 역할을 겸하고 있다. 문로주는 어도에 엎드린 사자(다른 동물로 볼 수도 있다. 경복궁의 석수는 사람에 따라 여러 가지 모습으로 보일 만큼 형상이 애매하다)의 등을 타고 있고, 법수에는 서수가 앉아 있다.

사신상 : 월대의 엄지기둥 법수에는 사신상과 개·돼지를 제외한 십이지신상이 한 쌍씩 마주 보도록 앉아 있다. 월대의 앞면 모서리의 난간 아래로는 동남과 서남 방향으로 45도로 돌출시켜 앙증맞은 새끼가 어미 품으로 파고드는 서수 가족을 배치했다. 60여 마리가 노니는 월대 석수들은 암수 구별이 명확하지 않다. 대개 근정전을 등졌을 때 오른쪽 것을 수컷, 왼쪽 것을 암컷으로 본다. 전통지리에서 이승의 사람은 좌상우하(左上右下)로 대접한다. 그래서 우의정보다 좌의정이 높다. 죽은 사람은 반대다. 우상좌하(右上左下)의 질서가 지배한다. 그래서 합장묘는 부좌(祔左)라 하여 부인의 묘를 남편의 왼쪽에 둔다. 사신이나 십이지신은 이승을 떠난 신적 존재다. 그러므로 수컷은 오른쪽에, 암컷은 왼쪽에 배치한다.

사신은 동서남북의 방위를 나타내고 우주의 질서를 받쳐주는 상징적 짐승이다. 4령(四靈), 4수(四獸)라고도 한다. 동청룡, 서백호, 남주작, 북현무가 그것이다. 이들은 상월대 난간법수에 앉아 있다. 사대문 홍예의 천장을 장식한 그림도 사신이다. 사대문의 중심에 근정전이 있고, 월대 사신상의 정점인 근정전 천장에는 황룡이 있다. 가운데 자리 잡은 황룡은 사신의 보좌를 받는 삼라만상의 주재자다. 오행의 토, 오방색 중 노랑이며, 오상으로는 '신(信)'에 해당한다.

• **청룡 :** 푸른색을 띤 용이다. 창룡(蒼龍)이라고도 한다. 동방의 수호신으로 고대 중국에서는 별자리 28수 중 동쪽 하늘에 벌려 있는 각(角), 항(亢), 저(氐), 방(方), 심(心), 미(尾), 기(箕)의 일곱 개의 별로 이뤄진 성좌를 목성이라 일컬었다. 청룡은 오행의 목(木), 오상(五常) 중 사랑과 육성(育成)을 뜻하는 인(仁), 계절로는 봄이며 생명의 탄생을 주관한다.

• **백호 :** 예부터 의로운 짐승으로 일컬었으며 청룡과 대응하는 서방의 수호신이다. 천문으로는 규(奎), 누(婁), 위(胃), 묘(昴), 필(畢), 자(觜), 삼(參)으로 이뤄진 금성, 계절로는 거둬들이고 갈무리하는 가을이다. 백호의 성질은 자르고 베는 속성을 지닌 쇠[金]다. 색으로는 흰색, 오행은 금(金), 오상에서는 엄격한 기준에 따라 시비를 가리는 의(義)다.

• **주작 :** 봉황의 형상으로 붉은빛을 띠기 때문에 주조(朱鳥)로도 불린다. 남방의 수호신이다. 관아를 옆에 끼고 있는 궁궐 정문과 도성 남문을 관통하는 큰길을 주작대로라고 한다. 천문으로는 남쪽 하늘의 정(井), 귀(鬼), 유(柳), 성(星), 장(張), 익(翼), 진(軫)으로 구성된 화성을 가리킨다. 오행은 화(火), 오상으로는 사람이 지켜야 할 예(禮)를 상징한다. 빛깔은 불이 활활 타오르는 붉은색, 계절로는 여름이다.

• **현무 :** 거북과 뱀이 엉킨 형상으로 알려져 있으나 월대의 현무는 거북이다. 천문으로는 북방의 별자리인 두(斗), 우(牛), 여(女), 허(虛), 위(危), 실(室), 벽(壁)의 총칭인 수성(水星)이다. 북방의 수호

신으로 차가운 물의 속성을 지녔다. 계절은 겨울을 상징하고, 빛은 깊은 물을 나타내는 검은색이다. 오행 중 수(水), 오상으로는 냉철하고 유현한 지혜를 나타내는 지(智)다.

십이지신상 : 십이지신상은 신라시대 왕릉 호석에서 쉽게 만날 수 있는 석수다. 하늘로 떠나간 임금을 수호하는 상징물이기 때문이다. 이 신상들은 죽음의 세계와 관련된 것이다. 산 사람의 공간인 궁궐에 신상들이 배치된 곳은 근정전뿐이다. 이 신상들은 거룩한 임금의 세계에 사악한 기운이 접근하지 못하도록 수호함은 물론 근정전을 신성한 천상의 세계로 드높여 떠받드는 장치다.

십이지는 시간이나 방위와 관련된 추상적 개념을 동물로 형상화한 것이나. 자신상(仔神像, 쥐), 축신상(丑神像, 소), 인신상(寅神像, 호랑이), 묘신상(卯神像, 토끼), 진신상(辰神像, 용), 사신상(巳神像, 뱀), 오신상(午神像, 말), 미신상(未神像, 양), 신신상(申神像, 원숭이), 유신상(酉神像, 닭), 술신상(戌神像, 개), 해신상(亥神像, 돼지)이 그것이다. 십이지신의 상정(想定)은 유 · 불 · 선 및 무속 신앙이 혼재된 사고 체계다. 배열은 만상의 태동에서 성장→성숙→수장(收藏)의 시간적 순서에 따른 변화의 원리를 적용했다. 월대의 신상 배치는 오행의 원리와 일치하지 않는 것도 있다. 동쪽에 있어야 할 토끼와 북동북에 있어야 할 소는 위치가 바뀐 듯하고, 동북동에 있어야 할 호랑이는 남쪽 법수기둥에 앉아 있다. 또 술신상과 해신상은 월대에 없다.

서수 : 월대의 동남 · 서남 돌출 부분에는 서수 가족이 자리 잡고 있다. 새끼를 품에 안고 엎드린 자세로 땅에 붙어 있는 서수 부부는

매서운 눈망울로 길게 시선을 던지고 있는 모습이다. 동남쪽 서수 부부는 고개를 돌려 근정전 서쪽 처마 끝과 서십자각 방향을 주시하고 있고, 서남쪽 서수 부부는 근정전 동쪽 처마 끝과 동십자각 쪽을 삼엄하게 경계하고 있다. 두 서수 부부가 엉덩이를 땅에 깔고 있는 것은 왕화(王化)를 기다리며 왕권을 수호하는 백성을, 그들 품에 안긴 새끼는 대를 이어 임금에게 바치는 충성심을 상징한다.

이 서수는 학자에 따라 사자 또는 해태로 보기도 한다. 만일 해태로 본다면 경복궁 동물 중 가장 많다. 해태는 근정문과 월대에 집중적으로 배치돼 있으며, 아미산 굴뚝의 불가사리를 해태로 보기도 한다. 이들 동물 외에 상하층 월대의 돌난대 모서리마다 정다운 표정의 석수 여덟 마리가 더 있다.

향로 : 지금은 사라졌지만 일제강점기의 향로에는 덮개가 있었다. 행사에 임어하는 임금이 보좌에 앉으면 향연이 피어올랐다. 조선고적도보.

향로 : 근정전 댓돌 모퉁이에는 배가 불룩하고 다리 셋에 귀가 둘 달린 향로가 있다. 행사를 위해 사정전을 떠난 임금이 근정전에 도착하고 측근들이 자리를 잡으면 이 향로에서 향연이 피어오른다. 임금이 옥좌에 앉으면 장엄한 아악이 울려 퍼지고, 만조백관은 네 번 절하여 임금의 만수무강과 왕실의 번영을 축원한다. 향연은 만조백관에게 알리는 임금의 도착 신호이자 행사의 분위기를 띄우는 역할을 한다. 아울러 향을 피움으로써 하늘을 감응시켜 하늘과 통치자 사이에 소통의 길을 연다는 의미도 있다.

향로의 받침돌은 천지인 삼재(三才)를 상징한다. 네모꼴의 외벌대〔地方〕를 바탕으로 그 위에 팔각〔八隅〕의 받침대와 둥근〔天圓〕 받침대가 겹쳐 있다. 땅 위에서 사람이 살고 하늘이 보우한다는 인식

길상무늬로 장식한 드므 : 화재에 대한 경각심을 심어주는 예기다. 근정전 월대의 드므 안에는 화방수가 출렁대야 하는데 관람객들이 휴지통으로 착각한 탓으로 뚜껑을 덮었다.

이다. 지금은 어디로 숨어버렸는지 모르지만, 일제강점기만 해도 이 향로 위에는 정교하게 뚫새김한 덮개가 얹혀 있었다.

드므 : 개국 초기부터 궁궐은 화재로 수없이 시달렸다. 조선 창업에 불만을 품거나 값비싼 궐 안 물품을 욕심내 불을 지르기도 했다. 혼란한 틈을 이용해 물건을 훔치기 위해서다. 궁궐이나 종묘의 방화범은 극형을 받았다. 화재로 전각이 사라졌다가 중건된 사례는 헤아릴 수 없을 정도다. 나무로 지은 궁궐 건물은 해체와 조립이 수월한 반면에 화재에 쉽사리 노출되는 약점이 있다. 궁전에 비치된 의자, 책상, 병풍, 돗자리, 방석, 책 등도 모두 나무를 가공하거나 나무를 재료로 한 종이와 베로 되어 있어 불에 약할 수밖에 없다. 궐 밖의 민가도 대부분 초가다. 그래서 여염에서 나온 불길이 궁성에 번지지 않도록 민가는 30미터 정도 물려서 짓게 했다. 세종이 승정원에 내린 다음과 같은 전지는 결코 기우가 아니다.

> "근정전이 높아서 만일 화재가 난다면 창졸간에 오르기가 어려울 것이다. 쇠고리를 박아 처마 아래로 늘여놓았다가, 화재 때 이를 잡고 오르내리게 하는 것이 어떤가." |《세종실록》, 1431년 1월 2일 |

분부를 받든 선공감에서는 근정전 · 경회루 · 사정전 · 융문루와 융무루, 창덕궁의 인정전 · 광연루 평방에 쇠고리를 설치했다. 쇠고리가 화재 진압의 실용적 장치라면 드므는 화재 예방을 위해 경각심을 고취시키는 상징적 용기(容器)다.

드므는 '물을 담아두는 큰 통'이다. 무쇠로 된 이 물통은 동서 월대 계단의 구석에 있다. 원래는 상하 월대에 두 개씩 네 개가 있었으나 지금은 두 개만 남아 상월대로 올라가는 계단 구석에 물도 없이 숨바꼭질하듯 뚜껑에 덮여 있다. 관람객들이 쓰레기통으로 착각하고 함부로 다루기 때문에 엉뚱한 뚜껑이 덮인 채, 엉뚱한 자리에 엉뚱한 모습으로 숨어 있는 것이다.

이 드므의 물이 화재 초기의 불씨를 제압하는 데는 쓸모 있을지 모르나 불길이 번진 다음에는 중과부적일 것이다. 따라서 화재 진압용이라기보다는 만일의 사태에 대비해 긴장감을 늦추지 말라는 상징적 성격이 짙다. 겨울에는 불을 지펴 방화수가 얼지 않도록 했다. 드므에 항상 물을 채워놓은 까닭은 불귀신이 수면에 비친 자신의 무서운 모습을 보고 도망가게 하기 위한 것이라는 설도 있다. 중국에서는 드므를 문해(門海)라고 했다. 문 앞에 넓은 바다가 있으면 화재를 막아 상서로움을 유지할 수 있다고 생각한 것이다.

창덕궁 인정전과 선정전, 창경궁 명정전의 드므는 손잡이가 있으나 근정전 드므는 손잡이가 없는 대신 규모가 크다. 표면에는 일월성신과 구름·만(卍)자 무늬를 새겨 이곳이 신이 주관하는 일에 참여하는 곳임과 아울러 벽사적 의미를 부여했다. 창덕궁 대조전에서는 동짓날 팥죽을 쑬 때 드므를 사용했다는 말도 있다. 팥죽의 붉은색은 귀신이 싫어하는 색깔이다. 민간에서도 동짓날이면 팥죽을 곳곳에 뿌려 귀신의 접근을 막았다.

드므가 화재 예방을 위한 경각심을 주고, 화재 발생 초기의 진화용이라면, 경회루 연못, 도끼나 쇠스랑 등은 불이 번진 뒤의 소방용 시설이다. 이것들만으로 안심할 수 없었던 궁궐 조영자들은 곳곳에 주술적 장치까지 마련했다. 근정문을 보수할 때 대들보 위에서 '森(묘, 한없이 많은 물)' 자 부적이 발견된 것은 많은 예 중의 하나다. 넓은 바다 같은 물을 대들보 위에 올려놓으면 살수기 역할을 하여 화재에 끄떡없을 것이라는 주술적 기대감이다. 근정전 대들보 종도리(용마루 받침)에서는 '龖(답, 용이 기어가는 모양)' 자 부적이 나왔다. 용과 물은 불가분의 관계이므로 이 부적을 붙인 것이다. 1997년 경회루 연못 바닥을 정비할 때 구리로 빚은 용이 하향정 부근에서 출토되기도 했다. 경회루 중창 당시 화재 예방을 위해 잠수시켰다는 용이다. 또 관악산이 화산이라 해서 산의 정상 부근에 연못을 파고 구리로 만든 용을 넣었다는 말도 있다.

조정

'조정에 들어간다' 는 말이 사극이나 역사소설에 곧잘 등장한다. 넓은 의미의 '조정' 은 임금이 정무를 보는 곳이다. 조정에 들어간다는 것은 보좌기관인 궐내각사로 출근한다는 뜻이지만 근정전 행사에 참여하러 간다는 말도 된다. 이 경우 조정의 개념은 '법전인 근정전의 뜰' 이란 의미로 좁혀진다. 조정은 세자의 관례와 책봉례, 왕비·세자빈을 맞이하는 의식은 물론 교서 반포, 종묘대제나 국경일에 하례를 드리는 곳이다.

문무과 전시(殿試) 후 급제자를 격려하는 의식도 이곳에서 이뤄진다. 종친, 문무백관, 급제자의 부모들이 지켜보는 가운데 치러지는 이 축하의식을 창방의(唱榜儀)라고 한다. 임금이 근정전 옥좌에 좌정하면 장엄한 주악이 울려 퍼지고, 호명에 따라 급제자는 조정으로 들어온다. 문과 급제자는 동쪽 조정, 무과 급제자는 서쪽 조정

에 성적순으로 자리를 잡고 임금에게 4배
례를 올린다. 이어 이조정랑은 문과, 병조
정랑은 무과 급제자에게 홍패(紅牌, 붉은 종
이로 된 합격증)를 준다. 이 절차가 끝나면
임금은 어사화, 일산(日傘), 주과(酒果)를
내렸다.

품계석과 쇠고리 : 월대가 무대에 해당한다
면 조정은 객석이다. 조정은 근정문에서
월대까지 쭉 뻗은 어도가 중심축을 이룬
다. 좌우로는 품계석이 종대로 서 있다. 궁
궐 안에서 뭇 신하들 사이의 엄정한 위계
를 바로 세우기 위해 정조 즉위 초에 창덕

월대에서 내려다본 조정의
어제와 오늘 : 위는 일제강
점기(조선고적도보), 아래는
말끔하게 정리된 현재의
모습이다. 남행각 너머에는
나무 대신 빌딩이 숲을 이
뤘다.

궁 인정전에 처음 설치했다. 품계석은 관직에 따라 세웠으나 품계
수효만큼 배치하지는 않았다. 정1품부터 종 9품까지 모두 18품계
이므로 문·무반을 합쳐 36개가 설치돼야 마땅하다. 그러나 경복궁
을 중창하면서 5품 이하의 종품은 생략하고 동서에 12개씩 24개를
세웠다. 모두 마련하기에는 공간이 부족했던 모양이다.

조회나 하례 때 근정문 밖에 대기하고 있던 관리들은 일화문과
월화문으로 들어와 문관은 동쪽, 무관은 서쪽에 있는 자기 품계석
위치에 정렬한다. 예부터 서치우(序齒雨)라 해서 "조정에서는 벼슬
의 높낮이로 차례를 정하고, 고을에서는 나이로 정한다"라고 했다.
조정은 위계를 중시한다는 말이다. 일단 조정에 들어온 관리들은
사헌부 감찰들의 엄중한 감시를 받는다. 관리들의 행태나 옷차림
등에 문제가 있으면 감봉 처분과 함께 인사 고과에 불이익을 감수

해야 했다.

2품 품계석 옆에는 쇠고리가 있다. 이 고리는 차일을 칠 때 끈을 고정하는 장치다. 바닥의 박석에 붙어 있어 눈에 잘 띄지 않는다. 쇠고리는 1층 월대, 근정전 기둥에도 있다. 조정 행사 때 월대에는 항상 차일을 쳤고, 뜰에는 따가운 햇볕이나 비를 피해야 할 경우에 설치했다. 기둥의 고리 위에 보이는 홈은 차일 끈을 위쪽에서 바싹 당겨 고정했기 때문에 파인 흔적이다. 화재 진압용 사다리를 걸어 끈으로 묶는 기능만 있는 창방 고리에는 홈이 없다.

차일로는 뜰 전체를 가릴 수 없었다. 차일은 월대에서 가까운 쪽에만 쳤다. 따라서 그 혜택은 당상관 등 고위 관리에게만 돌아간다고 볼 수 있다. 품계가 낮은 관리는 궂은 날씨라 할지라도 그대로 노출돼 지루한 행사 시간을 견디는 수밖에 없었다. 따라서 의무적으로 참석해야 하는 한성의 관리들에게 조정 행사는 이래저래 괴로운 일이었다.

품계석 : 어도를 가운데 두고 문반은 동쪽, 무반은 서쪽에 종렬로 세웠다. 품계석은 궁궐마다 수효가 일정하지 않다. 근정전 앞에는 동서 12개씩 모두 24개를 세웠다.

쇠고리 : 행사 때 설치하는 차일을 고정하는 장치. 조정의 2품석 바깥에 있다.

마당 기울기 : 근정전은 경복궁에서 가장 높은 공간에 서 있다. 근정전의 안에 있든, 밖에 있든 옥좌는 지상에서 가장 높다. 임금의 시선 거리와 비례하여 지대(地帶)가 낮아진다. 기단도 그렇고 월대도 평평하지 않다. 조정도 물매를 두었다. 마당은 임금의 시선에서 가장 먼 동남과 서남 모서리가 가장 낮다. 근정전의 임금은 도열한 만조백관을 눈아래로 굽어볼 수 있다. 임금은 내려다보고, 신하들

이 옥좌를 공경하는 구도다. 고급관리는 가깝고 높은 곳에서, 하급 관리일수록 멀고 낮은 곳에서 우러른다.

이러한 마당 물매는 행각의 지붕이나 행각의 섬돌로 가늠할 수 있다. 계단처럼 층하를 둔 동·서 행각의 지붕은 북쪽이 높다. 남쪽 행각에서 북쪽 방향으로 이동하려면 행각 사이에 설치한 섬돌을 디뎌야 한다. 마당이 북쪽에서 남쪽으로 약간 경사를 두고 펼쳐져 있다는 증거다. 남북의 높낮이는 약 1미터 정도다. 꼼꼼히 살펴보면 어도의 중심도 불룩하다는 것을 알 수 있다. 여름철 우기에 별도의 하수시설 없이도 물이 고이지 않는 것은 물매 때문이다.

박석 : 궁궐 조영자들이 마당을 닦을 때 발휘한 탁월한 발상은 얇게 뜬 화강암(薄石)을 다듬지 않고 그대로 바닥에 깐 것이다. 행사에 참여하는 신하들을 엄중하게 관리하면서도 그들이 조그만 실수라도 저지르지 않도록 예방하려는 따뜻한 배려가 숨어 있다.

박석의 표면이 거칠기 때문에 신하들은 발걸음을 조심스럽게 내딛을 수밖에 없다. 비가 올 때면 가죽신을 신은 신하들이 미끄러질 염려도 없다. 지금의 박석은 촘촘하게 깔려 있지만 원래는 성기게 배치하여 그 틈새로 풀이 자랐다. 따가운 여름, 얇은 가죽신 차림의 신하들이 이 풀을 딛고 섬으로써 지열로 달아오른 박석의 고통에서 벗어날 수 있도록 한 것이다. 관리들이 신었던 가죽신은 밑창에 나무나 모직, 비단을 덧댔지만 너무 얇아 지열에 약했다.

또 눈부신 여름날에는 표면이 거친 탓으로 빛의 난반사가 이뤄진다. 이 난반사는 정전 안의 간접적인 조명 효과와 함께 임금의 눈시림을 방지해 시야를 보호할 수 있다. 복원한 지 얼마 안 되는 창덕궁의 마당에 서보면 맵시 있게 모양을 낸 박석의 폐단을 금방 알 수 있

양반 관료가 신었던 신과 박석 : 가죽신 밑창에 나무나 모직, 비단을 덧대지만 지열을 쉽게 받는다. 아래는 바위에 생긴 절리(節理)를 따라 쪼갠 상태로 자연미가 그대로 살아 있는 조정의 소박한 박석. 태양열로 달궈진 돌 위에 정렬해야 하는 신하들의 고통을 덜기 위해 틈을 두어 풀이 자라도록 성기게 깔았다.

다. 일정하게 다듬어 촘촘히 깔아놓은 창덕궁 인정전의 때문지 않은 박석들은 햇빛을 받았을 때 눈이 시려 얼굴이 저절로 찡그려진다. 다보탑처럼 돌을 목재 다루듯 뛰어난 솜씨를 지닌 우리 선조들이 생각 없이 거친 돌을 깔았을 리가 없다. 더구나 이 박석은 강화도 서쪽의 외딴섬 석모도에서 온갖 공역을 들여 운반해온 소중한 석재였다.

행각과 회랑 보물 812호

행각은 칸을 막고 문을 낸 사무실이나 곳간 따위의 부속시설이 있던 곳이고, 행랑은 통로로 삼은 회랑이다. 회랑은 월랑(月廊)이라고도 하는데, 칸막이 없는 통로다.

근정전 일곽을 둘러싼 네 면 중 남쪽은 회랑이고 세 면은 행각이다. 세 면 중 북행각은 내탕고로 근정전과 사정전의 경계를 이룬다. 동·서 행각은 곳간 아니면 사무실이었다. 사무실은 궐내각사에 해당하는 관아로 보면 된다. 곳간은 사정전 남행각과 같은 구조였을 것이며, 사무실은 내전의 행각과 크게 다르지 않았을 것이다.

행각과 회랑은 임진왜란으로 소실되기 이전에는 모두 옆면 한 칸이었으나 중창하면서 북쪽 행각을 제외한 나머지 세 면을 두 칸으로 늘렸다. 이들은 모두 서까래가 그대로 드러난 연등천장에 초익공이다. 벽 안쪽은 석간주(石間硃, 산화철을 많이 함유하여 빛이 붉은

흙)를 바르고 칸마다 사각선을 쳤다. 벽의 바깥은 사정전 내탕고, 곧 북행각처럼 모두 화방벽을 쌓았다.

남행랑 : 근정문 좌우로 15칸씩 펼쳐진 남쪽 회랑은 중앙의 어도를 밟지 않고 정전에 접근하는 통로다. 호박주추 위에 선 기둥은 흠집 없이 매끈하고, 광창(벽에 고정된 문틀에 살만 끼우고 창호지를 바르지 않은 고정 창)은 빗살로 짠 귀접이창이 팔각을 이뤄 동·서 행각의 창과 대조적이다. 동·서 행각의 직사각창을 격자 살대로 짠 것은 통풍과 채광을 위한 장치다. 남쪽 행랑의 귀접이창이 시야에 항상 노출되고 있는 데 비해 행각의 광창은 칸막이로 가려 있어 미관을 고려하지 않은 것 같다.

계인문에서 바라본 동행각 : 마당 쪽 주추는 원형, 행각 안쪽은 네모꼴이다. 천원지방의 인식이 반영된 것이다. 정면의 열주 사이는 행랑이고, 벽 쪽 열은 행각이었다. 행각은 총독부가 유물전시장으로 개조하면서 벽을 텄기 때문에 행랑이 되어버렸다.

근정문 동쪽 회랑의 벽쪽 기둥에는 연꽃으로 멋을 낸 13구의 주련(柱聯, 기둥에 붙인 장식 글귀)을 달았다. 주련에는 왕실의 번영과 국태민안(國泰民安)을 간구하

남행랑과 동행각의 접점 : 남행랑의 기둥에는 주련을 달고, 빗살로 짠 귀접이창을 낸 데 비해 동행각 교창은 네모창에 격자무늬다.

는 당부들이 담겨 있다. 연꽃은 전통적으로 군자의 고고함과 넉넉함의 표상으로 여겨왔다. 진흙 속에 뿌리를 내렸으나 물 위에 떠오른 깨끗한 모습 때문에 사군자와 더불어 선비들이 늘 그 속성을 닮

위치	궐내각사	업무
동행각	서방색(書房色)	액정서 소속. 임금에게 붓, 벼루 등을 공급한다. 색(色)은 소임의 담당자.
	관광청(觀光廳)	과거시험 업무. 관광은 '영광(榮光)을 보러[觀] 간다'는 뜻.
	양미고(糧米庫)	곡식 곳간.
서행각	내삼청(內三廳)	왕실 친위부대. 궁중 수비와 거둥 때 호위와 경비를 담당하던 금군의 일을 맡아보던 관아.
	충의청(忠義廳)	종친부, 충훈부 소속의 하급 관리인 충의들의 근무처. 충훈부는 공신이나 그 자제를 대우하기 위해 설치한 관청.
	예문관(藝文館)	행사 때 임금의 축사, 기념사, 명령문 등을 제찬하고 사초를 기록하던 관아.
	향실(香室)	행사 때 쓸 향과 축(祝)을 관리하던 곳.

고자 했던 꽃이자 매화 향기와 더불어 그 향기에 취하고자 다가갔던 꽃이다.

동·서 행각: 마주 보는 동서 행각은 똑같이 옆면 2칸, 앞면 22칸으로 각각 44칸씩이다. 둘 다 바깥쪽으로 남북 3분의 1 지점(남단에서 17번째, 18번째 칸)에 앞·옆면 2칸씩 4칸을 이어 붙여 융문루와 융무루를 세웠다.

중창 당시에는 북쪽 끝에 계인문(啓仁門)과 협의무(協義門)을 두었을 것으로 추정된다. '仁'은 오행설에서 동쪽, '義'는 서쪽이다. 동대문을 흥인지문, 서대문을 돈의문이라고 부른 것과 같다. 계인문은 복원(1998)됐으나 협의문은 자취가 없다.

중창 당시 옆면 단칸을 2칸으로 확장하면서 바깥쪽은 궐내각사 사무실이나 곳간으로 사용했고 마당 쪽은 회랑이었다. 동행각의 기둥 아랫도리를 보면 나무오리로 구멍을 막은 자국이 있다. 행각에 있던 사무실 출입문의 문지방을 끼웠던 장부 구멍 흔적이다. 이 흔적은 상인방 위치에도 있다. 《진찬의궤(進饌儀軌)》〈근정전도〉를 보면 사무실마다 한두 개의 출입문이 있다.

《궁궐지》에는 융문루의 남쪽 두 층 방 중 위는 곳간, 아래는 서방색이다. 융무루 북쪽도 두 층 모두 곳간인데 계인문에 붙어 있다. 마당쪽 다락〔西樓, 서루〕은 관광청, 동쪽은 양미고가 차례대로 늘어서 북행각과 닿아 있다고 기록돼 있다. 서행각은 융무루 좌우로 내

삼청(내금위, 겸사복, 우림위의 통칭으로, 임금의 친위부대인 금군을 관리한
다)을 배치하고 그 남쪽에는 충의청이, 북쪽으로는 협의문-예문
관-향실이 늘어서서 북행각과 만난다. 동·서 행각은 조선총독부
가 근정전을 물산공진회 본부로 사용하면서 칸막이를 헐고 전시장
으로 개조했다. 유교를 국시로 삼았던 시대의 건축물에 전국에서
끌어 모은 경판(經板)과 석판, 비석 등 주로 불교 유물 전시공간으
로 삼은 것이다. 이를 진두지휘한 사람은 초대총독 데라우치 마사
타케다. 그는 정전의 용상에서 물산공진회 개회사를 낭독하는 등
야만을 서슴지 않았다.

　열주(列柱)를 받친 행각과 회랑의 주추에도 천원지방의 인식을
어김없이 적용했다. 행각 안은 방형주추인 데 반해 마당 쪽 열의 주
추는 원형이다. 하늘과 땅 사이에 인간의 위치를 자리매김하는 천
지인의 공간 감각이다. 서행각의 주추 형태는 다소 혼란스러우나
남행각과 동행각은 가지런하다.

　지금의 동·서 행각은 엄격한 대칭이 아니다. 동행각 융문루는
동궁으로 가는 통문이 있는데, 서행각 융무루에는 없다. 대신 북쪽
에 수정전과 경회루로 직행하는 통문이 있다. 그러나 경복궁 중창
에는 없었던 문이다. 근정전 보수공사 때 차량이 드나들도록 벽을
텄다가 관람객 편의를 위해 그대로 둔 것 같다. 경회루는 근정전에
서 접근하는 시설이 아니다. 강녕전 내성문이나 교태전 대재문을
이용하도록 되어 있다.

동궁 쪽으로 돌출한 융문루
: 서행각의 융무루도 같은
구조이나 아래층에 통문은
없다. 2층 다락은 서고이며,
행사 때는 성상소 역할을
한 것으로도 알려져 있다.

융문루와 융무루

(정도전이 말
했다.) "융문루와 융무루에 대해서 말씀드리
면, 문(文)으로써 다스림을 이루고 무(武)로써
난을 안정시킴이오니, 마치 사람의 두 팔이
있는 것과 같아서 하나라도 폐할 수 없습니
다. 대개 예악과 문물이 빛나서 볼 만하고, 군
병과 무비가 정연하게 갖추어지며, 인재를
등용하여 문장·도덕이 뛰어난 선비와 과감 용맹한 무부(武夫)들이 경외
(京外)에 퍼져 있게 한다면, 이는 모두가 문·무를 높인 것입니다. 이렇게
만 된다면 문무를 함께 쓴 전하께서는 오래도록 다스림을 이어갈 것입니
다." | 《태조실록》, 1395년 10월 7일 |

정도전의 기대와 달리 조선은 '두 팔' 중 무(武)가 허약한 나라였
다. 무반의 고위관리 중 당상에 오를 수 있는 무관은 정3품 절충장
군뿐이었다. 그 이상은 문관이 무반의 고위직에 임명됐다.

근정전 동·서 행각에 돌출하여 법전의 두 날개를 이룬 융문루와
융무루는 문예와 무예를 일으킨다는 명칭상의 상징성만 띠었을 뿐,
예문관 소속의 전교서(典校署)가 관장했다. 전교서는 책의 잘못된
곳을 바로잡고, 서적을 관리하면서 임금의 독서 자료를 공급하던
관아다. 임금의 마음가짐과 다스리는 요지(要旨)를 연구하고 역사
의 곡절과 그 원인을 살피는 정보 제공처가 문무루(文武樓, 융문루와
융무루)였다. 왕립도서관이자, 요새 말로 정보센터였던 셈이다. 공
궐기의 경복궁 사정을 회고하는 내용을 담은 《한경지략》도 나라에
서 간행한 모든 서적을 이 문무루에 보관했다고 전하고 있다.

동지와 정월의 조하, 매달 삭망의 조회, 왕비·세자빈 책봉 의식, 교서 반포 등 가례와 수린국서폐의(受隣國書幣儀) 같은 빈례에는 입장마(立仗馬)의 위치도 문무루가 기준선이었다. 장엄한 의식을 배풀기 위해 호화롭게 단장한 의장용 말을 문무루 남쪽에, 의례 경중에 따라 여섯에서 여덟 필의 말을 각각 마주 보도록 배치했다.

조선 전기에 없었던 융문루 아래 통문은 고종 때 동궁을 중창하면서 열었다. 임진왜란 이전에는 동행각의 일화문을 통해 동궁으로 갔으나, 중창 때는 일화문을 근정문에 붙였으므로 별도의 동궁 쪽 통로가 필요했던 것이다.

사정전 일곽

사정전은 임금이 관료들과 정무를 논의하는 곳이다. 아침의 정무협의, 업무보고, 경전 공부 겸 국정 세미나인 경연 등 각종 회의가 매일 열렸다. 1867년 중창된 사정전은 공식 업무 공간으로 마루만 깔려 있지만, 좌우의 만춘전과 천추전은 비공식 업무시설이라서 온돌방을 두어 신하들에게 편의를 제공했다. 사정전 남행각은 내탕고다. 천자문 순서로 이름을 붙인 이 창고는 임금의 요긴한 물품들을 보관했다.

정전이 행사 위주의 장소인 데 비해 사정전 일곽은 임금이 늘 머물며 신하들과 국정을 논의하는 편전이다. 그래서 시사지소(視事之所)라고 한다. 핵심 정무처인 사정전은 좌우에 만춘전과 천추전을 거느리고 있다. 지금은 이 건물들이 독립된 전각이지만 옛날에는 복도각으로 연결돼 건넌방을 가듯 신발을 신지 않고 이동했다. 다른 주요 전각들처럼 사정전 일곽도 직사각의 행각으로 둘러싸여 있다. 훼손되기 이전의

사정전 일원

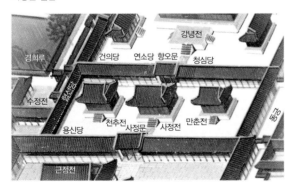

서행각에는 수정전으로 통하는 복도각도 달려 있었다. 복도각은 주로 실내에서 생활하는 임금과 왕비의 동선이다. 밖에서는 어가로 이동하지만, 건물에서 건물로 갈 때는 땅을 밟지 않고 버선발로 옮겨다니도록 마련한 통로다. 복도는 이동의 수월성뿐 아니라, 임금의 위치를 은폐함으로써 만일의 사태를 막아주는 역할도 한다.

사정전으로 들어가는 문은 동행각에 2개, 서행각에 샛문이 하나 있다. 동궁에서는 미성문 밖의 사현문과 연태문으로 들어온다. 협선당과 용신당이 있는 서행각과 천자고가 만나는 지점의 샛문으로는 수정전 쪽에서 출입했다. 사정전 전문인 사정문은 임금과 신하들이 드나드는 문이다. 임금은 세 칸 중 가운데로, 신하들은 좌우 문으로 출입했다.

사정문과 내탕고

사정문은 근정전 북행각의 중앙에 있다. 근정전 후문이기도 한 이 문은 근정문에 비해 단출하다. 사정전의 규모에 맞췄기 때문이다. 사정문과 근정전은 어도로 연결되어 있다. 조선 전기에는 이 어도에 천랑이 있었다고 한다. 천랑은 비를

근정전 북쪽 월대에서 내려
다본 사정문 : 근정전 행사
의 출발점으로 월대와 어
도로 연결되어 있다.

맞지 않고 오갈 수 있게 지붕을 씌운 임금 전용 보랑(步廊)이다. 경
복궁의 빈전이었던 태원전과 경안문 사이의 보랑이나 창덕궁 선정
전과 선정문을 이은 통로를 천랑의 일종으로 보면 된다. 사정문은
근정전 행사 때나 임금이 나들이할 때 의장을 준비하므로 차비문
(差備門, 자비문)이라고도 한다.

사정문은 장대석 한 벌을 놓고 원형주추 위에 늘씬한 원주를 세워
초익공으로 짠 솟을대문이다. 삼문 형식의 세 칸에는 판문을 달았
다. 동서 방향으로는 다른 행각과 마찬가지로 중심 건물과 평행을
유지하면서 사정전을 직사각으로 감싼 행각의 남쪽 면을 이룬다.

사정문의 좌우 행각은 내탕고다. 내탕고는 금, 은, 비단, 포목 등
사유재산을 관리하는 어고(御庫)다. 내탕고는 '天字庫(천자고)'부터
'月字庫(월자고)'까지 모두 10개다. 곳간의 편액은 천자문의 순서
로 매겼다. 옛날에는 물건의 이름도 제작 차수(次數)에 따라 천자문
배열 순서로 이름을 붙였다. 임진왜란 때 이순신 장군이 거북선에
탑재해 왜선에 큰 타격을 준 천자, 지자, 현자, 황자총통(黃字銃筒)

사정전의 남행각을 이루는 내탕고 : 임금의 사유재산을 보관하는 곳간이다. 모두 열 개로 서쪽에서부터 천자문 순으로 차례를 매겨 천자고에서 시작, 월자고로 끝난다.

도 포의 크기에 따라 큰 것부터, 개발된 순서에 따라 붙인 이름이다. 책도 天, 地…… 순으로 편차를 매겼다.

　내수사(內需司, 왕실의 사유재산을 관리하는 속아문)에서 관리하는 내탕고의 재물은 각종 재해와 기근으로 백성이 괴로울 때 구휼하거나 관리들의 포상에 사용했고, 활자를 주조하고 책 발간 비용으로 지원하는 등 임금의 사사로운 쓰임은 물론 권위 유지에 소용되는 재원이다.

　내탕고 바깥벽은 기둥 가운데쯤에서 중방을 지르고 그 아래는 사괴석 화방벽이다. 중방 위는 흙벽에 광창을 냈다.

思政殿

사정전 : 임금의 통치 행위
가 이뤄지는 핵심 정무처
다. 임금은 낮 동안 대부분
을 이곳에서 지낸다. 외관
은 정사(政事)의 투명성에
대한 상징적 다짐으로 벽체
없이 창호로만 되어 있다.

사정전

(정도전이 말했다.) "천하의 이치는 생각하면 얻
을 수 있고 생각하지 않으면 잃습니다. 임금은 높은 자리에 계시나, 백성
은 슬기로움, 어리석음, 어짊, 불초함이 섞여 있습니다. 또 모든 일에는
옳고 그름, 이로움과 해로움이 혼재합니다. 만일 임금이 깊이 생각하고
세밀하게 살피지 않으면, 일의 마땅함과 부당함을 어찌 구분하겠으며,
사람의 착하고 착하지 못함을 어떻게 가려서 등용할 수 있겠습니까?"

| 《태조실록》, 1395년 10월 27일 |

임금이 재위 기간 중 대부분의 시간을 보내며 정무를 보는 곳을 편전(便殿)이라 한다. 경복궁의 편전은 사정전이다. 임금은 이른 시각에 이곳으로 출근해 늦은 밤까지 수많은 업무를 처결했다. 임금에게는 휴가가 없었다. 명절이나 고위 관리가 죽었을 때 명복을 빌기 위해 며칠 쉬는 정도였다. 휴가라고 해봐야 삼정승을 비롯해 정1품 이상이 사망했을 때 사흘, 정경(正卿) 이상의 관료가 사망했을 때 이틀, 판윤이 사망했을 때 하루가 고작이다.

임금의 업무는 앉아서 처리하는 정신노동이다. 임금은 이동할 때 가마를 이용하므로 운동량이 부족할 수밖에 없다. 게다가 최고의 음식과 과중한 업무로 비만, 소갈증(당뇨), 고혈압, 종기, 안질 등 온갖 질환에 끊임없이 시달린다. 임금들이 온천이 있는 온양 행궁에 머무르는 것도 휴양이 아니라 혈액순환, 습창 등 피부병을 다스리기 위해서다.

임금들의 과도한 업무는 종종 신경과민이나 정신적 불안의 원인이 되기도 한다. 중요한 사안이 발생할 때마다 밀려오는 언관들의 간쟁에도 대응해야 한다. 낮에는 사관이 붓을 들고 따라다니고, 밤에는 지밀나인들이 숨을 죽이고 붙어 있다. 또 수라상을 받을 때도 기미상궁의 확인을 거친 후라야 식사가 가능했을 만큼 독살의 위험 속에서 살아야 했다. 임금의 재위 기간은 그만큼 정신 질환에 노출돼 있었다. 조선 임금들의 평균 재위 기간 19년의 세 배, 평균 수명 47세의 두 배 가까이 살았던 영조가 사도세자를 죽게 한 것도 정상은 아니었다.

일과 시작: 임금의 일과는 보루각의 파루와 함께 새벽 4~5시에 일어나 죽

> **■ 임금의 재위 기간과 수명**
> 중국 역대 황제의 평균 수명이 39세, 로마황제가 37세라는 사실을 감안하면 조선의 임금은 그나마 오래 산 편이다. 최장수는 영조 83세, 최단명은 단종으로 17세. 재위 기간 평균은 18년 6개월 정도이며 영조가 51년 7개월로 가장 길고, 인종은 8개월로 가장 짧다. 가장 어린 나이로 즉위한 임금은 헌종(8세), 53세에 임금이 된 태조에 이어 정종은 42세로 가장 늦은 나이에 보위에 올랐다.

4·5시경	기상	14시경	주강
6시경	웃전에 아침 문안	15시경	신료 접견
7시경	아침식사	17시경	궁궐 야간 숙직자 확인
8시경	조강	18시경	석강
10시경	조회[朝賀·朝參·常參]	19시경	저녁식사
11시경	보고 청취, 신료 접견	20시경	웃전에 저녁 문안
12~13시	점심식사	22시경	독서
		23시경	취침

봄	친경례(親耕禮)	음력 2월, 파종기에 밭을 갈아 농민들에게 농사의 모범을 보임.
여름	기우제(祈雨祭)	하지가 지나고도 비가 오지 않을 때 가뭄으로 간주하여 제사를 올림.
	기청제(祈晴祭)	장마로 홍수가 났을 때.
	보사제(報謝祭)	기우제나 기청제의 결과 하늘의 감응이 있을 때 감사드리는 제사.
가을	친예례(親刈禮)	임금이 직접 낫을 들고 수확을 하는 의식.
	사형 집행	조락의 계절을 맞아 집행을 미루던 사형수들에게 형 집행을 명령함.
겨울	기설제(祈雪祭)	내려야 할 눈이 내리지 않을 때 드리는 제사.
	토목 공사	도로를 수리하고 성벽을 증축하는 등의 토목 공사를 명함.

한 사발 정도의 간단한 식사 후 할머니나 어머니에게 문안을 드리는 일로 시작한다. 혼정신성(昏定晨省)의 도리는 임금이라고 예외가 아니다. 직접 찾아뵐 수 없을 때는 내관이 대신하기도 한다.

해 뜰 무렵이면 경연청으로 나가 조강(朝講, 아침 공부)에 참석한다. 경연은 사서오경과 역사 및 성리학 서적을 일정한 순서에 따라 공부하는 과정으로 일종의 토론식 수업이다. 매일 아침 조강에 참여하는 것이 원칙이었으며, 주강(晝講)과 석강(夕講)을 포함해 세 번 강의를 듣는 경우도 많았다. 세 번의 경연에 열심히 참석한 임금은 세종과 성종이었고, 연산군은 경연은 물론 조참이나 상참도 아예 폐지했다.

조강에는 대신 2~3명, 승지 1명, 홍문관원 2명(이상 경연관), 사헌부·사간원 각각 1명과 사관이 교대로 참석했으며, 주강과 석강에는 승지·홍문관원·사관만이 참석했다. 조선시대의 경연은 임금의 일탈을 막는 규제수단이자 정책협의기구로서의 기능이 컸다.

강의가 끝나면 그 자리에서 임금과 신하들이 정치 현안들을 협의하는 것이 관례였다. 군신의 연석회의나 주요 관청 사이의 협의기구가 없었기 때문에 경연은 임금의 일상생활과 통치과정에 중요한 영향을 미쳤다.

오전 일과: 학문 및 국정 현안에 대한 정치 토론이 끝나면 아침 수라를 받은 후 상참에 들어간다. 근정전의 조참이 정식 조회라면 상참은 약식 조회다. 대신과 중신, 중요 아문의 당상관·경연관·승지·사관 등이 편전에서 임금을 알현하는 의식이 상참이다.

상참이 끝나면 윤대[輪對, 매달 세 번씩 각 사(司)의 낭관이 차례로 임금에게 직무에 대해 보고하던 일]가 이어진다. 상참에 참여하지 못한 행정부서의 낭관이 임금에게 진언하고 질문에 응하는 것이 윤대다. 윤대에는 동반은 6품 이상, 서반은 4품 이상의 관원만이 참여할 수 있었다. 이는 날마다 이뤄지는 알현 과정으로, 임금의 업무량 때문에 윤대관은 하루 5명 이하로 제한했다. 사정전에서 이뤄지는 회합에는 매일 시행하는 상참과 윤대 외에 차대(次對, 매달 여섯 차례 소집하는 정례회의), 비정규회의가 있을 수 있다.

정전의 뜰에 품계석이 있는 것처럼 편전에서 신료들이 앉는 방석〔品席〕 재료도 품계에 따라 표범, 호랑이, 양, 개가죽 등 차별이 있다. 상참 때 세자는 동쪽, 당상관은 서쪽, 그 이하는 남쪽에 자리 잡는다. 임금이 북쪽 운룡도 아래 어좌에 앉으면 승지들은 국정 현안 및 업무를 보고[朝啓]했다. 이에 따라 공무를 처리하고 상소문 등을 검토한다.

어좌 앞의 신하들은 꿇어 앉아 엎드린 자세로 진언한다. 용안을 뵙고 싶으면 허락을 받아야 한다. 만일 허락 없이 마주 보면 불경죄로 곤경에 빠진다. 연산군 때 사헌부 장령 심순문은 임금의 예복이 중국에 비해 옹색하므로 개정하자고, 용포를 바라보며 말했다가 무례하다 하여 갑자사화에 희생됐고, 선조 때의 홍문관 수찬 정여립은 이율곡이 죽은 후 그에 관해 논의한 자리에서 눈을 크게 뜨고 용안을 쳐다봤다 해서 파면된 일이 있었다.

임금이 있는 곳에는 항상 사관이 있다. 모든 회의에는 2명의 사관이 입회했다. 한 명은 말을, 한 명은 행동을 중심으로 기록한다. 사관은 승정원 옆에 거처하며 번을 갈라 승지와 함께 숙직하고, 조참 · 상참 · 윤대 등 정례회의는 물론 경연 · 중신회의 · 백관회의에 참석해 언행을 기록했다. 정승, 판서를 비롯한 중신과 대간(臺諫), 홍문관원 등은 마주 앉아〔面對〕 국사를 논의할 수 있다. 그러나 단독으로 만나지 못하고 반드시 승지와 사관을 대동해야 했다. 간혹 배석자 없이 알현하는 경우〔獨對〕가 있었으나, 이 사실이 알려지면 탄핵의 위험이 따랐다.

오후 일과 : 정오가 되면 점심식사, 낮 공부, 그리고 오후 업무로 이어진다. 오전에 비해 느슨한 편이다. 지방관으로 임명된 관료나 지방에서 중앙으로 승진한 관료의 숙배와 면담은 이때 이뤄진다. 거의 해질 무렵까지 채워지는 이 면대는 지방행정에 관한 보고를 받고, 민원을 들어주는 기회가 된다. 신시(申時, 15~17시)에는 어김없이 야간의 금군 및 숙직 관료 명단을 확인하고 암호를 정해줘야 한다. 한가한 날에는 이 시간을 이용해 사냥 · 활쏘기 · 격구 등 강무(講武, 임금이 참가한 가운데 진행하는 군사훈련)나 체력 단련을 하기도 했다.

저녁 일과 : 해가 지기 전에 석강에 참여하고 저녁식사 후 잠시 휴식을 취한 다음에는 낮에 해결하지 못한 일을 처리한다. 그리고 잠

자리에 들기 전에 다시 웃전들에게 혼정신성의 예를 갖추고 을람(乙覽, 밤 9시부터 11시 무렵까지 책이나 상소문을 읽는 것)에 들어간다.

사정전에서는 딱딱한 정무만 보는 것은 아니다. 세종은 중궁의 지휘를 받는 노부(老婦)들에게 왕비와 함께 잔치를 베풀었고, 세조는 사직제(社稷祭)를 드린 뒤 회맹음복연(會盟飮福宴)을 벌이기도 했다. 외국으로 사신을 보낼 때 환송하는 장소이기도 한 반면, 계유정난에 사육신이 세조에게 험한 꼴을 당한 곳도 사정전 앞마당이었다. 사육신은 이곳에서 참혹한 고문을 받은 후 목숨을 잃었고, 기묘사화 때 조광조는 중종의 친국(親鞫) 끝에 능주로 유배를 떠났다.

화재와 중수 : 근정전처럼 지붕을 청기와로 이은 사정전은 세종 4년에 중수했으나, 명종 8년 강녕전을 보수하던 중 발생한 화재로 이웃 침전 구역과 함께 소실됐다.

> 태조가 즉위한 뒤 3년에 창건한 강녕전, 사정전, 흠경각이 모두 불타버렸다. 이 때문에 조종조부터 전해오던 진보(珍寶)와 서적 및 대왕대비의 고명과 복어(服御) 등도 모두 재가 되고 말았다. 이때 삼전(중종비, 인종비, 명종)이 창덕궁으로 이어했으므로, 궁인들이 변고를 듣고 달려가서 재물을 꺼내려 했으나 하나도 꺼내지 못했다. 서책 몇 궤짝만을 경회루 연못에 있던 작은 배에 내다가 실었을 뿐이다. |《명종실록》, 1553년 9월 14일 |

1554년(명종 9년) 흠경각(4월), 동궁(6월)을 필두로 강녕전(9월)까지 완공함으로써 사정전, 비현합, 교태전, 연생전, 경성전, 양심당, 자미당 등 소실된 전각이 모두 복구됐다. 그러나 이 건물들은 얼마 안 있어 임진년의 병화(兵火)로 사라졌다.

사정전과 근정전 창호 : 통치행위의 중심인 두 건물은 벽이 없는 네 면을 창호로만 둘렀다. 국가적 경축 행사가 베풀어졌던 근정전은 정교한 빗살창호로 장려하게 꾸미고, 실질적 정무처였던 사정전은 통치자의 마음을 담아 검박한 띠살로 짰다.

고종 때 중창한 모습을 그대로 간직한 지금의 사정전은 상당히 큰 규모임에도 편안한 느낌을 준다. 귀솟음과 안쏠림 공법으로 기둥을 세웠기 때문이다. 사방에 창을 둘러 벽체가 없다는 것도 근정전과 함께 이 건물의 색다른 점이다. 열린 공간으로 구조화함으로써 투명하고 공명정대한 정사를 펼치겠다는 의지의 표상이다. 단청도 근엄한 뇌록색 대신 따뜻한 맛이 도는 붉은색을 기본으로 하고 있다.

앞면 5칸 중 가운데 세 칸 앞은 검은 방전 바닥에 보석(步石, 섬돌)을 각각 설치했다. 안으로 들어갈 때 신발을 벗게 되어 있는 것이다. 안에는 운룡도 벽화 아래 일월오악병이 있다. 일월오악병을 배경으로 팔걸이 의자인 옥좌가 놓이고 앞에는 임금의 발을 올려놓을 수 있는 족대(足臺)가 있다. 바닥은 우물마루를 깔았다. 마룻바닥인데다가 흙벽을 치지 않고 네 면에 창을 둘렀기 때문에 쌀쌀한 날씨에는 정무를 볼 수 없다.

운룡도 : 운룡도는 가운데 칸에 솟은 4개의 기둥 중 뒤쪽 고주 2개

사이의 위쪽에 흙벽을 치고 그린 벽화다. 수묵과 채색을 써서 구름 속에 여의주를 희롱하는 쌍룡을 노닐게 했다. 어진 신하가 있어야 임금도 제값을 할 수 있다는 다짐이다. 용은 구름과 비를 만들고 땅과 하늘에서 자유로이 활동할 수 있는 능력을 가진 동물이다. 작아지고자 하면 번데기처럼 작아지고 크고자 하면 천하를 덮을 만큼 커지며, 높이 오르고자 하면 구름 위까지 치솟을 수 있다.

민화에 등장하는 용도 대개 구름을 타고 있다. 성인이나 영웅이 높은 지위에 오르면 도와줄 훌륭한 인물의 중요성을 형상화한 것이다. 승천한 용은 구름을 일으켜야 그 구름으로 비를 내려 만물을 생장시킬 수 있다. 마찬가지로 임금은 유능한 신하를 만나야 백성을 잘 살게 할 수 있다. 운룡도는 현명한 신하의 보필을 받아야 어진 임금이 될 수 있다는 믿음을 상징적으로 보여주는 그림이다. 구름은 신하나 참모의 비유어다. 용이 임금을 상징함은 말할 것도 없다. 그래서 용상, 용안, 곤룡포, 용여(龍輿)라는 말이 생겨났고, 임금의 눈물도 용루(龍淚)다. 우리나라 악장 문학의 대표작인 《용비어천가》도 목조, 익조, 도조, 환조, 태조, 태종 등 선대 육조가 하늘에 오르는 힘찬 용처럼 조선 창업의 큰 뜻을 실현하기 위해 공덕을 쌓았다고 찬양한 운문이다.

만춘전 · 천추전

만춘전과 천추전은 사정전의 보조건물이다. 사정전에서 보는 정무는 공식성이 강한 반면 이 부속 건물은 임금이 편하게 신하들과 나랏일을 의논할 때 이용했던 소편전이다. 임금이 독서를 한 곳도 썰렁한 사정전이 아닌 만춘전이나 천추전이었다. 사정전과 달리 온돌이 깔려 아늑했기 때문이다. 임금은 이곳에서 신하들을 불러 조촐한 연회를 베풀기도 했다.

사정전은 네 벌대의 기초석에 둥근 주추를 얹고 원주(圓柱)를 세웠다. 그러나 이 두 건물은 세 벌대의 기초석에 네모주추와 기둥이다. 공포도 익공식이며 지붕은 팔작, 양성을 바르지 않았다. 사정전에 비해 격식을 낮춘 것이다. 건축 기법이나 양식이 검소해 서민적 풍취가 있다. 민가의 사랑채처럼 소박하다.

경복궁에는 벽돌로 짠 합각이 많다. 이 합각에는 예외 없이 문양을 수놓았다. 만춘전과 천추전의 합각에는 '康(강)', '寧(녕)'을 좌우에 전자(篆字)로 새겼다. 만춘전은 서쪽 합각이 '康', 동쪽이 '寧'이다. 천추전은 반대로 서쪽이 '寧', 동쪽이 '康'이다. 글자의 합성은 '강녕'이다. 중심 건물인 사정전에서 가까운 쪽이 합성어의 첫 글자이고 먼 쪽이 뒤 글자가 되어 사정전을 기준으로 삼아 두 건물이 대칭을 이룬 것처럼 합각 문자도 맞서게 배열했다.

봄은 소생, 시작, 희망을 상징한다. 부활, 풍요의 의미가 짙다. 만춘전은 왕실과 조정에 봄기운이 만년(萬年)토록 지속되기를 기원하는 소망을 담은 전각이다. 영조 때, 임진왜란 이전의 경복궁 모습을 추정해 그린 〈경복궁도〉를 보면 만춘전과 천추전은 사정전을 둘러싼 행각의 밖에 자리 잡고 있다. 창건 당시에는 보이지 않다가 세종 때에 나타난 만춘전은 주로 봄철에 이용한 것으로 알려졌다. 그러나 소편전을 계절을 따져 이용하지는 않았을 것이다. 형편에 따라 자유로이 활용했다고 보는 것이 자연스럽다. 흥선대원군이 중창한 만춘전은 한국전쟁 때 파괴됐다. 이로 인해 기단과 주추, 고막이돌만 남았던 것을 옛 모습으로 재건(1988)한 것이 오늘의 만춘전이다.

천추는 '천년의 세월'이라는 뜻이다. 천추전은 불망천추(不忘千

秋), 천추만세(千秋萬歲)라는 왕권·왕족의 무궁한 발전을 기원하는 마음을 담은 전각이다. 이 건물은 임진왜란 이전의 문화 요람으로, 세종이 집현전 학사들과 자주 만났던 곳이다. 세종은 이곳에서 밤늦게까지 글을 읽었으며, 집현전 학사들이 편찬한《자치통감훈의(資治通鑑訓義)》의 잘못을 바로잡고,《훈민정음》을 창제하느라 고심을 했다. 장영실, 이천, 김직 등 과학자들의 간의, 혼천의, 앙부일구, 자격루, 측우기 등도 이곳에서 선을 보였다.

만춘전과 함께 세종 때 창건된 천추전은 조선 최초의 적통인 문종이 승하(1452)한 곳이기도 하다. 지금의 천추전은 중창 당시 건물이다. 어떤 학자는 왕조 말기의 섬약한 문화를 이 건물에서 감지할 수 있다고 분석한다. 역동성이 부족한 공포에 나약함이 두드러져 창업 초기의 강건한 기운을 엿볼 수 있는 건축과 대조된다는 것이다.

함실아궁이 : 만춘전과 천추전은 모두 앞쪽에 툇간을 두고 앞면 6칸 중 가운데 2칸은 개방, 양쪽 퇴는 띠살창으로 둘렀다. 안쪽은 가운데 마루칸을 중심으로 온돌 이방(耳房, 건물 양쪽 방)을 두었다. 내부 전체가 우

천추전 : 앞면 6, 옆면 4칸.
지금의 천추전은 중창 당시 건물이다.

천추전(좌) · 만춘전(우)의 합각 문양.

물마루로 된 사정전과 다르다. 세 벌대 기단의 옆면에는 함실아궁이를 두 개씩 시설했다. 함실이란 부넘기 없이 불길이 그냥 고래로 들어가는 아궁이의 구조를 말한다. 주요 전각의 아궁이는 음식 장만과 관계없는 난방용이나.

궁 안의 땔감은 참숯이다. 숯은 기인(其人, 궁궐에 숯을 대는 잡역부)들이 공급했다. 그들은 참나무 숯을 가마니에 넣어 궐내로 반입한다. 화력이 매우 센 이 숯은 겉이 부옇기 때문에 백탄(白炭)이라고 한다. 아궁이를 들여다보면 장작을 땔 수 있는 구조가 아니라는 것을 금방 알 수 있다. 만일 겨울 채비로 장작을 땠다면 침방(寢房, 침전) 주변에 땔감이 가득 쌓여 있었을 것이다. 궁 안에 매캐한 연기로 인한 불편은 말할 것도 없고, 그을음으로 미관이 크게 훼손될 것이다. 화재 빈도도 그만큼 높아진다.

궁전의 난방 방식은 유별나다. 난방의 특징은 '탕방'이라는 구들 방식에 있다. 탕은 '텅 빈 구덩이'다. 탕방은 안에 청동화로를 놓을 수 있게 둥근 구덩이를 만든 방을 말한다. 탕방 구들이란 탕을 중심으로 방사상 고래를 켜고 구들장을 덮는 형태다. 주인이 침방에 들어오기 전에 장판지를 걷고 구들장을 들어낸 뒤, 숯불을 담은 화로

를 탕에 넣는다. 탕에 화로가 놓이면 그 위에 두꺼운 내화(耐火) 벽돌을 덮는다. 달궈질 벽돌 위에 열전도가 낮은 널빤지를 덮고 장판을 깔면 깔끔하게 마무리된다. 함실아궁이에서 들어오는 바람기로 숯불은 활활 탄다. 숯불의 열기는 고래를 따라 사방으로 퍼지다가 고래보다 깊게 판 개자리(방구들 윗목에 깊이 파놓은 고랑)에 연결된다. 개자리는 굴뚝과 연도를 통해 들어온 바람의 역류를 차단하는 방어선이다.

만춘전과 천추전 뒤쪽에는 노출된 연도와 굴뚝이 있다. 역류하는 바람의 1차 방어선은 굴뚝 머리에 꾸며놓은 연가(煙家)다. 연가는 사방 30센티미터 정도 규모의 집 같은 구조물로 벽에 뚫린 네 개의 구멍으로 가스가 나오게 되어 있다. 굴뚝의 장식용 마감재이자 바람도 막아주는 이 연가는 굴뚝 꼭대기에 있어 눈에 잘 띄지 않는다. 자경전의 십장생 굴뚝 위를 보면 나란히 늘어선 연가를 쉽게 확인할 수 있다.

앙부일구

우리나라 사람들은 '사주팔자(四柱八字)'에 관심이 많다. 그래서 점집을 찾아 생일생시를 내밀고 자신의 운명을 말해달라고 한다. 그러나 이른바 '운명철학자'가 해석 기준으로 삼는 시각은 점치러 온 사람, 곧 손님이 내민 사주와 다르다. 지금 우리나라에서 사용하는 시각은 일본의 동경(東經, 지구 동반구의 경도)을 기준으로 한 것이다. 우리나라와 일본은 경도가 다르므로 시각도 달라야 마땅하다. 그런데 '손님'이 알고 있는 출생 시각은 일본의 표준시로 우리나라의 표준시가 아니다. 따라서 운명철학자가

사정전 동쪽 계단 옆에 있
는 앙부일구 : 세종 16년
(1434)에 첫선을 보였으며
현재 남아 있는 것은 17세
기 후반에 제작한 보물 제
845호의 모조품이다. 직경
35.2cm×높이 14cm.

일러주는 손님의 운명은 엉뚱한 사람의 사주일 가능성이
높다. 점집을 찾아가 맞지도 않은 사주를 제시하고 앞날을
점쳐달라고 하는 것은 해프닝에 가깝다.

우리나라 경도에 맞춘 시각은 600년 전에 이미 개발된
앙부일구(仰釜日晷)가 정확하다. 이 시계는 사정전 동쪽
계단(東階) 구석에 놓여 있다. 크기가 작아 눈에 잘 들어오
지 않는다. 사정전 안을 들여다보느라 대부분의 사람들이 앙부일구
를 지나친다. 앙부일구는 '하늘을 쳐다보고 있는 솥 모양의 오목해
시계'다. 가마솥과 같은 반구형에 시침 그림자가 시각 표시선을 가
리켜 이런 이름이 붙었다. 이 시계는 1437년(세종 19년)에 처음으로
혜정교와 종묘 남쪽 거리에 선을 보였다.

백성들은 밤에는 인경과 파루로 시각을 알 수 있었지만 낮에는
알기 어려웠다. 그래서 하루의 시각과 농사일과 관련된 절기를 정
확히 알려 생산성을 높이려고 고안한 최초의 공중시계가 앙부일구
다. 많은 사람이 오가는 곳에 특별히 설치한 것은 백성들이 이를
보고 만들어 사용함으로써 일상생활에 활용하도록 이끌려는 의도
다. 해시계에는 글을 모르는 백성을 위해 시각 표시와 함께 시각을
상징하는 짐승 그림을 곁들였다. 세종 때 만든 해시계는 임진왜란
으로 유실됐다. 여주 영릉전시관과 국립중앙박물관 시계는 17∼18
세기 전후에 제작된 것이다. 조선 후기에는 간편한 휴대용도 등장
했다.

앙부일구는 해가 떠 있는 상황에서만 유용하다. 그래서 세종 때
의 과학자들은 구름이 끼거나 밤에도 이용할 수 있도록 자격루라는
물시계를 고안했고 해시계와 물시계의 기능을 통합한 시계가 흠경
각에서 관리하던 옥루기륜이다.

《세종실록》1437년 4월 15일자에는 밤낮으로 시각을 측정할 수 있는 일성정시의(日星定時儀)를 만들어 만춘전 동쪽에 두었다는 기사가 있다. 일성정시의는 해시계와 별시계의 기능을 하나로 모아 밤낮으로 시각을 측정하도록 고안한 천체 관측기구다. 경기도 여주 영릉전시관에 가면 그 모형을 볼 수 있다.

궐내각사

궐 안에는 임금의 통치 행위를 보좌하고 왕족을 도와주는 관청이 많다. 빈청, 승정원, 홍문관, 내의원, 내반원 등 크고 작은 관청들은 주로 근정전 서쪽에 있었다. 세종의 한글 창제 때 이론 제공의 샘터였던 집현전은 지금의 수정전 자리에 있었다. 1867년에 중건된 수정전은 임금의 출입이 빈번하여 관청으로서는 드물게 정면에 월대를 두었다. 한때 고종의 편전이었던 이 건물은 1894년 갑오개혁 이후 내각청사로 사용하는 등 변신을 거듭했다.

수정전은 궐내각사와 치조의 접점에 자리를 틀었다. 사정전 서행각과 남행각의 천자고 틈에 있는 통문을 나서면 수정전이 다가온다. 지금은 담장도 없이 들판에 홀로 서 있지만, 예전에는 앞뒤로 네 겹의 마당과 200여 칸의 행각이 이 마당들을 감싸고 있었고, 본채의 북쪽 행각에는 협오당을 가운데 두고 좌우로 장원당, 습회당이 있었다. 전문은 수정문이며, 그 남쪽에 있었던 세 칸의 숭양문은 근정전 융무루와 같은 선상이었다. 북쪽에는 경회루, 서쪽에서 내사복(지금의 국립고궁박물관)에 이르는 영역은 궐내각사가 자리를 꽉 채웠다.

수정전

　수정전은 독특한 전각이다. 편액이
'政(정)' 자 돌림이므로 치조 시설임이 뚜렷한데 율선(律線, 기본 축
선)에서 한참 벗어난 위치에 있다. '殿(전)'의 품격으로 신하들의
주된 활동 공간에 있다는 점도 특이하다.

　건물 규모와 짜임새 또한 예사롭지 않다. 궁궐 전각은 건물 규모
와 기단 높이, 공포, 채색의 화려한 정도 등에 차별을 두어 주종의
위계성을 드러낸다. 수정전은 앞면 10칸, 옆면 4칸으로 총 40칸, 경
복궁 전각 중 칸수가 가장 많다. 건물의 네 면은 사정전처럼 벽체
없이 띠살 창호 위에 빗살교창이 있다.

　기단은 5벌, 퇴물림으로 쌓았다. 근정전 말고는 이보다 높은 기단

殿政修

수정전 : 임진왜란으로 소
실된 집현전은 고종 때 수
정전으로 다시 태어났다.
경복궁에서 칸수가 제일
많은 40칸 집 정사를 '수
리하다 · 바로잡다'는 의미
를 담은 수정전은 갑오개
혁의 현장이기도 하다.

▲ 수정전 월대 계단 사이의 돌 받침대.
▶ 현존하는 유일한 궁궐 하마비로 경운궁 대한문과 금천교 사이에 있다. 지위 고하를 막론하고 말을 비롯한 탈것에서 모두 내리라'는 글귀를 새긴 이 비석은 궁궐의 정문 앞이 원위치다.

이 없다. 월대는 강녕전에도 있으나 수정전 월대가 짜임새 있고 정교하다. 앞면에 셋, 옆면에 하나씩의 계단을 짰다. 앞면의 중앙 계단 8단 중 위쪽 4단만 소맷돌 품에 넣고 나머지는 노출했다. 소맷돌은 정원(正圓) 4분의 1의 원호이며 앞쪽을 석고(石鼓, 북처럼 다듬은 돌)로 마감했다. 이 계단들의 폭은 맨 아래가 넓고 위로 올라갈수록 조금씩 좁아진다.

이 월대에서 눈길을 끄는 것은 중앙과 동쪽 계단 사이에 있는 돌 받침대다. 이 받침대는 노둣돌 구조다. 입궐하는 관리들의 하마석은 대개 궐 밖에 두었다. 경복궁의 노둣돌은 육조거리의 해태상 기단석이다. 이 받침대가 노둣돌이라면 우리가 알지 못하는 곡절이 있을 것이다. 이에 대한 해명은 아직 뚜렷하지 않다. 받침대 자리에는 한때 나무 한 그루가 박혀 있었으나 지금은 잘라내고 없다.

월대 앞면의 서쪽 계단(西階) 옆에는 보루각 표지석이 있다. 보루각은 자격루를 설치하고 표준시를 알리던 기관이다. 자격루는 1434년(세종 16년) 장영실과 김빈이 2년여의 노력 끝에 완성한 물시계다. 그해 7월 1일부터 자격루의 자동시보장치가 시각을 알리면 이 신호를 받아 근정문·광화문·종루·도성의 사대문에 종소리가 퍼지고, 궁문과 도성 문이 열리고 닫혔다. 이 자격루는 1455년(단종 3년)에 고장이 나서 보루각이 폐지되고 중종 때 다시 세운 창덕궁 보루각에 임무를 넘겨줬다. 지금 경운궁(덕수궁) 광명문에 전시된 자격루는 창덕궁 보루각에 설치되어 있던 것이다.

기단의 좌우에는 난방용 아궁이가 하나씩 있다. 경복궁 전각은 팔작지붕의 합각 방풍판이 널빤지면 내부 바닥은 마루, 합각을 꽃담처럼 벽돌로 짜면 대개가 온돌이다. 그런데 수정전은 널빤지 합각에 온돌 구조라서 색다르다. 궁궐 건축의 온돌은 조선 후기에 많아졌다. 조선 전기에는 강녕전과 교태전 등 왕족 침소에만 마루 온돌을 놓아 은은한 온기를 느낄 수 있도록 했다.

뒤퇴와 같은 평면의 기단 좌우에는 돌출한 석단이 있다. 경복궁이 훼손될 때 철거한 복도 흔적이다. 이 복도각은 본채의 기단에서 계단처럼 3단의 층을 이루며 천추전의 서행각에 닿았다. 본채 기단에 붙은 두 번째 복도각 아래는 뒷마당과 통할 수 있도록 트여 있었다.

집현전 시대 : 수정전은 경복궁에서 가장 다채로운 이력을 지닌 전각이다. 맨 처음 편액은 집현전(集賢殿)이었다. 이 편액은 세조가 집권하면서 떼어버렸고, 성종이 홍문관(弘文館)으로 바꿔 달았다. 고종 4년에는 임진왜란으로 없어진 건물을 되살리고 '정사를 바로 잡는다' 는 뜻을 담아 '수정전' 이 되었다.

집현전은 고려 중엽에 출발한 왕실 연구기관을 확대 개편한 기구로 세종시대를 꽃피웠던 고급 두뇌집단이 모인 곳이었다. 단종 때까지 존속했던 집현전에 몸담은 학사는 96명이었다. 이 가운데 장원 급제자 16명, 아원(亞元, 2등 급제) 6명, 탐화(探花, 3등 급제) 11명, 4등 급제(을과 1등) 7명 등으로 전체 학사 중 절반에 가까운 사람들이 다섯 손가락 안에 드는 당대의 쟁쟁한 인재들이었다.

집현전은 1420년(세종 2년), 겸직 당상관을 제외한 전임학사 10명으로 출발했다. 이 인원은 해를 거듭하면서 세종 18년 7월에 32명까지 늘었으나 다음 해 20명으로 동결했다. 당시 중앙 행정부서 가

집현전학사도 : 세종대왕
기념관.

운데 가장 많은 인원이다.

세종은 책을 구입하거나 인쇄하여 이들의 연구 활동에 지원을 아끼지 않았고, 유능한 소장학사들에게는 사가독서(賜暇讀書, 유능한 문신에게 휴가를 주어 학문에 전념하도록 한 제도)의 특전을 베풀었다. 이로써 집현전은 뛰어난 학사들을 배출한 문화의 터전이 됐다. 세종은 집현전에 자주 들러 학사들을 각별히 돌봤다. 어느 날 신숙주가 밤늦게 독서하다가 잠든 것을 보고 덧옷을 벗어 덮어줬다는 일화가 있을 정도다. 세종은 만년에 숙환으로 온천에 갈 때도 성삼문, 박팽년, 신숙주, 최항, 이개 등이 따르도록 했다.

학사들은 경연과 세자 교육은 물론 외교 문서를 작성하고, 때로는 임시 성균관직을 맡아 명나라 사신을 접대했다. 문장력이 뛰어나 일부는 사관의 임무를 맡기도 했다. 예조와 더불어 과거를 주관했는가 하면, 임금의 조서나 칙서를 작성했고, 왕명을 받들어 공신들의 제사에 참여했다. 나라의 경사를 백성들에게 널리 알리거나 풍수학을 연구하는 것도 이들의 소임 중 하나였다. 집현전 학사들의 값진 활동 중 하나는 세종이 훈민정음을 창제할 때 적극 보필한 점이다.

임금이 생각하기를, 모든 나라가 각기 제 나라의 글자를 지어서 그 나라의 말을 기록하는데, 유독 우리나라에만 그것이 없다 하여 친히 자모 28자를 창제하여 언문이라 이름하고, 궁중에 언문청을 설치하고, 신숙주ㆍ

성삼문·최항 등에게 명하여 편찬시켜 훈민정음이라 하니 …… 비록 무식한 여인이라도 분명하게 알지 못하는 이가 없었다. 중국 한림학사 황찬(黃瓚)이 때마침 랴오둥에 귀양 와 있었으므로 성삼문 등에게 명하여 황찬을 찾아가 음운에 관한 것을 질문하도록 하였다. 그리하여 랴오둥에 왕복하기를 열여섯 차례나 하였다. |《연려실기술》〈세종조고사본말〉|

훈민정음 창제과정에서 성삼문, 정인지, 최항, 박팽년, 신숙주 등에게 랴오둥에 와 있던 명나라의 황찬을 방문해 음운 이론을 익히도록 했다는 기록이다.《성종실록》에도 "세종조에 신숙주, 성삼문 등을 보내어 랴오둥의 황찬에게 말소리와 글자 뜻을 질문하게 하여《홍무정운(洪武正韻)》과《사성통고(四聲通考)》 등의 책을 이루었기 때문에, 우리나라 사람들이 이에 힘입어서 중국말을 대강 알게 되었다"는 기록이 있다.《고려사》,《농사직설》,《오례의》,《팔도지리지》,《삼강행실도》,《치평요람》,《동국정운》,《용비어천가》,《석보상절》,《월인천강지곡》,《의방류취》 등의 많은 서적을 편찬, 간행하여 세종시대 황금기를 구가한 것도 이들이었다.

집현전 학사들은 연구에만 진념할 수 있는 사가독서 외에 효율적이고 지속적인 업무 수행을 위한 특혜를 누렸다. 그들은 사헌부 규찰을 받지 않았다. 집현전에 있는 한 인사이동도 거의 없어 학문에 전념할 수 있었다. 훈민정음 창제의 위험성을 경고한 최만리는 20년 이상 집현전에 있었고, 6~10년 이상 된 사람도 30여 명이었다. 당대 최고의 지성인으로 꼽히는 집현전 관리 중 정인지, 신숙주 등 10여 명이 정승 반열에 올랐고 양성지, 서거정 등 9명은 대제학이 되었다.

이들에게는 원칙적으로 정치 참여를 막았으나, 단종 3년의 계유정난은 정치적 선택을 강요했다. 정인지와 신숙주는 수양대군 쪽에 섰고, 성삼문·박팽년·하위지·이개·김문기·유성원 등은 단종의 복위를 도모하다가 가혹한 형벌 끝에 목숨을 버렸다. 세조의 왕위 찬탈을 계기로 집현전은 세종 이후 37년의 짧은 생애를 마감(1456)하고 오랜 동면 끝에 정조에 의해 규장각으로 깨어나 조선 후기의 문예부흥기를 열었다.

홍문관 시대 : 세조는 즉위 후 집현전을 폐지하고 그곳 책들을 예문관으로 이관해 장서각(藏書閣)이라 불렀다. 사육신을 비롯한 반대세력이 집현전 학사 중에서 많이 나왔기 때문이다. 1463(세조 9년), 양성지(梁誠之, 1415~1482)의 건의에 따라 장서각을 홍문관으로 개칭했으나 이는 단순한 장서기관에 지나지 않았다. 홍문관이 집현전 기능을 살리고 예문관에서 독립한 것은 1478년(성종 9년)이었다.

성종이 명목뿐인 홍문관 역할을 활성화한 것은 신진 개혁세력을 키워 계유정난 이후 득세한 훈구파를 견제하려는 계산이 깔려 있었다. 한명회를 장인으로 둔 성종은 즉위 과정에서 훈구세력의 지원을 받았으므로 그들의 눈치를 볼 수밖에 없었다. 훈구파에게 짓눌린 성종은 이들의 그늘을 걷어낼 장치가 필요했다. 세조의 왕위 찬탈을 빗댄 〈조의제문〉을 쓴 김종직이 홍문관제학으로 활동한 시기가 이 즈음이다.

이때 김종직을 따르는 개혁 사림파가 형성되고, 무소불위의 훈구파와 치열하게 대립했다. 성종은 홍문관원으로 하여금 임금의 자문에 응하도록 했는데, 이때부터 양사(兩司, 사헌부와 사간원)에 홍문관을 보태 삼사(三司)라고 불렀다. 양사의 의논이 충돌했을 때, 홍문관원에게 시비를 가리게 했던 것이다. 그리하여 홍문관은 경연 참여는 물론 양사와 함께 임금의 잘못을 간언하고 정사의 오류를 바로잡는 직무를 담당하게 됐다.

고종 이후 : 임진왜란으로 소실된 집현전 건물은 고종 때 수정전으로 다시 태어났다. 고종은 즉위 초 이곳에 기거하면서 편전처럼 활용했다. 수정전에서 휴식을 취하거나 사람들을 접견하는 곳으로 이용하다가, 친정에 접어들면서 활동무대를 건청궁으로 옮겼다.

고종이 건청궁 시대를 열면서 수정전에는 갑오개혁의 산실인 군국기무처가 들어섰다. 조선 창업 이래 형성된 관제를 뜯어고치기 위해 임시로 설치한 군국기무처는 약 5개월 존속되다가 1895년(고종 32년) 1월부터는 유사한 성격의 김홍집 내각으로 변신했다.

한편 수정전 일원과 영추문 앞에서 남쪽 어구까지 들어찼던 궐내각사는 한일병합 이후 경복궁이 치러낸 여러 차례의 전시회 소동 속에서 철저히 제거됐다. 조선박람회(1929) 때는 행각을 말끔히 치워버린 수정전 앞에 돼지우리 따위의 축사와 정화조가 들어서 오물로 더럽혀지기도 했다. 일제는 이 지역을 축산폐수와 구린내로 채우면서 축산장려 시책이라고 가당찮게 포장했다. 깔끔하게 관리한 잔디밭과 잘 조성된 나무숲을 보며 옛 모습을 떠올리는 것은 거의 불가능하다. 지금도 국립고궁박물관 북쪽에는 시정 5주년 기념 물산공진회 때 전시한 불교 유물 한 점이 제자리로 돌아가지 못하고 그때 그 모습으로 풍설을 견디고 있다.

일제가 물러가고 20년이 지난 뒤에도 수정전은 전시장 노릇을 한 적이 있었다. 민속학자 송석하가 수집한 민속자료를 전시했던 남산 아래 예장동 국립민속박물관이 한국전쟁으로 폐쇄됐다가 1966년 10월 수정전으로 자리를 옮겨 '한국민속관'이라는 간판을 달고 개

훼손되기 전의 수정전 : 본 채의 뒤 툇간은 사정전 서 행각과 복도로 연결돼 있었다.

관한 것이다. 이때 관람 편의를 위해 바닥에 마루를 깔았다. 원래 수정전 바닥은 사방에 툇간을 두르고 가운데 3칸은 대청, 오른쪽 3칸과 왼쪽 2칸은 온돌이었다. 이 바닥은 일제 때 왜곡된 뒤로 방과 대청의 구분 없이 방치되다가 민속관으로 변신하면서 마루로 바뀐 것이다. 1973년 6월, 선원전 터에 있던 현대미술관이 경운궁으로 옮겨가면서 한국민속관이 그 건물을 이어받았다. 한국민속관은 이전한 건물에서 한국민속박물관으로 승격하고, 1979년에 다시 국립민속박물관으로 개편했다. 수정전의 마룻바닥은 최근 복원했다.

궐내각사

영추문 앞에서 수정전까지, 남쪽으로는 고궁박물관에 이르는 곳이 궐내각사 지역이었다. 궐내각사는 궁궐에 들어와 근무하는 관원들의 관청이다. 이들은 정치와 행정 업무, 국왕 및 왕실 가족을 호위, 왕실 활동을 지원하고 궁궐의 유지 및 수비 업무에 종사한다. 육조 등 궐외 관청의 궐내 출장소라 할 수 있다. 지금은 이 궐내각사 공간에 담장이 가로놓여 둘로 갈라졌다. 이 담은 영추문 남쪽에서 근정전 서행각의 융무루에 닿고, 근정전 뜰을 건너뛰어 다시 융무루에서 건춘문까지 이어진다.

수정전 서쪽 영추문 안은 대전장방, 내반원, 검서청, 의약청, 옥당 등 여러 관청이 빼곡했다. 그러나 지금은 모두 사라지고 서어나무, 소나무, 느티나무, 잣나무, 배롱나무, 측백, 산수유, 버드나무

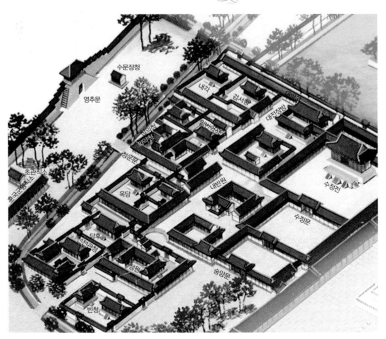

따위가 각각 구역을 차지해 자라고 있다. 어찌나 깔끔하게 관리되고 있는지, 경회루에 맞춰 일부러 마련한 정원으로 여겨질 정도다. 자부심 넘치는 차림새로 영추문을 통과하여 긴장을 풀지 않았던 관리들의 일터였다는 흔적은 어디에도 없다. 영추문도 잘 가꿔진 숲에 가려 눈 씻고 바라보지 않으면 잘 보이지 않고, 나무밭은 호젓하기만 하다.

궐내각사에 근무하는 관리는 정직(正職)과 잡직이 있다. 정직은 과거시험을 거쳐 얻은 정식 벼슬을 말한다. 문직공서(文職公署)와 무직공서에 종사하는 양반벼슬이 이에 해당한다. 잡직은 장공인(匠工人)의 경험이나 기술을 지닌 정도 또는 그 소임에 종사하는 기간에 따라 주는 벼슬이다. 교서관, 사옹원, 상의원, 선공감, 사복시, 군기시, 장악원 등은 잡직공서다.

경복궁도	북궐도형	소임

| 정치 및 행정 업무 담당 |

경복궁도	북궐도형	소임
	빈청	비변사의 대신, 3정승, 정2품 이상의 공직자가 모여 나라 일을 논의하던 곳.
	선전관청	왕이 긴급하게 군사 지휘관을 소집하거나 군 병력을 징발할 때 연락 업무. 왕의 지근에서 수행하고 군호(軍號), 전명(傳命), 부신(符信) 등을 담당하던 관청.
승정원	정원	왕명을 출납하던 관서. 임금을 보좌하는 비서 기관.
	당후	승정원의 주서(注書)가 사무를 보던 기관. 당후관은 정7품 벼슬로 주로 《승정원일기》를 맡았다.
	내각	숙종 이후 규장각, 역대 임금의 시문, 친필, 고명 등을 관리하던 기관을 가리켰으나 조선 말에는 국무대신이 국정을 심의하던 최고 관아. 의정부를 고친 이름.
	검서청	내각의 신료들을 보좌하고 문서를 필사하던 기관.
홍문관	옥당	왕궁 서고 관리, 문학 관련 업무를 담당하고 임금의 자문에 응함. 경연직을 겸했다.
춘추관		현행 정사에 관한 기록.

| 왕실 활동 지원 및 궁궐 유지 업무 |

경복궁도	북궐도형	소임
	의약청	임금·왕비 등의 환후가 깊거나 병세가 오래 계속될 경우 내의원에 임시로 의약청 또는 시약청(侍藥廳)을 특설하고 내의원 소속 이외의 의관이나 의방(醫方)에 능통한 중신들이 합좌해 증세와 치료 방법 등을 상의하던 곳.
내의원		왕실에서 사용되는 약 조제.
	침의청	의원들이 근무하는 곳.
	대전장방	임금의 시중을 드는 내시들의 처소.
	수라간	수라상을 장만하는 곳.
	내반원	내시에 관한 일, 궐내의 음식과 경비 등을 관리하던 기관.
내사복시		수레와 말 및 목장 등을 관리.
	입번억석	숙직이나 당직을 서는 관리들이 머무르는 곳.
간의대		천체의 운행과 현상을 관측하기 위한 간의(簡儀)를 설치하고 천문을 관찰.
흠경각	흠경각	여러 가지 천문기구를 보관하는 곳.
보루원		물시계를 관리하고, 시각을 알림.
상서원 상의원		옥새 등 인장[璽寶], 병부 등 각종 증표[符牌], 군사 직위 표식물[節鉞]을 관리. 왕실 의복 및 옷감을 공급, 궁중의 재보와 금·은 등을 관리.
사옹원 관상감		임금의 먹을거리 공급과 궁중 음식 등을 관장. 천문, 풍수, 책력, 기상 관측, 시간 측정 등의 일을 담당.
예문관 교서관		나라에서 쓰이는 문서를 작성. 서적 발간, 제사용 향 및 축문, 인장에 새길 전자(篆字) 등의 직무를 담당.
승문원		외교 문건 담당.
전설사		장막 공급 담당.

| 임금 및 왕실 가족을 호위하고 궁궐을 수비하던 관서 |

경복궁도	북궐도형	소임
도총부		광화문의 동쪽에 있던 군령 기관.
내병조		궁궐 안 시위(侍衛)와 의장(儀仗) 담당. 병조 소속. 궐내 경비 병력의 근무지와 근무 시간 등을 결정·감독.
내삼청		금군삼청. 궁궐을 지키던 내금위, 겸사복, 우림위를 담당.

지금의 경복궁에서는 각사 모습을 찾아보기 어렵다. 알맹이는 없고 보호각만 남은 내전 구역의 흠경각 정도다.

영추문

강호(江湖)에 병이 깊어 죽림(竹林)에 누웠더니 관동 팔백 리의 방면(方面)을 맡기시니 아, 임금님 은혜야말로 갈수록 망극하다. 영추문 달려들어 경회(慶會) 남문 바라보며 하직하고 물러나니 옥절(玉節)이 앞에 섰다. | 정철, 〈관동별곡〉 |

1580년(선조 13년), 정철이 강원도 관찰사로 임명돼 숙배하러 입궐했을 때의 의기양양한 기분을 담은 글이다. 당시 정철은 뇌물사건에 휘말려 동인의 공격을 받고 전라도 담양에서 은거 중이었다. 왕명을 받고 상경한 정철은 영추문[원문에는 연추문(延秋門)으로 되어 있음]으로 들어와 흠경각과 천추전을 지나 편전인 사정전에서 선조를 면대했을 것이다. 위의 글은 숙배 후 경회문(경회루 남쪽 담에 있는 문)을 스쳐 영추문으로 나가니 부임지 강원도 원주로 출발할 준비가 돼 있었다는 대목이다.

경복궁의 서쪽 대문인 영추문은 궐내각사에 근무하는 문무백관이 출입했다. 이 문은 서쪽 각사에서 근무하는 관리들이 이용했다. 지금은 굳게 닫혀 있지만 조선 전기에는 관리들로 붐벼 사대문 중 가장 활기 넘치던 곳이었다.

1차 왕자의 난 때, 영추문은 살기등등했다. 이방원과 추종세력이 세자 방석의 지지자들을 제거하기 위해 분주하게 드나들던 곳이 영

추문이다. 이방원의 집이 영추문에서 가까운 통인동에 있었기 때문에 그도 입궐할 때는 왕족의 건춘문보다 집에서 가까운 이 문을 이용했을 것이다. 연산군은 근정전에서 영추문에 이르는 영역을 가시로 막아 사람의 출입을 막기도 했다. 경회루 연당에 만세산을 만들고 흥청들과 흥청거릴 때 방해가 된다는 이유에서였다.

영추문에서 일어난 가장 극적인 사건은 고종의 아관파천이다. 1896년(고종 33년) 2월 11일 새벽, 왕비를 잃은 뒤 고종은 극비리에 궁녀 교자에 타고 이 문으로 빠져나갔다(신무문으로 빠져나갔다는 설도 있다).

영추문은 일제강점기의 조선박람회장 출구였다. 이때 관람객 수송을 위한 전찻길이 영추문에 붙어 있었기 때문에 전차의 진동으로 북쪽 석축의 일부분이 무너졌다. 이후 영추문은 철거되고, 지금의 영추문은 1975년에 복원한 시멘트 덩어리다. 홍예의 천장에 서쪽 방위의 금(金) 기운을 맡은 태백신을 백호로 형상화하여 띄워놓은 것 말고는 건춘문과 대동소이하다.

영추문 밖에는 인왕산 계곡에서 시작된 맑은 개천이 있었으나 지금은 복개했다. 이 개천은 육조의 서쪽을 지나 황토현 앞에서 동쪽으로 방향을 틀고 중학천과 합류해 청계천의 중심 줄기가 되었다. 문 안은 수문 및 훈국 병사들의 처소가 있었고, 어구 안쪽에는 궐내각사가 빼곡히 들어차 있었다.

영추문 : 경복궁의 서쪽 문. 궐내각사에 근무하는 관리들의 출입문이다. 1975년 복원.

1929년의 영추문 : 담장에 바짝 붙은 전차선로와 전신주가 보이고, 저 너머로 전차 한 대가 멈추어 섰다. 홍예문 북쪽 담장이 조선박람회 때 전차 진동으로 무너진 후 영추문은 철거됐다.

경회루 _국보 224호

경회루는 큰 연회를 베풀거나 외국 사신을 접대하던 곳으로 1867년에 다시 지은 누각이다. 옛날에는 높은 2층 누마루에 올라 서쪽으로 인왕산, 동쪽으로는 궁궐의 아름다운 경관을 감상했고, 주위의 넓은 연못에서는 뱃놀이를 했던 곳이다. 2층 누마루는 3겹으로 깔았다. 중심 3칸은 천지인을, 그 바깥 12칸은 1년 열두 달을, 가장 바깥의 24기둥은 24절기를 의미하는 등 동양적 우주관을 나타냈다.

지금의 경회루 연못은 서 · 남쪽이 개방돼 쉽게 접근할 수 있다. 인공과 자연이 어우러진 아름다움을 누구나 즐길 수 있을 뿐 아니라 누마루에 올라 대궐 전경을 눈아래로 굽어볼 수 있다. 그러나 옛날에는 높은 담장으로 둘러싸여 임금의 초대 없이는 감히 넘볼 수 없는 특별 공간이었다. 그래서 선택받은 사람들은 근정전 서행각의 협의문이나 강녕전, 교태전을 통해서만 들어갔다.

누각의 동서 중심축은 강녕전과 교태전을 가름하는 묘유선, 곧 경복궁의 중심인 양의문을 정확하게 가로지른다. 옛날에는 이 선을 중심으로 경회루 북쪽의 넓은 터는 문경전, 회안전, 태원전 등이 자

경회루 : 경복궁의 서쪽을 남북으로 양분하는 중심선에 있다. 우리나라 누각으로는 규모가 가장 크고 장엄하다. 국가의 공식 연회 장소였던 경회루는 임금이 친림하여 무과시험을 주재하거나 무사들의 활쏘기 관람 장소였고, 가뭄에는 기우제를 지냈다. 연못 사방으로는 담을 둘러 넘보거나 허락 없이 출입할 수 없었다.

리 잡아 한적한 영역이었다. 숙설소(熟設所)나 세답방 등 부속시설을 고려하더라도 궁성 후반부에 이렇듯 넓은 터를 마련한 이유는 그 주변이 영전, 빈전, 혼전 등 궁궐 내 제사와 관련된 중요 시설 때문이다. 또 경회루 뒤편이 향원정이나 집옥재처럼 왕실 일가가 한가로이 휴식을 즐기고 독서하는 영역이라는 점도 무관하지 않다.

영지와 영대 : 영지(靈池)와 영대(靈臺)는 궁궐 조영의 오랜 전통적 요소다. 영지는 신령스러운 연못, 영대는 임금이 올라가서 사방을 둘러보는 곳이다. 중국 고대 주나라 문왕이 둘레가 잘 바라보이는 곳에 대(臺)를 짓고 연못을 팠다는 데서 유래했다. 현존 시설로는

부여의 백제 남궁지, 경주 안압지, 창덕궁 부용지, 경복궁 경회루 연못이 영지에 해당한다.

궁궐 연못은 사각형[方池]이 정석이다. 연못에는 연(蓮)이 떠 있게 마련이다. 그래서 연지(蓮池) 또는 연당(蓮塘)이다. 연못 둘레에는 무성한 버드나무 가지가 하늘하늘 춤춘다. 경복궁에는 광화문 서쪽의 용성문과 사복시 사이, 경회루 서북쪽에도 조그만 연못이 있었다.

연못 안에는 둥근 섬을 조성해 미관을 도모한다. 하늘은 둥글고 땅은 네모지다[天圓地方]는 인식에 따라 네모 연못에 둥근 섬[方池圓島]으로 호응한 것이다. 이 섬에는 소나무를 심고 화초를 곁들이기도 한다. 섬이 크면 정자나 누각을 세우지만 대개는 연못의 가장자리에 정자나 누각을 짓는다. 이 누정은 연못을 내려다보거나 주변 자연을 완상할 수 있도록 사방이 트여 있다. 창호를 달더라도 개방하기 쉽게 설치한다. 주변에 펼쳐진 풍광을 내려다볼 수 있을 만큼 높인 곳이 영대다.

경회루의 구조 : 우리나라에 있는 누각 중에서는 경회루의 규모가 가장 웅대하다. 드넓은 연지의 수면에 장려한 그림자를 드리워 비단물결을 연출하는, 조선시대 대표적인 명품 조형물이다. 결코 간단하지 않은 공정을 거친 섬바닥은 얼핏 수평처럼 보이지만 실제로는 중심이 약간 불룩하다. 이곳에 48개의 육중한 돌기둥과 그 위에 누마루를 수평으로 깔고 장엄한 팔작지붕을 씌웠다. 48개라는 수효는 아미타신앙과 접맥된 것으로 보는 시각이 있다. 서방정토를 주재하는 부처인 아미타불은 비구 신분으로 수행할 때 중생을 제도하기 위해 48개의 서원을 세우고 정진하여 깨달음을 얻었다고 전한

경회루 누하주와 천장 : 바깥쪽의 네모 기둥과 안쪽의 원기둥으로 이뤄진 누하주 48개가 힘차게 다락을 떠받쳤다. 조선 전기에는 이 기둥에 용틀임을 새겨 장엄을 베풀었으나 지금 것은 민흘림이다. 천장은 청판마다 연꽃을 다섯 송이씩 담은 소란반자로 화사하게 꾸몄다. 초대받은 사람들은 계단을 통해 연꽃이 흐드러진 천장 위의 다락에 올라 연회를 즐겼다.

다. 지금의 돌기둥은 민흘림이지만, 성종 때는 생동감 넘치는 용을 돋을새김하여 기둥을 휘감았다. 그래서 용의 그림자가 연못에 투영되어 연꽃 사이로 헤엄쳤다. 탁월한 토목기술과 예술적 미감의 절묘한 악수다. 이 결정체가 경회루의 환상적 경관이다.

경회루는 높이 25미터, 평면은 933제곱미터(282평)다. 연못의 넓이는 정전 뜰과 비슷하다. 남북 113×동서 128제곱미터이며, 안에 크고 작은 섬 세 개를 만들었다. 가장 큰 섬에 경회루가 있다. 섬의 가장자리는 돌난대를 얹은 하엽동자를 세워 난간으로 삼았고, 모퉁이마다 돌로 조각한 서수로 장식했다. 섬의 서쪽 면에는 선착장이 있다. 뱃놀이 할 때 타고 내릴 수 있도록 수면 아래까지 드리워진 계단이 그곳이다.

아래층은 전돌 바닥을 딛고 48개의 누하주(樓下柱, 다락집의 아랫기둥)가 장엄하게 다락을 떠받쳤다. 바깥쪽의 24개는 사다리꼴 돌기둥이며, 안쪽의 24개는 기둥밑동에서 꼭대기까지 직선으로 조금씩 가늘게 흘린 사다리 형태의 민흘림돌기둥이다. 1층의 천장은 정교하게 짜서 화려한 단청을 입힌 소란반자로 꾸몄다. 동쪽과 서쪽에는 다락에 오르내리는 계단을 걸쳤다.

위층은 아래층과 같이 앞면 7칸, 옆면 5칸의 마루로 되어 있지만 평면이 아닌 3단의 높낮이를 두었다. 피라미드처럼 중심 부분으로 좁아질수록 점점 높아지는 구조다. 바깥기둥 안쪽은 회랑으로 핵심 구역을 감싸고 있다. 핵심 구역은 앞면 5칸, 옆면 3칸이다. 그 안은 다시 앞면 3칸, 옆면 1칸으로 가장 높게 마루를 깐 중궁(中宮)이다. 중궁은 연회 때 임금이 좌정하는 상석이다. 창덕궁 금원의 부용정도 3단으로 짠 바닥 중 가장 높은 북쪽 마루가 임금의 자리다.

경회루는 칸, 기둥, 창호 수에 3, 8, 12, 24, 48, 64가 적용돼 있다. 다른 주요 전각이 양수(陽數) '5'와 관련된 체계인 데 반해 경회루는 물을 상징하는 음수(陰數) '6'과 관련된 구조다. 이는 경회루가 연회 장소라는 점 이외에 화기를 물로 제압한다는 주역적 사고가 작용한 까닭이다. 중창 당시, 이 역사(役事)에 깊이 간여한 정학순은 〈경회루전도〉에서 경회루가 《주역》의 원리와 일치한다고 밝혔다. 정학순은 6이 팔괘에서 큰물을 나타내는 수이며 경회루 구조는 6궁의 원리를 따랐다고 했다.

〈경회루전도〉에 의하면 중궁 3칸은 천지인 삼재, 3칸을 이루는 여덟 기둥은 주역의 팔괘를 상징한다. 한 단 낮춰 깐 12칸의 네 면 마루는 중궁을 감싸 안고 있다. 이는 중궁을 보좌하는 헌(軒)으로 연회 때 관료들의 배석 자리다.

경회루 잡상: 지붕마루 끝에는 취두와 용두를 얹고, 추녀마루에는 11개의 잡상을 배열했으며 사래 끝에는 토수를 끼웠다.

기둥과 기둥 사이의 각 칸은 1년 열두 달을 상징한다. 헌을 이루는 열여섯 기둥 사이에는 사분합문(한옥의 대청 앞쪽 전체에 드리우는 긴 창살문. 문짝이 넷으로 되어 열리고 닫힌다)을 달았다. 분합문은 모두 64개로 주역의 모든 괘를, 회랑 바깥의 기둥 24개는 모든 절기를 상징한다. 여름날 분합문을 접어 걸쇠에 걸면 사면이 툭 트여 마치 하늘에 떠 있는 듯한 기분을 느끼게 하여 즐거움을 고조시킨다. 다락의 창방과 기둥에는 당초무늬를 새긴 낙양각을 장식했다. 2층에서 내다보면 북쪽으로 백악, 서쪽으로 인왕산이 낙양각 안으로 들어온다. 남면하면 지금처럼 고층 건물이 들어서기 전에는 멀리 목멱산까지 바라볼 수 있었다. 이 낙양각은 내부에서 바깥 풍경을 감상할 때 화려한 액자 구실을 한다. 이 액자는 사시사철 변화하는 주변 풍광을 담아 연회 참석자들에게 그지없는 풍정을 제공했을 것이다. 낙양각 아래로는 계자각 난간을 둘렀다.

가구는 11량으로 엮고, 출목이 없는 이익공, 기둥 사이에는 화반을 얹어 지붕의 무게가 가능한 한 고루 분배되도록 배려했다. 겹처마에 팔작지붕이며 용마루, 내림마루는 양성(梁城, 진흙·석비례·생석회를 잘 섞어 짓이긴 삼화토)을 발랐다. 지붕마루 끝에는 취두와 용두를 얹고, 추녀마루에는 11개의 잡상을 배열했으며 사래 끝에는 토수를 끼웠다. 잡상은 우리나라에서 경회루에 가장 많다.

연못은 지하수와 향원지에서 흘러온 물로 채운다. 향원지에서 들어온 물은 동북쪽 호안에 있는 이무기 머리 모양의 석루조에서 쏟아진다. 물이 들어오는 동북쪽 바닥은 높고 서남 바닥이 낮아 물이 빠지도록 배려했다.

경회루의 용도 : 경회루는 인공섬을 딛고 선 누각이다. 원래 이 자리는 늪지대였다. 늪에 연못을 파고, 연회장으로 이용하기 위해 연못 가운데에 다락집을 지었다. 그러나 이 시설은 정종의 개성 환도와 태종이 창덕궁을 지어 시어소로 삼은 이래 제대로 돌보지 못했다. 이 시기의 연못은 헐고 다락집은 퇴락했다.

1412년(태종 12년), 재천도 이래 창덕궁에 머물고 있던 태종은 경회루의 퇴락한 모습을 둘러본 뒤 연못을 넓히고 칙사 영접에 걸맞은 누각을 다시 지으라고 명령했다. 이 공사는 공조판서 박자청이 지휘했다. 박자청은 심연 같은 진흙바닥을 단단히 다지고 장댓돌로 섬의 외곽틀을 네모꼴로 짰다. 직사각의 틀 안은 돌과 흙으로 채워 누각의 기단이 되었다. 넓은 연못 둘레는 역시 장댓돌로 두르고 석련지, 연화대(蓮花臺) 등의 석조물과 이무기 머리를 새긴 석루조로

운치를 돋웠다. 태종이 구상한 규모보다 웅장하고 화려한 조선 제일의 누각은 이렇게 모습을 드러냈다.

박자청이 공사를 크게 벌인 것은 새 연못이 단순한 연회 장소에 풍치를 더해주는 데서 끝나지 않고 명당수가 부족하다는 임금의 심려까지 헤아렸기 때문이다. 박자청은 한 걸음 더 나아가 경회루 연못의 풍부한 물이 화재가 날 경우 방화수 역할도 할 수 있으리라고 기대했다. 그는 1년 전(태종 11년), 경복궁에 부족한 명당수를 끌어들이라는 임금의 지시로 근정문 앞에 어구를 조성하고 금천교를 놓았었다.

완성된 누각을 보고 매우 만족한 태종은 특급 참모인 하륜에게 누각의 이름을 짓도록 했다.

> 임금이 경회(景會), 납량(納凉), 승운(乘雲), 과학(跨鶴), 소선(召仙), 척진(滌塵), 기룡(騎龍) 등의 이름을 가지고 지신사 김여지(金汝知)에게 보이며 말하였다. "내가 이 누각을 지은 것은 중국 사신에게 잔치하거나 위로하는 장소를 삼으려 한 것이지 내가 즐기려 한 것이 아니다. 실로 모화루와 더불어 뜻이 같다. 네가 하륜에게 가서 이름을 정하여 아뢰어라."
>
> | 《태종실록》, 1412년 5월 16일 |

김여지로부터 임금의 뜻을 전해들은 하륜은 '경회'로 정했다. '올바른 정사를 펴는 임금은 올바른 사람을 얻는 것으로 근본을 삼았으니, 올바른 사람을 얻어야만 경회(慶會)라고 할 수 있다'라는 뜻이다. 태종은 누각 이름을 세자 양녕에게 쓰게 하고 이를 새겨 편액으로 삼았다. 지금의 편액은 강화도 조약 때 전권대사로 일본 대표와 협상을 벌였던 무관 신헌(申櫶)의 작품이다.

임금이 창덕궁 궁인(宮人)의 병자가 많아 중전과 함께 경복궁으로 옮겼다. 앞서 임금이 경회루 동쪽에 버려둔 재목으로 별실 두 칸을 짓게 했는데, 주추도 쓰지 않고 띠[茅草]로 덮게 했으며, 장식하지 말고 검소하게 꾸미라고 명령하더니, 이때에 와서 정전에 들지 않고 이 별실에 기거했다. 임금은 지게문 밖에 짚자리가 있는 것을 보고 "내가 말한 것이 아닌데, 어찌 이런 것을 만들었느냐. 지금부터는 내가 명한 것이 아니면, 비록 작은 물건이라도 안에 들이지 말라"고 나무랐다.

| 《세종실록》, 1421년 5월 7일 |

세종이 상왕을 모시고 창덕궁에서 지내고 있을 때의 일화다. 궁인들의 고통을 외면할 수 없어 백성들의 고단한 처소처럼 별실을 마련해 기거했다는 기사다. 검소하고 질박한 위민정치의 모범을 보여준 대목이다. 임금은 천명을 받아 지상의 질서를 지휘하는 자다. 예부터 하늘의 질서에 부응하는 왕도는 임금이 흙과 띠풀로 빚은 집에서 수수하게 살려는 마음가짐에서부터 열린다고 했다. 이것이 위민이며, 성현의 가르침을 따르는 것이다. 연산군도 연못가에 띠집 3칸을 짓긴 했다. 그리고 띠집 둘레에 사람들로 하여금 울타리를 서게 하고 요궁(瑤宮, 화려한 궁전)이라고 불렀다. 세종의 띠집이 백성의 고통을 체험하는 곳이라면 연산군의 띠집은 뒤틀린 놀이의 공간이었다. 그래서 사람들은 이 띠집을 '음궁(淫宮)'이라고 비아냥댔다.

건립 의도에 맞춰 경회루를 가장 많이 방문하고 잘 이용한 임금은 세종이었다. 사신 맞이는 물론 종친과 신하들을 위한 연회를 자주 베풀었고, 가뭄 때는 어김없이 이곳에서 기우제를 올렸다. 자주 친림해 무과 시험을 주재했고, 무사들의 활쏘기 시범도 이곳에서 관람했다.

숱한 역사의 현장 : 경회루는 세종의 손자 단종이 자신을 옥죄어오던 숙부 수양대군에게 옥새를 넘겨준 곳이기도 하다. 이때 종친의 신분이었던 수양대군은 영의정, 이조·병조판서, 병마도통사 등 요직을 한손에 움켜쥐고 무소불위의 권력을 휘두르고 있었다. 1455년(단종 3년) 6월, 단종은 경회루로 숙부를 부르고, 그가 다락으로 올라오자 스스로 아래층으로 내려가 상서원에서 가져온 옥새를 올려 보냈다. 수양대군은 꿇어 엎드려 울면서 극구 사양했다. 이때 옥새를 전달하는 예방승지 성삼문이 옥새를 끌어안고 울음을 터뜨리자 수양대군은 울다가 머리를 들어 노려봤다고 한다. '마지못해' 옥새를 넘겨받은 수양대군은 이튿날 근정전에서 하례를 받았다.

성종 6년(1475), 경회루를 고쳐 지으면서 다락 아래 돌기둥에 반룡(하늘로 올라가지 않고 땅에 서려 있는 용)을 새겨 장엄을 베풀었다.

> 정유년에 유구국의 사신을 성종께서 경회루에서 접견했는데, 사신이 나와서 통사(通事, 통역관)에게 "내가 귀국에 와서 세 가지 장한 것을 보았소. 경회루 돌기둥에 종횡으로 그림을 새겨서 꿈틀거리는 용의 그림자가 푸른 물결, 붉은 연꽃 사이에 보였다 안 보였다 하니 이것이 한 가지 장관이요, 영의정의 풍채가 준일하고 흰 수염이 배까지 내려와서 조정에 빛나니 이것이 둘째 장관이요, 예빈정(禮賓正)은 항상 낮에 술 마시는 연석에 참례해 쾌히 큰 잔으로 무수히 마시되 취한 빛이 보이지 않으니 이것이 셋째 장관이다."라고 말했다. | 성현, 《용재총화》 |

유구국(琉球國, 오키나와) 사신이 경회루 연못에 어린 돌기둥의 용 그림자가 생동감 있게 넘실거리는 모습을 보고 감탄했다는 내용이다. 여기서 영의정은 정창손(鄭昌孫), 예빈정은 이숙문(李叔文)이다. 오늘날의 기업에도 주로 손님 접대 일을 맡는 술 상무(常務)가 있다. 옛날에 사신을 접대하는 예빈시 관리는 주량이 대단했던 모양이다.

국가적 연회 시설인 경회루가 연산군에게는 쾌락의 공간이었다. 그는 연꽃이 만발한 연못 서쪽에 만세산이라는 인공 섬을 쌓고 상상 속의 세계인 만세궁, 봉래궁, 일월궁, 예주궁, 비운궁을 지었다. 경회루 아래층에는 비단 장막을 치고 채홍사가 전국에서 뽑아 올린 기생들로 하여금 춤과 노래를 베풀도록 했다.

채홍사가 불러들인 기생 조직으로 홍청과 운평, 광희가 있다. 홍청은 사특하고 더러운 것을 깨끗이 한다는 의미고, 운평은 태평한 운수를 만난다는 뜻이라고 임금이 승지들에게 자상한 해설까지 했다. 처음에는 홍청 300명, 운평 700명으로 정원을 정하더니 연산군 11년 4월에는 운평을 1천 명으로 늘린 뒤 월말까지 결과를 보고하라고 명령했다. 운평과 광희 중에서 선발한 기생이 홍청이다. 홍청에게는 의전삭료(衣纏朔料, 매달 지급하는 옷감 값)는 물론 노비를 비롯한 모든 생활용품, 심지어 놋요강까지 지급했다. 이들 중 잠자리를 같이할 정도로 임금의 사랑을 받는 여인을 특별히 '천과홍청(天科興淸)', 가까이서 시중드는 기생을 '지과홍청'으로 몸소 분류해 천과에게는 특별한 작호를 부여하기도 했다. 연산군은 수백 명이 탈 수 있는 황룡주(黃龍舟)에 홍청을 태우고 연꽃 사이를 누비면서 만세산을 왕래하는 등 패덕한 생활을 주저하지 않았다. 재물을 마구 써버린다는 '흥청망청'은 여기서 나온 말이다.

숱한 화재를 겪으면서도, 경회루 연못물이 조영자들의 기대에 맞게 방화수로 사용됐다고 알려진 사례는 없다. 명종 8년에 있었던 내전의 화재로 왕실 서책 몇 궤짝을 작은 배에 실어 소실을 면했을 뿐이다. 그리고 임진왜란의 전화 속에 다락은 소진되고 돌기둥만 남아 중창될 날만 기다렸다.

> 연못에 걸쳐놓은 돌다리가 약간 무너진 채였고 경회루의 용틀임한 돌기둥 48개는 높이가 세 길이나 되는데 그 가운데 8개가 부러져 있었고……
> 경복궁 안의 늙은 소나무에는 백로가 많아 멀리서 보면 마치 눈이 덮인 것 같고 경회루의 못 물은 파랗고 맑았다. | 유본예, 《한경지략》 |

1867년(고종 4년), 폐허 속에 버려졌던 경회루는 270여 년 만에 용틀임한 기둥 대신 민흘림기둥을 세워 불타 없어지기 전의 규모로 중건했다. 예산 부족으로 기둥에 용을 새길 수 없었다. 대신 화재를 예방하기 위해 왕명으로 청동제 용 두 마리를 연못 북쪽에 넣었다. 용은 물과 불을 능히 다스리는 영물이다. 경회루 북쪽에 용을 잠수시킨 것은 물로써 불을 제압하려는 소망이다.

그러나 경회루에 상처를 입힌 것은 화마가 아니었다. 일제는 연못 둘레의 담장을 걷어내고, 수정전 쪽에서 누각으로 직행하는 다리를 걸었다. 멀쩡한 경회루와 연못을 능멸하기는 광복 후에도 마찬가지였다. 1, 3, 5공화국 때는 왕조 시대의 제왕으로 착각한 통치자들의 연회가 이곳에서 은밀하게 벌어졌고, 숭유억불 시대에 성인군자의 풍모를 지녔다 하여 심었던 연꽃을 불교의 상징이라 하여 연못에서 깨끗이 걷어내버린, 웃지 못할 일도 있었다. 연못 주변에는 옛날부터 버드나무가 무성했다. 그러나 '민의를 하늘 같이 모시는' 관리들은 버드나무 꽃가루가 관람객의 건강을 해친다는 이유로 고목들을 상당량 제거해버렸다. 지금은 능수버들, 회화나무, 벚, 상수리, 말채나무가 드문드문 서서 찰랑거리는 물결을 지킬 뿐이다.

하향정 : 연못 북쪽 호안에 있다. 1950년대 지은 것
으로 이승만 초대 대통령이 낚시했던 곳이다.

하향정 : 경회루와 서쪽의 만세산
사이로 육모지붕을 얹은 하향정
(荷香亭)이 눈에 띈다. 마치 건청
궁 앞 향원정을 옮겨다 호안에 걸
쳐놓은 듯하다. 웅혼한 경회루를

경회루 다리 : 강녕전과 교
태전에서 경회루로 건너가
는 다리다. 세 개가 걸려
있는데 맨 앞에 보이는 다
리가 자시문과 연결된 임
금 전용의 어교다.

따르는 어린 딸처럼 깜찍한가 하면, 만세산 짙푸른 소나무로 살짝
몸을 가리고 은은한 그림자만 수면에 내비친 동기(童妓)의 알듯 말
듯한 몸짓 같기도 하다. 그러나 이 하향정은 궁궐과는 인연이 먼 정
자다. 이승만 초대 대통령이 낚시를 즐기기 위해 지은 시설이다.
1950년 6월 25일 오전 10시, 그는 이곳에서 낚싯대를 드리우고 있
다가 북한군이 도발했다는 최초의 보고를 받았다. 전쟁 발발 6시간
만이었다. 이 전쟁의 총격 후유증으로 경회루 돌기둥에 버짐이 생
기고, 난간의 불가사리는 총탄을 맞아 얼굴 한쪽이 날아갔다.

자시문 : 경회루로 통하는
임금의 전용 문이다.

경회루 출입 : 지금의 경회루지는 서쪽과
수정전 쪽이 트여 있지만 예전에는 호안을
따라 담장으로 막혀 있었다. 그래서 초대
받지 않으면 경회루를 넘볼 수도, 그곳에
들어갈 수도 없었다.

공(公)이 교서관에 입직하다가 경회루의 경치가
뛰어나다는 말을 듣고 밤중에 편복으로 연못가에
서 산보하고 있었다. 조금 후에 임금이 남여를 타
고 내시 두서너 사람과 함께 갑자기 나타났다. 공
은 어쩔 바를 모르고 바닥에 엎드렸다. 임금이 놀
라서 누구냐고 물었다. "교서정자 구종직입니다."
"어떻게 여기에 왔느냐?" "신은 오래전부터 경회
루의 흰 기둥과 아름다운 연못이 신선세계와 같다는 말을 들었사온데,
마침 운각(芸閣, 교서관)에 입직했다가 감히 몰래 구경하고 있었습니다."
"노래를 부를 줄 아느냐?" "촌사람의 노래가 어찌 음률에 맞겠습니까?"
"한번 불러보라." 공은 목청을 길게 뽑아 한 곡조 불렀다. 임금이 "잘 부
르는구나." 하고 또 소리를 더 높여 부르도록 했다. 임금은 크게 기뻐하
면서 "경전을 외울 수 있느냐?" 하고 물었다. "《춘추》를 외우겠습니다."
공은 한 권을 다 외웠다. 임금은 술을 내려주었다. 이튿날 특별히 공을 홍
문관 부교리로 임명하니 언관들이 번갈아 글을 올려 극력으로 반대했으
나, 임금은 허락하지 않았다. 5~6일이 지나 임금은 편전에 나가서 언관들
을 모두 불러놓고 대사헌 이하 모두에게 《춘추》를 외우게 했으나 한 사람
도 능히 한 구절을 기억하는 이가 없었다. 세종이 공을 시켜 외우게 하여
제1권을 다 외우자, 또 다른 질에서 뽑아 외우게 하니, 외우지 못하는 것

이 없었다. 임금은 여러 신하에게 "너희들은 한 구절을 외우지 못하면서도 청직(淸職)에 올라 있는데 구종직과 같은 사람은 어찌 이 벼슬이 과분하다고 하느냐?" 하고 그대로 임명했다.

| 《연려실기술》〈제6권 성종조 고사본말 : 성종조의 명신〉 |

함홍문 : 경회루 동쪽 담에 있는 가운데 문이다.

세종이 금단구역에 몰래 들어온 초급관리를 발견하고 꾸짖으려다가 그의 재능을 높이 사 발탁했다는 이야기다. 이야기의 주인공은 구종직(丘從直)으로 그는 견습사원에 지나지 않은 정9품에서 품계를 뛰어넘어 종5품직인 부교리(副校理)로 특진했다. 역량 있는 신진을 아끼는 세종이었으니 망정이지 다른 사람 같으면 어림도 없는 특혜다.

연못 동쪽 담은 2005년에 복원한 것이다. 큰 사람의 키로도 한 길 반을 훌쩍 넘긴다. 보통 사람은 도저히 넘어갈 수 없다. 구종직이 안으로 들어가 풍경을 둘러봤다면 허술하게 잠긴 문을 이용했을 것이다. 헐리기 전의 서쪽 담에는 천일문, 수정전 쪽으로는 경회문이 있었다. 이 문들은 이용 빈도가 매우 낮다. 누각과 연결된 통로가 아닌 것이다. 동쪽 담에는 문이 세 개 있다. 경회루는 이 담장에 연 자시문, 함홍문, 이견문을 통해서만 들어갈 수 있었다. 가운데의 함홍문과 교태전으로 통하는 대재문 앞의 이견문은 우진각지붕이고, 강녕전 내성문과 통하는 자시문은 팔작지붕에다가 지붕이 높고 문울거미 폭도 앞의 두 문보다 넓다.

이 문들 안에는 각각의 돌다리 셋을 놓아 경회루로 건너가게 되어 있다. 이 중 임금 전용의 어교는 당연히 규모가 다른 자시문 안 다리

총독부가 담장을 걷어내고 수정전 방향에서 쉽게 접근할 수 있도록 누지 위에 걸어놓은 다리.

다. 어교를 가운뎃다리로 삼지 않고, 남쪽 다리로 삼은 것은 임금의 처소와 가깝기 때문이다. 여기에서는 격식보다 접근의 수월성을 앞세웠다. 어교는 영제교처럼 삼도로 짰고 하엽동자로 난간석을 세워 팔각의 돌난대를 얹었다. 난간의 법수에는 해태, 불가사리 등 벽사의 석수가 올라탔다.

다리의 교각은 마름모꼴이다. 네모 연못에 둥근 섬이라는 전통적인 조경 양식과 달리 섬도 네모꼴이라는 특징이 있다. 이는 유속(流速)의 장애를 해소하기 위한 조치다. 교각면이 흐르는 물을 정면으로 받으면 거울 같아야 할 수면에 물결이 일 것이며, 섬이 둥글다면 흐르는 물이 섬을 축으로 삼아 계속 맴돌므로 배수효과가 현저히 떨어질 것이기 때문이다. 유연한 흐름을 방해하지 않으려는 청계천 수표교나 오간수다리 교각 기단석이 마름모꼴인 것도 같은 발상이다.

경회루 담 밖은 막다른 골목이다. 북쪽은 만시문(萬始門)을 열어 연회 때 잔치 음식을 장만하던 숙설소 방향으로 통하게 했고, 동쪽은 사정전·강녕전 행각을 보호하는 샛담에 이어 흠경각·함원전의 행각이다. 이 샛담도 보통 사람의 키보다 높다. 이런 샛담은 평소 구획장치에 지나지 않지만 비상시에는 탈출의 장애물이 될 수도 있다. 그래서 정변이나 화재 따위의 위급한 상황을 맞아 급히 궁전을 벗어나야 할 때, 임금과 왕비는 무술경호원의 등에 업혀 위기를 모면했다. 임금은 고난도의 무예로 무장한 내관이나 별감이, 왕비

는 궁녀가 업고 담을 훌쩍 넘었다고 한다. 널리 알려진 무술 궁녀로
는 명성황후의 경호원인 고대수가 있다. 그녀는 사람을 옆구리에
낀 채 담을 뛰어넘는 경지의 무예를 지녔다고 한다. 그녀는 1884년
(고종21)년, 우정국(우리나라 최초의 우편행정관서. 서울 종로구 견지동)
낙성식 날, 창덕궁 침전에서 갑신정변의 신호탄을 알리는 폭약을
터뜨렸다는 일화로 유명하다.

강녕전 일곽

강녕전은 임금의 침전이다. 사정전이 공식적인 일과를 보내는 곳이라면 강녕전은 공적인 업무를 접고 개인적인 시간을 보내는 곳이다. 임금은 이곳에서 독서와 휴식을 즐겼으며, 때로는 신하를 불러 면담을 했다. 지금의 강녕전은 1918년 왕비의 생활공간인 교태전과 함께 뜯겨 창덕궁으로 옮긴 뒤 빈 터로 남아 있던 것을 1995년 옛 모습대로 복원했다.

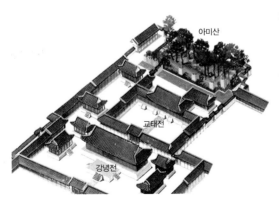

아미산

교태전

강녕전

경회루 자시문 앞 샛담에는 일각문이 두 개 있다. 경회루 앞에서 골목으로 돌아들었을 때, 자시문을 저만큼 둔 들머리의 일각문으로 들어가면 천추전 서행각의 편문이 나타난다. 이 편문은 천추전 뒤뜰로 통한다. 자시문 바로 앞 일각문으로 들어가면 강녕전 서행각에 난 내성문 편액이 눈앞에 나타난다. 내성문에 들어서면 강녕전의 부속 건물인 경성전이 가로막고, 왼편으로는 흠경각과 어정, 응지당이 보인다. 샛담과 행각 사이는 좁고 긴 폐쇄

공간이다. 이 마당의 북쪽이 흠경각·함원전의 행각으로, 함홍문과 이견문 앞이 된다. 이 행각의 중간쯤에 대재문(大哉門)이 있다. 대재문을 들어서면 왼편에 함원전, 오른편에 흠경각이 보이고, 똑바로 나가면 교태전으로 들어가는 재성문이 나타난다.

경회루와 강녕전은 내성문(乃成門)으로 출입하는 게 원칙이겠지만, 내성문을 이용하면 강녕전의 전문인 향오문을 지나치게 된다. 경회루에서 향오문으로 직행하려면 경회루 동편의 골목 들머리에 있는 일각문으로 들어가야 한다. 향오문부터가 연조(燕朝)의 시작이다. 연조는 '편안한 마음으로 한가로이 지내는 곳'이라 하여 연거지소(燕居之所)라고 한다. 이곳부터 건청궁에 이르는 지역까지는 임금과 왕비, 대비의 침전과 후궁·왕자·공주의 거처를 둘러싼 수많은 편의 시설로 가득 차 있었다. 궁역의 2분의 1에 해당하는 경복궁 후반부는 거의가 연조라 할 수 있다. 강녕전과 교태전은 연조의

강녕전 : 내전 제일의 품격을 지닌 임금의 정침이다. 월대를 갖춘 전각으로는 경복궁 내전 중 유일하며, 무량각 지붕을 지닌 대전은 5대 궁궐 중 강녕전뿐이다. 앞면 11칸, 옆면 5칸에 양쪽으로 내루를 두어 여름을 시원하게 지낼 수 있도록 설계했다.

핵심이자 경복궁의 중앙이다. 두 전각은 앞뒤로 자리 잡아, 사대부 집으로 치면 강녕전이 사랑채, 그 뒤의 교태전은 안채에 해당한다.

천문도와 태극도설

경복궁 중창의 사상적 배경과 제도는 천문도와 태극도설을 따랐다. 역상(易象, 태극·사상·팔괘)의 원리를 취하고, 밤하늘의 별자리 가운데 자미원(紫微垣)과 태미원(太微垣)의 배치를 본뜬 것이다. 동양의 천문학에서는 북극성 주위의 가장 크고 밝은 큰곰별자리인 자미원과 사자자리를 중심으로 이뤄진 태미원, 뱀자리를 중심으로 한 천시원(天市垣)을 삼원(三垣)이라 한다. 자미원은 천제(天帝)로 상상되는 북극성이 지내는 궁궐, 그 옆의 태미원은 하늘의 관리들이 근무하는 관청, 곧 육조에 해당하는 별자리, 천시원은 뭇별, 곧 지상세계로 보면 백성들의 화락한 삶을 보살피는 별자리다. 이 세 원(垣)을 가운데 두고 청룡, 백호, 주작, 현무가 하늘을 수호한다는 것이 동양의 천문관이다. 태극도설은 음양 이전의 태극에서 음양오행과 만물이 생성하는 과정을 그린 그림에 설명을 붙인 북송(北宋) 주돈이(周敦頤)의 논리다.

별자리를 본뜨고 태극도설의 원리를 가장 잘 적용한 곳이 침전 구역이다. 본채와 행각을 한 구조로 보면 교태전(1) – 양의문(2) – 다섯 채(5)로 구성된 강녕전 일곽은 '태극 – 음양 – 오행'의 구도라는 점에서 태극도설과 일치한다. 사정전 일곽의 세 건물과 강녕전 일곽 다섯 채가 더해져 팔괘를 상징하는 것으로 해석하는 학자도 있다. 경복궁의 핵심부인 근정전 – 사정전 – 강녕전은 '북극성 – 삼광지정(三光之庭, 해·달·북두칠성) – 오제좌(五帝座)'를 상징하므로 천문도의 별자리와 같다.

교태전은 창건 당시 없었으므로 강녕전이 경복궁의 최후방이었다. 교태전 북쪽은 세종이 창덕궁에서 경복궁으로 옮겨온 뒤에 들어선 시설들이다. 이 내전들은 화재에 자주 시달렸다. 난방시설 때문이었다. 왕실이 이궁(창덕궁)으로 옮겨야 할 정도로 큰 화재는 《조선왕조실록》에 나타난 것만도 명종 8년에 한 차례, 중창 뒤에는 고종 2년에 두 차례, 고종 13년에 한 차례 등 여러 번이다. 그러나 근무자들의 실수로 소실된 전각들은 바로 복구되었다. 내전 구역이 부당한 대접을 받은 것은 1917년 창덕궁 내전의 화재 이후다. 조선총독부는 창덕궁을 복구한다는 핑계로 경복궁의 자경전, 재수합, 집경당과 함화당 등 몇 채만 남기고 200여 칸을 뜯어 창덕궁 내전 복구용 부재로 썼다. 물론 온전한 경복궁 내전의 전각 모습으로 재현되었을 리는 없다. 강녕전을 옮겨 지은 창덕궁 희정당은 용마루가 있는 대신 월대가 없고, 교태전을 뜯어 옮겨 지은 대조전에는 월대가 있다.

임금의 생활공간

임금의 생활 영역인 강녕전 일곽은 다섯 채로 이뤄져 있다. 이 집들은 강녕전 서북과 동북 어깨에 응지당 · 연길당, 연생전과 경성전은 강녕전을 중심으로 한 발짝 떨어진 곳에 마주 보며 서 있다. 모든 전각이 남면해 묘유선에 평행으로 배치된 데 비해 연생전과 경성전은 자오선에 평행이다. 이런 좌향으로 네 채의 부속 건물이 강녕전을 감싸는 형상으로 서 있다.

강녕전 일곽의 침전 다섯 채는 하늘의 오제좌에 해당한다. 오제는 중국 전설상의 삼황오제 가운데 다섯 임금이다. 즉 복희(伏犧), 신농(神農), 금천(金天, 소호·치우), 전욱(顓頊), 헌원(軒轅)이다. 중국의 고대인들은 이들이 동서남북과 중앙을 다스린다는 믿음을 가졌다. 이 임금들이 회의하는 모습이 오제좌다.

오제는 방위와 빛깔로 대응한다. 이것은 세계가 다섯 가지 요소로 구성됐다는 오행설과 관련이 있다. 오제좌가 오행 개념을 담고, 이것은 다시 화학 반응을 일으켜 하늘의 청룡·백호·주작·현무의 사신이 별자리를 이룬다. 옛 사람들은 이 사신들이 땅에 내려와 황룡, 곧 임금을 지켜준다고 생각했다.

향오문

향오문은 정무를 마친 임금이 사정전에서 나와 내전, 곧 강녕전으로 들어가는 문이다. 자연인으로 돌아가 사생활이 보장되는 곳이 내전이다. 내전이 시작되는 지점이 향오문이며, 이곳부터는 외부인의 출입이 엄중하게 통제된다. 바꿔 말하면 지존에서 자연인으로 돌아가며, 반대로는 자연인에서 지존으로 변신하는 경계선이다. 예복 차림으로 연침(燕寢, 내전)을 나선 임금이 공인으로서의 위의(威儀)를 갖추고 외부인에게 모습을 드러내는 출발점이 향오문이다. 이 문을 나서는 순간부터 의장이 따르고, 상궁과 내시, 호위병들이 수행하게 된다.

향오문은 '5를 향해 들어가는 문'이라는 뜻이다. '향오(嚮五)'는 '5를 지향하다, 권하다'라는 의미다. 향오의 1차적 지시(指示)는 오복(五福)이다. 그러나 오복 말고도 '5'와 관련된 인식은 오행·오상·오방·오제·오색·오방신이 있고, 오륜·오경·오악·오성·오덕 등 무수히 많다.

강녕전은 '5'와 관련된 정신이 녹아 있는 곳이다. '강녕'은 홍범구주의 '오복'에서 따왔다. 수(壽), 부(富), 강녕(康寧), 유호덕(攸好德, 덕을 베풂), 고종명(考終命, 편안한 죽음)이 오복이다. 강녕은 오복의 세 번째 덕목이다. 몸이 건강하고 마음이 편안한 상태가 강녕이며, 강녕은 오복의 중심이자 모든 복을 아우른다.

'5'와 관련된 인식 체계				
五方	東	西	南	北	中央
五行	木	金	火	水	土
五常	仁	義	禮	智	信
五色	靑	白	朱	墨	黃
四季	春	秋	夏	冬	
動物	靑龍	白虎	朱雀	玄武	黃龍
五帝	靑帝	白帝	赤帝	玄帝	黃帝
山	낙산	인왕산	목멱산	백악산	경복궁
궁성	건춘문	영추문	광화문	신무문	근정전
도성문	흥인문	돈의문	숭례문	숙정문	종 루

임금이 나라를 다스리는 데 모범이 될 만한, 지극히 올바른 법으로 제시된 황극은 홍범구주의 다섯 번째 원칙이다. 정전의 앞과 옆을 다섯 칸씩 잡은 것처럼 침전을 다섯 채로 구성한 것은 이와 연관된 인식에서 나왔다. 앞면과 옆면 3칸씩 모두 9칸으로 짠 침실 중심의 임금 침소도 구궁도에 나타난 숫자 '5'의 자리다.

'5'는 중앙이며 王(왕)이다. '王'의 三은 하늘·땅·사람의 삼재(三才)이며, ㅣ(곤, 뚫다)은 삼재를 꿰뚫은 것이다. 삼재의 중심에서 의사소통을 가능하게 하고 조율하는 것이 ㅣ이다. 고대의 통치자는 샤먼이었다. 하늘과 부족 구성원의 의사소통을 가능하게 하는 존재였고, 그래서 지배자가 될 수 있었다. 유교 국가의 임금은 부족국가 시대의 샤먼과 같은 위상을 지녔다. 하늘의 뜻으로 백성을 다스리며 백성의 고통과 불만은 하늘의 위임을 제대로 수행하지 못한 부덕의 소치로 인식했다. 그래서 옛날부터 민심이 곧 천심이라고 했다. 천심이 민심으로 반응한다는 것이다.

강녕전 정면 : 5대 궁궐 중 용마루가 없는 유일한 대전. 무량각의 장엄함이 느껴진다.

강녕전 툇마루 : 아자 평난간으로 짜임은 교태전 난간과 같다.

강녕전

향오문을 들어서면 앞면 11칸, 옆면 5칸의 건물이 나래를 활짝 펴고 활강하는 봉황처럼 시선을 압도한다. 임금의 정침인 강녕전은 내전의 으뜸 전각이다. 눈을 들면 용마루 없이 하늘 저쪽으로 매끈하게 넘어간 지붕이 부드러운 스카이라인을 연출하고, 건물의 무릎에는 간결하고 담백한 월대를 펼쳤다.

강녕전 지붕은 무량각이라는 독특한 형태로 되어 있다. 지붕면 기와가 용마루 위치에서 부드럽게 반대쪽으로 넘어간다. 용마루가 있는 건물은 종도리를 하나만 걸지만, 무량각은 곡선으로 흘러야 하므로 그 공간을 확보하기 위한 종도리 두 개를 평행으로 짜야 한다. 그만큼 공력이 드는 고난도 건축 기법이다. 강녕전은 5대 궁궐 중 용마루가 없는 유일한 대전이다. 흔히 용으로 상징되는 임금의 침전에 용마루를 걸면 임금이 둘이 되므로 용마루를 없앤 것이라는 말이 있으나 통설은 아니다. 꽃담처럼 꾸민 합각에는 문자를 상감했다. 내전의 합각 문양 중 강녕전 합각 문양의 조형성이 가장 뛰어나다. 이 문양은 네모 틀 안에

무시무종의 무늬로 싸고 동쪽에 康, 서쪽에 寧자를 상감하여 '康寧(강녕)'이라고 합성했다.

댓돌 좌우에는 계단을 설치했다. 중앙 3칸 앞에는 신발을 벗기 위한 각각의 보석(步石, 섬돌)이 있다. 섬돌에 올라서면 툇마루다. 이 퇴는 사방으로 둘러 대청과 동서 온돌을 휘감았다. 대부분의 경복궁 내전은 퇴로 둘렀다는 특징이 있다. 이 퇴는 내시나 궁녀의 대기 장소로 이용된다. 강녕전의 앞퇴는 연생전 및 경성전으로 통하는 복도각, 뒤퇴는 연길당·응지당으로 가는 복도각과 연결된 구조였으나 지금은 복도각이 없다. 동서(東西) 퇴에는 우물마루를 깔아 그 아래에 사다리꼴 돌기둥으로 받침으로써 누각 형태로 구성했다. 이런 툇마루를 내루(內樓)라고 하는데 더울 때 문을 활짝 열어 시원한 휴식 장소로 이용할 수 있다. 내루 아래에는 함실아궁이를 네 개씩 설비했다.

강녕전 측면 : 경복궁에서 가장 아름다운 합각 문양을 볼 수 있다. 오른쪽에 보이는 건물은 연길당.

가운데 세 칸의 앞퇴는 개방하고, 퇴 안쪽에는 각각 사분합을 달았다. 분합을 접어 들쇠에 걸면 널찍한 대청이 전개된다. 분합이 위로 열리면 이 대청은 툇마루와 이어져 더 넓은 공간으로 바뀌는 것이다. 분합문은 필요에 따라 개방과 폐쇄의 변환을 수월하게 한다. 분

강녕전 대청 천장 : 청판은 동그라미 안에 봉황을 넣고 반자대는 화사한 연꽃으로 꾸몄다. 힘차게 건너지른 들보의 머리초는 굵은 선에 화려한 색채를, 들보 가운데는 은은한 맛이 도는 따뜻한 색감을 바탕에 깔고 가느다란 선으로 짠 기하학적 무늬로 장식했다.

합 위로는 빗살무늬 교창을 달아 채광과 통풍을 도모했다. 대청 안의 들보는 붉은 바탕에 모루단청을 입히고 중간은 은은한 색감의 기하학적 무늬로 채웠다. 천장의 우물반자의 바탕도 밝고 따뜻한 느낌이 들도록 밝은 색에 녹색, 노란색 선을 입혔다.

월대 : 향오문에서 월대까지는 어도로 연결돼 있다. 지금의 어도는 노출돼 있지만, 《태조실록》에는 "연침 남쪽에 천랑이 있다"는 기록이 보인다. 조선 전기의 임금은 비를 맞지 않고 천랑을 따라 사정전으로 출퇴근을 했던 것이다.

월대는 댓돌보다 한 단 낮은 위치에 다섯 겹의 높이로 쌓은 방단(方壇)이다. 앞면과 좌우에 5단으로 구성한 계단을 댔다. 계단은 무지개 소맷돌로 감싸고 삼태극으로 마감했다. 무지개는 천상과 지상을 오가는 다리다. 그래서 천궁(天弓) 또는 제궁(帝弓)이라고도 한다. 체동(蝃蝀, 무지개)의 '蝃'와 상제(上帝)의 '帝'가 중국어 발음과 유사하기 때문이다. 하늘과 임금을 동일시한 개념이다.

삼태극은 빨강, 파랑, 노랑으로 구성된 하나의 원이다. 모든 색은 이 삼원색으로부터 나온다. 삼태극은 삼재, 곧 천지인이다. 하늘과 땅, 사람은 각각이면서 하나다. 이 삼재는 이태극처럼 개별성을 유지하면서 서로 의존하고 아우르는 성질을 지닌다. 태극의 음과 양이 화합해 완전한 원형을 이루며 우주를 상징하듯 삼태극도 하늘과 땅, 사람이 모여 하나의 우주가 된다. 강녕전 계단의 삼태극은 임금, 신하, 백성이 하나로 통하여 구별이 없는 삼재로 삼아 왕조국가의 이상을 도상화한 것으로 볼 수도 있다. 삼재사상은 삼태극뿐 아니라, 괘〔☰, ☷〕에도 나타나 있다. 상층 효(爻)는 하늘, 중층은 사람, 하층은 땅을 상징하기 때문이다.

왕실의 가장(家長)은 임금이다. 임금의 가족은 왕비와 자녀, 어머니와 할머니까지 합쳐도 10여 명을 넘지 않는다. 후궁을 포함해도 20여 명을 넘기기는 어렵다. 임금은 가끔 가족을 위해 월대에서 연회를 베풀었다. 근정전 월대가 국가적 차원의 의례공간이라면 강녕전 월대는 왕실의 연회시설이다. 내진연(內進宴, 대비·왕비 등 왕족

강녕전 계단 : 5단으로 구성된 월대의 계단은 무지개 소맷돌로 감싸고 삼태극으로 마감했다.

을 위한 잔치), 외진연 때 사람이 많으면 마루를 넓게 쓰기 위해 대청 앞 월대에 좌판을 간 보계(補階)를 설치했다. 《궁궐지》는 이 월대를 석보계(石補階)로 소개했다. 궁중의 잔치를 묘사한 진찬도나 진연도의 현장이 이곳이다.

잔치에 임석하는 임금은 용교의나 용상에 앉아 하례를 받는다. 왕족은 대청에 앉아 성찬을 즐기며 월대에서 벌어지는 궁녀들의 현란한 춤을 눈요기하고, 악공들이 연주하는 아름다운 선율에 귀를 기울인다. 세종은 〈봉래의〉를 몸소 안무(按撫)하여 이곳에서 연출했고, 잔치 때면 《용비어천가》를 베풀기도 했다. 임금이 종친들에게 위로연을 베풀어주는 곳도 강녕전이다. 종친이란 고조할아버지를 공유하는 친족 집단이다. 임금과 고조할아버지를 공유하므로 그 덕에 특권을 누리기도 하지만 특별 관리 대상이 되어 제약이 따른다. 임금의 4세손까지는 종친부가 내리는 최고 관작을 누리는 대신 모든 정치 활동으로부터 눈을 감아야 했다.

침소 : 강녕전은 궁궐의 정중앙이다. 임금의 침소는 온돌의 정중앙이다. 왕조의 설계자 정도전은 침전의 이름을 강녕전으로 지어 올리면서 "마음을 바루고 덕을 닦아 황극을 세우라"고 임금에게 요구했다. "황극을 세우는 일은 아무도 없이 혼자 편안히 쉬는 곳에서 시작되는 것이며, 만일 이를 게을리 하면 황극이 이지러지고 오복도 누릴 수 없을 것"이라는 다짐을 준다. 황극은 임금이 닦아야 할

궐 안 거주자	임금과 함께 대궐에서 생활하는 가족은 세자를 위시해 어머니·할머니 등의 대비와 부인, 미혼의 자녀들이다.
궐 밖 거주자	결혼 후 궐 밖으로 나가는 순간부터 왕족의 거주지는 특별한 사가(私家)로 취급해 철저한 통제 대상이 된다. 한양을 벗어나 지방을 횡행하면서 왕족 신분을 악용할 우려가 있고 또 은밀하게 반란을 꾀할 수도 있으므로 거주 지역을 한양으로 제한했다.
임금의 고손(4세손) 이내	일체의 과거(科擧)와 관료직에 진출하지 못하도록 법으로 제한했다. 일종의 정치적·사회적 금고다. 이를 무시하고 자신의 재능이나 기회를 이용해 왕위를 차지한 사람으로 세조와 인조가 있다. 이 제한은 세도 가문에 짓밟힌 종실의 권위 회복을 추진한 흥선대원군에 의해 사라졌다.
현손(5세손) 이하 9세손	금고 대상에서 제외될 뿐 아니라 군역도 면제된다. 종실로서의 신분 보장과 함께 모반을 하지 않는 한 형사상 특혜가 주어진다. 5대 이하로 내려가는 것을 대진(代盡) 또는 친진(親盡)이라고 하며 친진이 된 종친은 문무관리 자손들의 규례에 따라 벼슬을 하게 된다. 전주 이씨 중 현달한 사람은 이 범위에 든 사람이 많다. 10세손 이하는 종실로서의 자격은 사라진다.
임금의 사위	정치적 금고 대상이다. 임금의 사위가 되는 순간 의빈부의 작위를 받고 조용히 여생을 보내야 한다. 의빈(儀賓)이란 '의식을 차려 맞이한 손님'이란 뜻으로 공주 남편에게는 도위(都尉), 옹주 남편에게는 위(尉)의 작위를 준다. 정치에 개입하거나 정치적 발언을 하면 바로 삼사의 탄핵이 따랐다.
임금의 장인	임금의 장인(국구)이 되면 영의정과 같은 정1품의 영돈녕부사(領敦寧府事)를 제수했다. 양반들 사이에는 이념적으로 임금의 장인도 정치에 개입하지 말아야 한다는 인식이 있었지만 국구를 포함한 외척들은 사실상 조선시대 내내 정치권의 실세였다는 점에서 사위보다는 제약이 약했다고 할 수 있다. 인조반정 이후에는 호위청(扈衛廳) 책임을 국구에게 맡김으로써 정치적·군사적 영향력을 행사했다.

왕도의 핵이자 결정(結晶)이다.

(정도전이 말했다.) "대체로 임금이 마음을 바루고 덕을 닦아서 황극을 세우게 되면 능히 오복을 향유할 수 있으니, 강녕이란 오복 중의 하나이며 그 중간을 들어서 나머지를 다 차지하려는 것입니다. 그러나 이른바 마음을 바루고 덕을 닦는다는 것은 여러 사람들이 함께 보는 곳에 있는 것이며, 역시 애써야 하는 것입니다. 한가하고 편안하게 혼자 거처할 때에는 너무 안일한 데에 지나쳐, 경계하는 마음이 번번이 게으른 데에 이를 것입니다. 마음이 바르지 못하고 덕이 닦이지 못하면, 황극이 세워지지 않고 오복이 이지러질 것입니다." | 《태조실록》, 1395년 10월 7일 |

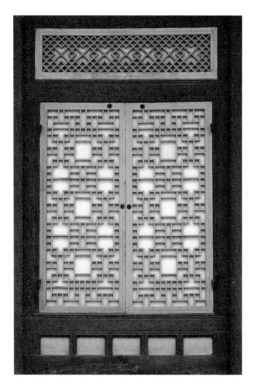

강녕전 아자살 창문

안으로는 성인이고 밖으로는 덕을 갖춘 자[內聖外王]만이 임금 노릇을 할 수 있다. 임금은 성심을 다해 왕권을 수호하고, 덕을 쌓아 신료와 백성의 귀감이 되는 데 게을리 해서는 안 된다는 것이다.

온돌의 침소는 황극을 상징하는 곳이자 마음을 바루고 덕을 닦는 곳이다. 본능을 발산하는 곳이 아니라 잠재우는 곳이다. 침전 밖 임금의 일상이란 서로 다른 처지의 사람을 수없이 만나고, 수많은 상황과 접하는 일이다. 실타래처럼 엉킨 세상사를 통합하고 조정하는 것이 임금의 소임이다.

임금도 인간이기 때문에 분노가 있고, 집착과 편견이 없을 수 없다. 그러나 임금은 보통 인간이어서는 안 된다. 집착과 편견에서 벗어나는 곳이 임금의 자리다. 이것이 황극의 바탕이고, 바탕을 다지는 곳이 침소다. 황극을 세우는 곳이 침소이므로 색욕을 억제해야 한다. 그래서 그 방편으로 야대(夜對, 임금의 밤공부)가 중시됐다. 그만큼 이성과 접촉할 수 있는 시간이 줄어드는 것이다. 그러나 야대에 충실한 임금은 많지 않았다.

동온돌과 서온돌은 성역이다. 침소는 임금만 이용할 수 있다. 왕비도 마음대로 들어올 수 없다. 임금과 지밀상궁, 특별히 허락받은 여인이 아니면 들어갈 수 없다. 이 온돌은 앞과 옆 3칸씩 9칸이 위(冊)자형으로 나뉘었는데 작은 방들의 한가운데가 임금의 침소다. 작은 방들은 벽체 없이 문짝으로 구획되어 있다. 대청 쪽은 앞면 1

칸, 옆면 3칸 방으로 문을 달지 않아
마루 폭만큼 길고 좁다. 임금의 침
소는 대청 쪽의 긴 방과 1칸씩으로
구획된 5개의 작은 방이 둘러싸고
있는 셈이다. 이 온돌의 문을 닫으
면 임금의 침소를 포함하여 7개로
나뉘지만 문을 열면 탁 트인 하나의
공간으로 바뀐다. 동·서 온돌은 대
청을 가운데 두고 완전 대칭이다.

대청과 온돌의 바깥은 툇마루로 둘렀다. 대청 앞은 개방되어 있으
나 나머지 퇴는 폐쇄된 공간이다. 창이나 벽체로 막힌 퇴는 내시나
궁녀들의 대기 장소로 이용된다.

임금의 침소는 정도전의 말대로 황극을 세우는 공간이다. 그러나
조선의 임금들이 수도승처럼 혼자 앉아 왕도를 닦기 위해 정진만
했다고 볼 수는 없다. 조선 임금의 평균 수명은 50세에 못 미친다.
대부분의 재위 기간은 성적 욕망이 분출하는 청장년의 나이다. 단
종과 인종, 경종, 순종처럼 자녀가 없는 경우도 있었으나 이는 왕권
이 취약하거나 건강에 약점이 있었기 때문이다. 반대로 태종은 29
명, 성종 28명, 선조 25명, 세종 22명, 중종은 20명이나 되는 자녀
를 두었다. 그들의 성적 욕망을 '왕실의 안녕과 번성을 위한 충정'
이라고 포장해도 결코 적은 인원이 아니다. 그것도 중궁과의 합궁
에서 태어난 게 아니라 대부분이 후궁 소생이다.

후궁이나 궁녀와의 합궁은 그 처소로 찾아가거나 강녕전 침소로
불러들여야 한다. 그러나 임금의 침소 밖 합궁은 간단한 일이 아니
다. 임금은 언제 해코지를 당할지 모르므로 항상 지밀나인을 대동

해야 한다. 가장 안전한 곳은 전용 침소다. 근접 경호의 총책은 지밀(至密, 침소)의 제조상궁(큰방상궁)이다. 후궁에게 아들이 들어설 것 같은 길일이면 제조상궁이 임금에게 합궁을 권유한다. 임금이 관심을 보이는 궁녀를 은밀히 불러들일 수도 있다.

지밀상궁 : 둘레의 작은 방은 지밀상궁과 나인들이 밤낮으로 임금을 근접 경호하는 곳이다. 그녀들은 둘레 방을 1칸씩 차지하고 하루 8명씩 2교대, 격일제로 이곳을 지킨다. 12시간 근무하고 36시간 쉬는 것이다. 임금은 머리를 북쪽에 두고 남쪽으로 다리를 뻗는다. 임금이 잠자리에 들면 젊은 나인은 물러나고 노숙한 상궁들이 밤새도록 잠자리를 지킨다. 둘레방 칸막이는 만일의 사태에 대비하여 모두 열어둔다. 임금은 무치(無恥)다. 부끄러움을 타면 임금 구실하기 어렵다. 잠자는 동안 임금의 머리 쪽은 병풍만 치고 숙직은 서지 않는다. 임금의 머리와 북쪽은 같은 개념이다. 불가침 공간인 것이다.

임금과 왕비의 침소에는 20여 채의 이불과 병풍 외에는 세간을 비치하지 않는다. 어떤 물건이 흉기가 될지 모르기 때문이다. 그렇지 않더라도 나인들이 모든 시중을 들기 때문에 손수 챙길 것이 없다. 궁녀들의 업무는 세분화, 전문화되어 있다. 임금이 용변을 마치면 명주 비단으로 뒤처리해주는 전담 나인이 배속돼 있을 정도다.

지밀상궁은 제조상궁, 부제조상궁, 대령상궁, 시녀상궁으로 구성된다. 지밀을 지키는 일 외에 각종 궁중의례에서 임금이나 왕비를 인도하고 시위하는 임무를 맡는다. 총책인 제조상궁의 지휘 아래 부제조상궁은 대전의 곳간을 관장하며, 대령상궁은 항상 임금과 가장 가까운 곳에 머물고, 시녀상궁은 지밀의 서적 관리, 글 낭독 및 글 베끼기, 각종 의례에 따라다니는 일을 맡는다. 이들은 항상 임금의 시계(視界) 안에 있으므로 다른 처소의 궁녀들보다 승은 기회를 빨리 포착할 수 있는 이점이 있었다.

궁녀들의 꿈은 승은이다. 황공하게도 밤에 상감을 모실 기회가 주어지면 목욕재계 후 내시가 인도하는 가마를 타고 침전으로 간다. 합궁을 마치면 돌발 사태를 예방하기 위해 온밤을 같이하지 않고 퇴실한다. 이어 '특별상궁'으로 승격되고, 일반 상궁과 달리 독립 건물을 배당받는 특혜가 주어진다. 운 좋게도 태기가 있어 아이를 낳으면 후궁이 된다. 승은을 입지 못하면 처녀로 일생을 보내며, 가뭄이나 홍수가 나야 한을 풀어준다 해서 출궁시켜 혼인하도록 조처하기도 했다.

연생전 · 경성전

연생전과 경성전은 반가(班家)의 사랑채에 견줄 수 있다. 편의에 따라 장소를 옮겨가면서 경연이나 야대, 소대(召對, 의문이 날 때 강의한 사람을 부르는 일)가 이 소침에서 이뤄졌다. 임금이 책을 읽거나 새로운 일을 구상할 때는 넓고 큰 대침(大寢, 강녕전)보다는 조촐한 이곳을 이용했다. 이곳에서 종친도 만났고, 신하와 오붓한 시간을 가졌다. 그래서 그에 걸맞게 마주 선 두 소침전의 구성도 편의적이고 아기자기하다. 앞면 7칸, 옆면 4칸으로 짠 평면의 네 면은 퇴로 감쌌다. 남쪽에서 2번째, 3번째 칸은 개방한 퇴 안에 마루를 깔고, 마루 양쪽은 안방과 건넌방처럼 크고 작은 온돌방을 마련했다. 물론 온돌방 바깥 퇴는 띠살창으로 막고 내시나 궁녀가 이곳에 머무르게 하여 언제든 명령에 따르도록 했다.

이곳은 임금이 공부하고 정무와 관련된 시간을 보냈던 공간이므

로 사생활 공간이라는 단순 논리에는 무리가 있다. 엄연히 공적 공간으로서의 기능도 있기 때문이다. 따라서 강녕전 일곽은 편전 기능도 있다는 점에서 치조에 포함시킬 수 있다. 실제로 밀실정치는 침전에서 많이 이뤄졌다. 흔히 말하기를 봄·여름에는 연생전, 가을·겨울에는 경성전을 이용한다 하나 이는 구호일 뿐이고, 시기를 따지지 않고 편의에 따라 탄력적으로 활용했을 것이다.

연생전 : 강녕전의 동소침으로 경성전과 함께 1995년 10월에 복원했다.

경성전 : 서소침. 동향하여 연생전과 마주 보고 있다.

(정도전이 말했다.) "……하늘과 땅은 봄에 만물을 낳게 하여 가을에 열매를 여물게 합니다. 성인은 만백성을 인(仁)으로써 살리고 의(義)로써 다스립니다. 성인은 하늘을 대신해 만물을 다스리므로 그 정령(政令)은 한결같이 천지의 운행을 근본으로 삼아 시행하므로, 동쪽의 소침을 연생전이라 하고 서쪽 소침을 경성전이라 했습니다." | 《태조실록》, 1395년 10월 7일 |

동서 소침을 연생전과 경성전으로 명명한 정도전의 논리는 봄에는 싹을 틔우고, 가을이면 열매를 맺는다는 오행설을 바탕에 깔고 있다. 임금이 연생전에 임어해 어진 마음(仁)으로 백성을 대하고,

경성전에 나와 올바름[義]으로 거둬야 한다는 개념이다.

연생전이 있는 동쪽은 목(木)의 방위이자 계절로는 봄이며, 오상의 인(仁)에 해당한다. 봄은 움츠러들었던 기운이 나무처럼 수직으로 솟아오르는 생명력을 발산하는, 요즘 말로 왕성한 원심력이 작용하는 시기다. 연생전은 봄에 어진 마음으로 백성을 교화하고 이끈다는 뜻이 담겨 있다. 봄은 시작이며 부활이다. 봄에 움튼 소생의 기운은 여름이 되면서 풍요의 세계로 나아간다. 여름은 불꽃[火] 같은 기운이 사방팔방으로 확산해 열에너지를 분출하는 시기다. 조선을 창업한 유학자들은 그들의 이상이 이 연생전에서 역동적으로 전개되기를 기대했다.

경성전은 하성군(선조)이 대비의 부름을 받고 즉위하기 전까지 머물렀던 거처다. 1567년 6월, 명종이 승하했을 때 그는 사직동 저궁(邸宮, 덕흥군 집)에서 발인하지 않은 어머니의 빈소를 지키다가 의장을 갖춘 봉영단의 방문을 받았다. 인순대비가 대행왕의 상차(喪次, 상주의 처소)에 들라는 명령을 내린 것이다. 친어머니 초상 중에 양아버지(명종)의 상주가 된 셈이다. 후계왕만이 대행왕의 상주가 될 수 있다. 하성군은 소련(素輦)을 타고 광화문 동협문으로 들어와 근정문 밖에서 내렸다. 그리고 근정전 동쪽 뜰을 거쳐 경성전으로 들어가 국상을 치렀다.

경성전의 '成(성)'은 서쪽, 가을을 상징한다. 오행으로는 '金(금)'이며 오상으로는 '義(의)'다. '가을에 의로써 성취한다'는 함의가 있다. 경회루는 임금과 신하가 성취의 즐거움을 함께 나누는 곳이다. 그래서 경회루로 나가는 문 이름도 오행의 원리를 담은 내성문(乃成門)이다.

가을은 결실과 수확의 계절이다. 풍요의 계절인가 하면 시듦의 계절이다. 힘의 쇠퇴와 죽음을 예비하는 시기다. 봄이 양기가 피어나는 계절이라면 가을은 음기가 증장해 생명력이 위축되는 시절이다.

옛날의 사형제도에는 대시와 부대시가 있었다. 국사범은 때를 기다리지 않고〔不待時〕즉시 처형했다. 그렇지 않은 경우는 때를 기다려〔待時〕집행한다. 그때가 가을이다. 육조 중에서 형벌을 다루는 형조를 '추(秋)'를 써서 '추조'라고도 한다. 가을은 음기가 왕성해지는 계절이므로 생명력이 잦아지게 마련이다. 형벌은 정당성을 잃은 행위에 제재를 가하는 일이다. 형벌로 비도덕적인 요소를 제거하는 것이다. 이 형벌이 '의'라는 무기다. 만일 의가 행해지지 않는다면 도덕성을 지닌 생명은 존재하기 어려울 것이며 조화를 무너뜨리는 기운〔不義〕이 난무할 것이다. 불의라는 잡초를 베어버리는 임무가 추조에 있는 것이며, 제재로서의 숙살(肅殺. 쌀쌀한 가을 기운이 풀이나 나무를 말려 죽임) 행위를 정당화한 개념이 '의'다.

가을이 중심점으로 수축하는 구심력의 시기라면 겨울은 물처럼 아래로 떨어지려는 성질을 지닌 시기다. 오행으로는 '水(수)'이며 북쪽이다. 활동이 거의 정지돼 뒷날의 소생을 준비한다.

'水, 木, 火, 金'의 네 기운을 포용하는 것이 '土'다. 여러 기운이 흩어지지 않고 균형을 유지하도록 흙처럼 감싸 안으면서 가운데에서 중심을 잡는다. 대침인 강녕전은 주변의 네 소침을 거느리면서 조화롭게 균형을 잡고 다음 계절로 넘어가는 중간에서 중용의 덕목을 실현하는 곳이다. 창조주인 하늘은 천체를 거느리고 인간사를 단속하는 규제자, 천벌을 내리는 지존(至尊), 저항할 수 없는 힘을 가진 존재, 덕을 갖춘 사람에게 계시를 내리는 절대자다. 제왕은 천명을 받아 지상을 다스리는 사람이다. 만일 하늘의 뜻을 저버리면 임금은 그 존재가치를 상실하게 된다.

연길당 · 응지당

조선 전기의 임금 침전은 강녕전, 연생전, 경성전으로 이뤄진 3전(三殿) 구조였다. 흥선대원군은 침전을 중창하면서 천자 6침 제후 3침이라는 이 구도를 깼다. 기존의 3전에 연길당과 응지당을 보탠 것이다. 청나라 그늘에서 벗어나 자주적인 면모를 갖추려는 의지를 드러낸 것인지도 모른다.

두 건물의 구조는 어지간한 사대부집 사랑채처럼 단순하고 소박하다. 침소라는 단순 기능보다는 일상생활과 정무 공간을 겸했을 가능성이 높다. 대신들과 오붓하게 담소를 나눴을 수도 있고, 왕실과 종실을 불러 연회를 베풀 때는 초대받은 인물이 머물렀을 수도 있다.

연길당과 응지당 : 경복궁을 중창할 때 추가된 건물이다. 천자 6침 제후 3침이라는 관념을 깨고 정침 뒤쪽에 동서로 소침을 보탰다.

두 건물은 주변 환경만 다를 뿐 쌍둥이처럼 닮았다. 앞면 4칸, 옆면 3칸이며 앞퇴 중 동쪽 3칸은 개방하고 서쪽 1칸은 띠살창으로 가렸다. 동쪽 퇴의 안쪽 2칸은 마루, 서쪽 퇴의 2칸 안쪽은 온돌이다. 온돌 앞퇴 1칸은 막고, 개방한 퇴 1칸은 머름(바람을 막거나 모양을 내기 위하여 미닫이 문지방 아래나 벽 아래 중방에 대는 널조각)으로 막아 멋스러움과 바람막이라는 이중 기능을 부여했다. 두 건물 모두 팔작지붕이며 지붕마루에 양성을 바르거나 잡상을 배치하지 않았다. 다만 응지당 기단의 서쪽에는 쪽문을, 건물과 교태전 남행각 사이에 낸 일각문은 흠경각과 통하게 하여, 홀로 선 연길당과 약간 다르다.

흠경각

'흠경'은 "하늘을 공경하여 백성들에게 절후를 알려준다[欽若昊天 敬授人時]"라는 《시경》에서 따온 이름이다. 《세종실록》에는 천문학자 김돈(金墩)이 설치 배경을 해설한 〈흠경각기〉가 들어 있다.

> 제왕이 정사를 하고 사업을 이루는 데에는 반드시 먼저 역수(曆數)를 밝혀서 세상에 절후를 알려야 한다. 이 절후를 알려주는 요결은 천기를 보고 기후를 살피는 데에 있으므로, 기형(璣衡)과 의표를 설치하는 것이다. 그러므로 이를 상고하고 징험하는 방법이 지극히 정밀해 한 기구 한 형상만으로는 능히 바르게 할 수 없다. 우리 주상 전하께서 이 일을 맡은 자에게 모든 의기(儀器)를 제정하게 했는데, 크고 작은 간의, 혼의, 혼상(渾象), 앙부일구, 일성정시의, 규표(圭表), 금루 같은 기구가 모두 지극히 정교해 옛날 제도보다 훨씬 뛰어나나 기구를 후원에다 설치했으므로 시간마다 점검하기가 어려워 천추전 서쪽 뜰에다 한 간 집을 세웠다.
>
> | 《세종실록》, 1938년 1월 7일 |

흠경각은 세종 20년(1438)에 장영실이 왕명으로 지은 건물이다. 내전 깊숙이 있지만 궐내각사다. 농사가 잘되고 못 되고는 기후 조건에 달렸다. 관리들의 근무처인 흠경각을 침전 가까이 둔 것은 임금이 항상 기후를 살펴 백성의 삶을 잊지 않겠다는 마음을 보여준다.

옥루기륜 : 흠경각에는 시각과 방위, 계절을 살필 수 있는 옥루기륜(玉漏機輪)이 들어 있었다. 흔히 말하는 '옥루'를 가리킨다. 옥루기륜은 시각뿐만 아니라 방위, 계절까지도 알 수 있는 자동 물

시계다.

종이로 만든 7척(210센티미터)가량의 산
둘레를 황금 태양이 돌고, 옥으로 만든
여자 인형[玉女] 넷과 주작, 현무, 백호,
청룡 등의 방위신 인형이 시간에 맞춰 움
직이며 무사(武士)나 십이지신 모습의 다
른 인형이 목탁, 북, 징, 종 등을 치는 아
주 정교한 장치였다.

이 장치는 장영실이 6년간에 걸쳐 제작
했다. 지금은 모형을 찾기 어려우나 그
구조에 대한 기록은 여러 곳에 보인다.

흠경각 안에 종이로 높이 7척가량의 산을
만들고 금으로 태양의 모형을 만들어 오
색구름이 태양을 둘러싸고 산허리 위로
흘러가며, 낮에는 산 위에 뜨고 밤에는 산중에 자면서 일주하는데, 절기
에 따라 고도와 원근이 실제 태양과 일치한다. | 《세종실록》〈흠경각기〉 |

바퀴는 물을 쳐서 돈다. 또 북 치는 사람, 종 치는 사람, 시각을 맡은 옥녀
(玉女)가 장치돼 있어 모든 기관이 스스로 치고 움직인다. | 《국조보감》 |

흠경각 : 어정 옆에 난 일
각문 안으로 흠경각 편액
이 보인다. 각사인데도 침
전 가까이 둔 것은 기후와
밀접한 농업생산의 중요성
을 인식한 통치자의 철학
과 관계있다.

또 종이로 만든 산의 사방에는 농촌의 사계절 풍경을 그린《시
경》의 '빈풍칠월편(豳風七月篇, 주나라 백성들의 농사와 잠직, 풍
속을 월령 형식으로 읊은 시)을 그린 그림을 진열하여 농사짓는 모
습을 볼 수 있게 하였고, 그 위에 사람, 동물, 풀, 나무의 모양을 새

어정 : 응지당 서쪽, 흠경각 샛담 옆에 있는 우물로 강녕전의 음용수로 이용했다.

겨 절기마다 바꿔서 진열했다.

창건 이후 흠경각은 내전 구역에 들어 있던 탓에 숱한 화재로 소실을 거듭했다. 고종 연간에 복원할 때는 옥루기륜을 설치하지 않은 내전의 하나였다. 일제강점기에 뜯긴 것을 1995년 다른 내전과 함께 복원한 지금의 흠경각은 앞면 6칸, 옆면 4칸, 대청 좌우에 방을 두고 퇴와 협실로 둘렀다.

어정 : 응지당과 경성전, 흠경각의 접점에 우물이 하나 있다. 강녕전 전용 우물로서 임금의 음용수, 세숫물의 공급원이다. 이 우물이 자동 시보장치를 갖춘 옥루기륜의 동력원이었다는 말도 있다. 지상으로 올라온 우물돌은 둥글게 다듬은 2단으로 짜고, 그 위에 돌 덮개를 얹었다.

몸돌 윗단과 뚜껑은 제 짝이 아니고 다른 곳에서 옮겨와 임시로 짜맞춘 것이라고 한다. 아랫단은 원래부터 있었던 것으로 둥글게 돌출한 네 개의 귀가 달렸다. 바깥 지름 180센티미터, 구멍의 안통 지름 120센티미터, 높이는 60센티미터다. 우물돌 밖으로는 부챗살 모양의 판석을 바닥에 깔고, 8각의 테두리를 둘렀다. 이 테두리의 모서리에는 작은 구멍이 있다. 구멍에 기둥을 끼우고 지붕을 덮은 우물집〔井戶〕의 자취다.

행각 : 강녕전 행각은 출입문이 유달리 많다. 고종 29년에 천추전 부근의 파수간에서 불이 나 소실된 적이 있었던 남행각에는 안지

문, 용부문이 사정전과 통하고, 동
행각의 지도문 밖은 동궁과 소주방
구역이다.

동행각은 모두 마루방이며 흥안
당·계광당·수경당이라는 당호
가, 남행각에는 청심당·연소당·
건의당이라는 당호가 붙어 있다.
상궁들의 거처다.

서행각의 내성문을 나서면 경회
루 자시문이다. 강녕전에서 경회루
로 나갈 때는 내성문을 이용했다.
북행각에는 양의문이 있다. 양의문
을 들어서면 왕비가 생활하는 교태
전 일곽이 펼쳐진다.

남행각 용부문   남행각 안지문

동행각 지도문   서행각 내성문

교태전 일곽

교태전은 경복궁에서 가장 깊숙한 곳에 있다. 강녕전이 사대부집의 사랑채 성격이라고 하면 교태전은 안채라고 할 수 있다. 교태전은 왕비 전용 공간이다. 임금을 제외한 남성의 접근은 원칙적으로 차단된다. 이 원칙은 외척이나 종실이라고 해서 예외가 아니다. 교태전 뒤편에는 아미산을 조성하고 화계를 꾸몄다. 아미산은 화초는 물론 네 기의 장식적인 굴뚝과 관상용 괴석을 배열해 신선세계를 연출한 곳이다. 이 인공산은 백악의 정기를 왕비의 침전까지 끌어들일 뿐만 아니라 갇혀 사는 왕비에게 정서적 안정감을 심어주기 위해 은밀하면서도 기품 있게 꾸몄다.

교태전 일곽은 세종 이후에 마련된 전각이다. 《세종실록》 22년 9월 6일자를 보면 "교태전을 지으려고 임금과 왕비의 처소를 동궁으로 옮겼다"는 기사가 보인다. 세종 31년 기록에는 "함원전, 교태전, 자미당, 종회당, 송백당, 인지당, 청연루는 내가 세운 자그마한 집"이라는 세종의 말도 있다.

〈북궐도형〉에는 교태전 행각 밖의 좌우에 함원전과 인지당이 배치돼 있다. 제후 3침 부인 3침이라는 주례의 침전 제도를 그대로 따른 짜임새다. 자미당은 자경전과 아미산 사이에 있던 건

물이고, 청연루는 자경전 동쪽 끝에 덧대어 남쪽으로 돌출된 누각이다. 종회당과 송백당은 이 평면도에 없다.

교태전을 싸고도는 전각들은 경복궁 건물 중에서 가장 화려하고 정교하다. 전체적으로 밝은 색조에 구조는 아기자기하다. 거의 갇혀 지내다시피 하는 왕비에게 정서적 안정감을 주기 위한 배려라고 할 수 있다. 임금은 궐 밖으로 행차할 기회가 많지만 왕비는 이변이 없는 한 침전에서 떠날 틈이 별로 없기 때문이다. 본채에 두 팔을 벌린 것처럼 이어진 부속 건물과 행각의 앞뒤 마루에는 난간을 둘렀다. 지붕도 계단형으로 차츰 낮춰가면서 시중드는 상궁들의 품계에 따른 차별을 두었다.

뒤뜰은 화계를 꾸며 철마다 온갖 꽃이 난만했다. 이 화사한 계단식 꽃밭에는 벌과 나비가 왕비의 마음을 따라 이 꽃 저 꽃으로 옮겨 날며 한 시절을 희롱했을 것이다. 왕비의 행복과 만수무강을 비는 동식물로 장식한 굴뚝이 화계를 지키고, 심산유곡에서 들여온 괴석, 신선세계를 형상화한 석조(石槽)가 낭만 어린 풍정을 자아낸다. 따뜻한 황토색 전돌로 쌓은 꽃담에는 기화요초와 무시무종의 무늬를 새기고, 곳곳에 문양을 상감하여 왕비의 경복을 축수했다.

양의문

주역의 부호 요소는 음효(陰爻, --)와 양효[陽爻, —]다. 이 두 요소가 양의(兩儀, ⚌)다. 태극은 하나로 이해되지만 음양을 내포하고 있으므로 핵심은 역시 양의다. 양의란 양과 음, 하늘과 땅이다. 임금과 왕비이고, 남자와 여자다. 교태전으로 들어가는 양의문 밖의 강녕전은 남성[陽]의 공간이나 이 문을

양의문 : 양, 음이 교차하는 교태전의 전문으로 자오선과 묘유선이 만나는 경복궁의 정중앙이다. 이 문을 사이에 두고 남성과 여성의 공간으로 나뉜다.

들어서면 교태전, 곧 여성〔陰〕의 공간으로 바뀐다. 무극에서 진화한 태극에서 음양이 생성되는 순간이 된다.

우주나 인간 사회의 모든 현상을 음양의 생성 – 소멸 – 변화로 설명하려는 이론이 음양론이다. 음양설이나 오행설의 개념은 기(氣)다. 기는 자연에 흩어진 에너지다. 하늘에서 발생하는 양기와 땅에서 발생하는 음기가 결합해 생명체가 된다. 이 생명체가 사람 형상이면 사람으로, 나무 모습을 띠면 나무가 된다. 마찬가지로 임금의 기운과 왕비의 기운이 결합하면 왕자라는 생명체가 태어난다.

양의문은 향오문과 같은 규모이나 골판문을 달았다. 가운데 칸은 여섯 짝, 좌우 협칸은 네 짝씩 달아 병풍처럼 접을 수도 있다. 이 문의 걸쇠는 당연히 문 안, 곧 교태전 쪽에 있다. 사대부 집의 사랑채

와 안채 사이에 있는 중문의 문고리
가 안채 쪽에 있는 것과 같은 이치
다. 합궁하기 위해 방문하는 임금도
중궁에서 걸쇠를 풀어줘야 들어설
수 있다.

굴뚝과 행각 : 삼문 좌우에는 화방벽
밖으로 돌출된 강녕전 굴뚝이 붙어
있다. 굴뚝을 붙든 행각은 교태전 소
속이므로, 검은 전돌로 쌓은 사정전
부속 건물의 굴뚝과는 달리, 이 굴뚝
은 꽃담처럼 밝은 황토색 전돌로 구
성했다. 행각 지붕 위로 앙증맞게 올

꽃담처럼 곱게 조직한 양의
문 서쪽 굴뚝 : 문 양쪽의
행각 지붕 위 굴뚝 머리에
는 4개의 연가를 설치했다.
굴뚝 앞면은 왕실의 복을
기원하는 문양을 상감하고,
귀를 접은 옆면에는 끝없
이 이어지는 무시무종의
무늬로 치장했다.

려놓은 연가가 없다면 굴뚝이라는 느낌이 들지 않는다. 이 굴뚝은
모서리를 부드럽게 접고 앞면에 '萬壽無疆(만수무강)', '千世萬歲
(천세만세)'라는 한자를 전자체로 상감했다.

양의문의 서협칸부터는 보의당 3칸, 방 3칸, 주방 2칸이 이어져
남행각의 서쪽을 이루며 북쪽으로 꺾어 3칸의 내순당에 붙고, 동쪽
외관은 서쪽과 대칭을 이루며 승순당과 체인당이 들어 있다. 서행
각의 내순당은 함원전으로 통하는 재성문이 함홍각 서쪽에서 남진
(南進)한 상궁 처소와 만나고, 동행각의 체인당 옆 만통문은 원길헌
옆에서 남진한 상궁 처소에 연결된다.

교태전 남행각에 있는 방바닥은 온돌이다. 조선 전기에는 왕족의
방에만 온돌을 깔았으므로 이 온돌은 중창 때 설비한 것으로 추측
된다. 강녕전 행각에는 온돌이 없고 교태전 행각에만 있다. 이유는

알 수 없지만 행각의 폭도 강녕전보다 넓다. 행각의 방은 양반가의 행랑채와 같다. 행랑채에 '아랫것'들이 거처하는 것처럼 행각 방에서는 궁녀가 먹고 잤다.

개굴：온돌 행각의 화방벽에는 개굴을 냈다. 시골의 큰 집 행랑채 외벽이나 기단에서 볼 수 있는 연기 구멍이 개굴이다. 시골집의 아궁이에 생솔가지를 지피면 소나무 향이 연기와 함께 솔솔 풍겨 나온다. 여름이면 모깃불 역할을 하는 시골집의 난쟁이 굴뚝 같은 것이 남행각의 화방벽 개굴이다. 궁궐의 온돌용 땔감은 숯이었으므로 구들에서 숯이 탈 때 발생한 이산화탄소가 개굴로 방출되면 이 언저리에 기생하는 모기, 거미 같은 해충은 견딜 수가 없을 것이다. 개굴은 굴뚝이자 기발한 방충 장치였다.

교태전

교태전 일곽은 엄정하게 차단된 공간이다. 그러나 태극으로 상징되는 교태전은 양의문의 음과 양으로 분화하고, 다섯 채로 이뤄진 강녕전의 오행으로 나가는 '열린 세계'의 출발점이기도 하다. 임금과 왕비는 이곳에서 합궁해 아들을 낳고 그 아들은 세자 시절을 거쳐 지존에 오르기 때문에 침전의 이름을 교태(交泰)라고 했다.

'교태'는 《주역》의 지천태(地天泰) 괘의 '交泰'에서 따온 말이다. 땅의 기운과 하늘의 기운이 화합해 서로 교통하는 괘가 태괘다. 세 개의 음효[☷, 땅] 아래 양효 셋[☰, 하늘]이 겹친 모양이다. 땅은 하늘 아래 존재하게 마련인 자연 현상이 뒤바뀐 역상(易象)인데, 이

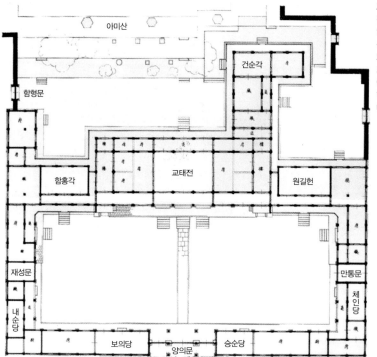

아미산

건순각

함형문

함홍각

교태전

원길헌

재성문

만통문

체인당

내순당

보의당

양의문

승순당

교태전 평면도 : 경복궁 침전 중 가장 화려하고 정교하게 설계했다. 본채를 중심으로 부속 건물이 복도와 툇마루로 연결되어 날개를 이루고, 다시 행각과 이어져 이동의 수월성과 함께 아기자기한 맛이 있다. 조선고적도보.

상황을 태화(泰和)의 가장 중요한 조건으로 친다. 하늘의 기운은 위로 향하고 땅의 기운은 아래로 흐르기 때문에 교태는 필연적인 만남, 어울림의 괘다. 이를 부부 관계로 치환하면 서로 다가가는 마음을 의미한다. ‘교태’라는 말에는 위로 솟는 양의 성질〔王〕과 아래로 내려가는 음의 성질〔妃〕이 잘 교합해 훌륭한 왕자가 태어나기를 염원하는 마음이 담겨 있다. 임금과 왕비가 화목해야 자손이 번성하고 나라가 평안하다는 바람이다.

지천태, 곧 태괘는 64괘 중 11번째로 가장 이상적인 대길운으로 친다. 위에서는 음이 내려오고, 아래에서는 양이 올라가므로 안은 강건하고 바깥은 온순하다. 이를 왕조로 확대하면 안에는 강력한 임금이 있고 밖에는 유순한 백성이 있다는 의미도 된다.

교태전 : 경복궁 전각 가운데 가장 화려한 건축미를 자랑한다. 82.8평에 건순각을 ㄱ자형으로 연접시켜 직사각의 평면에 변화를 주었다. 행각 툇마루에 난간을 두르고 상궁과 궁녀의 신분에 따라 지붕의 높낮이를 둔 것도 색다른 점이다. 교태전 동쪽에는 원길헌, 서쪽에는 함홍각이 있다. 두 건물은 본채와 짧은 복도각으로 연결됐다. 모든 궁궐의 중궁전은 무량각이다. 다만, 경운궁은 명성황후가 시해된 이후의 대한제국 법궁이었으므로 중궁전이 없다.

아래 사진은 창덕궁 대조전을 짓기 위해 해체되기 전의 교태전. 조선고적도보.

지천태와 달리 가장 불길한 괘로 '천지비(天地否)' 괘가 있다. 땅 위에 하늘이 있는 자연 현상과 같은 모양이다. '비(否)'는 '색(塞, 막히다)'이므로 상승하려는 하늘과 하강하려는 땅이 어울리지 못하고 등지는, 꽉 막혀 있는 상황[天地閉塞]이다. 하늘의 기운은 올라가고 땅의 기운은 내려가기 때문에 천지가 서로 만날 수가 없는 것이다. 지천태는 임금과 백성이 뜻을 통하고 화합하는 형상이고 천지비는 서로 등을 돌려 따로 노는 형상이다. 2005년 연말, 대학교수들이 '올해의 사자성어'로 선택했다는 '상화하택(上火下澤)', 곧 '위에는 불, 아래는 연못'이라는 의미 구조가 천지비 괘와 같다. 정권의 핵심 인물들이 진보와 개혁을 외치며, 자기들이 바로 세우려는 정의를 언론과 여론이 따라주지 않는다고 짜증을 부리던 때였다.

교태전의 구조 : 교태전 본채의 외부는 강녕전과 비슷하다. 그러나

내부는 사뭇 다르다. 내부 구조는 대체로 위(囲)자 형태지만 서온돌 세 칸 중 서쪽 칸, 동온돌 세 칸 중 동쪽 칸은 누마루다. 온돌의 동·서쪽 끝칸은 마루방인 것이다. 툇간은 강녕전과 달리 건물의 앞뒤에만 있다. 따라서 앞뒤 툇간을 뺀 왕비의 침소 평면은 실제로 囲자 형태라기보다는 田자 형태에 가깝다. 강녕전 침소보다 단출하다.

교태전 일곽은 경복궁 전각 가운데 가장 화려한 건축미를 자랑한다. 행각 툇마루에 난간을 두르고 상궁과 궁녀의 신분에 따라 지붕의 높낮이를 둔 것도 교태전의 색다른 점이다. 본채에 붙어 있는 부속 건물도 강녕전과 다르다. 강녕전은 직사각의 평면 위에 서 있지만 교태전은 동북쪽을 건순문 방향으로 길쭉하게 건순각을 덧대 직사각 평면의 대칭 구조에 변화를 주었다. 동서 누마루는 앞퇴에 복도를 짧게 연결해 왕비가 함홍각이나 원길헌으로 이동하기 수월하도록 했다. 이처럼 평면 구조가 다양할 뿐만 아니라 55칸으로 조직된 강녕전보다 전체 규모가 크다. 본채 36칸에 원길헌 10칸, 함홍각 13칸, 건순각 14칸을 보태면 73칸이나 된다.

강녕전 툇마루는 누하주가 개방돼 있는데 교태전은 마루방 밑을 막고 함실아궁이로 들어가는 아치형 판문을 달았다. 함실아궁이가 있는 공간이 누마루 밑이다. 교태전 뒤뜰로 가면 아치형 판문으로 막혀 있는 이 공간을 들여다볼 수 있다. 월대가 없는 것도 다른 궁

교태전 앞퇴 : 본채에서 함홍각과 서행각으로 통하는 샛문과 난간을 두른 툇마루. 지붕도 내명부의 품계에 따라 층위가 다르다.

교태전 앞면

궐의 중궁전과 다른 점이다. 창덕궁의 중궁인 대조전은 아담하나 규모 있는 월대를 펼쳤고, 창경궁의 중궁인 통명전 월대는 건물 폭에 맞춰 넓게 조성하고 연당까지 갖추고 있다.

교태전 지붕은 강녕전처럼 무량각이다. 모든 궁궐의 중궁전은 용마루가 없다. 전호(殿號)도 소리만 다를 뿐이지 같은 뜻이다. 창덕궁 대조전(大造殿)의 '대조'는 '위대한 창조', 곧 음양의 교합을 통해 지혜로운 왕자를 출산한다는 의미이고, 교태전의 '交'는 '사귀다, 흘레하다, 오고 가다'라는 뜻이다. 창경궁 통명전(通明殿)의 '통명'은 일월(日＋月＝明), 곧 '해[陽]와 달[陰]이 통하다, 음양이 소통하다'는 말로 '交泰(교태)'의 유의어다. 경운궁은 명성황후가 시해된 뒤에 확충한 대한제국 황궁이므로 황후의 침전이 없다.

동·서 온돌: 왕비는 평소 서온돌에서 생활한다. 좌우 온돌방은 강녕전처럼 囲자 짜임의 칸막이가 있다. 칸막이용 장지문을 닫으면 침소 전체가 여러 개로 나뉜다. 가운데는 큰 정사각형이며 둘레 방은 길고 좁다. 온돌 내부는 화려한 장식이 없어 거의 백지 상태다. 세간붙이는 행각에 보관했다가 필요할 때 시종이 옮겨오도록 되어 있다.

동온돌은 좋은 날을 가려 임금과 합궁하는 곳이다. 임금과 왕비의 합궁은 관상감이나 중신들의 의견에 따른다. 그들은 일진을 짚어보고 좋은 날을 가려 합방 시기를 정했다. 뱀날[巳], 호랑이날[寅], 제삿날은 일단 기피한다. 비, 천둥, 안개, 바람, 일식, 월식 등 곱지 않은 날도 마찬가지다. 이렇게 따지면 한 달 가운데 며칠 남지 않는다. 여기에다 임금의 마음이 언짢으면 아무리 길일이라도 합궁이 어려워진다.

왕자를 출산하는 일은 왕비뿐만 아니라 조정의 미래와도 관련되므로 왕족의 최대 관심사였다. 임금과 자주 합궁하면 그만큼 출산 가능성이 높아지겠지만 장차 국운을 짊어질 후계자를 아무 때나 낳을 수는 없다. 가장 좋은 때를 가려 가장 훌륭한 왕자가 태어나야 한다. 그러나 관상감이나 중신이 짚어주는 길일은 1년 중 많지 않았다. 그만큼 왕자 탄생의 기회가 줄어드는 것이다. 역대 임금의 대군과 공주가 적었던 까닭이 여기 있다.

임금과 왕비가 머리를 두고 자는 동쪽 방은 비우는 대신 병풍을 친다. 잠자리에 들기 전에는 지밀나인들이 둘레 방을 지키다가 합궁 때가 가까워지면 강녕전에서와 같이 젊은 나인들은 물러나고 나이든 상궁들이 만일의 사태에 대비한다. 물론 둘레방의 칸막이는 모두 열어둔다.

순정효황후의 친잠례 : 창덕궁 서향각에서 조선조 마지막으로 시행된 친잠례 때(1924)의 사진 가운데 앉은 이가 융희황제의 계비 순정효황후, 좌우로 종친 외명부, 총독부관리들의 부인, 상궁들이 둘러싸고 있다. 친잠례 때 왕비는 무늬없는 황색 옷을 입는다. 노란색 국의는 노동을 상징한다. 이 옷은 뽕밭으로 이동할 때만 입고, 뽕을 딸 때는 편복으로 갈아입는다.

왕비의 일상 : 왕비는 후궁들과 시앗시샘이나 하면서 호사를 누리는 한가한 여자가 아니다. 교태전은 왕비 시어소로 친잠례 같은 국가적 행사를 주관하고 수많은 명부(命婦)를 살피는 전각이다. 왕비에게는 임신, 출산과 함께 주부로서 그리고 명부를 통솔하는 지휘관으로서의 막중한 임무가 있다. 왕비의 일과는 해 뜨기 전에 일어나 웃전에 문안 인사를 드리고, 후궁들로부터 문안 인사를 받는 일부터 시작된다. 궁에는 임금의 어머니나 할머니가 대부분 생존해 있다. 왕비는 이들의 말동무기 되고, 때로는 수라 시중을 들었다. 왕비의 거둥 차비를 해야 하는 후궁과 궁녀들은 새벽부터 분주하게 움직여야 한다. 평소에는 검소한 생활 모습을 보여주기 위해 소박한 무명옷을 입지만 문안 인사는 중요한 예법이므로 당연히 격식을 갖춰야 한다. 인사 때는 덕담이나 훈계의 말이 오가게 마련이다. 오가는 인사치레에도 상당한 정성과 시간이 소요되는 절차가 따른다.

왕족의 어린 자녀들 교육 임무도 왕비에게 귀속된다. 자신의 소생인 대군과 공주는 물론 후궁들의 자녀 훈육까지 책임져야 한다. 조석 문안을 받으며 학업 성취도 점검은 물론이고, 때가 되면 혼례까지 챙겨야 한다. 임금이 왕도를 닦기 위해 신하들과 함께 경연에 참석하는 것처럼 왕비도 덕을 갖추기 위해 독서를 게을리 해서는 안 된다. 여성들만의 잔치를 통해 유교 예법을 가르치는 스승의 역할도 왕비의 몫이다. 인수대비(덕종비)가 부녀자의 예의범절 교재로《내훈(內訓)》을 펴낸 것도 이러한 노력의 결과다.

왕비는 임금의 배우자다. 아내가 남편의 건강을 챙기는 것은 마땅한 도리다. 왕비는 틈나는 대로 절을 찾아 남편과 나라의 안녕을 위해 기도를 올렸다. 국상이나 봉제사, 선원전 차례 때 제물을 준비하는 것도 왕비의 관심사였다. 이럴 때면 몸소 앞치마를 두르고 음식을 장만하는 데 앞장서서 내명부를 지휘하는 정성을 보이기도 했다. 한가할 때는 후궁들과 후원에서 오락을 즐긴다.

왕비의 연례행사 : 왕비가 주관하는 연례행사로 선잠단(성북구 성북동)에서 치르는 선잠제(先蠶祭)가 있다. 선잠제는 누에치기의 원조 선잠에게 올리는 제사다. 왕후가 집전하는 이 행사는 중국 상고 시대부터 장려한 행사였다. 선잠제는 풍작을 기원하는 뜻에서 선농단(동대문구 용두동)에서 제사를 올리고 농사의 모범을 보인 임금의 친경에 대응하는 업무다.

누에치기는 농사와 함께 국가의 기초 산업이었다. 조선에서는 왕실 직영의 잠실을 두고 왕비가 이를 관장했다. 친잠(親蠶)은 뽕잎이 피어나는 시기에 왕비가 내명부와 외명부를 이끌고 뽕잎을 따 누에에게 먹이는 행사다. 조선 초기에는 친잠례만 치렀으나, 세월이 흐르면서 누에고치를 거둬들이고 다음 해를 위해 씨고치를 갈무리하는 등 의식이 늘어나면서, 본격적인 왕실 행사로 제도화됐다. 이런 행사에는 제사와 진하(陳賀, 관료들이 조정에서 올리는 축하의식), 음식 하사 등이 따랐다.

명부 통솔 : 사정전의 임금이 수많은 관료들을 만나며 정무로 바쁜 시간을 보내는 동안 왕비는 교태전에서 내명부 단속은 물론 외명부와 접촉한다. 사정전이 임금의 편전이라면 교태전은 왕비의 정치적

행위가 이뤄지는 편전이다. 또 강녕전이 편전 겸 침전이듯 교태전 도 편전 겸 침전이다. 임금이 내외직의 관리들을 통솔한다면 왕비 는 내명부와 외명부를 지휘하므로 통솔 인원이 임금에 버금간다. 교태전은 명부를 다스리는 치조의 성격이 짙다.

외명부는 왕실과 종친, 관리의 아내로서 남편의 관직에 맞춰 작 위를 받은 여성이다. 봉보부인(어린 시절의 젖어머니), 왕비의 어머니 임금·세자의 딸, 종친과 문무관리의 아내가 이에 해당한다. 문무 관의 아내들은 작위가 있지만 녹봉이 없는 명예직이다.

내명부는 대궐 안의 작위를 가진 여성이다. 원칙적으로 내명부는 왕비의 권력 아래 놓인다. 왕비는 내명부를 살피고 상벌권을 행사하 며 내전의 중심에서 궁 안의 기강을 바로잡을 의무가 있다. 그러나 궁궐도 수직적인 인간관계를 중시했다는 점을 감안하면 상왕전이나 대비전, 세자궁의 내명부는 임의적인 간여가 불가능했을 것이다.

후궁: 내명부는 내관과 궁관으로 구분된다. 내관은 임금의 부인, 곧 후궁을 가리키는 말이다. 양반가로 보면 첩에 해당된다. 후궁은 왕비를 보좌하고 상궁들의 시중을 받는다. 직급은 대부 반열(班列) 이다.

품계는 종4품 숙원(淑媛)으로 출발해 정4품 소원(昭媛), 3품인 숙용(淑容)과 소용(昭容), 2품 숙의(淑儀)와 소의(昭儀)로 올라간다. '淑'은 종품(從品)이고, '昭'는 정품(正品)이다. 최고의 품계는 정1 품 빈(嬪)과 종1품 귀인(貴人)이다. 1품은 왕명에 따라 품계를 초월 해 왕비와 같은 대접을 받을 수도 있다. 그들은 별도로 마련된독립 건물에 거처한다.

후궁이 되는 길은 두 갈래다. 왕비가 아들을 낳지 못하면 혼기가 찬 온 나라 처녀들에게 금혼령을 내리고, 좋은 가문의 딸 중에서 간택, 빙례(聘禮)를 갖춰 맞이한다. 다른 하나는 궁녀로 입궁해 승은을 입는 경우다. 광해군의 어머니 공빈 김씨, 경종의 어머니 희빈 장씨, 영조의 어머니 숙빈 최씨, 사도세자의 어머니 영빈 이씨가 승은을 입어 후궁이 됐다.

상궁 : 후궁 아래 품계는 궁관, 곧 궁녀다. 그들은 의례나 왕족의 의식주와 관련된 업무에 종사한다. 궁녀는 전문직인 5, 6품 직급과 7, 8, 9품의 두 그룹으로 나뉜다. 5, 6품은 왕비나 후궁의 신하라 할 수 있다. 그들의 직책에는 '상(尙)'이 접두사로 붙기 때문에 흔히 상궁으로 불린다. 좁은 의미의 '상궁'은 궁녀 가운데 최고위직으로, 왕비를 인도하는 일을 전문으로 하는 정5품 궁관이다. 궁녀의 보직은 한번 부여되면 궁궐에서 생활하는 동안 바뀌지 않는다. 예를 들어 13세에 입궁해 주방나인으로 배정된 궁녀는 20여 년 내내 스승으로부터 조리법을 익히고 33세가 돼서야 주방상궁의 첩지를 받을 수 있다. 주방상궁은 주방의 총책으로 평생 음식 장만하는 일만 한다.

상궁들은 대개가 불교신자였다. 봉은사(서울 강남구 삼성동)의 〈영산화상도〉에서 상궁 세 명이 시주한 기록을 볼 수 있고, 학림사(노원구 상계동)에는 사리탑〔浮屠, 부도〕을 남긴 상궁도 있다. 이는 상궁들이 뒷날을 위해 절을 정해놓고 정성을 바치다가 은퇴 후 불문(佛門)에 들어가 한가로이 지내거나 치열한 자기 수양에 전념했음을 알려준다. 그렇지 않은 경우는 창덕궁 서북 산자락에 있는 정업원(淨業院)으로 물러나 노후를 보내는 궁녀가 많았다.

나인 : 7, 8, 9품은 나인〔內人〕이다. 반열로는 참하(參下)급이다. 요

즘으로 치면 수습사원이다. 7, 8품은 상궁을 보좌한다. 9품은 주로 연락(宴樂)에서 악기를 연주했다.

그녀들은 대개 7세 무렵 공노비에서 차출되어 내전 주변에서 생활한다. 처음에는 애기나인(생각시)으로 불리며 견습생 신분으로 궁중 법도를 익힌다. 15년이 경과되면 관례를 치르고 나인으로 승진한다. 이들은 대전, 중전, 대비전, 동궁, 후궁, 별궁에 전속되며, 일단 배치되면 자리 이동이 없다. 나인은 대전·중전에 상주하는 지밀나인과 침방(針房, 바느질)·수방(繡房, 자수) 등에서 일하는 도청(都廳)나인, 안소주방·밖소주방·생과방(生果房, 간식이나 후식을 장만하는 곳)·세답방(洗踏房, 빨래하는 곳)·세수간 등에서 일하는 처소나인으로 크게 구별된다. 나인들끼리 부르는 호칭은, 상대방의 이름이 김연실일 경우, '김씨 항아님' 또는 '김씨 형님' 이라 부르고, 상궁은 나인을 '김가 연실', 나인은 상궁을 '침방 김씨 마마님' 이라고 불렀다.

왕족들이 독립세대를 이루고 있으므로 나인들은 배속된 곳에서 보수를 받는다. 보수는 삭료(朔料)에 선반(宣飯), 의전(衣錢)이 보태진다. 삭료는 매달 지급하는 월급, 선반은 궁궐 근무자에게 제공하는 하루 밥값, 의전은 봄과 가을에 지급하는 옷값이다. 삭료의 기본급을 공상(供上)이라 한다. 궁녀는 공상에 방자(房子)라는 수당이 붙는다. 상궁은 온공상이라 하여 쌀 7말 5되, 콩 6말, 북어 50마리를 받았고, 관례를 치른 나인은 반공상으로 쌀 5말 5되, 콩 3말, 북어 25마리, 애기나인은 반반공상 쌀 4말, 콩 1말 5되, 북어 13마리를 받았다. 상궁에게 덧붙는 수당은 온방자 쌀 6말, 북어 20마리, 그 절반인 반방자가 있어 직급에 따라 차등 지급했다. 상궁들이 받는 보수는 같은 품계의 양반 관료 5품보다 많다. 무수리, 수모(水

母), 취반비 등 궁녀의 하녀들에게는 쌀 6말을 기본으로 하고 일의 강도에 따라 콩과 대구를 차등 지급했다. 하녀들의 월급은 반반공상만 받는 애기나인보다 약간 많았다.

궁녀의 수는 시기에 따라 가변적이다. 《경국대전》에는 35명으로 규정했으나 성종 때에 이미 궁녀의 하녀를 포함하여 105명이었으며, 인조 때 230명, 영조 때는 가장 많은 684명이라는 기록이 있고, 고종 때는 480명이었다. 그들은 일단 입궁하면 궁 안에 유폐된다. 가족이 그리워도 부모형제가 면회하러 오지 않는 한 만날 수 없다. 궁녀가 해방되려면 모시던 주인이 죽은 뒤라야 가능하다. 그들은 주인의 3년상을 치른 뒤 친정의 동생이나 조카의 집으로 돌아갈 수 있다.

궁녀가 병들어 처치 곤란할 때는 궐 밖으로 내쳐진다. 가뭄 따위의 자연 재해가 궁녀들의 원한 때문이라고 보고 신원(伸寃) 방편으로 풀려나는 일도 있다. 그러나 임금의 여자이기 때문에 궁에서 풀려났다 해도 자유롭지 않다.

궁녀의 아랫것 : 내시들이 내시부의 소속인 반면 궁녀들을 총괄하는 조직은 없으므로 공식성이 약하다. 궁녀들은 각 처소에서 전문성을 발휘하여 주인을 모시는 일에 전념하기 위해 수발하는 하녀를 둔다. 물 긷는 무수리, 궁녀의 세숫물·목욕물을 준비하는 수모(水母), 심부름·방 청소를 해주는 방자, 음식을 장만하는 취반비 등을 거느릴 수 있었다. 하녀는 잡일에 종사하므로 전문직인 나인과 다르다. 그들은 궁녀와 한 방에서 함께 지낸다. 같은 공노비의 처지로 궁녀를 주인으로 받들게 돼 속이 상하겠지만 평생 임금을 위해 수절해야 하는 주인보다 자유롭다. 기혼자도 입궁이 가능하며 출궁 후 혼인도 비교적 자유롭다.

똬리 튼 이무기 석조를 등에 업은 비희 : 비희는 흔히 귀부라고 불리는 석상으로 무거운 것을 좋아하는 용의 아들이다.

함원전

교태전 서행각의 재성문을 나서면 흠경각 뒤에 함원전이 보인다. 흠경각과 쌍둥이처럼 앞뒤에 자리 잡고 있으며 규모도 거의 같다. 함원전 서행각은 흠경각과 공유한다. 두 전각은 같은 행각 안에서 한 조(組)가 되어 일곽을 이루고 있다. 이 행각의 흠경각 옆에는 자선당이 있고, 함원전 쪽에는 융화당이 있다. 자선당은 《궁궐지》에 자선당(資善堂)으로 소개되어 있지만, 〈북궐도형〉과 《일성록》에는 자안당(資安堂)으로 표기되어 있다. 흠경각 옆에는 경회루로 나가는 대재문을 열었다.

굴뚝이 늘어선 화계로 구성된 뒤뜰은 교태전 뒤의 아미산과 담을 사이에 두고 연접해 있다. 두 공간은 담으로 막혀 있지만, 이 담을 트면 아미산과 함원전 뒤뜰은 하나의 화계로 이어진다. 함원전 화계에는 앵두나무와 옥매, 모란이 자란다. 화창한 봄이면 무성한 이파리와 함께 농염한 모란꽃 그늘에는 고개를 들고 미소 짓는 거북 모양의 비희(悲喜, 명나라의 호승지(胡承之)가 〈진주선(眞珠船)〉에서 열거한 아홉 아들 가운데 첫째 아들. 흔히 귀부(龜趺)라고 지칭해 비석을 등에 업고 있는 동물 석상은 거북이가 아니고 비희라고 보아야 한다)가 똬리 튼 이무기 두 마리로 짠 돌연못을 업고 있다.

아미산과 경계를 이루는 담은 서쪽으로 꺾여 함원전의 뒷담이 된다. 이 뒷담에는 아미산 서남쪽 출입구인 선장문이 있다. 담은 다시 북쪽으로 방향을 틀어 ⊓자로 에돌아 서행각과 이어진다. 이 담 안에 지표보다 낮은 어정이 있다. 샘 주둥이는 통돌(통째로 된 돌)이다. 흠경각 앞의 어정에 비해 원형에 가깝다는 것이 학자들의 견해다.

앵두나무 : 어정 둘레의 화계는 앵두나무가 돋보인다. 한때 이 나무는 군집을 이룰 만큼 무성했다. 지금의 앵두나무군(群)은 새로 조성한 것이지만 세종 때에는 세자 향(문종)이 심어 이 일대에 번성했다는 효자나무였다.

함원전 화계 : 문종이 세자 시절에 심었다는 앵두나무의 후예들이다. 굴뚝 사이로 아미산으로 들어가는 선장문이 보인다.

> 시선(侍膳)하고 문안하기를 날로 더욱 신중히 하여, 세종께서 일찍이 몸이 편안하지 못하므로 세자가 친히 복어 요리를 올리니 세종이 맛보고 기뻐해 눈물을 흘리기까지 했다. 또 후원에 손수 앵두를 심어 매우 무성했는데 익는 철을 기다려 따서 올리니, 세종께서 이를 맛보고 "외간에서 올린 것이 어찌 세자가 손수 심은 것과 같을 수 있겠는가?" 하며 기뻐하셨다. | 《문종실록》, 1452년 5월 14일 |

세종은 간식을 즐긴 임금으로 알려져 있다. 과일로는 앵두를 좋아했다는 기록이 성현의 《용재총화》 2권에 나온다. 세자 향은 세종이 승하했을 때,

> 근심하고 애를 써서 그것이 병이 됐으며, 상사(喪事)를 당해서는 너무 슬퍼해 몸이 바싹 여위셨다. 매양 삭망절제(朔望節制)에는 술잔과 폐백을 드리고는 슬픔으로 눈물이 줄줄 흐르니, 측근의 신하들은 쳐다볼 수가 없었다. 3년을 마치도록 외전에 거처했으니……
>
> | 《문종실록》, 1452년 5월 14일 |

라는 기록이 남아 있을 만큼 효자였다. 세자로 있을 때 부왕을 즐겁게 해주기 위해 여러 곳에 앵두나무를 심고 철이 되면 이를 따다 봉양했던 것인데, 이 나무들이 성종 때에 이르러서는 경복궁 나무들 가운데 주종을 이룰 정도로 번성했다. 그러나 앵두는 미약(媚藥, 최음제) 기운이 있으므로 이 나무가 번성하면 땅의 기운이 여자의 음기로 바뀌어 나쁜 영향을 미친다 하여 대신들이 베어버리도록 간청했다고 한다.

편액에 담긴 뜻：교태전 일곽에는 함원전, 함형문, 함홍각 등 '함(含/咸)'자 돌림 편액이 유난히 눈에 띈다. 교태전 북쪽의 흥복전 터 뒤에도 함화당이 있다. '含/咸'은 '머금다·품다/모두'라는 뜻을 지닌 형성문자다. '元(원), 亨(형), 弘(홍), 和(화)'를 품는다는 의미를 각각 나타내는 편액들이다.

함원전에서 아미산으로 들어가는 통문은 함형문이다. 함원전과 함형문의 편액은 원형리정의 개념을 끌어다 붙인 것이다. 원형리정은 《주역》에서 말하는 건괘의 네 가지 덕, 곧 천도의 네 가지 원리나 도리를 이르는 말이다. 元(원)은 '크다(大)', '시작(봄)'이라는 뜻이므로 '태어나 크게' 되는 만물의 근본이고, 인간의 윤리로는 지고지선의 인(仁)에 해당하므로 '좋음'의 으뜸이다. 亨(형)은 만물의 성장(여름), 곧 무궁한 발전을 뜻한다. 이상적 질서인 예(禮)에 해당하므로 '좋은 사물'의 모임이다. 利(리)는 만물이 결실을 맺는 가을이다. 사리의 순조로움을 의미하며 윤리로는 의(義)이고 조화다. 貞(정)은 곧음이며 만물이 생성 – 성장 – 성취한 후에 쉬는 겨울이다. 인간의 도덕으로는 지(智)에 해당한다. 시공을 초월해 모든 일을 완성하게 하는 만물의 근간이자 힘이다.

원형리정은 '인의예지' 다. 군자는 인을 체득해 사람을 자라게 할
수 있고〔元〕, 모임을 아름답게 하여 예에 합할 수 있으며〔亨〕, 물건
을 이롭게 하여 의에 이르게 할 수 있고〔利〕, 지로써 흔들림 없이 일
을 주관할 수 있다〔貞〕. 요컨대 함원전은 만물이 생성되고 성장해
성취하는 곳이며, 함형문은 발전과 번영의 세계로 나아가는 통로라
는 의미가 내포되어 있다.

함원전의 불연(佛緣) : 그러나 이 같은 유교적 발상과는 달리 함원전
에는 불교와 인연이 깊다. 문종이 승하할 무렵 세자 홍위(弘暐, 단
종)가 잠시 거처했다는 기록도 엿보이지만, 불사를 봉행했다는 세
조 연간의 기록이 자주 눈에 띈다.

불사(佛事)를 함원전에서 지었다. |《세조실록》, 1462년 4월 7일 |

내수소에서 불상 4구를 만들어 함원전에서 점안했는데, 이때에 이르러 장의사(壯義寺)에 안치했다. |《세조실록》, 1462년 9월 5일 |

승정원에 전지했다. "근일에 효령대군이 회암사에서 원각법회를 베푸니, 여래가 모습을 드러내고 감로가 내렸다. 누런 가사를 입은 승려 세 사람이 탑을 돌며 부지런히 염송하는데 그 빛이 번개 같고, 또 빛이 대낮같이 밝았으며 채색 안개가 공중에 가득했다. 사리 분신이 수백 개였는데, 곧 그 사리를 함원전에 공양했고, 또 분신이 수십 매(枚)였다. 이 같은 기이한 상서(祥瑞)는 실로 만나기가 어려운 일이므로, 다시 흥복사(興福寺, 지금의 탑골공원에 있던 절)를 세워서 원각사로 삼고자 한다."

|《세조실록》, 1463년 5월 2일 |

원각사의 백옥불상(白玉佛像)이 이루어지니, 함원전에 맞아들여서 점안법회를 베풀었다. |《세조실록》, 1465년 7월 15일 |

함원전에 사리 분신의 기이함이 있었다 하여 백관이 진하하니, 죽을죄를 지은 도둑과 형벌을 멋대로 행사한 관리, 강상(綱常)에 관계된 것을 제외하고는 아울러 용서하게 했다. |《세조실록》, 1467년 5월 14일 |

조선은 유교를 국시로 받들어 출발한 왕조였으나 초기에는 불교 배척이 모질지 않았다. 실제로 사대부들이 유교적 가치관에 적응하는 데는 창업 후 150여 년이 걸렸고, 보통 백성들은 200여 년이 지난 임진왜란 이후에야 유교적 질서에 부합하는 생활이 가능했다. 태조는 무학을 왕사로 대접하여 어려운 일이 있을 때마다 자문을 구했고, 신덕왕후가 병석에 있을 때는 스님들을 내전에 모아 예

불을 드렸다. 《태조실록》에는 화공에게 부처님을 그리게 하여 궁안에 봉안했다는 기록이 있고, 계비 신덕왕후가 죽은 뒤에는 정릉의 원찰로 흥천사를 지어 명복을 빌었다.

태종 때는 불교개혁 조치로 잠시 소강 상태였으나 세종은 내불당을 마련할 정도로 극진한 숭불의 면모를 보여주었을 뿐만 아니라, 《월인천강지곡》을 지어 부처님을 예찬했다. 세조는 불교 신앙에 지성을 바쳤다. 《석보상절》을 엮어 어머니 소헌왕후의 명복을 빌었고, 팔만대장경을 인쇄해 전국 유명 사찰에 배포했는가 하면 사라진 흥천사 종을 주조했다. 흥복사를 대대적으로 중수해 원각사로 개칭한 이도 세조였다. 왕위 찬탈의 업보가 불러온 악몽과 피부병에 시달리던 그는 불교 신앙으로 극복하고자 전국 곳곳에 불사를 벌였다. 세조의 왕사 신미(信眉)는 《월인천강지곡》과 《석보상절》을 묶어 《월인석보》를 발간했다.

의침(義砧)은 쟁쟁한 유학자들과 함께 유교문학의 절창이자 우리나라 최초의 번역시집 《분류두공부시언해》 편찬에 참여했다. 《능엄경》, 《법화경》, 《금강경》, 《원광경》, 《육조법보단경》 등 불교 경전이 번역된 것도 세조-성종 연간이었다. 사대부들도 겉으로는 유교 이념을 내세웠으나 사생활에서는 고명한 스님들과 교우를 이어갔다. 사대부집 부녀자들은 부처님을 공양하는 데 열심이었고 절집의 재정적 후원을 마다하지 않았다.

건립 초기에 불교와 인연이 깊었던 함원전은 창건 후 몇 차례의 소실을 거쳐 경복궁 중창 때 다시 지어졌다. 그러나 1876년(고종 13년) 11월에 있었던 대화재로 내전 영역과 함께 소실돼 1888년(고종 25년)에 복구했다. 그러나 경복궁의 다른 내전 건물과 마찬가지로 1917년 창덕궁 대화재 이후, 이를 복원한다는 핑계로 일제에 의해 1918~1920년 무렵 창덕궁으로 뜯겨 나간다. 이때 순종은 창덕궁 대조전의 부속 건물로 덧댄 함원전의 현판을 이완용이 쓰도록 했다. 지금의 현판은 창덕궁으로 뜯겨 나가기 전의 것을 수리해 달았다.

아미산

함원전과 교태전 서행각 사이를 지나 함형문을 들어서면 교태전 뒤뜰이다. 오른쪽은 교태전과 부속 건물이 ⊔자를 이루며 정교하게 짠 툇마루 난간으로 연결돼 있다. ⊔으로 터진 부분의 뒷마당을 나지막한 언덕이 받쳐주고 있는데 이것이 아미산이다. 어떤 이는 산골마을 논두렁만도 못한데 무슨 산이냐고 웃을지도 모른다. 그러나 정전 월대에 설비한 드므의 물을 문해(門海)라 이르고, 경주 안압지에는 임해전(臨海殿)이 있었으며, 부여 남궁지(南宮池)에는 망해정(望海亭)과 망해루가 있었다는 점을 감안한다면 이 정도의 과장은 아무것도 아니다. 풍수학에서는 약간의 돌기도 용(산줄기)으로 본다. 대상을 현상으로만 보지 않는 옛 사람들은 정신세계가 아미산에 있다.

아미산은 아름다운 산이다. 중국의 쓰촨 성 어메이 현의 어메이산(峨嵋山)은 세계자연유산으로 등재될 만큼 아름답다고 이름나 있다. 흔히 교태전 아미산이 어메이산 이미지를 옮겨온 것이라고 말한다. 그러나 아름답다는 아미산은 우리나라에도 많다. 충청남도 당진과 부여, 강원도 홍천, 전라북도 순창에도 있다. 꼭 중국 것을 끌어대지 않더라도 아미산은 아름답다.

'아미'의 한자 표기에는 '峨嵋'와 '蛾眉'의 두 가지가 있다. '蛾

眉'는 미인의 눈썹을 가리킨다. 두 눈썹의 모양이 대칭을 이룬 누에 나방의 눈썹 같다는 데서 이른 말로, 아미는 미인의 대유(代喩)다. 아미산(峨嵋山)은 아미산(蛾眉山)이다. 궁궐의 미인은 왕비다. 교태전 뒤뜰의 아미산은 아름다운 왕비의 마음이 머무르는 산이다.

이 산은 신선세계의 이미지로 가득 차 있다. 철따라 기화요초가 만발해 향기를 내뿜고, 벌과 나비가 꽃을 찾아 분주히 옮겨다니며 춤추고 노래 부른다. 여기저기 놓인 괴석이 자연의 은밀한 세계를 전하고, 꽃밭에는 십장생이 난무한다. 이곳은 아무나 들어올 수 있는 데가 아니다. 사악한 기운이라도 감돌면 굴뚝을 지키는 불가사리가 그냥두지 않는다.

아미산은 관념의 세계다. 꽃밭이 아니라 유현한 정신의 세계이며 언제나 신비로운 자줏빛 안개가 감도는 신선의 세계다. 아미산에는 왕비가 신선처럼 생활하기를 바라는 마음이 짙게 배어 있다. 깊고 깊은 궁궐의 안주인이 되어 평생 이곳에서 지내야 하는 왕비를 위로하려는 인간적인 배려가 여기 있다. 비록 제한된 공간이지만 광대무변의 우주로 여기고 신선의 나라에서 마음만이라도 신선이 되어 지내라는 것이다.

아미산은 태종 12년, 경회루 연못을 팔 때 나온 흙을 쌓아 만든 가산(假山)이다. 가산은 축경(縮景, 산수화나 수석·분재 등의 형식으로 광대한 자연 경치를 축소해 꾸미는 기예) 또는 외부의 시선을 차단하려고 평지에 만든 작은 인공산이다. 자연을 축소해 정원으로 끌어들임으로써 산야의 풍광을 접하는 것과 같은 심리적 효과를 주고, 외부와 차단해 공간 깊이를 더하기 위해 쌓은 산이다. 경주 안압지의 인공산이 전자의 경우이고 종묘의 가산은 후자에 해당한다. 아미산은 위의 두 기능을 아우른다.

아미산 화계 : 네 단으로
이뤄진 계단에 십장생과
벽사상을 부조한 굴뚝을
세우고 흐드러진 꽃과 향
기가 넘실대는 꽃밭에 석
련지, 괴석 등을 배치하여
신선세계를 연출했다.

화계 : 아미산은 1440년(세종 22년) 교태전을 조영할 때, 두 벌대 장대석을 쌓아 네 단으로 조성한 화계, 곧 꽃계단이다. 맨 윗단을 제외한 각각의 화단에는 석분과 석지를 배치했다. 첫 단에는 괴석이 자리를 지키고, 그 옆으로 향기 품은 옥매 · 모란 · 진달래 · 해당화가 자태를 뽐내며, 중심에는 싱싱한 소나무가 교태전을 향해 몸을 굽혀 경배하고 있다. 셋째 단에는 곱게 단장한 화전(花塼, 꽃을 새긴 벽돌) 굴뚝이 믿음직하게 서 있다. 이런 설치물 주위에는 철따라 피는 초화(草花)를 심었다. 맨 윗단은 울창한 숲을 조성해 든든한 배경으로 삼았다. 지금의 숲은 측백, 산수유, 회화나무, 말채나무, 쉬나무가 주종을 이루고 있다.

옛사람들은 완만한 언덕을 등지고 햇볕이 잘 드는 곳을 좋은 집터로 보았다. 그래서 남향집을 짓고 널찍한 뒤란 언덕의 흙이 흘러내리지 않도록 계단을 조성했다. 이 계단에 화초를 심고 자연의 운치가 가득한 괴석을 놓았으며, 돌확에 물을 담아 세심석(洗心石)으로 삼았다. 아미산 화계는 이것에 더해 정성껏 굴뚝을 세웠다. 수평과 수직으로 직교(直交)의 묘미를 살려 입체감과 역동성을 부여한 것이다. 이러한 미의식의 절정이 아미산 화계다.

괴석 : 괴석은 기이한 돌덩어리다. 온갖 비바람을 감당하고 진수만 남은 돌이다. 사람으로 치면 거짓 꾸밈과 삶의 군더더기가 없는 진솔한 인품의 소유자다. 온갖 풍상에 씻기면서도 흔들림 없이 그 자리에 그렇게 자리 잡고 있는 것이 괴석이다. 그래서 괴석은 단순한 완상물이 아니다.

> 바위는 견고, 불변해 천지와 함께 종식되는 것, 두터운 땅에 우뚝하게 박히고 위엄 있게 솟아서 진압하며, 만길의 높이에 서서 흔들어도 움직일 수 없는 것, 깊은 땅 속에 깊숙이 잠겨서 아무도 침노하거나 제압할 수 없는 존재······ | 이곡, 〈석문 石問〉 |

> 고즌 무슨 일로 퓌여서 쉬이 지고
> 플은 어이하여 프르는 듯 누르나니
> 아마도 변치 아닐손 바회뿐인가 하노라 | 윤선도, 〈오우가〉 |

두 글은 바위의 덕과 불변을 예찬한 고려와 조선시대의 글이다. 현대에 와서도 바위 칭송은 끊이지 않아 유치환은 순수한 생명의 세계를 '바위' 로 상정하고 이를 지향하려는 의지를 노래했다. 이 바위를 '괴석' 으로 바꾸고 서정적 자아를 왕비로 상정하면 그럴듯하다.

내 죽으면 한 개 바위가 되리라.

아예 애련에 물들지 않고 희로에 움직이지 않고

비와 바람에 깎이는 대로 억년 비정의 함묵에

안으로 안으로만 채찍질하여

드디어 생명도 망각하고 흐르는 구름

머언 원뢰(遠雷).

꿈꾸어도 노래하지 않고,

두 쪽으로 깨뜨려져도

소리하지 않는 바위가 되리라. | 유치환, 〈바위〉|

이러한 괴석은 창덕궁의 낙선재 화계와 한정당, 그리고 연경당의 앞뜰, 장경궁 통명전 연낭(蓮塘)과 혜경궁 홍씨의 사경전 터 등 여러 곳에 배치돼 있다.

석련지 : 아미산의 화계에는 세 개의 연못이 있다. 겉면에 탐스러운 하엽(荷葉)을 돋을새김한(양각) 연지와 '함월지(含月池)', '낙하담(落霞潭)'이라고 오목새김(음각)한 석함 두 개를 말한다. 산 속에 호수의 풍광을 조성한 것이다.

가장 아랫단의 연지 두 개는 항아가 사는 월궁을 형상화한 석지다. 이 석지 가장자리에는 물에 잠길 듯 말 듯한 두꺼비 네 마리를 조각했다. 이 두꺼비는 달의 정령이다.

요임금 때의 일이다. 태양신 제준(帝俊)의 아내 희화(羲和)는 10개의 아들 태양을 낳았고, 다른 부인 상희(常羲)는 12개의 달을 낳았다. 희화는 동쪽 바다 탕곡(湯谷)에 살면서 매일 아침 열 개의 아들 태양 중 하나씩 내보냈다. 나머지 아홉 태양은 부상(扶桑)에 집을 짓고 지내면서 떠다닐 순서를 기다려야 했다. 그들은 열흘에 한 차례씩 집에서 벗어나 하늘을 날 수 있었다. 순서를 기다리느라 답답했던 태양 아들들은 서로 의논하여 함께 하늘을 건너가기로 했다. 열 개의 태양이 한꺼번에 떠오르자 지상은 삽시간에 염열(炎熱)지옥으로 변했다. 농작물과 초목은 말라 비틀어졌으며, 하천은 먼지가 풀썩거렸다. 요임금은 자신의 덕으로도 이 천재지변을 감당할 수 없었다. 그래서 제준에게 염열을 멈추게 해달라고 호소했다. 예

신선의 나라 월궁을 형상화한 석련지 : 석련지 둘레에 두꺼비 네 마리를 배치했다. 월궁을 상징하는 두꺼비는 창덕궁 금원의 연경당 장락문 앞에도 있다.

(羿)는 하늘에 사는 활의 명수다. 제준은 예를 지상에 파견해 수습하라고 명령했다. 예는 지상에 내려오자마자 모든 것을 태워버릴 듯 불을 뿜는 태양을 향해 활시위를 당겼다. 하나만 남기고 아홉 태양을 쏘아 맞혔다. 화살을 맞아 떨어진 해를 보니 세 발 달린 까마귀[三足烏, 불새]였다. 이제 태양이 하나만 남게 됐다. 예의 공로로 지상의 인간들은 평화로운 삶을 되찾았다. 그러나 예의 수습 방법이 너무 거칠었다고 제준이 진노했다. 제준은 그 벌로 아내 항아(嫦娥)와 함께 예를 지상으로 추방했다. 신에서 인간으로 추락한 것이다. 어느 날 예는 곤륜산의 서왕모(西王母)가 불사약을 지녔다는 말을 들었다. 그는 서왕모를 찾아가 그동안의 사연을 말하고 불사약을 얻고 싶다고 청했다. 서왕모는 예가 못된 태양(불새)을 제거해 인간들을 살렸다는 것을 알고 있었으므로 순순히 불사약을 내주었다. 예는 약을 아내에게 맡기고 나중에 같이 먹자고 약속했다. 그러나 남편의 잘못으로 벌을 받는다고 여긴 항아는 예가 없는 사이에 불사약을 혼자서 삼켜버렸다. 그러자 그녀의 몸이 가볍게 떠오르면서 하늘로 올라가기 시작했다. 그녀는 추방당한 신세로는 다시 하늘나라로 돌아갈 수는 없다고 생각했다. 그래서 달나라[月宮]에 들어가 잠시 몸을 숨기기로 결

십했다. 그런데 월궁에 도착하자마자 몸이 오그라들기 시작했다. 배와 허리가 옆으로 퍼지고 입은 크게 찢어졌으며 눈이 튀어 나왔다. 살결은 검어지고 동전 크기만큼씩 얽어서 곰보가 됐다. 목과 어깨도 들러붙어 흉측한 두꺼비가 됐다. 맑게 갠 밤, 달 표면에 나타나는 두꺼비 그림자는 이 항아의 변신이다. | 《회남자(淮南子)》〈항아분월설화(姮娥奔月說話)〉 |

석련지에 새긴 두꺼비도 신선 항아가 변신한 모습이다.

이 석련지 안에 물을 담아놓고 달 뜨기를 기다린다. 교태전 지붕 위로 두둥실 달이 오르면 거울 같은 수면에 이 달이 사뿐히 내려올 것이다. 석련지 안에 떠오른 달 위에 두꺼비가 노닌다. 이것이 아미산에 실현된 신선의 나라 월궁이다. 기막힌 이미지의 중첩이다.

눋째 단의 낙하담은 저녁놀이 지는 연못, 함월지는 달을 머금은 호수다. 중궁전의 은은한 아취가 풍기는 월하절승(月下絶勝)이다. 해질 녘이 되어 저녁놀이 번지면 달이 떠오른다는 착상이다. 음양이 어울리는 상징으로 어김없는 지천태 괘의 실현이다.

아미산 굴뚝 보물 81호

화계 세 번째 단의 굴뚝 세 개가 나란히 횡대를 이루고 하나는 약간 뒤로 물러서 건순문 안에 비껴 있다. 중창 때 모습을 드러낸 후로 묵묵히 자리를 지켜온 굴뚝이다. 창덕궁 내전을 복구한다는 소동 속에 이 일대가 모두 헐려 나간 뒤에도 이 굴뚝은 텅 빈 침전 터를 지키고 있었다.

도교에서 아궁이는 조왕신(부뚜막신)이 출입하는 문이다. 아궁이는 옥황상제에게 잘잘못을 보고하는 입이며, 아궁이와 연결된 굴뚝은 하늘로 가는 통로라는 관념이 있다. 대개의 굴뚝이 연기를 내보내는 역할로 끝나지만, 이 굴뚝은 아미산 으로 형상화된 이상향의 당당한 일원으로 참여하고 있다. 아미산 굴뚝은 곧 신선세계로 가는 관문이다. 선계의 주재자 옥황상제가 살았다는 백옥루 기둥의 이미지가 짙다. 겉면에는 선계를 암시하는 온갖 비유 와 상징으로 장식하여 화려함의 극치를 보여준다.

아미산 굴뚝은 화강암 받침대 위에 30, 31켜의 황 토색 벽돌로 쌓았다. 전체 색조가 주변의 담장과 조화 를 이뤄 눈에 거스르지 않는다. 지붕은 전통적인 기와 지붕처럼 소로, 창방, 첨자까지 격식을 모두 갖췄다. 일일이 벽돌 로 구워 목조 부재 다루듯 조직한 것이 예사로운 정성은 아니다. 지붕에 얹은 네 개의 연가가 없다면 굴뚝이라는 느낌이 전혀 들지 않아 상식의 통념을 완전히 깨뜨린 구조물이다.

건순각 툇마루 옆의 굴뚝 : 굴뚝 위는 잘 짜맞춘 목조 기와지붕과 처마처럼 꾸몄 고 몸통은 육모 기둥에 화 려한 무늬로 된 전돌을 구 워 박았다. 신선세계에서 육모 기둥은 상하, 동서남 북, 곧 온 세상을 상징한다.

몸체는 단순하지 않은 육모이며 한 면의 높이는 2.6미터, 폭은 88 센티미터 정도다. 육모는 육합(六合)을 상징한다. 육합은 하늘과 땅, 동서남북을 가리키므로 '온 세상'을 지칭한다. 몸체의 여섯 면 은 벽사와 장수를 비는 여러 가지 동식물의 형상으로 빚은 벽돌로 구워 네 겹으로 박았다.

맨 위는 옆으로 누운 직사각에 당초문을 구름처럼 띄워 여섯 면 을 감싸고, 두 번째 부분은 나티 · 봉황 · 박쥐 · 학, 세 번째 부분은 모란 · 국화 · 창살 · 매화, 맨 아래는 해치 · 불가사리 · 박쥐 모습을 부조했다. 끝없이 이어지는 당초무늬는 오랜 생명력을, 두 번째 동 물군(群)은 고고함 · 행복 · 장생 · 벽사, 세 번째 식물은 부귀 · 은 일 · 고고함, 맨 아래 상징물은 벽사 · 행복을 의미한다.

굴뚝의 여러 화면 : 모란, 국화, 대나무, 매화, 소나무, 석류, 완자창살문, 불가사리.

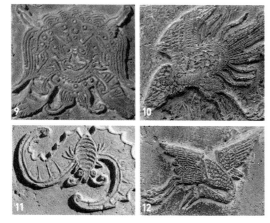

나티, 봉황, 박쥐, 학.

둘째 부분 북면의 창살 문양은 굴뚝 자체를 사람 사는 집으로 전의(轉意)시켰다는 점에서 기발한 발상이다. 이 화면들 중 작은 것은 전돌 하나로 되어 있으나 세 번째의 큰 화면은 여러 부분으로 나눠 구운 조각의 전돌을 한 구조로 정교하게 짜서 맞춘 것이다.

건순각

건순각은 왕실의 정성과 조정의 간절한 바람을 안고 왕비가 잉태한 왕자나 공주가 태어나는 곳이다. 편액의 '건순'은 강건(剛健)과 유순(柔順)의 머리글자 합성이다. 강건은 남성, 양을 상징하고 유순은 여성, 음을 상징한다.

경복궁 터는 평지였다는 점에서 동궐(창덕궁과 창경궁)과 다르다. 아미산은 창덕궁 대조전이나 창경궁 통명전 뒤에 조성된 화계와는 환경의 차이가 있다. 동궐의 중궁인 대조전과 통명전은 응봉 자락에 조영했기 때문에 뒤뜰은 자연히 언덕바지일 수밖에 없었고, 이 경사면에 화계를 조성하는 것은 자

연스러운 조경 방식이었다. 그러나
평지에 인공산을 쌓아 화계를 꾸민
교태전 아미산은 감상의 차원을 뛰
어넘는다. 아름다운 자연을 차경
(借景)해 이곳에 묻혀 사는 왕비를
심리적으로 고무하려는 표면적 의
도 외에 조영자의 또 다른 뜻이 담
겨 있는 것이다.

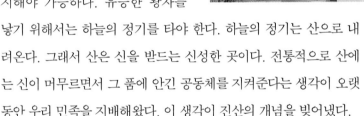

건순각 : 아미산 굴뚝과 오
른쪽으로 건순문이 보인다.

훌륭한 인물의 출현은 하늘이 점
지해야 가능하다. 유능한 왕자를
낳기 위해서는 하늘의 정기를 타야 한다. 하늘의 정기는 산으로 내
려온다. 그래서 산은 신을 받드는 신성한 곳이다. 전통적으로 산에
는 신이 머무르면서 그 품에 안긴 공동체를 지켜준다는 생각이 오랫
동안 우리 민족을 지배해왔다. 이 생각이 진산의 개념을 빚어냈다.

한성의 진산은 삼각산이며, 경복궁의 진산은 백악이다. 우리나라
의 태조산(太祖山)은 백두산이다. 장차 이 나라를 통치할 왕자는 태
조산의 정기를 받고 태어나야 한다. 그런데 겨레의 영산 백두산이
내려 받은 하늘의 정기는 백두대간을 타고 내려오다 한북정맥을 거
쳐 최종적으로 백악산에 머문다. 평지에 자리 잡은 교태전의 왕비
가 백악에 머문 하늘의 정기를 끌어들이려면 또 하나의 장치가 필
요하다. 그래서 쌓아올린 것이 아미산이다. 신령스러운 태조산의
정기를 받아 하늘의 뜻을 살핀 관상감이 점지한 날, 음양의 결합으
로 천 · 지 · 인의 정성이 농축된 에너지의 화신이 왕자다.

태기가 있는 왕비는 출산할 때까지 정결한 생각만 해야 한다. 음
란한 소리를 듣지 않고, 사특한 색깔은 보아서도 안 되며, 똑바로

나아가지 못하는 게〔蟹〕나 뼈 없는 문어와 낙지로 조리한 음식도 피해야 한다. 비스듬히 앉지 않으며, 옆으로 눕지 않고, 외발로 서지 않아야 한다.

출산 두세 달 전에는 내의원에 산실청이 설치된다. 온 나라에 형 집행이 미뤄지고, 왕비의 잠자리는 달 뜨는 방향으로 놓인다. 출산일이 가까워지면 친정 부모는 입궐하여 뒷바라지를 한다. 출산 때가 되면 왕비 처소에 분만실을 설치하고 산자리를 깐다. 산자리는 방바닥으로부터 '볏짚+멍석+풀로 엮은 돗자리+양털 방석+기름종이+백마 가죽+고운 볏짚' 순서로 켜를 이룬다.

아기가 태어나면, 원자(元子, 맏아들)일 경우 임금은 구리종을 쳐서 아기의 출생을 알린다. 종묘에 원자 탄생을 알리고 모든 관리의 하례를 받는다. 산모와 산실청 관리에게는 은전이 베풀어지며, 백성에게 사면령과 함께 과거를 시행하기도 한다. 출산 때 받은 아기의 태는 깨끗이 씻어 백자 항아리에 넣고 7일이 지나면 태실에 안장한다. 이렇게 출산의 절차가 끝나 이상이 없으면 산실청은 해체된다.

샛담과 샛문 : 후원 쪽에서 건순각으로 들어오는 문은 건순문, 자경전 쪽에서 통하는 문은 연휘문이다. 이 문들은 기하학적 무늬와 전자 문양을 새긴 꽃담으로 연결돼 있다. 두 문은 샛문치고는 경복궁 안에서 가장 호사를 누리고 있다. 당초문과 영지를 새긴 건순문 바깥은 잘 자란 말채나무가 문을 지키고 있다. 비록 일각문이지만 문짝은 양의문과 같은 버젓한 골판문이다. 건순문 북쪽으로 이어진 담에는 아미산으로 들어가는 원지문이 있다.

전각의 전문(前門) 이외의
문으로는 가장 호사를 누
리는 연휘문과 건순문. 좌
우 샛담은 기하학적 무늬
와 왕실의 번영을 비는 문
양을 장식했다.

　연휘문은 화강석을 깔끔하게 다듬어 문기둥을 세우고 그 위에 황
토색 벽돌을 반달처럼 쌓아 지붕을 덮은 것이다. 그래서 전체가 벽
돌로 이뤄진 홍예문을 월문이라고도 한다. 반달 위에는 무지개처럼
호선(弧線)을 둘렀다. 지붕의 규모는 작지만 궁궐 정문과 같은 우진
각이다. 처마 아래의 도리와 호선 사이에는 벽사상과 영지를 머금
은 학을 날려 만수무강을 기원했다.

　건순문과 연휘문에 이어지는 샛담의 안팎에는 온갖 길상무늬와
전각(篆刻) 문자가 파노라마처럼 펼쳐진다. 벽의 바탕은 흰색 반점
이 있는 짙은 황토색 벽돌이다.

동궁 일원

왕세자는 떠오르는 태양이다. 그래서 세자궁을 동쪽에 세우고 동궁이라고 불렀다. 자선당은 세자 내외가 거처하던 내당이고, 비현각은 공부를 하며 정무도 보던 외당이다. 남쪽의 춘방 터에는 세자 교육을 담당하던 시강원이, 계방 터에는 경호와 의전을 담당하던 익위사가 있었다. 이 지역은 일제강점기에 맨처음 훼손되어 자선당은 일본으로 옮겨졌다가 지진으로 불타버렸고, 기단석만 돌아왔다. 지금의 건물들은 1999년에 되살린 것이다.

동궁은 근정전과 사정전 동쪽에 있다. 근정전에서는 융문루 통문, 사정전에서는 동남쪽 행각의 사현문과 통한다. 융문루 밑에 서면 공터가 펼쳐진다. 왼쪽에는 소나무 밭에 이어 잔디밭이 있고, 오른쪽은 담장으로 막혀 있다. 〈북궐도형〉에 따르면 융문루 바로 앞 소나무 밭과 그곳에 이어진 자리는 통장청(統將廳)·문기수청(門旗守廳)이 있었고, 그 북쪽에는 오상방(五相房)과 역원처소(役員處所), 문기수청 동쪽의 잔디밭 자리는 계방(桂坊)과 춘방(春坊)이 남북으로 자리 잡고 있었다. 이 잔디밭과 나지막한 울타리 안에 소복하게 어울린 살구나무, 앵두나무 밭 사잇길로 직행하면 동궁의 정문인 이극문이 나온다.

융문루 남쪽에는 살구나무와 앵두나무가 줄 서 있다. 근정전 동행각에 이어진 담장의 동문 사이에 있는 이 나무들 자리는 옛날 계조당(繼照堂) 터다. 담장을 오른쪽에 두고 곧장 다리품을 팔면 건춘문이다.

법궁의 축소판인 동궁의 빈 터 : 지금은 빈 터로 남아 있지만 옛날에는 세자활동을 도와주는 춘방과 계방 등 보조기관, 내관들의 처소와 편의 시설이 있었다.

동궁 궁역은 치조의 동쪽에 자리 잡은 독립된 영역이다. 세자는 이곳에서 생활하면서 부왕의 다음 세대를 준비했다. 그는 나라의 희망이자 떠오르는 태양이므로 해 뜨는 동쪽에 거처를 두었다. 그래서 세자가 머무르는 궁전을 동궁(東宮)이라고 한다. 동궁은 법궁의 축소판이다. 미래의 임금으로서 완벽한 학습을 위해 압축된 외조, 치조, 연조에 해당하는 기구와 편의시설을 두루 갖추고 있다. 지금은 자선당과 비현각만 복구됐지만, 고종 때는 춘방과 계방, 계조당이 있었다. 동쪽에는 보조시설과 여기서 일하는 궁녀·내시가 상주하는 공간이 있었다. 왕족의 재산은 독립채산제이기 때문에 동궁에 소속된 시설이나 조직은 독자적으로 운영됐다.

동궁은 1427년(세종 9년), 세자 향(珦, 문종)의 시강 및 서연 장소로 쓰려고 자선당을 지은 데서 비롯됐다. 세종은 다른 일 못지않게 후계자 육성을 위해 세심하게 배려했던 임금이다. 세자궁으로 종종 나와 정무를 보고 타구(打毬)를 즐기기도 했다. 재위 24년에는 신하들의 반대를 무릅쓰고 세자의 대리청정에 대비하여 그 보좌기관으로 첨사원(詹事院)을 설치하고 이듬해에 서정을 맡겼다. 건춘문 안

에는 계조당을 지어 정당(正堂)으로 삼았다. 계조당은 근정전과 같은 세자의 수조당(受朝堂, 세자가 신하들의 조하를 받는 곳)이다. 대리청정 기간 중 세종은 세자도 임금처럼 남쪽을 향해 앉아 조회를 받게 했다. 모든 관원은 뜰아래에서 신하의 예를 갖추도록 했으며, 국가의 중대사를 제외하고 모든 서무는 세자의 결재를 받으라고도 했다. 계조당은 대리청정과 같이 특수한 정치적 환경에 소용되는 곳이므로 동궁의 필수적인 시설은 아니다. 문종은 즉위하면서 계조당의 존재가 더 이상 필요 없다 하여 없애려고 했으나 일찍 세상을 뜨는 바람에 실현하지 못하고 뒤를 이은 단종이 즉위하던 해에 헐었다. 조선 후기에는 창경궁 시민당이 세자의 수조당이었다.

동궁이 세자궁으로서 독자적인 면모를 갖춘 것은 경복궁 중창 때였다. 이때 계조당, 자선당, 비현각을 복원하고 춘방과 계방을 새로 지었다. 경복궁 창건 당시의 강녕전이 임금과 왕비가 함께 쓰던 침전이었던 것처럼, 자선당은 조선 전기의 동궁 내당이다. 조선 후기의 법궁이었던 창덕궁의 동궁은 중희당이다.

춘방은 시강원으로 세자교육 전담기관이다. 시강원에는 동궁 전용도서관인 책고(冊庫)가 딸려 있었다. 계방은 익위사라고도 한다. 세자의 경호 업무와 시위를 맡은 군사가 머무르는 곳이다. 지금의 동궁 앞 잔디밭이 이와 같은 부속 기관이 있던 자리다.

건춘문

건춘문은 만물의 기운이 움트는 '봄이 시작하는 문'이라는 뜻이 담긴 경복궁 동문이다. 세자를 비롯한 왕족과 종친, 동궁 영역의 궐내각사에서 일하는 관리, 궁녀, 환관들이 드나들었다. 대궐에 비상사태가 발생하거나 첩종이 울리면, 임금의 시신들이 명령을 기다리던 곳이기도 했다.

건춘문 안의 오른편에는 왕실 가족들을 위한 생활공간이 들어차 있었다. 일제는 물산공진회를 준비하면서 정전·편전·침전 일원을 제외한 경복궁의 거의 모든 전각을 훼손했는데, 그곳 시설들도 이때 사라졌다. 지금은 그 자리에 나무들만 무성하다. 건춘문 남쪽은 건춘문에서 영추문까지 공사 편의를 위해 조선총독부 청사 건설이 한창이던 1920년 6월에 횡단도로로 변했다.

사대문 중 광화문을 제외한 세 문은 홍예의 높이와 폭, 문루의 평면·주칸(柱間)·가구(架構) 등이 모두 비슷하다. 건춘문은 서쪽의 영추문과 함께 궐내각사와 치조 출입을 고려해 남북 3분의 1 지점에 세웠다.

태조 때 세웠던 건춘문은 임진왜란 때 불타고, 지금 서 있는 문은 고종 2년에 상량한 구조물이다. 사다리꼴 축대 위에 단층의 누각을 세우고, 축대 중앙에 홍예문을 냈다. 홍예는 영조 척으로 높이 16.5

건춘문 : 궁성의 동쪽 대문으로 왕족과 종친, 동궁 영역에서 일하는 궐내각사 관리들이 출입했다. 광화문을 제외한 궁성 대문은 규모가 비슷하다.

자, 너비는 15자다. 높이 16.5자는 15자 사방의 정사각형에서 그 대각선 길이에 해당한다. 홍예의 천장에는 오방색을 써서 구름을 탄 오조룡을 그렸다. 이 그림의 동쪽에는 청룡, 서쪽에는 황룡인데 모두 여의주를 물고 있다.

축대는 궁성보다 높다. 수문병이 문루에 올라갈 때는 좌우의 돌계단을 이용했다. 사대문의 문루는 성상소로도 이용됐으므로 사헌부 감찰들도 오르내리며 관료들의 출입 동태를 살폈다. 가파른 경사를 이룬 이 계단에는 난간을 설치해 안전도를 높였다. 계단은 문루의 협문에 닿고, 협문은 육축 가장자리에 쌓인 여장(女墻, 성 위에 낮게 쌓은 담)에 이어져 있다. 월문 형식의 협문 양쪽에는 왕실과 조정의 안녕과 번영을 기원하는 사자성어를 돋을새김했다.

문루는 앞면 3칸, 옆면 2칸으로 사방이 트였다. 가운데는 널마루를, 둘레는 약간 낮춰 전돌을 깔았다. 가구는 5량집, 이익공이며 연등천장이다. 겹처마에 우진각 지붕의 지붕마루는 양성을 발랐으며, 취두·용두·잡상 등을 배열하고 사래 끝에 물고기 모양의 토수를 끼웠다. 훼손되기 이전의 건춘문과 영추문 안에는 수문장청을 비롯한 수문군사·훈국(訓局, 훈련도감) 병사들의 처소가 있었다. 지금의 건춘문 앞에는 소나무가 푸르름을 뽐내고 오래된 은행나무 한 그루가 말없이 빈 터를 지키고 있다.

이극문

임금이 북극성이고, 세자는 북극성 자리를 이을 후계자이므로 이극이다. 이극문(貳極門)은 비현각의 동쪽 바깥 행각(줄행랑, 방문객이 대기하던 장소로 이용됐음) 남쪽에 있다. 삼문 형식의 2칸으로 짠 이극문은 여느 전각처럼 본채와 평행이 아니고 동향이다. 풍수에서 동쪽, 곧 좌청룡은 길방(吉方)이다. 해가 솟아 양기가 왕성한 곳이기 때문이다. 그래서 집을 지을 때 '남향판에 동쪽 대문'이라는 말이 있다. 안채는 남향, 대문은 동쪽에 둔다는 뜻이다. 소생하는 기운을 담은 햇빛의 길상을 대문에서 맞이하기 위함이다. 대문은 동쪽에 내야 복이 햇살같이 들어온다는 생각이다. 문왕팔괘에서 동쪽은 진괘(震卦)다. 진은 큰아들이며 방향은 동쪽이다. 중국에서는 만물의 소생과 성장이 동쪽에서 비롯한다고 보았다. 그래서 태자를 동궁에 뒀다. 태자 또한 동궁이라 불렀고 조선도 이에 따랐다.

비현각 동편에는 동궁에 딸린 장방(내시 처소), 수라간, 등촉방, 별감방이 있었다. 그러나 지금은 옛 자취를 찾을 길이 없다. 대추나무 밭과 소나무 밭, 상수리, 단풍, 개나리, 살구나무 사이로 2층 시멘트 건물만 우중충하게 서 있을 뿐이다. 이 집은 일제강점기에 총독부 박물관 창고로 쓰이다가 지금은 경복궁 관리사무소가 되었다.

동궁을 구성하고 있는 비현각과 자선당은 별도의 일곽으로 조직했다. 두 건물은 각각 동궁의 일부지만 주종의 관계가 아니라 독자적으로 행각을 거느리고 있는 것이다. 이들은 남쪽의 각사와 경계를 지운 담장과 그 안의 긴 바깥마당 정도만 공유하고 있다.

이극문을 들어서면 서쪽으로 길게 펼쳐진 바깥마당이 나타난다. 마당 남쪽은 각사와 경계를 이루는 담장이다. 동궁 앞 각사는 담장

이극문

에 튼 두 개의 일각문으로 드나든다. 마당 북쪽은 비현각과 자선당의 바깥 행각이다. 동궁은 경복궁에서 드물게 바깥 행각을 거느린 곳이다. 그래서 본채로 가려면 문을 세 개나 거쳐야 한다. 행각에는 다양한 구조를 지닌 문들이 사통오달로 통해 있다. 이 문들은 제각기 편액을 달고 세자가 흐트러지지 않도록 일깨우고 있다.

칙소 : 경복궁 핵심 전각에 보이지 않는 칙소(厠所, 변소)가 동궁에는 두 군데 있다. 하나는 자선당 동편 외행각 밖에 앙증맞게 숨어 있는 2칸짜리 독립 건물, 하나는 이극문 남쪽에 붙은 2칸 4조다. 궁궐은 왕족을 보좌하기 위해 2천여 명 정도가 움직이는 곳이다. 사람의 생리현상을 해결하는 칙소는 예나 지금이나 필수 시설이다. 궐내에서 일과를 보내는 관리나 병사, 왕족을 거드는 내시 · 궁녀들의 칙소는 중심 영역을 벗어난 외곽에 배치했다. 경복궁에는 28곳에 51.5칸, 동궐(東闕, 창덕궁 · 창경궁)에는 21곳 36칸의 칙소를 두었다는 연구가 있다. 대개는 단칸이지만 7칸짜리 공중칙소도 있었다고 한다.

궐내의 칙소 관리와 처소 청소는 전연사(典涓司)가 담당했다.

왕족은 매우틀이라는 좌변기를 이용했다. 매화(梅花)는 대변, 매우(梅雨)는 소변의 궁중 용어다. 임금은 복이나인(僕伊內人)이 매추(梅蒭)를 그릇에 담아 대령하면 폭신한 좌변기에 앉아 용변을 본다. 매추란 용변이 사뿐히 내려앉도록 탄력을 주기 위해 몽글게 썬 여물이다. 용변을 마치면 기다리고 있던 나인이 명주 수건으로 뒷마무리를 해준다. 매우틀은 복이나인이 다시 매추를 뿌린 후 소중하게 받들어 처분하지만 내의원에 보내 건강상태를 살피기도 한다. 창덕궁 경훈각에 이 시설의 자취가 남아 있다.

비현각

이극문에서 오른쪽으로 틀면 2칸으로 짠 이모문(貽謨門)이 나온다. 이모문 안은 행각을 두른, 좁은 비현각 가운뎃마당이다. 이 가운뎃마당은 이극문 북쪽에 있는 구현문(求賢門)으로 들어설 수도 있다. 이모문에서 가운뎃마당을 건너질러 사각문으로 들어가면 비현각이다. 앞면 6칸, 옆면 2칸으로 동쪽에는 앞뒤로 단칸방을, 가운데는 정면 3칸, 옆면 2칸 대청을, 서쪽에는 정면 1칸, 옆면 2칸방과 그 옆에 단칸방을 앞뒤로 조직했다. 이 건물은 툇간이나 협실이 없다는 점에서 궁궐 집으로는 드문 예에 속한다.

비현(丕顯)은 '크게 통달하다, 드러나다'는 뜻이다. 비현각은 세자가 신하들과 나랏일을 의논하던 집이다. 이 집은 원래 사정전 동행각에 있던 온돌방 책고였다. 세조 때부터 임금이 편복(便服)으로 야대하거나 저녁에 신하들을 불러 정무를 협의하던 곳이다. 중종

비현각 : 앞면 6칸, 옆면 2
칸 겹처마에 팔작지붕. 자
선당에 비해 간결한 구조
로 세자의 학습 환경에 알
맞게 설계했다.

때 이 비현각을 동궁 쪽으로 옮겼다. 중종은 세자 호(峼)에게 강학
을 베풀려고 비현각을 동궁 옆에 크게 짓고 스스로도 편한 차림으
로 자주 나와 정무를 보았다. 사정전이 낮 동안의 정무처라면 이 무
렵의 비현각은 야간 정무처라고 할 수 있었다. 그러나 중종 38년 화
재로 소실되어 10여 년 뒤 명종이 복구했다.

세자 교육 : 임금은 권력의 정점에서 가장 강력한 영향력을 발휘하
는 인물이다. 특별한 결함이 없는 한 면류관을 처음 쓰는 순간부터
평생 권력이 보장된다. 임금은 위로 선대왕의 위업을 이어받고, 아
래로는 신하와 백성들의 안위를 책임져야 한다. 그래서 조선에서는
무소불위의 임금을 규제하기 위하여 두 가지 제도를 두었다. 하나
는 《조선왕조실록》, 《일성록》, 《승정원일기》처럼 임금의 행위를 기
록하여 후대의 평가를 받게 하는 일과 학덕이 뛰어난 신하를 스승
으로 삼아 평생 끊임없이 학습하는 과정이다.

세자는 다음 세대의 책임자다. 다가올 국가의 홍망이 세자에게 달려 있다. 유능한 군주로 이끌기 위한 세자 교육은 그만큼 막중하다.

왕자 교육은 태교부터 시작된다. 왕비는 잉태하면 아름다운 것을 보고, 좋은 소리만 듣고, 정갈한 음식만 먹어야 한다. 5개월쯤 되면 내시와 나인을 불러들여 뱃속의 아이를 위해《천자문》,《동몽선습》,《명심보감》등을 낭독하게 한다. 뱃속에서부터 공부가 시작되는 것이다. 태어나면 엄정한 심사를 거쳐 선발된 봉보부인의 젖을 물리고, 젖을 뗄 무렵인 두 살을 전후하여 왕자교육 전담기관인 보양청(輔養廳), 네 살 때부터는 강학청(講學廳)이 설치된다. 이때 몸종격인 내관이 붙어 모든 생활을 보살피게 되며 스승을 불러 기본 예절과 인간성 함양을 위한《소학》을 익히고, 명문자제 중에서 고른 또래아이와 어울린다. 왕자가 세자로 책봉되면 성균관으로 가서 입학례를 치르고 본격적인 제왕학 학습에 들어간다. 국가를 통치할 차세대 왕으로서 다른 사람의 견해를 존중하고, 신하들을 존중하며, 백성의 삶을 보살필 줄 아는 덕성과 능력을 기르는 것이다.

세자의 강학은 동궁의 춘방, 곧 세자시강원에서 베풀어졌다. 세자 교육에는 서연, 야대, 소대가 있다. 서연은 학자들이 세자에게 강의하는 일이고 야대는 밤공부, 소대는 스승을 불러 공부하는 것이다. 서연의 총책은 사부(師傅)다. 영의정이 사(師)이고, 좌의정은 부(傅)가 되어 영의정을 보좌하는데 이 둘의 합성어가 사부다. 서연관은 당상관이 겸직한다. 서연관이 강의를 하는 경우가 있으나 주로 자문에 응하고, 시강(侍講, 임금이나 세자에게 경서를 강의하는 일)은 당하관이 맡는다. 시강관은 급제자 가운데 학식과 덕망이 뛰어난 사람 중에서 선임했다.

세자의 일과는 아침저녁으로 웃전에 문안을 드리고 틈틈이 육예

세자 출궁도 : 순조의 세자 (효명세자, 익종으로 추존) 가 성균관에 나아가 스승을 찾아 입학례를 치르기 전 동궁을 나설 때 모습을 그린 것이다.

〔六藝, 예(禮)·악(樂)·사(射, 활쏘기)·어(御, 말 다루기)·서(書)·수(數)〕를 닦는 일 외에는 경전 공부에 매달렸다. 성년이 되면 부왕을 대신해 정무를 처리하는 등 실무를 익히기도 했다. 대리청정은 부왕이 병석에 있거나 나이가 많아 정상적인 업무가 힘겨울 때, 복잡한 안팎 사정으로 임금의 대역이 필요할 때 주어진다. 문종, 광해군, 사도세자, 효명세자가 이런 상황에서 대리청정의 기회를 얻었다. 그러나 이들은 능력을 충분히 발휘하지 못하고 일찍 죽거나 부왕과의 갈등으로 제거되기도 했다.

세자들의 불운 : 광해군과 연산군을 포함한 27명의 조선 임금 가운데 적장자 세자들의 운명은 평탄하지 않았다. 보좌에 앉아본 사람은 전체 3분의 1도 안 되는 8명뿐이었는데, 거의 모두가 일찍 죽거나 비극적인 생애를 마감했다. 문종, 단종, 인종은 뜻을 펴기 전에 시들어버렸고, 연산은 축출됐으며, 현종과 헌종은 수를 다하지 못했다. 숙종·순종이 장수한 편이지만 왕권을 지킨 임금은 숙종뿐이고 순종은 국권을 일본에 넘긴 비운의 임금이었다. 덕종, 익종, 순회는 세자의 신분으로 죽었고, 양녕대군은 세자의 자격을 박탈당했으며, 연산군의 세자는 부왕의 몰락과 함께 비참한 삶을 마감했다. 광해군의 세자는 인조반정 직후 부모와 함께 강화도로 쫓겨나 연금 생활을 하던 중 마당에 땅굴을 파고 탈출하려다 발각되어 인조의 자진(自盡) 명령을 받았고, 폐세자 빈은 그 충격을 극복하지 못하고 자살했다.

개성은 산과 골짜기로 둘러싸인 꽉 막힌 형세여서 권신들의 발호가 많았다. 반면에 한양은 북서쪽[白虎, 우백호]이 높고 남동쪽[青龍, 좌청룡]이 낮아 맏아들인 장자가 잘되지 못하고 차남 이하의 아들이 잘되어 오늘날까지 임금과 재상, 거경(巨卿)은 장남 아닌 사람이 많았다. | 성현, 《용재총화》 |

성현은 장남의 불운을 풍수적 시각으로 분석했는데, 이러한 판단이 조선 전 시대를 예언한 것처럼 되어 버렸다.

지금의 비현각은 자선당과 함께 복원한 건물이다. 자선당은 유구라도 남아 있어 옛날 모습을 재구성할 수 있지만 비현각은 흔적도 없다.

1914년 동궁 일대를 철거하면서 방매 처분된 비현각의 행방에 대해서는 두 가지 견해가 있다. 하나는 장충동에 있던 일본인의 별장 남산장(南山莊)으로 팔려 나갔다는 것이고, 다른 하나는 일본인 건축가 나카무라 요시헤이(中村與資平)가 남대문 정거장 뒤 봉래동에 있는 자신의 집으로 뜯어가 설계사무소로 쓰던 중 누전으로 불타버렸다는 설이다.

비세자(非世子)출신 임금과 즉위 못한 세자

| 비세자 임금 |

정종	태조와 정비 신의왕후 2남, 영안대군
태종	태조와 정비 신의왕후 5남, 정안대군
세종	태종과 원경왕후 3남, 충녕대군
세조	세종과 소헌왕후 2남, 수양대군
예종	세조와 정희왕후 2남, 해양대군
성종	의경세자(덕종)와 수빈 한씨(소혜왕후) 2남, 자산대군
중종	성종과 계비 정현왕후, 진성대군, 연산군 이복동생
명종	중종과 계비 문정왕후, 경원대군, 인종의 이복동생
선조	중종 후궁 창빈 안씨의 아들 덕흥군의 2남
광해	선조와 공빈 김씨 2남
인조	정원군(선조 5남, 원종으로 추존)과 인빈 김씨(인헌왕후) 아들
효종	인조와 인열왕후 2남, 봉림대군
영조	숙종과 후궁 숙빈 최씨, 경종 이복동생
정조	사도세자(장조로 추존)와 혜빈 홍씨(경의왕후) 2남
고종	대원군과 여흥부대부인 민씨 2남

| 즉위 못한 세자 |

의안대군	방석(芳碩), 태조와 신의왕후 2남, 1차 왕자의 난에 희생
양녕대군	제(禔), 태종과 원경왕후 장남, 폐세자
의경세자	장(暲), 세조와 정희왕후 장남, 일찍 죽음, 덕종으로 추존
왕 세 자	황(顙), 연산군과 폐비 신씨 장남, 중종반정으로 폐세자
왕 세 자	지(秷), 광해군과 폐비 윤씨 장남, 인조반정으로 폐세자
순회세자	부(暊), 명종과 인순왕후, 일찍 죽음
소현세자	왕(汪), 인조와 인열왕후 장남, 의문사
효장세자	행(緈), 영조와 정빈 이씨 장남, 진종으로 추존
사도세자	선(愃), 영조와 영빈 이씨 장남, 장조로 추존
의소세손	정(矴), 사도세자와 혜빈 홍씨 장남, 일찍 죽음
효명세자	호(昦), 순조와 순원왕후 장남, 일찍 죽음. 익종으로 추존

자선당

자선당 일곽의 전체 구조는 비현각과 비슷하다. 비현각에 비해 약간 크고 넓다. 비현각에서 발길을 되돌려 이모문을 빠져나오면 샛문 다음에 2칸짜리 중광문(重光門)이 나타난다. 샛문 안에는 2칸짜리 공중변소가 있고, 변소 앞 길위문(吉爲門)은 자선당의 외행각으로 둘러싸인 자선당 가운뎃마당으로 통한다. 중광문은 외행각 문이고, 그 앞에 마주 보이는 남행각의 진화문(震化門)은 자선당의 전문이다. 자선당은 앞면 7칸, 옆면 4칸이다. 가운데 3칸은 대청, 좌우로 2칸방을 두고 가장자리를 툇마루와 협실로 둘렀다. 겉모습은 비현각과 비슷하지만 내부는 사뭇 다르다.

자선(資善)은 '착한 성품을 기른다'는 뜻으로《시경》에 나오는 말이다. 조선 전기에 세자들이 제왕학을 학습하던 곳이다. 세종이 훙서했을 때는 빈전(殯殿)으로 이용되기도 했다. 이곳에서 단종이 태어났고, 단종을 낳은 지 며칠 안 되어 산고로 세자빈 권씨가 죽은 비극의 현장이다. 문종 즉위 후 권씨는 현덕왕후로 추봉됐다. 단종은 즉위하던 해, 자선당에 어머니의 신주를 모시고 경희전(景禧殿)으로 바꿔 불렀다.

역대 세자들 가운데 가장 오랫동안 동궁에서 살았던 이는 문종이었다. 문종은 즉위할 때까지 28년간이나 동궁에 머물며 세종을 보필했다. 학문을 즐긴 그는 세종의 훈민정음 창제에 적극 참여했으며, 국방력 강화에도 깊은 관심을 쏟아, 고려 말 최무선이 발명했다는 주화(走火)를 획기적으로 개선한 인물이다. 주화는 신기전으로 더 잘 알려진 다연발 로켓포다. 가장 큰 신기전은 한 번에 100발의 불화살을 발사할 수 있는, 사거리 2킬로미터의 화력을 지닌 위력적인 무기다. 세종이 4군 6진을 설치했던 것도 신기전이 있었기 때문

에 가능했고, 개국 이래 200여 년 동안 왜국이 조선을 넘보지 못한 것도 이것 때문이라고 보는 학자도 있다.

장영실이 발명한 것으로 알려진 측우기도 문종이 세자 시절에 착안한 것이라는 연구가 있다. 학문의 실용화에 정성을 기울인 문종에 대한 평가의 일단이다. 그러나 역대 세자들 가운데 가장 오랫동안 동궁에 머물며 가장 철저하게 제왕 수업을 거쳤던 문종의 재위 기간은 2년 3개월에 지나지 않았다.

동궁의 화재 : 중종의 세자 호(인종)에게는 동궁이 보금자리이자 벗어나고 싶은 곳이었다. 그의 동궁 생활은 시달림의 연속이었다. 중종의 계비 장경왕후는 자선당에서 호를 낳고 며칠 만에 눈을 감았다. 호는 짧은 생애를 죽음의 먹구름에 눌려 지냈다. 그는 자신을 밀어내고 이복동생 경원대군 환(峘)을 세자로 삼으려고 조바심을

자선당 : 세자 내외가 함께 생활하던 동궁의 내당이다. 문종은 보위에 오르기 전 28년간 거처했으나 세자빈과 금실이 좋지 않았고, 인종은 24년간 이곳에서 지내면서 중종의 계비 문정왕후의 시샘에 시달렸다. 조선 후기의 세자로는 유일하게 순종이 세자로 머물렀다가 고종이 아관파천 때 이곳을 떠난 뒤 방치됐다. 한일합방 초기에 해체되어 일본으로 건너간 불운의 전각이었다.

떨던 계모 문정왕후의 독살 꼼수에 여러 번 노출된 적이 있었기 때문에 그 마수에서 벗어나는 것이 심각한 과제였다.

1543년(중종 38년), 자리 보전한 중종은 언제 숨 넘어갈지 가늠할 수 없었다. 권력을 좇는 부나비들은 세자의 외삼촌인 윤임 편에 서는 것이 이로울지, 문정왕후를 받드는 것이 좋을지를 놓고 눈동자가 분주하게 돌아갔다. 모두가 권력의 방향을 찾아 바쁘게 움직이는데 동궁에 불길이 번졌다. 이 화재가 누구의 장난인지를 꿰뚫어본 세자는 불길 속에서 죽을 각오로 꿈쩍하지 않았다. 방화를 사주한 세력의 뜻에 따름으로써 질곡으로부터 벗어나고 싶었던 것이다. 요화(妖火)의 혓바닥이 문턱을 넘어 벽을 타고 천장을 핥는데 세자를 부르는 부왕의 울부짖음이 들려왔다. 죽는 것이 한쪽에게는 효도였으나 한쪽에게는 불효였다. 세자 부부는 부왕의 부름에 이끌려 불길을 헤치고 나왔다. 얼마 안 되어 중종이 창경궁 환경전에서 숨을 거두자 세자가 문정왕후의 조바심과 질시 속에 등극했으니, 이가 곧 인종이다. 그러나 인종은 국상의 후유증을 극복하지 못하고 8개월 만에 눈을 감음으로써 문정왕후에게 권력을 넘겨주었다.

문정왕후냐 세자냐, 중종 이후를 놓고 두 세력이 신경전을 벌이는 와중에 가장 험한 꼴을 당한 사람은 경빈 박씨 모자일 것이다. 박씨는 장경왕후보다 먼저 중종에게 첫 아들 복성군을 안겨줬다. 경상도 상주가 고향인 그녀는 1505년(연산군 11년) 채홍사의 눈에 띄어 입궐했다. 궁에 들어온 지 얼마 안 되어 중종반정(연산군을 폐하고 진성대군을 왕으로 추대한 사건)이 일어났다. 이때 반정 주역인 박원종이 친인척을 후궁으로 들여보내려고 물색하던 중, 먼 친척인 박씨가 궁에 들어와 있다는 소식을 듣고 양녀로 삼았다. 박씨를 총애하던 중종은 장경왕후가 죽자 그녀를 계비로 삼으려 했다. 그러나 친정이 너무 보잘것없다는 의론에 따라 뜻을 굽혔다. 복성군을 보위에 올리려는 야망을 지닌 박씨도 문정왕후처럼 세자의 불행을 간절히 바랐다.

세자가 열세 살 되던 해(중종 22년)에 '작서(灼鼠)의 변'으로 알려진 복성군의 옥사가 일어났다. 세자 생일에 누군가 사지와 꼬리가 잘리고 불로 지진 쥐를 동궁 북쪽의 은행나무에 달아놓은 것이다. 효혜공주(세자의 누나)의 시아버지 김안로(金安老, 1481~1537)는 세자를 제거하고 복성군을 후사왕으로 삼으려는 경빈 박씨의 저주라고 일러바쳤다. 중종은 경빈과 복성군의 작호를 빼앗고 시골로 쫓아버렸다.

1533년(중종 28년), 폐출된 경빈 박씨 모자는 결국 사약을 마시고 죽었다. 세상살이가 허망한 것이라 해도 그들은 억울한 죽음을 당한 것이다. 경빈 박씨 모자가 이승을 뜬 지 8년이 지나서야 '작서의 변'은 김희가 조작한 사건으로 밝혀졌다. 김희는 김안로의 아들이자 효혜공주의 남편이었다. 김희는 세자의 적수를 없애면 처남의 미래가 보장되리라고, 세자를 견제하는 누군가로부터 음흉한 제의를 받았던 것이다.

동궁 화재가 세자를 죽이려는 경원대군 측의 공격이라면 작서 사건은 안전망을 갖추려는 세자 측의 공세라고 할 수 있다. 이때만 해도 경원대군은 태어나지 않았기 때문에 세자의 경쟁자는 복성군뿐이었다. 경원대군은 복성군이 죽은 다음 해에야 태어났다. 동궁 화재 때 세자가 불길 속에 몸을 던지고자 했던 것은 부당하게 희생된 이복형에 대한 죄의식과 후계권 다툼에서 자유롭지 못한 상황에서 영원히 벗어나고 싶었기 때문인지도 모른다. 그만큼 인종의 동궁 생활은 위태로운 날의 연속이었고, 후사왕으로 확정된 부왕의 국상 기간에도 죽음을 자초하는 극한의 길을 걸었다.

자선당 유구 : 임진왜란의 병화(兵火)로 사라진 동궁은 고종 때 다시 지은 후, 조선의 마지막 임금 순종이 세자 시절 러시아 공관으로 피신〔아관파천〕할 때까지 기거했던 곳이다. 아관파천으로 주인을 잃은 자선당은 그대로 방치됐다. 인적도 없이 잡초가 무성했던 동궁 일대는 한일병합 이후 조선총독부가 물산공진회를 서두르면서 1914년 9월부터 2개월에 걸쳐 말끔히 철거됐다. 동궁이 사라진 자리에는 조선총독부 미술관과 창고가 들어섰다. 물산공진회가 끝난 직후에는 박물관으로 바뀌어 근정전 회랑과 함께 역사유물 및 미술품 전시장으로 전락했다. 1995년, 총독부 박물관이었던 건물은 헐어냈으나 창고 건물은 지금 경복궁 관리사무소로 역할이 바뀌어 질긴 인연을 이어가고 있다.

동궁 철거 당시, 이 작업에 참여한 건축가 오쿠라 가치히로(大倉喜八郎)는 해체한 자선당 부재를 일본으로 빼돌려 자신의 호텔 마당에 멋대로 재구성해 조립했다. 오쿠라는 이 건물에 '朝鮮館(조선관)' 이라는 간판을 붙이고 수거해간 우리나라 문화재 수십 점을 전시했다.

1914년 겨울, 오쿠라는 미국의 세계적 건축가 프랭크 라이트(Frank Lloyd Wright) 일행을 자기 집 만찬에 초대했다. 라이트는 도쿄제국호텔 설계자로 호텔 수주를 마무리하기 위해 도쿄에 머물고 있었고, 오쿠라는 라이트의 후원자였다. 이때 라이트는 한국의 독특한 난방장치인 온돌을 처음으로 경험했다.

도쿄의 겨울은 지독하게 추웠다. 그때까지 내가 가본 곳 중에서 이탈리

아를 빼놓고는 가장 추운 곳 같았
다. …… 식당도 식사가 불가능할
정도로 추웠다. 나는 음식이 제공
되는 동안 먹는 척만 하고 있을 수
밖에 없었다. 식사가 끝난 후 오쿠
라는 '코리안 룸'으로 우리를 안내
했다. 방은 가로 3.5미터, 세로 4.57
미터, 높이 2.13미터 정도였다. 바
닥에는 붉은 융단이 깔리고 연한
노란색 벽은 밋밋했다. 우리는 터
키식 커피를 마시며 이야기를 나누
기 위해 무릎을 끓고 앉았다. 그런
데 기온이 갑자기 바뀐 것 같았다.

동궁 터에 들어섰던 총독부
미술관 본관. (위)

헐리기 전의 자선당 : 일제
는 동궁 일원을 훼손하면서
해체한 자선당 부재를 가져
다 호텔을 짓는 네 썼다. (아
래)

커피 때문이 아니었다. 마치 봄이 온 듯했다. 곧 몸이 따뜻해지자 다시 즐
거워졌다. 바닥에 무릎을 꿇고 앉았는데 말로 할 수 없는 훈훈함이 감돌
았다. 눈에 보이는 난방시설도 없었고, 이것으로 난방이 되는구나 할 만
한 어떤 것도 없었다. 그건 정말이지 난방 여부의 문제가 아니라 하나의
기후적(氣候的) 사건이었다. | 《프랭크 로이드 자서전》 |

　　라이트가 온돌을 처음 만난 순간 느꼈던 경이로움이 그대로 드러
나는 글이다. 라이트는 통역관으로부터 온돌 구조에 대한 설명을
듣고 "한국인의 방은 인류가 발견한 최고의 난방방식이다. 세상에
이것보다 이상적인 난방법은 없다. 태양열조차도 이상적인 것은 아
니다."라고 놀라워했다.

　　라이트가 말한 '코리안 룸'이 자선당을 옮겨 지은 조선관을 가리

키는지, 다른 장소인지는 분명하지 않다. 그러나 이 방이 온돌 구조였던 자선당과 어떻게든 관련 있는 것이 분명하다. 라이트는 근대 건축의 아버지로 불릴 만큼 서양건축에 절대적인 영향을 끼친 인물이다. 한국의 온돌을 체험한 그는 미국으로 돌아가 온수 파이프 바닥 난방 시스템을 개발하여 자신의 대표적 작품에 온돌을 시공하기 시작했고 40여 건이 넘는 건축물을 남겨 명성을 떨쳤다. 라이트의 명성에는 한국의 전통난방 방식인 온돌의 지혜가 큰 역할을 했다고 해도 과언이 아니다.

금속활자, 한글과 함께 2,300여 년 이상 우리 민족과 함께한 온돌은 한민족의 3대 발명품으로 일컬어진다. 다른 나라의 난방시설은 방바닥과 떨어진 곳에 있다. 일본 고타츠, 러시아 페치카, 서구의 라디에이터가 그렇다. 찬 공기는 내려오고 더운 공기는 올라가므로 사람의 아랫도리는 온기 맛을 보지 못한다. 발바닥부터 덥혀주는 것은 온돌밖에 없다. 그래서 한국의 온돌은 일본, 미국은 물론 유럽 등 전 세계의 주목을 받고 있다고 한다. 그러나 위대한 건축가 라이트와의 짧은 만남으로 한민족의 지혜를 세상에 알리는 실마리를 제공했던 자선당, 곧 조선관의 생명은 오래가지 않았다. 1923년, 관동 대지진 때 완전히 불타 없어지고 기단석만 남은 것이다.

이후 자선당 유구는 오쿠라 호텔 정원 구석에 방치되어 있던 것을 김정동 교수가 찾아내어 기단석 288개가 1995년 12월 경복궁으로 되돌아왔다. 당시 문화재관리국은 이 기단석을 복원(1999년 12월)할 자선당 건물에 사용할 계획이었으나 관동 대지진 때 높은 열에 휩싸이면서 삭아버렸기 때문에 포기했다. 이 기단석은 지금 민족 수난의 현장인 건청궁 궁역 내 곤녕합 동행각의 청휘문 밖에 후세들의 역사의식을 고취하기 위해 보관하고 있다.

자선당을 빠져나와 중광문에서 우회전하면 삼비문이 나온다. 삼비문을 나서면 근정전 동행각이 앞을 막고, 왼쪽에 숭덕문, 조금 떨어진 오른편에 미성문이 보인다. 삼비문 밖은 문을 통하지 않는 한 사방이 막혀 있는 셈이다. 삼비(三備)는 학문·자질·치도를 말한다. 숭덕문은 융문루로 통하고, 미성문 밖은 사정전 동행각과 소주방 터다. 미성문 옆의 근정전 동행각에는 계인문, 사정전 행각에는 사현문이 있다. 사현문을 들어서면 사정전 일원이 펼쳐진다.

자경전 일곽

24대 임금 헌종의 어머니인 신정왕후는 26대 고종의 즉위에 결정적으로 기여했다. 이에 보답하여 흥선대원군은 신정왕후의 거처를 궁 안에서 '화려하지만 사치하지 않게' 지어 헌정했다. 그러나 자경전 일곽은 본채를 중심으로 서북쪽 복안당에 구들을 놓아 겨울용 침전으로, 동쪽 청연루에는 누마루를 설치해 여름 거실로, 협경당을 연결하여 보필하는 상궁과 시녀들의 처소로 삼았다. 뒤편 담장의 십장생 굴뚝은 일곽 안의 연도(煙道)를 하나로 합친 집합 굴뚝이다. 이 굴뚝에는 무병장수와 왕실의 번영을 상징하는 동식물을 새겨 예술품으로 승화시켰다. 서편 담장에도 여러 꽃나무들과 만수무강을 기원하는 문자들을 수놓아 자경전 주인의 장수를 빌었다.

교태전의 연휘문과 건순문 앞은 확 트인 잔디밭이다. 예종이 20세의 젊은 나이로 눈을 감은 38칸 규모의 자미당 터다. 지금은 살구나무와 비술나무 몇 그루가 빈 터를 지키고 있다.

자미당 남쪽, 곧 비술나무 몇 그루가 늘어선 남쪽은 교태전의 동소침인 인지당이 있었다. 교태전 동행각에 난 만통문 밖이 인지당 터다. 지금은 아무것도 없고 자경전의 꽃담과 행각, 합각지붕이 시야를 채울 뿐이다.

만세문

자경전으로 들어가는 문은 여럿이다. 서쪽에는 담과 행각 사이, 그리고 북행각과 만나는 곳에 일각문, 동쪽 담에 일각문과 월문, 북쪽 담에 일각문, 남행각의 가운데 만세문이 있다. 만세문은 많은 문 가운데 유일하게 편액을 건 자경전의 정문이다. 원래 창덕궁 낙선재, 연경당의 정문 편액과 같은 장락문(長樂門)이 정문이었으나 지금은 만세문이 그 역할을 하고 있다. 만세문을 통해 자경전으로 진입하려면 다리품을 팔아야 한다. 자미당 터 가장자리에 한 줄로 늘어선 비술나무 아래, 남행각에 붙어 있다시피 한 살구나무를 지나 직진하면 만세문이 나타난다. 만세문 남쪽은 발굴 작업을 끝낸 소주방 터다. 소주방 터 너머 멀리 보이는 지붕들은 동궁이다.

만세문은 평삼문 형태지만 2칸 구조여서 다른 침전 정문에 비해 단출하다. 문 앞에는 2칸 폭에 맞춰 4단의 계단을 마련해 올라가도록 되어 있다. 다른 침전의 정문에는 계단이 없다. 만세문에 오르면 자경전 일곽이 한눈에 들어온다. 서쪽부터 자경전, 청연루, 협경당이 한 조가 되어 옆으로 길게 늘어섰다.

자경전 보물809호

홍선대원군이 정성을 다해 지어서 신정대비에게 헌정한 대비전이다. 자경(慈慶)은 '어머니(慈親)께서 복〔음=福〕을 누린다'는 뜻이다. 홍선대원군에게 신정대비는 승통의 권역과는 거리가 먼 자신의 둘째 아들을 양자로 삼아 옥새를 건네준 은인이다. 대비전은 중궁의 동쪽에 있기 때문에 동조(東朝)라고

5내 궁궐 중 유일하게 현존하는 대비전 : 신정대비를 위해 흥선대원군이 정성을 다해 지은 전각. 경복궁에서 중창 당시의 모습을 그대로 간직한 침전이자 5대 궁궐 중 하나뿐인 대비전이다.

도 한다. 대비는 왕실의 어른으로서 평소에는 조용히 지내지만 왕권 교체기나 임금이 어려 정무가 곤란할 때는 후계왕 지명권, 수렴청정 등으로 막강한 힘을 발휘했다.

최초의 자경전은 창경궁 통명전 뒤 언덕에 있었던 사도세자빈 홍씨의 처소에서 비롯됐다. 창경궁 자경전은 정조가 한 많은 어머니를 위해 건립한 최초의 대비전이었다.

경복궁 자경전은 교태전과 비교·대조되는 점이 많다. 둘 다 중심 전각을 가운데 두고 보조건물을 맞붙였다. 뒤뜰을 툭 터 문양을 박은 아름다운 담장으로 두른 점도 같다. 교태전은 오밀조밀하고 화려하며 뒤뜰은 신선세계처럼 꾸며 젊은 왕비의 기분을 북돋웠다. 그러나 자경전의 모습은 단순, 명쾌하다. 나이 많은 대비의 취향에 맞춰 겁불을 털어냈다. 둘레는 행각보다 담장의 비중을 높였다. 궁녀로 북적대는 것보다 조용하게 여생을 지내라는 마음 씀씀이다. 뒤뜰은 화계 대신 올곧은 담장을 두르고 십장생도를 부조하여 만수무강과 왕실의 번영을 바라는 웃전의 기대감을 담았다. 그래서 전

문의 편액도 오래 살라는 만세문이
다. 흥선대원군은 대비전을 지으면서
청연루를 자경전 동쪽에 ㄱ자 형태로
남향해 돌출시킨 부속 건물로 처리하
여 여름에 신정대비가 시원하게 지낼
수 있도록 했다.

자경전 합각 : 내전의 여느
합각처럼 문자 문양을 상
감하지 않고 무시무종의
기하학적 바탕무늬에 사각
→팔각→원무늬를 아름답
게 짜넣어 대비의 무병장
수를 기원했다.

　본채의 서쪽에는 ㄴ자 형태로 복안
당(福安堂)을 덧대 겨울철에 대비하
는 세심한 배려를 아끼지 않았다. 복안당은 앞면 6칸, 옆면 2칸을
덧댄 부속시설이다. 복안당은 원래 넉넉한 필치의 편액을 달았으나
지금은 웬일인지 그 편액이 없다. 만세문 앞에서는 눈에 띄지도 않
는다. 복안당은 청연루와 대응해 대비가 겨울에 따뜻이 지낼 수 있
도록 설계했다. 신정왕후는 자경전보다 아담한 복안당에서 주로 거
처했다고 전한다.

　자경전은 장대석으로 댓돌을 쌓고 그 위에 높은 네모 주추를 놓
아 기둥을 받들었다. 앞면 10칸, 옆면 4칸이며, 서쪽에서 5, 6, 7칸
은 마루를 깔고 마루의 앞퇴는 여느 침전처럼 개방했다. 대청과
동·서 온돌은 퇴로 둘렀으며 동·서 온돌의 퇴 아래는 높은 돌기
둥을 받쳐 누하주로 삼았다. 대청의 앞면은 사분합을 달아 앞퇴와
한 공간으로 조작하도록 했으며, 뒤퇴 동쪽은 복도각을 달아 별당
같은 협경당에 붙였고, 뒤퇴 서쪽은 복안당과 겹치도록 조직했다.

　대청을 제외한 나머지 앞퇴는 빗살광창을 달고, 청연루와 협경당
을 포함한 바깥은 모두 소박한 띠살창을 달았다. 퇴는 연등천장, 안
쪽은 종이반자로 가렸다. 이익공으로 짜고 은은한 색감의 단청은
전체적으로 담백하고 소박한 인상을 준다.

자경전 앞 석수 : 소박하지만 강인한 느낌을 주는 이같은 조형물은 침전 가운데 대비전뿐이다.

여느 침전과 달리 합각은 문자를 새기지 않고 무시무종의 네모 틀을 조합한 가운데 역시 끊임없이 이어지는 팔각 무늬 안에 동그라미를 상감했다. 평면에 천지인 삼재를 교묘히 결합한 디자인이다.

자경전 일곽은 교태전처럼 오밀조밀하지는 않으나 평면 구성에 변화를 주었다. 경복궁 중심 건물들이 행각으로 둘러싸인 데 비해 본채 앞 공간만 행각을 두고 나머지는 담장으로 처리한 구성도 색다른 점이다. 앞마당 둘레는 ∐자 형태로 낭무(廊廡, 바깥채)를 둘렀다. 건물 옆과 뒤쪽은 벽돌담을 돌렸고, 뒤뜰 벽돌담에는 십장생 굴뚝이 붙어 있다.

자경전으로 오르는 층계 옆의 네모기둥 위에 올라앉은 석수도 다른 전각에서는 볼 수 없는 특이한 조형물이다. 소박하지만 강인한 인상을 풍긴다. 얼마 전까지만 해도 이 층계의 양쪽에는 나무 두 그루가 있었다. 우리나라는 오래전부터 대문 안에 큰 나무(閑, 한가하다 · 막다)가 보이거나 담장 안 건물 앞에 나무(困, 가난하다 · 어렵다)가 자라면 집안이 기울어진다고 여겼다. 나쁜 마음을 품고 숨어든 사람의 은신처가 될 수도 있다. 궁궐도 마찬가지다. 주요 전각의 행각이나 담장 안에는 자라는 나무를 두지 않는다. 나무가 필요하다면 전각 뒤로 물렸다. 그래서 자경전 앞 나무는 얼마 전에 없앴다. 수정전의 하마석처럼 생긴 돌받침대 뒤의 잘 자란 나무를 베어낸 것도 같은 이유다.

자경전은 고종이 초기에 편전으로 이용하기도 했는데 몇 차례 화재를 만나 소실과 복구를 되풀이했다. 경복궁 침전 중 일제강점기

에 훼철되지 않은 유일한 전각인 이 건물은 고종 25년(1888)에 중건
한 것이다. 5대 궁궐 중 현재 남아 있는 대비전은 경복궁 자경전뿐
이다.

청연루

청연루는 자경전의 동편 첫 칸에서 남
쪽으로 2칸을 돌출시킨 다락집이다. 누마루는 1단의 댓돌에 본채의
기단보다 약간 높은 사다리꼴 누하주로 받쳤다. 외부의 기둥 사이
에는 모두 띠살 창호를 달았고, 뒷면에는 한 단 낮춘 쪽마루가 있
다. 팔작지붕의 겹처마로 지붕마루는 모두 양성이며, 취두와 용두,
잡상을 얹었다.

띠살문을 모두 열면, 내부가 개방돼 여름에 시원히 지낼 수 있다. 대비가 창을 열고 조용히 자연을 감상하며 지낼 수 있도록 배려한 것이다.

청연루는 세종이 처음 지은 누각으로, 시샘 많았던 시어머니 문정대비 주변의 껄끄러운 인물이 접근하지 못하도록 인성왕후가 죽음 직전의 인종을 모셨다가 임종(1545)을 지킨 곳이다. 임금의 병세가 최후를 향해 치닫자 인성왕후는 '의원들이 자유롭게 드나들면서 조용히 간병할 수 있도록' 내전 동쪽의 청연루로 옮길 것을 요구했다. 북쪽 궁성과 가까워 한적하므로 환자가 마음의 안정을 회복하는 데 알맞다는 것이었다. 어쩌면 끊임없이 다가오는 문정왕후의 마수에서 벗어나고 싶었는지도 모른다. 임금의 병석이 청연루로 옮겨지자 문정왕후는 큰딸 의혜공주 시집에서 머물러 쉬겠다고 궁 밖으로 나갔다.

협경당

자경전 동편에 수평으로 잇댄 보조 건물이다. 청연루 동쪽으로는 샛담을 쳐서 자경전과 별도 시설처럼 구성했다. 앞면 6칸, 옆면 2칸으로 상궁과 시녀들이 기거하던 곳으로 알려졌다. 외부에서는 샛담에 튼 문으로 출입하며 실내는 자경전 동쪽 툇마루와 이어졌다.

댓돌은 자경전과 같은 4단 장대석으로 쌓고 양성을 바른 팔작지붕이나 자경전보다 약간 낮다. 포작도 물익공(勿翼工, 익공의 끝모양을 둥글게 만든 것. 몰익공 또는 무익공이라고도 함)으로 처리해 본채보다 격식을 낮췄다. 앞면 6칸 중 가운데 2칸은 대청이며 전면의 툇마루

협경당 : 자경전 본채와 연결돼 있으나 앞마당은 별도 공간이다.

자경전 뒷면 : 협경당 앞은 담이 있어 자경전과 구분되지만, 뒤쪽은 멀리 보이는 서쪽 복안당까지 한 몸으로 이어져 있다.

는 개방하고 다른 칸은 띠살 분합문을 달았다.

협경당에서 복안당까지는 한 덩어리다. 협경당 앞뜰이 담으로 막힌 데 비해 뒷면은 툭 터져 자경전 전체의 뒤뜰이 한 공간을 이루고 있다. 뒤뜰 둘레는 벽돌담을 쳐서 주변의 내전 건물들과 구획했다.

십장생 굴뚝 보물 810호

십장생 굴뚝은 자경전 뒤뜰 담장에 붙어 있다. 협경당을 왼편에 두고 돌아가면 만난다. 이 굴뚝은 담장보다 앞으로 1단(너비 381센티미터, 높이 236센티미터, 두께 65센티미터)을 돌출시켜 장대석 기단을 놓고 그 위에 장방형의 황토색 전돌을 쌓아

십장생 굴뚝 : 실용성과 함께 장식성, 조형적 세련미를 자랑하는 굴뚝이다.

담장에 붙였다. 굴뚝의 몸체 위에는 전통가옥처럼 소로, 도리, 서까래를 벽돌로 짜맞추고 기와를 덮었다. 지붕마루에는 연가 10기를 나란히 줄 세웠다. 굴뚝 앞면 중앙에는 직사각형(302×88센티미터)의 삼화토 바탕 화면에 십장생 위주로 부조했다.

이 부조물은 오색구름 사이로 붉은 해를 띄워 하늘나라를 나타냈다. 구름 아래는 학 한 쌍이 노닌다. 화폭의 왼쪽에는 국화가 활짝 피어 향기를 품고, 푸른 소나무 아래는 사슴이 한가롭다. 불로초가 여기저기 깔린 바위 옆에는 거북 한 쌍이 대나무밭으로 기어가고 있다. 화폭의 오른편은 다산을 기원하는 포도, 연실, 석류를 배치해 왕실의 번영을 기원했다. 이 그림 중 국화, 연꽃, 석류, 포도는 십장생에 들지 않는다. 화면 위에는 나티를 새긴 전돌을 끼우고 좌우로 불로초를 머금은 학 두 마리를 날게 했다. 화면 아래에는 두 마리의 불가사리를 대칭으로 놓고 굴뚝 옆면에는 박쥐와 당초문을 세로로 배치했다.

십장생 굴뚝은 실용성, 장수·행복·벽사 등의 의미에 장식성, 세련된 조형성까지 갖춘 구조물로 궁궐 굴뚝 중 가장 뛰어난 작품

십장생 굴뚝에 새겨진 십장생도.

이다. 굴뚝 동쪽 담에는 무시무종의 바탕에 '聖人道里(성인도리)'라는 문자를 상감했다. 문자 앞에는 가지 뻗은 살구나무 한 그루가 뜰을 채우고, 한 걸음 물러선 담 구석에는 앵두나무 몇 그루가 옹기종기 모여 있다.

소나무 : 추위에 강하고 눈 속에서도 푸르름을 자랑한다. 예부터 바르고 꿋꿋함의 표상으로 일러왔다. 엄동설한에도 잘 견디므로 매화, 대나무와 함께 세한삼우(歲寒三友)라 하여 역경에도 굴하지 않는 강인한 선비의 인격에 비유되었다.

구름 : 모든 문화권에는 이상향이 상정되어 있다. 그 이상향은 지역에 따라 달리 불리지만 영생불사의 나라라는 공통점이 있다. 동양의 세계관의 이상향은 선계다. 구름은 선계의 구성물이다. 구름 대신 달을 십장생에 넣기도 한다.

사슴 : 절집의 산신각에는 선수(仙獸)라 하여 사슴 그림을 장식한다.

사슴이 100년을 살면 청록(靑鹿), 500년을 살면 백록, 다시 500년을 더 살면 흑록이 된다고 했다. 흑록의 검은 뼈를 얻으면 불로장생한다고 한다.

거북 : 장생과 길상의 상징이다. 동양에서는 오래전부터 신령스러운 동물, 만년을 사는 고령(高齡) 동물로 여겼다. 그래서 귀령(龜齡)이라는 말이 생겼고, 거북이나 학처럼 오래 살라는 뜻으로 귀령학수(龜齡鶴壽)라는 글귀를 교환하기도 했다.

불로초 : 한 번 먹으면 불로장생한다는 신비의 풀이다. 도교의 신선술에서 유래한 약초로 영지(靈芝)라고도 한다. 진시황이 이 약초를 얻으려고 방사(方士) 서불(徐市)에게 어린 남녀 아이 500명을 딸려 삼신산으로 보냈다는 전설이 유명하다.

학 : 학은 선계의 구성 요소다. 남선(男善)은 학을 타고 옥퉁소를 불며 하늘을 날고, 여선은 봉황을 타고 노닌다고 했다. 우리말은 두루미다. 자태가 아름답고 청신하여 선계의 동물[仙鶴]로 인식됐으며, 신선처럼 오래 산다고 여겼다.

해와 달 : '영원히 밝다' 는 원형적 상징이 있다. 햇빛과 달빛은 끊임없이 교차하여 영원히 빛난다는 의미와 연관돼 불로(不老)의 개념이 생기고, 영원한 만물의 생성 에너지로 인식돼왔다.

바위 : 생명력을 지녔다 해서 수석(壽石)이라고 하는 것처럼 돌은 장생의 상징물이다. 오랜 풍상에 시달리면서도 자연의 섭리에 따르며

그 자리에 변함없이 머물러 있어 장생물이 됐다. 바위 대신 산을 십장생에 넣기도 한다.

물 : 물은 바다로 들어가 증발하면 구름이 되고, 구름은 물방울로 맺혀 비가 된다. 빗물은 골짜기를 타고 내려와 개울이 되고 내를 이루어 강으로 들어간다. 강물은 흘러 바다를 이루고 구름이 된다. 이 끊임없는 순환은 영원히 이어진다.

연실(蓮實) · 석류 · 포도 : 이들은 십장생에 들지 않는다. 연실과 석류는 씨주머니 속에 많은 씨앗을 품고, 포도는 한 가지에 많은 열매를 맺기 때문에 풍요와 다산의 상징이 되었다. 이 열매들처럼 왕실이 번성하기를 바라는 뜻에서 십장생도에 넣었다.

십장생의 세계를 지키는 서수들 : 십장생도 위에는 나티를 중심으로 양쪽에 불로초를 입에 문 학 두 마리를 배치하여 굴뚝 부조물의 주제를 형상화했다. 학은 영생의 세계를 상징하고 나티는 그 세계를 지킨다. 나티는 외부의 침입을 막아주는 귀신이다. 십장생도 아래의 불가사리도 나티와 같은 벽사 기능이 있다. 불가사리는 굴뚝을 지키는 불사(不死)의 동물이다. 아미산 굴뚝에도 새겼듯, 굴뚝으로 몰래 들어올지도 모르는 사악한 기운을 퇴치한다. 굴뚝 옆면에는 박쥐가 있다. 박쥐는 오복의 수호신이자 덕을 많이 쌓은 사람의 행복을 해치는 귀신을 쫓아내는 동물이다. 박쥐의 한자어가 편복(蝙蝠)이기 때문에 '蝠(박쥐)＝福(복)'으로 해석한 것이다. 박쥐는 상서로운 동물이라 해서 천서(天鼠, 하늘나라의 쥐), 선서(仙鼠, 신선세계의 쥐)로도 불렸다.

자경전 서행각 북쪽으로 이어진 꽃담 : 교태전 동편의 경직된 샛담과는 달리 밝고 부드러운 한국적 무늬 구성의 정화로 작품성이 가장 뛰어난 구조물이라는 평판이 있다.

꽃담

십장생 굴뚝에서 물러나 복안당과 담장 사이를 빠져나오면 꽃담이 있다. 이 꽃담은 십장생 굴뚝과 함께 자경전이 자랑하는 조형물이다. 짙은 황토색 벽돌과 흰 삼화토로 쌓은 담이 자미당 터와 자경전의 경계다. 이 담은 안팎을 화초와 문자, 기하학적 무늬로 꾸며 명성이 본채인 자경전을 압도할 정도다. 외벽은 대비의 만수무강을 축원하는 만수문(萬壽紋)과 무시무종의 무늬를 전면에 깔고, 흰색 바탕에 매화·천도(天桃)·모란·국화·대나무·나비 등을 돋을새김한 부조물을 박았다. 내벽도 외벽처럼 문자와 네모·육각형 무늬를 그물처럼 엮고, 여러 가지 꽃을 정교

하게 상감하여 격조를 높였다. 북쪽의 십장생 굴뚝과 연결된 꽃담
도 서쪽 내벽과 유사하다. 육각의 귀갑문, 만(卍)자문, 격자문은 장
수와 벽사적 의미를 강조한 것이다.

자경전의 샛담은 교태전 샛담보다 부드럽고 은근하다. 천연 재료
를 써서 멋지게 구성한 한국적 무늬의 정화로 작품성이 뛰어나다는
평가를 받는다.

매화 : 이른 봄의 달 밝은 밤, 매화나무에 휘파람새가 앉아 있는 월매
도(月梅圖)다. 매화는 순결한 감각을 지닌 미녀를 상징한다. '천향국
염(天香國艶)'이라 하여 원래는 모란을 가리켰으나, 조선 중엽부터
도학자들에 의해 농염한 모란 대신 담백한 매화로 바뀌었다. _그림 1

복숭아 : 곤륜산 서쪽에 산다는 서왕모의 영생불사약이 천도(天桃)
다. 신선이 먹는 신성한 과일로 대접받아왔다. 궁궐에서는 섣달그
믐의 구나(驅儺) 행사 때 복숭아 가지로 비를 만들어 잡귀를 쫓고
새해를 맞는 풍습이 있었다. _그림 2

모란 : 천향국색(天香國色)이라 하여 부귀영화와 함께 절세미인에
비유된다. 풍성하고 농염한 모습이 덕스럽고 복 있는 미인을 상기
시키기 때문이다. 여러 그루가 어우러져 핀 모습은 화목(和睦)을 상
징한다. 궁궐에서는 여럿이 어우러진 모란으로 꾸민 병풍을 애용하
여 궁모란이라 했다. _그림 3

석류 : 제(齊)나라 연종(延宗)이 결혼했을 때 왕비의 어머니가 자손이
번성하기를 바라는 뜻으로 석류를 바쳤다. 석류는 껍질 안에 알맹이

가 소복하고, 신맛이 임산부의 구미에 맞아 아들 생산이라는 소망과 부합된다. 불로초와 함께 그리면 백자장생(百子長生)의 의미를 가지며 꾀꼬리와 더불어 그리면 금의백자(金衣百子)의 뜻이 된다. _그림 4

꽃과 나비 : 아름다운 꽃 속의 꿀을 찾아다니는 나비의 모습은 남녀 결합의 비유로 회자됐다. 꽃밭을 날아다니는 나비는 자유연애와 행복을 상징한다. 나비〔蝶〕와 고양이〔猫〕를 한 폭의 그림에 담을 때는 장수(長壽)의 의미를 가진다. _그림 5

국화 : 도연명은 41세의 나이로 작은 고을의 현령이 됐으나 재임 80여 일 만에 "다섯 말의 쌀 때문에 어린아이에게 허리를 굽실거릴 수 없다" 하여 벼슬을 버리고 고향으로 돌아가 소나무와 국화를 벗하며 일생을 보냈다. 이로부터 맑은 아취와 높은 절개를 지닌 꽃으로 인식됐다. 주돈이가 《애련설》에서 '국화지은일자야(菊花之隱逸者也)'라 해서 고결한 품격의 상징이 됐다. _그림 6

대나무 : 푸르고 번식력이 강해 소나무와 더불어 영생, 불변을 상징한다. 민간에서는 대를 태울 때 마디 튀는 소리에 놀라 잡귀가 도망간다 하여 축귀초복(逐鬼招福)의 정초 풍습이 있었다. 매화, 소나무와 더불어 추운 겨울을 꿋꿋하게 견뎌내는 세한삼우, 매란국죽의 하나로 군자의 표상으로 삼았다. _그림 7

석쇠 속의 꽃 : 그물처럼 육각형의 연속적인 도형을 석쇠무늬라고 한다. 하늘에 쳐진 그물은 눈이 성글지만 사람은 그 그물에서 벗어날 수 없다. 하늘과 땅의 그물은 어부들의 고기잡이 그물처럼 촘촘하

지도 않고 눈에 보이지도 않지만 어떤 사악함도 이 그물을 피할 수 없다. 그래서 그물은 질서이며 법(法網)이다. 그물 속의 꽃은 사악한 기운이 물러간 뒤의 행복을 상징한다. _그림 8

귀갑 : 거북은 기린, 용, 봉황과 함께 사령(四靈)으로 친다. 장생과 길상을 상징해 예부터 신수(神獸)로 일컬었고, 만년을 사는 고령(高齡) 동물로 여겼다. _그림 9

卍자 · 기타 : 만(卍)은 석가가 태어날 때 가슴에 있었다는 무늬다. 당나라 무측천 때부터 만덕(萬德)이란 뜻의 '만(萬)'으로 불렸다. _그림 10 卍의 연속적인 형태는 숫자 10,000의 연속으로 '장구함, 영원함'을 뜻한다. 다른 무시무종의 기하학적 무늬도 같은 관념이다. _그림 11

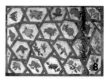

행각과 월문

꽃담 남쪽으로는 행각이 이어진다. 행각은 3량 가구에 홑처마다. 외벽은 두 벌대 장대석을 놓고 화방벽을 쳤다. 남행각 중방 아래는 회색 전돌을 두르고, 서행각의 바깥벽은 꽃담처럼 무늬로 장식했다. 중방 위는 황토색 흙벽에 띠살 광창을 냈다.

남행각에서 북쪽으로 꺾여 협경당 샛담과 만나는 동행각이 광복당이다. 광복당 뒤는 일각문과 월문을 낸 동쪽 담장이다. 담장과 광복당 사이의 마당은 좁다. 이 마당은 자경전 앞마당보다 낮아 이 지역이 원래 평지가 아니었음을 짐작할 수 있다. 따라서 월문에서 자경전으로 가려면 계단을 올라가 광복당 옆문으로 들어가야 한다.

재수합

동쪽 샛담에는 일각문과 월문을 내어 다른 공간과 통하도록 했다. 월문은 회색 방전을 차곡차곡 쌓아 전체를 조직했다. 지붕도 기와 대신 벽돌로 덮어 문과 함께 단호한 직선이다. 그러나 문의 바깥은 홍예의 형태로 안쪽과 다르게 시각적 변화를 주었다. 바깥 홍예의 양쪽에는 서조(瑞鳥)를 부조한 방전을 끼워 곡선과 직선의 묘미를 살렸다.

재수합

동행각 월문 옆 일각문을 등졌을 때 길 건너 서북쪽 울타리 너머로 보이는 외로운 건물이 하나 보인다. 개나리로 이중 막음한 철책 저쪽에 웅크리고 있어 경복궁 식구가 아닌 것 같다. 국립민속박물관 앞 넓은 잔디밭에 서 있는 앞면 7칸, 옆면 2칸의 홑처마에 팔작지붕으로 덮은 이 집이 재수합(齋壽閤)이다. 지금의 국립민속박물관 마당은 내전 건물이었던 만경전(萬慶殿) 터였다. 〈북궐도형〉에는 만경전 샛담의 동남쪽 모퉁이가 재수합 행각과 붙어 있다. 이로 미루어, 재수합은 만경전의 부속 건물로 왕실 가족이 사용했을 것으로 짐작한다. 재수합이 이곳에 세워진 것은 고종 2~4년 사이로 추정된다. 재수합 주변에는 배롱나무, 향나무, 잣나무, 주엽나무, 소나무, 낙엽송 등이 호위하듯 서 있다.

선원전 터

재수합 북쪽에는 장엄한 외관을 자랑하는 국립민속박물관이 있다. 그럴싸한 건축미가 경복궁의 일부분인 것처럼 보이지만 사실은 골동품에 지나지 않는다. 이 축조물은 불국사 청운교·백운교, 금산사 미륵전, 법주사 팔상전, 화엄사 각황전, 근정전 월대 등 우리나라 전통 건축물을 쓸어 모아 현대 건축 기법으로 조합한 시멘트 덩어리일 뿐이다. 원래 이곳에는 역대 임금의 어진을 봉안한 선원전이 있었다. 조선의 왕들이 나라보다, 목숨보다 거룩하게 받들었던 선원전은 1932년 10월에 헐려 장충동 이토 히로부미 사당으로 팔려나갔다. 그리고 1969년, 독립된 나라의 정부에서는 옛 궁궐에 저항이라도 하듯 '국립현대미술관'이라는 간판을 걸었다. 이 미술관이 경운궁 석조전으로 자리를 옮기고 (1973), 그 뒤를 이어받은 것이 지금의 국립민속박물관이다.

선원(璿源)은 '아름다운 옥[璿]의 근원'이라는 뜻으로 임금의 집안을 이르는 말이다. 그래서 왕실의 계통, 곧 임금의 족보를 선원록이라고 한다. 선원전은 역대 임금들의 어진을 봉안하고 임금이 수시로, 직접 또는 대리인을 보내 삭망과 기일, 정월 초하루에 차례를 드리는 왕실 사당이다. 종묘가 공식적인 제사 공간이라면 선원전은 왕실의 사적인 제례 공간인 셈이다.

왕실 사당은 태조가 신의왕후 한씨 신주를 봉안하기 위해 건립한 인소전(仁昭殿)에서 비롯했다. 태조가 죽자 태종은 이를 문소전(文昭殿)으로 이름을 바꾸고 태조와 합사했다. 강녕전을 개축하던 세종 15년에는 광효전(廣孝殿)과 문소전을 합사(合祀)하기 위해 새 혼전을 5칸 규모로 크게 지어 태종의 신주를 보냈고, 세종 20년 3월에는 선원전을 문소전 동북쪽에 지어 선왕과 선후의 영정을 봉안했다. 별 용도가 없는 문소전은 명종 때에 폐쇄했다.

선원전은 임금의 정신적 지주이자 궁궐에서 가장 신성한 곳이다. 그래서 임금이 궁궐을 옮길 때는 선원전 어진부터 챙겼다. 임금이 시어소를 옮기면 선원전도 같이 움직이는 것이다. 임진왜란 때는 선원전의 어진과 위패가 선조를 따라 의주까지 갔다가 정릉 행궁으로 돌아왔다. 이후 창덕궁 중건과 함께 인정전 서쪽에 선원전이 세워졌고, 경복궁 중창 때는 문소전 옛터에 마련된 선원전으로 역대 임금의 어진도 함께 따라왔다. 고종이 러시아 공관으로 피신했다가 경운궁에 자리를 잡고부터는 포덕문 안 선원전으로, 다시 영성문 쪽으로 옮겼다가 중화전을 거쳐 순종을 따라 창덕궁에 새로 지은 선원전으로 이합집산하며 숨 가쁘게 옮겨다녔다.

이렇게 역대 임금들이 생명보다 소중히 다뤘던 어진도 우리가 볼 수 있는 진영(眞影)은 몇 점 안 된다. 전주 경기전의 태조를 비롯한 영조, 철종, 고종의 초상화와 고종, 순종의 사진 자료 정도다.

한국전쟁 때 궁중 유물도 정부를 따라 피난지 부산으로 가 부산 국악원 창고로 들어갔다. 전쟁이 끝난 뒤, 이 유물들은 여전히 벽돌 창고에 남아 상경 기회를 기다리고 있다가 1954년 말, 인근에서 일어난 화마가 창고를 삼켜버리는 바람에 모두 소실되고 말았다. 역대 임금의 진영, 어필, 궁중일기 등 소중한 문화재 3,500여 점이 잿더미로 변해버린 것이다. 철종의 어진만 일부가 겨우 살아남았는데, 오늘날 우리가 볼 수 있는 철종 어진은 이때 입은 화상을 치료한 결과물이다.

향원정과 건청궁

건청궁은 경복궁 중심에서 동떨어진 후원 지역에 자리 잡았다. 건물은 궁전 본새가 아니다. 평안한 마음으로 잠시 거처하거나 놀이, 휴식을 즐기는 별궁의 성격이 짙다. 그러나 12년 동안 건청궁 주인으로 있던 고종의 생활은 그다지 순조롭지 못했다. 건청궁은 명성황후가 시해된 비극(1895)의 현장이다. 향원정은 부정형 연못의 둥근 섬에 세운 육각정자다. 원래는 북쪽으로 구름다리를 놓아 건청궁과 연결했으나 지금은 남쪽에 있다. 건청궁이 훼철된 시기는 명확하지 않다. 여러 말이 있으나 한일합방 전해인 1909년 조선통감부가 명성황후 시해 현장을 지워버리기 위해 걷어냈다는 설이 유력하다. 복원 공사를 마친 건청궁은 2007년 10월 20일부터 개방됐다.

향원정과 건청궁은 고종시대의 상징적 공간이다. 고종시대는 서구문물이 몰려와 유교적 가치관과 부딪히던 시기였다. 이 무렵, 어린 아들을 임금의 자리에 올려놓고 10여 년간 정무를 독단적으로 밀어붙이던 흥선대원군은 나라의 문을 굳게 닫고 자립의 깃발을 꽂았다. 그러나 대원군의 아성을 무너뜨리고 대권을 돌려받은 고종은 외국 문물을 적극 받아들여 개화의 길을 닦고자 했다. 고종이 서두르지 않더라도 이 무렵의 일본, 러시아, 청나라 등 강대국들은 조선이라는 먹이를 앞에 놓고 이빨과 발톱을 갈고 있었다. 그래서 고종은 자신의 의지와는 상관없이 외교전의 소용돌이에 빨려들었고, 그 파고 위에서 끊임없이 시달렸다. 500여 년간 국가 경영의 상징이 경복궁이라면 전통적 가치관의 변화와 요동치는 국제정세에 가장 예민하게 반응했던 중심은 건청궁이다. 이 건청궁의 주인은 고종이었고, 그가 잠시나마 머리를 식히려고 찾았던 곳이 향원정이다. 향원정은 한가로운 휴식처로 머무르지 않고, 우리나라 최초로 수력발전이 이뤄진 곳이기도 하다.

지당에 비 뿌리고 양류에 내 끼인 제

사공은 어디 가고 빈 배만 매였는고

석양에 무심한 갈며기는 오락가락하노매

옛사람들의 자연 감상법이다. 여유 있는 사람들은 한적한 곳에 별장을 마련하고, 사면이 툭 터진 정자에 앉아 바깥 풍정을 즐겼다. 정자 앞에는 지당이 있고, 지당에는 연꽃이 풍성하다. 연못에는 조그만 섬을 마련해 소나무 한 그루쯤 심어놓고 그 푸르름을 닮고자 했으며, 연못의 가장자리에는 버드나무를 심고 그 왕성한 생명력을 받아 가운이 번성하기를 바랐다.

우리나라 누각이나 정자는 개방된 구조이며 자연의 일부다. 여느 나라처럼 자연과 내부를 차단하지 않는다. 창문이 있다 해도 열기만 하면 창틀은 액자가 된다. 여기로 변화무쌍한 자연을 끌어들인다. 액자 속을 채우기 위해 자연을 빌리는 것이다. 잠시 빌려오는 자연[借景]은 경계가 없고, 주인이 없으니 값도 매기지 않는다. 창을 통해 내다보는 자연, 정원이나 누각에 앉아 바라보는 풍광은 그 자체가 정원[林泉庭園]이다. 그래서 선조들은 누각이나 정자 앞의 자연을 대접하기 위해 창방과 기둥 사이에 낙양각을 새겨 붙이기도 했다.

일본이나 중국은 소유 관념이 분명하다. 자연이라 해도 공유하지 않는다. 그대로 둘 수 없다면 축소해서라도 담장 안에 들여놓아야 마음이 편안하다. 서양도 마찬가지다. 집을 지을 때 장면〔場景〕의 크기와 여기에 담을 내용이 설계 단계부터 결정되고, 건축가의 손에 의해 고정된 상태로 새기거나 그려져서 벽이나 창에 붙인다. 날씨가 풀리면 우리나라 절은 방문을 열고 지내는데 성당이나 교회는 1년 내내 문을 닫고 신앙생활을 한다. 서양 사람들의 마음에는 자연과의 교감이 없다.

금수강산으로 회자되는 우리나라의 곳곳에는 조촐한 정자가 있고, 그 안에 사람이 있다. 정자는 안에 있는 사람이 나무, 산, 해, 달 등 자연을 감상하는 곳이다. 그런데 요즘 사람들은 정자에 올라가 자연을 바라보지 않고, 정자를 바라보며 아름답다고 한다. 정자나 누각은 감상의 대상이 아니다.

향원정

향원정은 한껏 치장한 예비 신랑 신부가 결혼기념 사진첩 만드느라고 자주 찾는 곳이다. 우리나라 전통문화를 소개하는 자료에도 곧잘 등장한다.

경회루가 사신을 접대하거나 국가적 경사를 맞아 군신 간의 잔치를 베푸는 등 공식성이 강한 데 비해 향원정은 왕족의 사적인 휴식 공간이다. 웅장한 경회루에서 남성적인 힘이 느껴진다면 향원정은 섬세한 여성미를 풍긴다. 경회루가 방문자의 사회적 의무감을 전제로 한다면 향원정은 개인적 안식을 제공하는 곳이다. 그래서 향원정에는 유교의 심오한 사상이 끼어들지 않는다.

향원정 : 건청궁의 전용 유휴처였던 향원정은 창덕궁 부용정과 더불어 주변 환경과 절묘하게 어울린 백미로 손꼽힌다.

후원에 새 정자를 세우고 …… '취로정(翠露亭)'이라 하여 앞에 못을 파고 연꽃을 심게 했다.

| 《세조실록》, 1456년 3월 5일 |

성상께서 농사짓는 일의 힘들고 고달픔을 알고자 하여 후원에다 논 두서너 이랑을 개간해 백성의 일거리가 이르고 늦음을 보았는데, 기묘년 4월 22일에 임금과 왕비께서 취로정에 함께 나아가서 논이랑에 새싹이 피고 비가 흡족한 것을 보시고는 여러 신하들을 돌아보시며 "농사는 나라의 근본이 되고 음식은 백성의 하늘이 되니, 내가 감히 농사짓는 일을 버리겠는가?"라고 말씀하셨다. | 《세조실록》, 1459년 4월 22일 |

향원정의 모태는 취로정이다. 세조는 취로정을 짓고 연못에 연꽃을 심어 풍광을 보탰다. 그는 후원에 개간한 논농사를 둘러본 뒤 이곳에 들러 휴식을 취하면서 신하들과 더불어 백성들의 힘든 생활을 잊지 않으려고 했다. 지금의 연못과 정자는 1873년(고종 10년) 건청궁을 지을 무렵 다시 조성하면서 건청궁 전용 유휴처가 됐다.

진흙에서 나왔으면서도 물들지 아니하고, 맑은 물결에 씻기어도 요염하지 않다. 가운데는 통하며 밖은 곧고, 덩굴이 뻗지 않고 가지를 치지 않는다. 향기는 멀수록 더욱 맑고[香遠益淸], 깨끗하게 우뚝 서 있으며, 멀리서 바라볼 수는 있으나 함부로 가지고 놀 수 없는 연꽃을 나는 좋아한다. 국화는 꽃 가운데 은일한 것이고, 모란은 꽃 가운데 부귀한 것이며, 연꽃은

꽃 가운데 군자라고 말하니, 아! 도연명 이후에는 국화를 사랑하는 사람이 있다는 소문도 드문데, 나처럼 연꽃을 사랑하는 사람은 몇이나 될 것인가? | 주돈이, 〈애련설(愛蓮說)〉 |

정자의 이름은 주돈이의 〈애련설〉 가운데 '향원익청(香遠益淸)'에서 따왔다. 현존 건물로는 유일한 6각형의 중층 정자다. 섬 안의 정자는 장안당쪽에서 나무로 만든 구름다리로 접근하게 되어 있었다.

향원정은 장대석으로 육각의 야트막한 기단을 깔고, 짧은 육모 돌기둥을 세워 육각으로 바

건청궁 시절의 취향교 : 한국전쟁으로 지금은 사라졌으나 섬 북쪽에는 목교를 걸었던 유구가 있다.
아래는 남쪽 내전 구역에서 건너가게 되어 있는 지금의 취향교.

닥을 깔았다. 1, 2층 모두 외연에는 툇마루를 깔아 난간을 둘렀다. 이 퇴 안에 1, 2층을 한 나무의 기둥 여섯 개를 세우고 기둥과 기둥 사이에는 아(亞)자살 사분합을 달았다. 1층은 장판을 깐 온돌이고, 2층은 마루방이다. 1층은 온돌이기 때문에 겨울에도 여느 정자와 달리 오붓하게 풍정을 나눌 수 있다. 1, 2층 방은 폐쇄와 개방의 전이가 자유롭다. 분합문을 내리면 은밀한 공간이 되고, 올리면 바깥 풍경이 벽체 사이로 다가온다.

위층은 툇마루에 설치한 계단으로 올라간다. 2층 기둥에는 주련

을 걸었다. 사방으로 돌아가는 퇴는 계자난간을 둘렀고, 마루방의 천장은 화려한 주작 그림을 띄웠다. 가구는 외1출목, 주심포와 익공식이 가미된 절충식 공포로 짰고, 처마와 지붕마루가 곡선으로 너울거리는 육모지붕 꼭지에는 절병통을 얹었다. 섬에는 개나리, 철쭉, 단풍, 소나무 등 관목류가 가득해 철따라 변신을 거듭하면서 정교하게 짠 향원정과 어울려 또 하나의 선계를 연출한다.

취향교 : 호안과 섬을 연결하는 다리는 연꽃 향기에 흠뻑 젖는다는 취향교(醉香橋)다. 지금은 나무다리가 남쪽에 걸렸지만 옛날엔 북쪽의 건청궁 쪽 호안과 연결된 목조 구름다리였다. 이 다리는 한국전쟁 때 불타 없어졌고, 건청궁도 사라진 지 오래됐기 때문에 남쪽에서 접근할 수 있도록 1953년 가설한 것이다. 섬의 북쪽에 건청궁 시절의 다리 유구가 남아 있다. 고종시대 향원지 동·남쪽에는 담장이 있었다. 동쪽 담장에는 인유문(麟遊門)과 봉집문(鳳集門), 남쪽 담장에는 정중문(正中門)을 달아 출입을 통제했으므로 연못은 한층 더 깊숙하고 아늑한 정취를 풍겼다. 취향교의 북단은 건청궁의 침당인 장안당과 가까웠다. 임금은 취향교를 건너 향원정에서 산책하며 휴식을 취하거나 신하들을 불러 위로의 술잔을 건네고 시회(詩會)를 베푸는 장소로도 삼았다. 지금의 취향교는 직선형에다가 위치도 달라졌지만 조선의 원지(園池)에 걸친 나무다리로는 가장 길다.

향원지 : 연못은 천원지방의 관념이 작용했으나 모서리는 둥글게 처리했다. 넓이는 4,605제곱미터로 잔잔한 물결에는 백악의 그림자가 잠겨들고 오색 아롱진 단청의 정자와 취향교의 그림자가 그림처럼 떠 있다. 수면 아래는 물고기들이 유영하며 파닥이고 그 위로

향기 품은 연꽃이 넘실댄다. 연못은 지하수와 서북쪽에 있는
열상진원의 샘물로 채운다.

　동쪽은 호안을 화계처럼 조성했다. 이 계단에는 소나무, 팽
나무, 느티나무, 말채나무가 우거져 제법 그럴싸한 유곡(幽谷)
의 풍정을 자아내고, 여름이면 그늘을 드리워 좋은 휴식공간
을 제공한다. 동북쪽 구릉은 녹산(鹿山)이다. 상수리나무, 산
수유, 수수꽃다리, 단풍, 사철나무, 주엽나무가 울창하다. 옛
날에는 이 숲에서 사슴이 뛰놀고, 새들이 합창했다.

열상진원 : 왕궁의 음용수
로 사용했던 샘. 이 샘에서
나온 물은 그 아래 표주박
같은 돌확에 잠깐 머물렀
다 향원지로 흐른다.

　열상진원 : 함화당을 왼쪽에 두고 호안을 따라 거닐다 보면 연못
서북쪽 모퉁이에 덮개를 한 샘(泉)을 단풍나무와 느티나무가 내려
다보고 있다. '진짜 차고 맑은 물의 근원'이라는 열상진원이다. 북
쪽 언덕 밑에서 솟는 이 샘은 경복궁 창건 당시부터 왕궁의 음용수
로 사용했다. 근원이 '물줄기가 흘러나오기 시작하는 곳'이라면 이
샘은 향원지의 수원(水源)이라는 말이고, 향원지는 진짜 차고 맑은
물로 채운다는 뜻이다. 이 샘은 고종 때 북쪽 언덕에 석축을 쌓아
터를 정돈하고 둥글납작한 테두리 안에 네모진 우물 몸통을 앉혔
다. 전면에 '冽上眞源(열상진원)'을 전자로 새긴 덮개는 경복궁 중
창 당시 마련한 것이다.

　샘물은 화강암으로 짜맞춘 판석 아래 홈통을 따라 흘러와 표주박
같은 돌확(지름 41센티미터, 깊이 15센티미터)에 잠깐 머문다. 물은 돌
확에서 반 바퀴 정도 맴돌며 흐름의 속도를 늦췄다가 향원지로 바
로 가지 않고 동쪽으로 방향을 틀어 판석 밑에 뚫린 홈으로 숨어든
다. 이 샘물은 다시 ㄱ자로 꺾여 향원지의 수면 아래로 길게 잠수한
물길을 따라 연못에 희석된다.

돌을 다듬어 물길을 내는 수고를 아끼지 않았을 뿐만 아니라, 결코 간단하지 않은 구조를 짜서 흐르는 속도를 줄이고 방향을 여러 번 바꾼 것은 나름의 계산이 숨어 있다. 하나는 서입동출의 명당수 개념을 적용함으로써 복지로 가꾸고자 하는 소망이다. 출구를 수면 아래로 유도한 것은 파문을 염려한 배려다. 샘물이 수면 위로 떨어지면 거울처럼 맑고 잔잔한 명경지수를 이지러뜨릴 뿐만 아니라 알맞은 온도의 물속에서 노니는 물고기들이 갑작스러운 찬물에 놀랄 수도 있다. 매사를 빨리빨리 처리해야 직성이 풀리는 요즘 사람들은 우회와 멈춤의 장치를 통해 여유와 느림, 남을 배려하는 선조들의 미덕을 배울 수 있다. 이 물은 향원지에 머물다 함화당과 집경당 밑을 지나 경회루 동쪽 호안에 돌출한 이무기 모양의 석루주를 통해 더 넓은 연못으로 떨어지도록 되어 있다.

전기 발상지 : 열상진원에서 건청궁 쪽으로 계단을 올라 몇 걸음 옮기면 회화나무 아래 전기 발상지 표지석이 발길에 챈다. 장안당 바로 앞이다.

에디슨이 탄소선 전구를 발명해 실용화한 때는 고종 16년(1879)이었다. 미국 생활 중 밤에도 대낮처럼 밝은 전깃불을 보고 이 신통함을 임금에게 소개한 사람은 우리나라 최초의 미국 유학생 유길준이었다. 외교관이자 개화사상가였던 유길준은 수많은 저작물을 발표해 개화사상을 정립했다. 그중 서양의 역사·지리·산업·정치·풍속 등을 담은 《서유견문》을 통해 서양의 근대 문명을 조선에 본격적으로 소개했다.

조정에서는 발전기와 전등 시설 일체를 미국 공사 푸트(Lucius H. Foote)에게 부탁하여 국무장관을 통해 에디슨 전기회사에 발주했다. 공사의 총책은 에디슨 전기회사의 맥케이(William McKay)였다. 맥케이는 향원정 연못물을 끌어들여 석탄으로 발전기를 돌렸다.

1887년(고종 24년) 3월 6일 저녁에 점등식이 베풀어졌다. 사람들은 물을 끌어들여 건청궁 안을 대낮처럼 밝힌 것을 보고 '물불'이라 하여 희한한 광경에 입을 다물지 못했다. 발전 설비는 16촉광의 전구 750개를 켤 수 있는 시설이었다. 에디슨이 자사 제품의 판촉을 위해 야심적으로 시공했기 때문에 동양에서는 유일한 일류 시설이었다. 이 설비는 중국이나 일본 궁성보다 약 2년 앞선 것으로 에디슨이 탄소전구를 발명해 세계의 이목을 집중시킨 지 7년 5개월 만이었다.

초기의 발전시설은 사소한 고장이 끊이지 않았다. 그러나 맥케이가 유일한 전기 기사였기 때문에 그가 없으면 고장이 나도 속수무책이었다. 전등은 깜빡깜빡 하다가 꺼지는 때가 많았다. 잦은 고장으로 깜빡거리는 것을 두고 건달처럼 들락날락한다 하여 '건달불〔乾達火〕'이라는 말도 나왔다. 건청궁 시대의 어느 상궁은 이렇게 회고했다.

"넓은 대청과 마당에는 커다란 등롱(燈籠) 같은 것이 달려, 멀리서 벼락 치는 소리가 나면 못물을 빨아올리고 다른 한쪽에서 김이 무럭무럭 나는 뜨거운 물이 흘러나왔다."

궁녀들은 발전기의 소음과 전깃불에 익숙하지 않아 불면증을 호소했고, 냉각수가 흘러들어 연못의 물고기들이 떼죽음을 당하는 변괴가 발생했다. 운영비도 만만하지 않아 증어망국(蒸魚亡國)이라는 말까지 나돌았다. 게다가 전기기사 맥케이가 점등식을 치른 지 얼마 안 되어 권총 오발 사고로 죽었다. 건청궁은 불안한 정국을 안고

건청궁으로 들어가는 문 : 이 문을 들어서면 줄행랑으로 둘러싸인 건청궁 바깥마당이다. 바깥마당 건너편은 곤녕합으로 들어가는 함광문, 왼쪽에는 장안당으로 들어가는 초양문이 있다. 현재 편액은 교체되었다.

다시 적막한 어둠에 잠겼다. 거의 반년이 지난 뒤에야 어둠의 장막 안에 갇힌 건청궁은 어렵게 초빙한 영국인 기사에 의해 발전기를 돌릴 수 있었고, 전등불은 다시 들락날락했다.

건청궁

건청궁은 사랑채, 안채, 행랑채를 갖춘 구조로 되어 있다. 궁제에 얽매이지 않고 단청이나 잡상 등으로 장엄을 베풀지 않았다. 사대부 집처럼 구성됐다는 점에서 창덕궁 연경당과 유사하다. 그러나 창덕궁 연경당이 외척과의 싸움을 효명세자에게 맡기고 순조 자신은 비교적 여유롭게 머문 곳인 데 비해 건청궁의 고종은 숨 가쁘게 변전을 거듭하는 국제 정세를 온몸으로 감당하면서 고통스러운 생활을 해야 했다. 곳곳에서 벌떼같이 일어나는 백성들의 궐기로 전전긍긍했고, 청나라와 일본, 서구열강의 틈바구니에서 끊임없이 시달렸으며, 최대의 버팀목이었던 왕비를 이곳에서 잃었다.

건청궁은 역대 임금들의 초상화를 봉안한다는 명분을 내세운 흥선대원군의 지시로 고종 10년(1873)에 지었다. 물론 경복궁 동북쪽에 선원전이 있었으나 태원전, 문경전, 회안전에 아우르는 별도의 어진 봉안장소가 필요하다는 게 이유였다. 이때는 세도정치에 신물이 난 흥선대원군이 왕권 강화를 부르짖으며 섭정을 드세게 밀고 나가던 시기이자, 일방적으로 국정을 끌어가는 아버지와 그로부터 권력을 돌려받으려는 고종의 대결 구도가 절정을 이루던 때였다. 흔히 말하기를 대원군이 왕권강화의 상징으로 경복궁을 중창했듯 고종은 친정체제의 상징으로 '아버지에게도 알리지 않고' 자기만의 궁전을 지었다고 하지만《고종실록》의 기사는 사뭇 다르다.

> 부호군 강진규(姜晉奎)가 올린 상소의 대략에 "삼가 듣건대, 건청궁을 짓는 역사(役事)가 매우 웅장하고 화려하다고 합니다. 이곳은 행차할 때 임시로 거처하는 장소에 지나지 않는데, 그토록 웅장하고 화려하게 지어서 어디에 쓰려고 경비를 지나치게 낭비하는 것입니까?"
>
> |《고종실록》, 1873년 5월 10일 |

좌의정 강로(姜浩)가 아뢰기를 "재상 강진규의 상소문에 대한 비답을 보고서야 비로소 건청궁을 짓고 있으며 대내에서 그 경비를 대고 유사에 맡기지 않았다는 것을 알았습니다. 그리고 대로합하(大老閤下, 대원군)의 말씀을 듣고 나서 어진을 봉안하는 곳으로서 찬수가 매우 적고 그 규모도 화려하지 않을뿐더러 또한 공한지의 좋은 자리이므로 대로합하께서 조치하신 일이라는 것을 알게 되었습니다. 비록 그렇기는 하나 신들은 모두 사체로 보아 그렇게 하지 않을 수 없었다는 것을 알고 있습니다만, 멀리 지방에 있는 사람들은 그 내막을 모르고 틀림없이 10년간 토목공사를 하다가 또 이 공사를 벌이고 있으니 공사가 끝날 날이 없을 것이라고 생각할 것입니다. …… 바라건대 전하께서는 깊은 관심을 가지시어 모든 재물의 소비에 대해서 절약하기에 더욱 힘쓰소서." 하니 하교하기를, "진달(進達)한 의견이 매우 간절하니 마땅히 마음에 새겨두도록 하겠다. 그런데 이 궁을 건설하는 데 쓸 비용을 탁지부 돈을 쓰지 않고 내탕금만 쓴 것은 되도록 아끼자는 내 뜻에서였다." 하였다.

| 《고종실록》, 1873년 8월 19일 |

홍선대원군의 건청궁 건립 의도가 어진 봉안을 위해서라지만 다른 속셈이 있을 수 있다. 건청궁 자리는 원래 빈 터였다. 임금의 침전이나 편전과는 떨어져도 한참 떨어진 곳이다. 좋게 말하면 복잡한 정무 공간에서 멀리 떠나 한가로이 쉴 수 있기로는 안성맞춤이겠지만 국정에 임하는 임금의 긴장감이 풀릴 수도 있다. 홍선대원군이 경복궁 서북쪽에 처음 지은 태원전 자체가 태조의 어진을 봉안하기 위한 것이었으므로 건청궁이라는 새로운 어진 봉안 시설이 꼭 필요한 것은 아니다. 따라서 건청궁은 임시 거처나 휴식 공간으로 삼았을 개연성이 높다. 건축 양식도 법전이나 편전의 엄정함을 버리고 양반 주택의 편리와 장점을 따랐다. 창덕궁 후원의 연경당처럼 단청도 입히지 않은 조선 상류층 주택의 담백한 사랑채와 안채 양식을 본떴다. 소박하고 아늑한 분위기가 물씬하다. 어진을 받드는 공간에 담아야 할 분위기와는 거리가 멀다.

건청궁과 비슷한 창덕궁 연경당은 순조가 효명세자에게 복잡한 정무를 맡기고 한가한 시간을 보냈던 곳이다. 흥선대원군은 아들 고종을 건청궁에서 한가로이 지내도록 하고 자신의 뜻대로 섭정을 계속하려는 속셈이었는지도 모른다. 그러나 대원군은 그해 11월 "자기 자리가 아닌데도 국정에 간여한 자"라는 최익현의 상소를 계기로 더 이상 대권을 붙들지 못하고 운현궁으로 물러났고, 고종은 비로소 왕권을 행사할 수 있게 되었다. 그러나 친정을 선언한 지 한 달도 안 돼 내전 일부가 불에 타버렸고, 2년 뒤에는 내전의 핵심 전각 830여 칸과 역대 임금의 필적, 보물, 옥새는 물론 모든 어보와 부신(符信)들이 잿더미로 변했다. 친정 초기의 불운이었다. 그래서 임금은 창덕궁과 경복궁으로 이어와 환어(還御)를 거듭했다. 경복궁 내전이 뜻하지 않은 화재로 기형상태에 놓였으므로 건청궁은 건립 이래 12년간 아무런 역할을 하지 못했다. 그동안 임금은 주로 창덕궁에 머물렀으므로 건청궁에서 쉴 틈도, 어진을 봉안할 기회도 길지 않았던 것이다.

고종이 애용했던 정무 공간 : 건청궁이 주인을 제대로 맞이한 것은 고종 22년(1885) 1월이었다. 9년 전 불탄 경복궁 내전 지역을 복구하지 않은 상황에서 임금이 돌아온 것이다. 마땅한 거처가 없던 임금은 건청궁에 보금자리를 틀었다. 내전이 복구(1888)된 뒤에도 고종은 거처를 바꾸지 않고 러시아 공관으로 떠날 때까지 12년간 건청궁을 지켰다. 그는 엄격하고 딱딱한 경복궁 중심 공간에서 벗어나 외부에 공개되지 않은 이곳을 편안한 장소로 여겨 정무를 관장하고 외교관을 만났다.

이렇게 하여 건청궁은 건립 의도와 관계없이 주요 정무 공간으로 위상이 바뀌고, 궁궐 경영 방식도 달라져 정치활동의 중심 무대가

되었다. 때로는 주변의 홍복전, 만경전, 함화당, 집옥재도 외교 사절을 접견하거나 거처로 이용했다. 고종 내외는 교태전이나 강녕전보다는 건청궁과 그 주변 전각에서 나라 일은 물론 외교 활동을 벌였으므로 이 일대가 이들의 실질적 정무처였다. 고종의 건청궁 시대는 조선을 사이에 두고 일본, 러시아, 청나라의 힘겨루기로 조용할 틈이 없었다.

삼군부에서 총검술을 연마하는 궁궐 수비대 : 삼군부는 병인양요(1866) 때 군령권의 일원화를 위해 흥선대원군이 예조자리에 설치한 기관으로 청헌당, 총무당, 덕의당의 세 건물이 있었다. 이중 청헌당은 1967년 정부종합청사를 건립하면서 육군사관학교로, 조선군 연합사령부격인 총무당은 1930년대에 성북구 삼선동으로 이건했다. 덕의당의 흔적은 없다. 뒤에 보이는 중층 건물은 광화문이다.

명성황후 시해 현장 : 명성황후가 드센 일본을 멀리하기 위해 활동한 곳은 관문각(觀文閣)이었다. 장안당 뒤쪽의 관문각은 건청궁 건립 당시 관문당이라 했던 것을 고종 25년에 다시 세운 한국 최초의 서양식 2층 건물이다. 러시아 건축가 사바틴이 설계한 이 건물은 명성황후의 외국 손님 접견과 연회 장소로 이용됐다. 조선 지배를 발판으로 대륙 진출의 꿈을 꾸고 있던 일본으로서는 명성황후가 걸림돌일 수밖에 없었다. 그들은 주먹을 불끈 쥐고 외쳤다. "아시아 평화와 자주 조선을 위해 민비를 없애자."

'여우사냥'으로 명명한 명성황후 제거 작전의 최종 결재권자는 이토 히로부미, 각본 일본 내각, 연출 이노우에 가오루(井上馨, 외무대신), 주연 미우라 고로(三浦梧樓, 일본공사), 칼잡이들이 행동대로 출연한 한 편의 드라마였다.

육군중장으로 퇴역한 미우라는 외교에 문외한이었다. 그러나 조선에서 전개되는 난국을 타개하는 데는 무단적 방법이 최선이라고 여겼다.

1895년(고종 32년, 을미년) 9월, 이노우에는 미우라에게 여우사냥

작전 지휘권을 넘겼다. 미우라는 원활한 임무수행을 위해 시바 시로(柴四朗), 다케다 한시(武田範治), 스키나리 하카루(月成光) 등과 동행해 조선에 발을 디뎠다. 시바는 하버드와 펜실베이니아 대학에서 경제학을 공부했고, 다케다와 스키나리는 조선 사정 전문가였다.

명성황후 초상 : 경기도 여주 명성황후 기념관 소장. 권오창 그림.

10월 2일, 미우라는 아다치 겐조(安達謙藏, 한성신보 사장)를 공사관으로 불러 암살단 조직 자금을 전달했다. 10월 7일, 민영준이 궁내부대신으로 내정된 축하 연회가 경복궁에서 화려하게 베풀어지고 있는 시각, 진고개 파성관에서는 구니토모 시게아키(國友重章, 한성신보 주필)와 야마다 레세이(山田烈聖, 일본신문 특파원)의 지휘를 받는 각계 인사 56명과 암살단이 화려한 출정식을 가졌다.

10월 8일 새벽, 암살단 일부는 대원군이 칩거 중인 공덕리 아소정(我笑亭)을 점령한 후 흥선대원군을 강제로 남여에 태우고 어둠에 휩싸인 3시에 경복궁으로 출발했다. 새벽 5시쯤, 광화문 앞에서 홍계훈이 지휘하는 궁궐수비대와 부딪혔으나 10여 분 만에 제압했다. 암살단은 광화문과 용성문을 통과해 대원군을 강녕전에 내려놓고, 48명으로 구성된 자객들은 경회루 서쪽 궁성의 순찰로를 따라 은밀히 진행하다가 태원전 건숙문 앞에서 건청궁 쪽으로 방향을 돌렸다. 자객들은 유형문, 광임문을 거쳐 건청궁 서쪽 어구를 건넜다. 그들은 곤녕합 동행각을 왼편에 끼고 북쪽으로 침투하다 복수당 서북 출입문인 경화문 앞에서 잠시 머물러 '여우사냥'의 결의를 다졌다. 그리고 경화문과 청휘문을 박차고 들어갔다.

그들은 장안당과 곤녕합에 닿자마자 거미새끼처럼 흩어졌다. 장안당으로 침투한 폭도들은 잠결에 일어나 공포에 떨고 있는 임금과 세자에게 왕비를 찾아내라고 닦달했다. 세자는 상투를 잡힌 채 폭도가 휘두른 칼등을 맞고 의식을 잃었다. 다른 무리는 왕비를 찾아 곤녕합, 옥호루를 휘젓고 다녔다. 이 북새통에 왕비는 나인 복장으로 병풍 뒤에 피신해 있었다. 그러나 금방 발각돼 두 명의 궁녀와 함께 장안당 뒤뜰로 끌려나왔다. 그리고 숨 돌릴 겨를도 없이 최후를 맞았다. 명성황후의 최후에 관해서는 정황이 명확하지 않다. 곤녕합 툇마루에서 변을 당했다는 추리도 있다. 이 과정을 러시아 공사 베베르는 "붙들린 왕비 가슴을 세 번 짓밟고 칼로 가슴을 마구 찔러댔다"고 기록했다. 이때 궁내부대신 이경직이 달려왔고, 이경직이 가로막고 나서자 서슴없이 칼로 팔을 자르고 총으로 심장을 겨눴다. 왕비의 시신은 옥호루로 잠시 옮겨졌다가 홑이불에 덮여 녹산 남쪽으로 끌려갔다. 시해범들은 끌고 간 시신에 석유를 붓고 불을 붙였다. 이어 시해범들은 경복궁에서 바람처럼 사라졌다. 물색도 모르는 훈련대 군사들이 삼엄한 경계를 펴는 가운데 일어난 일이었다.

아침 7시, 일본공사 미우라가 고종 앞에 나타나 호기를 부렸다.

"그간 중전 민씨가 국정을 어지럽히고 종묘사직을 위기에 빠뜨렸습니다.

■ 을미사변과 일본의 사후 처리, 그 후손들

당시 일본 정부는 명성황후 시해와 일본은 무관하다고 강변했으나 시해 현장에서 미국인 교관 다이와 러시아인 사바틴, 그 외 많은 조선인들이 진상을 낱낱이 목격했다. 이 사건은 국내는 물론 국제적으로도 자세히 알려져 여론이 비등했다. 비난 여론을 피해갈 수 없었던 일본 정부는 시해 주범인 미우라 등 관련자 48명을 히로시마 감옥에 가두고 형식적인 재판을 진행했다. 그리고 1897년 1월 20일, 미리 짜놓은 각본에 따라 '증거 불충분'으로 피고 전원을 무죄 석방했다. 그 후 이들은 을미사변의 공로로 일본의 정계, 관계 등에 진출해 거물급으로 약진하는 영광을 누렸다. 감옥에 구치되는 동안 범인들은 영웅 대접을 받았다. 2005년 5월, 명성황후 시해범 중 주역급인 구니토모 시게아키의 외손자 가와노 다쓰미, 이에이리 가키쓰의 손자며느리 이에이리 케이코와 우에무라 후미오 등 후손들이 사변 후 110년 만에 방한해 명성황후의 홍릉과 여주 생가, 경복궁 현장을 방문하고 참회의 눈물을 흘렸다.

변란이 일어나자 중전은 지난번 임오군란 때처럼 달아나 종적을 감추었으니 중전의 자격을 박탈하고 서민으로 쫓아내십시오."

그리고 훈련대 군인의 난동을 엄벌할 것, 죽은 궁내부대신 이경직 후임으로 임금의 형 이재면을 앉히고 친일 내각으로 개편할 것을 요구했다. 왕비를 삼켜버린 불꽃이 잦아들고 있을 때였다. 이 무렵, 훈련대는 간간이 야간 훈련에 동원되었다. 왕비가 참혹한 꼴을 당할 때도 훈련대 군사들은 일본 암살단과 내통하고 있던 지휘관 명령에 따라 통상적인 훈련으로 알고 명령에 따라 궁궐 주변에 머물렀다. 훈련대 참위였던 윤석우(尹錫禹)도 마찬가지였다. 지난밤의 끔찍한 사정을 잘 모르는 그는 녹산에서 타고 남은 유해를 발견했다. 그래서 훈련대 대대장 우범선(禹範善)에게 궁녀의 시체냐고 묻고 임금의 거처 가까이에 유해를 방치할 수 없는 게 아니냐고 건의했다. 왕비 시해를 방조했던 우범선은 "만약 해골이 남아 있으면 연못에 던져 버리고 그곳을 말끔히 정리하라"고 명령했다. 그러나 윤석우는 우범선의 지시대로 유골을 향원지에 버릴 수 없었다. 그는 타다 남은 뼈 몇 조각을 수습하여 후원의 오운각 서쪽 산자락에 고이 묻었다. 사건의 종료로 미우라의 임무도 마감됐고, 조선주재공사는 고무라 주타로(小村壽太郞)로 바뀌어 고종의 감시자가 됐다.

고종의 건청궁 탈출 : 왕비가 시해된 뒤 일본 세력에 포위된 임금은 죽음과 공포의 늪에서 빠져나오려고 나름의 신변보호책을 개발했다. 눈앞에서 딴 깡통 연유와 날달걀 외에는 일절 먹지 않음으로써 독살을 피하고자 했고 밤이면 권총을 소지한 미국 선교사들을 불러들여 침실을 지키도록 했다. 10년 전 승은을 입었다가 왕비에게 쫓겨났던 엄상궁도 다시 불러들여 위안을 삼고, 신변을 돌보게 했다.

서구 열강이 각축을 벌이던 1903년의 서울 주재 외교관들 : 미국 공사 알렌의 초청을 받은 외교 사절이 정동 미국 공사관에서 촬영한 기념사진. 오른쪽 두 번째부터 독일, 프랑스, 미국, 청, 영국 공사. 왼쪽 두 번째는 러시아 공사.

엄상궁은 경복궁에서 언제 변란이 일어날지 모른다며 안전한 곳으로 거처를 옮겨야 한다고, 불안에 떠는 고종의 마음을 흔들었다. 엄상궁이 추천한 안전지대는 외국 공관이 밀집한 정동이었다. 이 무렵 남산 일대는 일본인, 명동과 북창동 지역은 중국인들이 마을을 이루며 살았다. 정동 일대는 미국, 영국, 프랑스, 러시아 등 서구 열강의 공관들이 포진하고 있어 이른바 '양이'들의 왕래가 빈번했다. 엄상궁은 외교관들과 쉽게 접촉할 수 있는 정동에 머무르는 것이 일본의 입김에서 벗어나는 효과적인 방법이라고 생각했다.

건청궁의 숨 막히는 생활과 언제 닥칠지 모르는 죽음의 공포를 감당할 수 없었던 고종은 친미파·친러파 성향의 인사들, 곧 종친 이재순과 이범진을 비롯한 대관들과 임최수·김홍륙 등 시종신들에게 밀지를 내렸다. 춘생문(春生門, 지금의 청와대 춘추관 자리에 있었던 후원의 동문)을 통해 이들을 은밀히 입궐하도록 하여 궁궐 탈출 의사를 밝힌 것이다. 이들은 11월 28일 새벽에 친위대 병사 800여 명을 동원해 작전에 들어갔다. 그러나 엉성한 진행으로 헛수고가 되고 말았다.

아관파천 : 경복궁 탈출 시도가 실패하자 친러파 인사들은 러시아 공사관이 유일한 대안이라고 일러줬다. 고종은 신변보호를 요청하는 편지를 친러파 이범진에게 들려 러시아 공관에 전달했다. 고종 33년 1월 초 베베르 후임으로 부임한 러시아 공사 스피에르(Alexis de Speyer)는 고종의 희망을 본국에 타전했다. 러시아 외무부로부터

전폭적으로 지원하겠다는 답신이 왔다. 일본의 세력을 누르고 조선에 대한 영향권을 차지하려는 러시아의 야심과 고종의 소망이 맞아떨어진 것이다. 조선 임금만 품안에 들어온다면 조선 정책을 맘대로 주무를 수 있는 절호의 기회였다. 러시아 군함 2척이 제물포로 즉각 발진했다. 러시아 공사관은 제물포에 상륙한 해군을 서울로 불러들여 고종의 탈출 작전을 엄호하도록 했다.

베베르는 멕시코 공사로 전임 명령을 받았으나, 부임지로 출발하지 않고 공사관에 남아 고종이 도착할 때까지 작전을 총지휘하기로 했다. 그는 신임공사 스피에르와 이범진, 친미파 이완용·이윤용 등과 함께 기민하게 움직였다. 친위대가 의병을 진압하기 위해 지방으로 내려간 틈을 이용하여 친러파는 궁녀 김씨와 엄상궁을 통해 탈출 계획이 완료됐음을 고종에게 알렸다. 2월 11일 새벽, 이범진과 이완용 등은 각본에 따라 뜰을 거닐고 있던 고종을 교자에 태워 영추문으로 빠져나왔다. 그동안 궁녀 김씨가 교자를 타고 영추문을 빈번하게 출입해 감시를 무디게 했으므로 수문 군사들은 교자 안 인물이 임금이라고는 상상도 하지 못했다. 세자 척은 다른 문을 이용했다. 세자빈 민씨, 창덕궁에 머물던 대비 효정왕후(헌종비)도 탈출로를 달리 하여 경운궁을 향해 새벽길을 재촉했다. 새벽 6시를 조금 넘겨 상궁 엄씨의 치밀한 주도 아래 고종과 세자가 러시아 공사관에 무사히 당도함으로써 상황이 끝났다. 김홍집 내각이 전혀 눈치 채지 못한 작전이었다. 왕족이 빠져나간 경복궁과 창덕궁은 껍데기만 남았다.

이후 건청궁은 방치된 경복궁과 운명을 같이한다. 일제는 건청궁 일대의 건물을 헐고(1909), 병합 25주년 기념 박람회장(1935)으로 사용하면서 철저히 훼철했으며, 4년 뒤(1939)에는 건춘문 앞의 본관 건물이 좁다는 핑계로 그 자리에 조선총독부 미술관 별관을 지었다. 이 미술관은 광복 이후 민속박물관으로, 1995년부터는 전통 공예 전시관으로 쓰다가 헐어버렸다. 얼마 전까지 빈 터였던 이곳에는 2007년에 장안당, 곤녕합 등 14동과 담장 210미터를 되살렸다.

들어가는 문: 건청궁의 주요 건물은 장안당, 곤녕합, 복수당이다. 건청궁의 외곽은 ㄴ자 형태의 동남쪽 행각과 거기에 연결된 담장으로 둘러싸여 있다. 향원정 서북쪽 언덕배기에 있는 전기 발상지 표지석 앞은 장안당 남쪽 담이다. 이 담과 동쪽에 잇댄 삼량집 홑처마 행각이 직선을 이루며 건청궁 외곽의 남쪽 경계를 이룬다. 이 행각 밖은 네 개의 굴뚝이 지붕을 뚫고 치솟았다. 서쪽에서 첫 번째와 둘째 굴뚝 사이에 행각보다 높게 뜬 지붕을 얹은 소슬문이 있다. 작고 아담하지만 당당한 건청궁 정문이다. 별도의 문 이름 대신 '乾清宮(건청궁)'이라는 편액이 붙었다. 건청궁으로 들어가는 외행각 모서리에서 남쪽으로 뻗은 담장에는 인유문이 있다. 인유문은 녹산으로 들어가는 문이다. 인유문 안에는 '명성황후순국숭모비'가 있다.

　건청궁을 들어서면 가로로 좁게 펼쳐진 직사각의 바깥마당이 있다. 이 공간은 시골집 마당과 같고, 아파트의 거실과 같다. 시골집은 마당을 건너 살림집으로 다가가고, 마당을 밟아야 사랑채나 문간방으로 접근할 수 있다. 아파트도 거실을 통해 큰방과 작은방으로 들어갈 수 있다. 동궁의 이극문 앞마당과 비슷한 위상이다. 소슬문 바로 앞의 행각문은 곤녕합으로 들어가는 함광문(咸光門)이다. 동궁이라면 안채 격인 자선당으로 들어가는 진화문에 해당한다. 마당 서쪽, 곧 소슬문 왼편에 보이는 초양문(初陽門)은 장안당 출입문

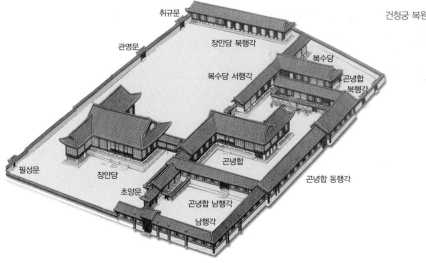

건청궁 복원도

취규문
장안당 북행각
관명문
복수당
복수당 서행각
곤녕합
북행각
필성문
장안당
곤녕합
곤녕합 동행각
초양문
곤녕합 남행각
남행각

이다. 동궁으로 보면 비현각으로 들어가는 이모문쯤 된다.

임금의 거처로 들어가는 초양문은 곤녕합 남행각의 함광문과 품
격이 다르다. 번듯한 사주문에다 부연을 덧댄 팔작지붕이다. 초양
문의 북쪽에는 3칸집이 남북으로 붙어 있다. 이 집의 좌우는 담장
을 쳤다. 안으로 들어가려면 초양문 오른편 안팎의 협문을 거쳐야
한다. 이 집의 쓰임새는 알려져 있지 않으나 귀중품이나 은밀한 물
건을 관리하던 곳일 가능성이 높다. 서양 문물에 관심이 많았던 고
종 내외가 특정 물품이나 공개하기 곤란한 서적 따위를 보관하기
위해 출입을 규제했을 것이라고 추정하는 학자도 있다.

장안당 : 장안당은 건청궁의 중심 건물이다. 사대부 집이라면 사랑
채에 해당한다. 전체 27칸, 세 벌 장대석 위에 올린 장안당 단면은 3
칸 7량집이며 이익공 포작이다. 지붕에는 용두를 얹고 처마는 막새
로 마감했다. ┠자 형태로 설계한 평면은 앞면 6칸, 옆면 1칸이며 앞
뒤로 툇간을 두었다. 가운데 3칸은 대청이고 서쪽 2칸, 동쪽 1칸은

장안당 편액

방이다. 대청 앞에 붙은 장안당(長安堂) 편액은 고종 어필이다. ⊢자 형태의 북서쪽에는 田자 모양의 앞·옆 2칸의 침방인 정화당(正化堂), 그 남쪽은 5칸의 추수부용루(秋水芙蓉樓)라는 누마루다. 정화당은 9칸으로 짜인 囲자 형태의 강녕전 침소 축소판이라 할 수 있다. 추수부용루 5칸 중 남쪽으로 돌출한 2칸은 단을 높였다. 장안당 동쪽은 복도각을 통해 곤녕합 서행각과 만난다. 복도각은 본채보다 단을 낮췄으며 지붕은 본채 처마 아래 놓였다.

장안당 구역은 건청궁 궁역의 4분의 3을 차지한다. 이 공간의 동쪽은 짧은 샛담과 연결된 다양한 행각으로 막혔고, 나머지 세 면은 담이 ㄷ형태로 에워쌌다. 남쪽 담과 만나는 서쪽 담에는 필성문(弼成門)이 있다. 향원정 서북쪽의 열상진원에서 전기 발상지로 이르는 계단을 올라서면 맨 처음 눈에 띄는 문이다. 건청궁 남행각의 소슬문을 거치지 않고 장안당으로 진입하려면 필성문으로 들어가면 된다. 필성문은 교태전 건순각 뒤편의 연휘문과 비슷한 월문이다. 서쪽 담을 따라 북쪽으로 가면 일각문인 관명문(觀明門)과 취규문(聚奎門)이 16미터 정도 간격으로 열려 있다. 취규문 안은 장안당 북행각이다. 북쪽 담장을 뒤로 하고 나란히 펼쳐진 북행각은 22칸의 5량집이다. 방과 마루, 창고로 구성된 북행각은 건청궁을 밝혔던 수력발전기가 있었던 곳이라고도 한다. 북행각과 장안당 사이의 넓은 마당에는 고종 내외의 외교활동 거점이자 연회공간이었던 관문각이 있었다. 관문각은 도면이나 유구가 없어 이번에 복원하지 못하고 그 자리를 비워두었다. 북행각 서북쪽에는 북쪽 궁성의 암문(暗門)인 계무문이 있다. 계무문은 후원에서 문과 시험을 치를 때 행사관련 관리들이 이용했던 문이다.

곤녕합과 복수당 : 곤녕합은 앞면 6칸, 옆면 2칸에 북동쪽으로 田자형 4칸을 덧댄 전체 16칸의 건청궁 안채다. 홑처마에 5량, 민도리집으로 장안당보다 격식을 낮췄다. 옛 사진을 보면 지붕은 막새 없이 아구토로 마감했고, 짧은 처마에는 차양을 댔다. 동북쪽으로 돌출한 田

곤녕합 옥호루 : 건청궁의 안채로 명성황후가 거처했다.

자형 4칸은 정시합(正始閤)이라는 이름의 침방이다. 정시합은 동쪽과 북쪽 툇간을 개흘레(벽 밖으로 벽장처럼 달아낸 칸살)로 감쌌다. 정시합 남쪽의 앞면 1칸, 옆면 2칸은 옥호루(玉壺樓)라는 편액을 단 누마루다. 옥호루 동쪽에는 사시향루(四時香樓)라는 편액이 하나 더 있다. 곤녕합 본채는 서행각에 ㄴ자로 이어졌으며, 행각에 붙은 2칸은 대청이고 오른쪽 2칸은 방, 그 다음이 옥호루다.

곤녕합은 다양한 규모의 불규칙적인 행각에 둘러싸여 있다. 동행각은 청휘문(淸輝門)을 사이에 두고 남과 북으로 폭이 다른 행각방이 일렬을 이룬다. 청휘문 북쪽 행각방은 임금의 옷을 관리하고 준비하던 의대고(衣袋庫)다. 임금의 소용에 걸맞게 측면 칸이 여느 행각보다 넓고, 지붕도 높다. 청휘문 남쪽으로 뻗은 행각은 그보다 낮고 좁다. 이 행각은 곤녕합 남행각 끝에서부터 더 낮고 좁아지면서 곤녕합 외정(外庭), 곧 건청궁 줄행랑을 이룬다. 이 줄행랑은 방문객의 대기장소로 이용되었다. 직선으로 뻗은 곤녕합 및 건청궁 동쪽 행각은 북쪽에서 남쪽으로 내려오면서 지붕이 한 단계씩 낮아지고 칸 폭도 좁아지는 구조다.

곤녕합 서행각은 복수당 서행각과 일직선을 이루며, 장안당과는 복도각으로 연결된다. 남북으로 놓인 6칸 행각방의 왼쪽에는 마루를 깔았다. 곤녕합 남행각은 동·서 행각과 ⊔자 형태로 만난다. 이 행각의 중심에 함광문(含光門)이 있다. 곤녕합으로 들어가는 문이다. 9칸 3량집인 북행각은 특이한 구조다. 앞쪽에 나지막한 샛담을 쳐서 본채인 곤녕합과 분리했기 때문이다. 북행각 가림막 역할을 하는 이 샛담은 중간쯤에 굴뚝이, 동행각 쪽에 판문이 있다. 굴뚝은 담장에 붙은 자경전 십장생 굴뚝 구조. 직사각으로 돌출한 굴뚝 위에는 장식용 연가 5기가 나란히 서 있다. 북행각은 건청궁 식구들에게 간식과 후식을 공급했던 곳이다. 샛담은 음식을 장만하는 분위기와 냄새를 차단하는 장치였던 셈이다. 북행각의 서쪽은 복수당(福綏堂) 서행각이다. 두 행각 사이는 트여 있어 곤녕합과 복수당을 자유롭게 오갈 수 있다.

복수당은 홑처마 5량집으로 사대부 집의 별당에 해당한다. 고종이 건청궁에 자리 잡으면서부터 세자 내외가 머물렀던 곳으로 알려졌다. 내부는 주방과 마루, 방으로 구성되어 있다. 장안당 뒷마당을 등진 서행각과 ├자로 만나는 칸은 문이다. 녹금당(綠琴堂)이란 당호가 있는 서행각은 일각문을 사이에 두고 곤녕합 서행각과 같은 선상이다. 행각이라지만 실제로는 본채인 복수당보다 큰 규모다.

복수당의 뒤쪽은 샛담을 쳐서 건청궁 외곽 담과 구획을 했다. 곤녕합 북행각과 좁은 통로를 사이에 두고 나란히 놓여 앞뒤에 담을 침으로써 일곽처럼 구성된 셈이다. 복수당 동쪽은 행각으로 막히지 않고 건청궁 외곽의 동쪽 담장을 바라본다. 이 담장에 경화문과 이름 없는 문이 이웃하고 있다. 문 앞은 자선당 유구가 있는 녹산 밑이다. 예전에는 울타리를 둘러 녹산으로 들어갈 수 없었으나 건청궁을 복원하면서 철거했다.

집옥재 일원

1876년 경복궁에 큰불이 나자 고종은 창덕궁으로 옮겼다가 1888년에 다시 경복궁으로 돌아와 주로 건청궁에 기거했다. 고종은 창덕궁에 지었던 집옥재, 협길당을 1891년에 건청궁 서편으로 옮겨와 서재와 외국 사신 접견소로 사용했다. 집옥재는 양쪽 옆벽을 벽돌로 쌓고 내부를 통층과 다락의 2중 구조로 만들었으며, 협길당은 전통가옥, 팔우정은 2층 정자다. 집옥재는 중국풍의 요소가 많아 이국적인 정취를 풍긴다. 세 건물은 복도를 통해 하나의 내부로 연결된다.

건청궁의 서쪽 어구 건너편에 있는 집옥재는 원래 창덕궁에 지었던 건물이다. 고종 13년 겨울, 화재로 내전이 대부분 소실되자 임금은 창덕궁으로 옮겨갈 수밖에 없었다. 재위 18년(1881), 고종은 경복궁의 복구가 지지부진하자 침전으로 함녕전(위치와 규모는 자세하지 않다)을 지으면서 부속 건물로 서쪽에 협길당, 북쪽에 집옥재를 지었다. 그리고 창덕궁으로 옮긴 지 9년째 되던 해 정월에 경복궁이 복구되지 않은 상태에서 환어(還御)했다. 소실된 내전 공사는 고종 25년 초여름부터 활기를 띠었다. 내전을 복구한 뒤에는 창덕궁에 있던 집옥재와 협길당도 지금의 위치로 옮겨왔다. 고종은 이곳에 역대 어진을 봉안하고 서재 겸 외교사절 접견

집옥재 : 세 채가 각기 다른 이름을 지니고 있지만 건물 사이에 복도각을 두어 전체가 연결된 구조다. 왼쪽이 팔우정, 오른쪽이 협길당이다. 집옥재와 팔우정은 청나라 양식으로 지어졌다. 협길당도 옆면·뒷면을 개흘레로 둘러 경복궁 전각 중에서는 특이한 구조다.

장으로 활용했다. 건청궁이 내전과 같은 곳이라면 집옥재는 책을 읽고 외부인을 만나는 편전에 해당하는 셈이다. 고종 30년(1893) 한 해만도 영국, 일본, 러시아 공사 등 외교사절을 5회나 맞이했다는 기록이 있다.

중심 건물인 집옥재는 서쪽에 팔우정(八隅亭), 동쪽에 협길당(協吉堂)을 끼고 있다. 세 채의 건물이 각각 다른 이름으로 불리지만 교태전이나 자경전처럼 건물 사이가 복도각으로 연결되어 있다.

이 건물들은 경복궁 안에서는 볼 수 없는 특징을 지니고 있다. 가장 유별난 점은 청나라 양식의 집옥재 외관과 복도각의 유리창이다. 이 같은 양식(樣式)과 자재는 당시로서는 최신식이었다.

집옥재

집옥재는 댓돌을 쌓아 면석을 깔고 앞면 5칸, 옆면 3칸으로 올린 건물이다. 지댓돌 전면에는 아홉 겹의 계단을 놓고 네 마리의 석수를 새긴 소맷돌을 놓아 삼계(三階)로 짜고, 어계에는 답도를 두었다. 답도에는 경운궁처럼 용을 새겼다. 규모가 정전 답도보다 작아 앙증맞다.

월대처럼 보이는 장방형의 지댓돌은 다른 전각에서 찾아볼 수 없는 특이한 규모다. 초석도 방형주추에 다시 가운데

집옥재 툇마루의 열주와 분합문 : 고복형 주추와 바닥의 장마루는 집옥재에서만 볼 수 있다. 정면의 학 문양과 빗살창호는 호사스러운 치장의 극치로, 우리 전통가옥의 소박, 단순미와는 차이를 드러낸다. 조선고적도보.

가 불룩한 북 모양의 고복주추를 얹고 그 위에 주련을 건 원주를 세웠다. 앞 퇴는 5칸 모두 개방했으며, 화려한 비단단청을 입혔다. 건물 바깥에 입힌 비단단청은 경복궁에서 집옥재 일원에서만 볼 수 있다. 다른 전각은 거개가 모루단청이다. 창호의 모양이나 살대는 중국풍이고, 편액도 송나라 때 명필이었던 미불[米芾, 자는 원장(元章)]의 글씨를 집자(集字)하여 중국의 전각처럼 세로로 걸었다.

건물의 옆면은 벽돌로 막고 박공 아래는 8각 구멍 두 개를 나란히 뚫어 광창을 냈다. 창덕궁 연경당 선향재의 옆면과 비슷하다. 뒷면 벽돌벽 가운데 칸은 만월창을 달아 석재로 테를 둘렀으며 나머지 네

집옥재 내부 : 앞면을 제외한 세 면은 대청 둘레에 한 단 높여 서고의 책을 열람할 수 있는 마루를 깔고 창호로 칸막이를 했다. 천장은 호사를 다한 우물반자에 세 개의 감입천장을 마련하고 용과 봉황을 띄웠다. 아래 왼쪽은 집옥재 뒷면.

칸에는 다시 아치형의 반월창을 양쪽으로 두 개씩 텄다. 겹처마 맞배지붕의 용마루 끝에는 중국식 건물에 나타나는 용모양의 이물(異物)로 마감해 이국적인 느낌을 준다. 용마루와 처마는 평행이다. 부속 건물인 오른쪽 협길당의 용마루와 처마가 유장하게 늘어져 한국 가옥의 곡선미가 돋보이는 데 비해 집옥재는 각박한 직선이다.

집옥재 앞면 전체는 툇마루다. 툇간에서 팔우정과 협길당으로 통하는 복도각 경계면은 출입문을 달았다. 이 문얼굴의 윗면은 널빤지 여러 장을 세로로 막고 학 모양의 오색영롱한 서조(瑞鳥) 문양을 붙였다. 집옥재 대청은 앞면 3칸, 옆면 2칸이다. 퇴와 대청 사이는 분합문을 달았다. 경복궁 전각의 대청 분합은 대부분 띠살로 채웠으나, 집옥재 분합은 부정형의 빗살을 정교하게 짰다. 분합치고는 호사스러운 치장이다. 집옥재 안팎의 모든 창과 문도 울거미는 달라도 살만은 같은 형태다.

대청은 동귀틀을 지르지 않은 장마루다. 이 점도 우물마루를 깐 여느 대청과 다른 점이다. 툇간에 댄 남쪽 면을 뺀 나머지 세 면은 대청보다 한 단 높인 마루로 둘렀다. 높은 마루가 ∏형태로 대청을 에워싸고 있는 것이다. 경회루 2층의 마루 단면은 낮은 둘레에서 점점 올라가는 구조인데 집옥재는 둘레가 높고 가운데 대청이 낮다. 둘레마루의 안, 곧 대청과의 경계면은 벽체 없이 출입문과 창으로 둘러 구획했다. 둘레마루로 들어가는 문은 서북쪽 모퉁이에 있다. 대청을 가운데 둔 둘레문 안쪽은 막힘없이 세 면을 두루 오갈 수 있도록 트여 있다.

대청과 둘레마루 밑에는 구들이 깔렸을 것이다. 집옥재 뒤편을 보면 4개의 함실아궁이가 그러한 추정을 가능하게 한다. 온돌마루 아래에 구들을 놓아 훈훈한 온기를 느끼도록 한 것이다. 둘레마루의 동쪽과 서쪽에는 다시 한 단 높여 서고를 들였다. 일종의 붙박이 책장인 셈이다. 서고 앞면은 미닫이로 가림막을 마련했다. 서고를 둘레마루보다 한 단 높인 것은 책이 이용자의 시야에서 벗어나지 않게 하려는 배려일 것이다. 요즘의 도서관도 서가의 맨 아랫단 책이 이용자의 눈에 잘 들어오지 않을 뿐 아니라, 설령 눈에 띈다 하

집옥재와 협길당을 잇는 복도 : 이국적 양식과 전통 건축미가 절묘하게 어우러진 구조다.

더라도 빼보는 데 불편한 점이 있다는 것을 감안한다면 매우 통찰력 있는 설계라고 할 수 있다. 집옥재는 창덕궁의 주합루에 해당하는 왕립도서관이다. 집옥재가 소장한 도서는 4만 권 정도였다고 한다. 결코 만만한 규모가 아니다.

아치형 반월창에 붙은 북쪽 온돌마루에는 다락으로 오르는 계단이 있다. 대청과 천장 사이는 통층이고, 북쪽 둘레마루 위에는 다라이 있으므로 2층 구조다. 집옥재 바깥에서 보면 단층이지만 내부는 통층과 2층을 겸비한 것도 특이한 점의 하나다. 소란반자에 화려한 단청을 입힌 천장에는 세 개의 감입천장을 벌여놓아 장엄을 배풀었다. 가운데 감입에는 용을, 양쪽의 감입에는 봉황을 새겼다.

협길당

협길당은 앞면 5칸, 옆면 3칸이다. 집옥재와는 유리창으로 된 복도각으로 연결되어 있다. 이 복도는 집옥재에 닿은 부분과 협길당에 닿은 부분에 높낮이를 두었다. 따라서 복도의 지붕도 높이가 다르다. 복도각 아래는 널빤지로 막고 아치형 통문을 내어 뒤란과 통하도록 했다.

동쪽에는 궁성을 향해 ㄴ자로 잇댄 익각(翼閣)이 있다. 집옥재가 중국풍인 데 비하여 협길당은 궁궐의 전형적인 전각 형태다. 다른 점이 있다면 툇마루를 경복궁의 다른 전각에는 없고 건청궁 곤녕합에서나 볼 수 있는 개흘레로 돌출시켰다는 것이다. 개흘레는 봉사(奉仕)·접대시설을 가리거나, 내시·궁녀들의 대령 공간이다. 동쪽과 서쪽 퇴는 모두 개흘레 구조이며 북쪽은 가운데 2칸만 개방하고 나머지는 개흘레로 외부와 차단했다.

동쪽에는 4개, 서쪽에는 2개의 함실아궁이가 있다. 집옥재와 팔우정이 모두 마루인 데 비해 협길당은 장판온돌인 것이다. 날씨가 더울 때는 팔우정을, 쌀쌀해지면 협길당을 이용했을 것이다.

팔우정

팔우정은 공예품처럼 정교하게 짠 정자 형식의 중층 건물이다. 팔각 기단에 네모주추를 놓고 팔각 돌기둥을 세워 정자가 공중에서 떠다니는 것 같다. 돌기둥 위에는 낙양각을 드리운 1층 마루를 깔고, 그 위에 2층으로 팔각 정자를 올렸다. 두 층 모두 기둥 사이에 유리를 끼운 사분합을 달고 툇마루를 둘렀다. 1층 툇마루에는 평난간, 2층 툇마루에는 계자각 난간을 설치하여 변화를 주었다. 난간 위에는 다시 둥근 돌난대를 돌려 안정감을 도모했다. 처마 아래에도 닫집처럼 낙양각을 드리웠고, 팔모지붕의 꼭지는 절병통으로 마감했다. 이처럼 호사를 누리는 건물은 이곳밖에 없다. 우리나라 건물에서는 찾아보기 어려울 정도로 마음껏 치장한 구조물이다.

집옥재와 팔우정을 연결하는 복도각도 1.5칸 단랑이다. 팔우정

팔우정

에 붙은 1칸은 중층이고 집옥재 앞퇴에 연결된 반 칸은 단층이다. 2층에 오르는 계단은 팔우정 쪽에 붙어 있다. 이 계단을 통해 2층 복도로 올라가 툇마루에 접근하도록 되어 있다. 향원정이 1층 툇마루에서 바로 2층 툇마루로 올라갈 수 있는 것과 다른 점이다. 팔우정 계단은 복도와 복도를 연결한 구조다.

서쪽 언덕 위에는 신무문이 있다. 언덕에는 뽕나무, 느티나무, 상수리나무, 살구나무, 쪽동백이 연륜을 자랑한다. 팔우정 서쪽 담에 튼 광임문(廣臨門)은 신무문으로 통한다. 신무문 밖은 청와대다. 신무문을 나가면 태원전을 놓치게 된다. 신무문 안의 태원전 일원은 담장으로 막혀 있다.

때를 기다리는 전각들

자경전 둘레에서 향원정에 이르는 곳은 왕족과 후궁들의 거처였다. 수많은 전각과 편의시설들이 빼곡하게 들어차 있었고, 왕족과 후궁들을 보좌하는 궁녀들이 늘 북적대는 곳이었다. 이 지역의 전각들은 일제강점기에 사라진 뒤 오랫동안 방치되었다가 '경복궁 옛 모습 되살리기' 계획에 따라 소주방과 흥복전은 일부 발굴을 마치고 되살아날 때를 기다리고 있다. 집경당과 함화당은 일제강점기에 행각과 담이 헐린 채 몸채와 복도각만은 살아남았으나 제대로 관리되지 않아 민망할 만큼 퇴락했다. 문화재청은 퇴락한 건물을 보수하고 사라진 주변 행각은 2008년에 옛 모습대로 되살렸다.

자경전 남쪽은 소주방 터, 향원정과 교태전 아미산 사이는 흥복전 일곽, 그 뒤는 집경당과 함화당 행각 터다. 지금은 이 일대가 잔디밭 아니면 은행나무, 향나무, 소나무, 개나리 따위의 수목만 울창할 뿐이어서 옛날의 규모를 상상하기 어렵다.

소주방 터

소주방은 임금의 밥상(수라상)과 진찬, 진연 등 잔칫상을 장만하던 경복궁의 부엌이다. 불을 때서 조리하였기에 소주방(燒廚房)이라고 불렀다. 소주방은 세 구역으로 나뉘

난지당 터 : 동쪽 외소주방 터에서 내소주방 터를 바라본 모습. 인왕산을 배경으로 교태전 합각이 보인다. 왼쪽은 동궁, 오른쪽은 복회당과 자경전이다. 국립문화재연구소 사진.

어 있다. 안쪽 내소주방은 내전 식구들의 음식을 마련하던 곳이고, 바깥쪽 외소주방은 잔칫상을 준비하던 난지당(蘭芝堂)이다. 뒤쪽 복회당(福會堂)은 생물방이다. 여기서는 음료, 과자 등 간식을 장만했다. 소주방은 경복궁 중창 때 마련됐으나 아관파천 이후 궁궐의 위상을 잃으면서 부엌의 역할을 마감했고, 1916년에는 건물마저 없어졌다.

내전 구역에는 소주방이 여러 군데 있었다. 그 중 자경전, 강녕전, 동궁 사이의 소주방 규모가 가장 컸다. 내소주방은 강녕전과 가까운 서쪽에, 외소주방은 내소주방의 동쪽에 있었다. 내소주방은 방과 마루가 있는 몸채와 청 · 방 · 부엌 · 곳간이 들어선 행랑으로 구성되어 있었다. 외소주방은 중심 건물인 난지당과 행랑으로 이뤄져 있었으며, 북쪽은 복회당 터다.

국립문화재연구소에서는 소주방을 복원, 정비하기 위해 2004년 4월부터 내외 소주방과 복회당 터를 발굴, 조사한 결과 여러 사실을 확인했다. 내소주방은 앞면 9칸, 옆면 2칸에다 ㅡ자형 평면이다. 여기에 부속 행각 19칸이 ㅁ자 형태로 연결돼 있었고 동행각에는 ㄱ자형 행각 6칸이 합치돼 있었다. 외소주방은 앞면 11칸, 옆면 2칸에다 부속 행각 21칸이 ㅁ자로 연결된 구조였다. 복회당은 앞면 11칸, 옆면 2칸에 부속 행각 21칸이 ㅁ자로 이어졌고, 동편에는 동쪽 외행각 23칸이 ㅂ자 형태로 연결됐다.

소주방 터 발굴로 우물과 지하 배수로, 배연(排煙)시설 등이 모습을 드러냈다. 이 발굴 과정에서 많은 기와 조각과 전돌 외에 150여 점에 이르는 도자기류, 약간의 동물 뼈와 조개껍데기가 수습됐다. 철거 당시의 흔적뿐 아니라 그 이전의 여러 차례 곡절을 보여주는 적심석(주추를 받치는 돌)이 누적된 사실도 알아냈다. 발굴을 끝낸 소주방 터 유구는 뒷날을 기약하며 말끔하게 덮었다. 그래서 당장 자취를 관찰할 수 없다. 소주방 유구는 짙푸른 소나무 몇 그루가 지키고 서 있다. 문화재청에서는 2013년 현재 소주방 일원의 복원 작업을 진행하고 있다.

음식 장만: 궁중 음식은 궁녀가 감당하는 일상식과 숙수가 장만하는 의례식으로 나뉜다. 일상식은 주방에 배속된 나인들이 주방상궁의 지휘를 받아 조리한다. 그러나 진연이나 진찬 등 큰 행사 준비는 궁녀만으로는 감당할 수가 없었다. 이때는 대령숙수(待令熟手)가 들어온다. 대령숙수는 가문 대대로 조리술을 익힌 남자 전문 요리사다. 그들은 궐 밖에 살면서 궁중의 잔치 때 입궐하여 음식을 만들었다. 큰 잔치 때는 숙수들이 숙설소(熟設所), 곧 임시 주방을 만들어 상을 차리는 곳, 탕 끓이는 곳, 떡 만드는 곳, 밥 짓고 반찬 장만하는 곳, 음식물 관리하는 곳, 잡물 두는 곳, 연료 다루는 곳 등으로 나누어 일을 했다. 이러한 숙설소는 경회루 서북쪽과 태원전 남쪽 사이에 마련되었다.

음식 장만 이외의 관련 업무는 내시부 소속 상선(尙膳), 상온(尙醞), 상차(尙茶)가 관장한다. 이들의 소임은 전체를 주관하고 대접하는 일이다. 상선은 식사에 관한 업무를 맡은 종2품 관리이고, 상온은 정3품으로 술, 같은 품계인 상차는 차에 관한 일을 맡았다.

수라상 : 임금과 왕비는 침전에서 수라를 든다. 임금은 하루 5~6회 정도 음식상을 받았다. 잠자리에서 일어나면 보약이나 죽을 먹고 늦은 아침에 수라상을 대한다. 낮에는 간단히 국수상과 다과상을 받았으며, 저녁에 정성껏 마련한 수라를 들었다. 아침과 점심, 점심과 저녁 사이에는 간식으로 과자나 떡, 과일을 음료와 함께 먹는다. 운동량이 적은 임금이 비만이나 성인병으로 고생했다는 말은 이래서 나온 것이다.

임금과 왕비, 세자의 음식 장만은 사옹원의 전속 요리사가 따로 맡는다. 전속 요리사는 별도의 장소에서 음식을 만든다. 임금의 수라는 수정전 서남쪽 내반원의 수라간, 세자의 음식은 동궁 동쪽의 수라간에서 장만했다. 소주방이 침전에서 떨어진 곳에 있으므로 음식을 옮기는 동안 식게 마련이다. 그래서 침전 행각에 퇴선간(약식 부엌)을 두었다. 주방에서 운반해온 음식이 식으면 이곳에서 데워 상을 차린다.

평소의 수라상은 12첩 차림이다. 가뭄이나 홍수, 국가적 재난이 닥치면 가짓수를 줄이기도 했으므로 12첩 반상을 받는 것은 나라가 태평하다는 의미다. 12첩은 수라상에만 오른다. 서민들은 보통 3첩, 여유 있는 집에서는 5첩이며 반가에서는 7첩, 9첩 차림이었다.

12첩 수라상은 수라(밥), 탕, 찜, 전골, 김치, 장류(醬類)를 기본으로 하여 더운구이, 찬구이, 전유화, 숙육, 숙채, 생채, 조리개, 장과, 젓갈, 마른 찬, 회, 별찬의 열두 가지 찬품(饌品)으로 구성된다. 모든 음식 그릇은 덮개로 덮는다. 수라상의 준비는 주방 상궁들이 맡으며 겨울에는 은제 반상기, 여름에는 사기 반상기를 쓰고 사시사철 독성에 반응하는 은수저를 놓았다.

상은 붉은색 대원반과 소원반, 책상반을 한 조로 갖춘다. 전골을 끓이는 화로와 전골틀은 따로 놓는다. 임금 앞에 놓이는 수라상은 대원반이다. 국과 밥, 반찬을 먹기 쉬운 위치의 작은 그릇에 담아 올린다. 소원반은 보조 밥상이다. 방금 들어온 음식을 잠깐 받아두 거나 시중들 때 사용할 그릇과 수저를 놓아두었다. 책상반에는 즉 석에서 불에 익힐 수 있는 요리 재료를 준비한다.

퇴선간에서 차린 수라상을 침전으로 들이는 일은 사용원 소속의 장자색(莊子色) 소임이다. 수라상이 임금 앞에 놓이면 임금이 수저 를 들기 전에 기미상궁이 먼저 맛을 본다. 수라상에는 수저와 젓가 락 두 벌이 놓인다. 그중 한 벌은 기미상궁이 수라상의 음식을 덜어 낼 때나 임금이 먹기 좋게 생선 뼈 등을 발라낼 때만 이용한다.

기미상궁은 조그만 그릇에 12첩 음식을 조금씩 덜어 독성 유무를 검식한다. 이때는 수저나 젓가락을 이용하지 않고 맨손가락으로 먹 어야 한다. 기미상궁 외에 두 명의 수라상궁이 더 있다. 한 명은 음 식 그릇을 옮기거나 그릇 뚜껑을 여는 일을 맡고, 다른 한 명은 식 은 음식을 화로에서 데워내는 전골 담당이다.

임금이 수라상을 물리는 일을 퇴선이라 한다. 임금이 식사를 마 치고 되돌아온 음식은 지밀상궁들 차지가 된다. 퇴선 음식은 큰방 상궁을 중심으로 고참급 상궁들이 먹고 난 뒤, 남은 음식은 순서에 따라 아래 직급으로 간다. 때에 따라서는 음식이 신하들에게 돌아 가기도 했다. 임금이 먹고 난 뒤 이를 받아먹은 신하는 퇴선을 받았 다 하여 매우 자랑스럽게 여겼다.

흥복전 터

자경전 꽃담에서 물러나 자미당 터의

일각문을 나서면 드넓은 숲이다. 일각문 앞에는 나지막한 구릉이
엎드리고 있다. 이 구릉은 여러해살이 맥문동 군집이 융단처럼 덮
여 초여름에는 자주색 꽃밭을 이룬다. 맥문동 밭에는 감나무, 잣나
무, 주엽나무, 말채나무, 모과나무가 하늘을 찌르는가 하면 개나리,
앵두나무, 철쭉도 뿌리내리고 있다. 이 구릉의 서쪽은 발굴을 마친
홍복전 터, 사잇길로 곧장 나가면 향원정이 나오고, 홍복전 터 앞으
로 발길을 돌리면 아미산 뒤쪽이다.

홍복전은 후궁의 선임자가 거처하는 빈궁(嬪宮)이다. 사라진 내
전 구역의 핵심이다. 이곳에서 왕비나 왕비의 뜻을 받든 선임자가
내명부에게 적절한 소임을 주고 각 전(殿)에 배속시키는 사령부 역
할을 했다. 한때는 고종이 외국 사신을 만나는 편전으로 활용했으
며, 자경전에 거처하던 신정왕후가 눈을 감은 곳이기도 했다.

홍복전은 아미산 뒤의 넓은 터(5,281제곱미터)에 자리 잡고 있었
다. 아미산을 사이에 두고 중궁전과 평행을 이루고 있는 홍복전 뒤

로는 묘유선 행각이 다섯 겹으로 늘어서 있었다. 바로 뒤 행각에는 태지당·홍안당, 뒤쪽 네 번째 행각에는 회광당·광원당이, 광원당 동쪽 행각 밖에는 독립 건물로 다경각이 붙어 있었다. 맨 뒤 행각은 샛담을 쳐 함화당, 집경당 구역과 구별했다.

홍복전 일곽도 다른 내전처럼 1917년 소실된 창덕궁 복구를 핑계로 헐어낼 때 사라졌다. 이때 일제는 홍복전 터에 곡수지(曲水池, 왜식 연못)를 파고 일본식 정원을 꾸몄다. 홍복전 발굴 현장의 큰 돌들은 이 연못의 둘레를 감쌌던 호석(護石)이다. 연못 안에는 세 개의 작은 섬이 있었다고 한다. 이 연못 때문에 홍복전의 자취를 알 수 있는 흔적이 현저하게 훼손되었다.

국립문화재 연구소에서는 2004년 9월부터 2006년 8월까지 홍복전 일곽을 복원하기 위하여 발굴 작업에 착수하여 홍복전, 부속 행각 터 9동과 함화당, 집경당 행각 터 7동의 위치와 규모를 알 수 있는 건물 기초시설 유구(遺構)들을 확인했다. 다행히 연못 밖이나 섬에 덜 파괴된 유구가 남아 있었다. 이 발굴 작업으로 건물의 위치와 규모는 물론 문이 있었던 자리 5기, 배수시설 13기, 구들시설 13기, 배연시설 3기, 담장 터 2기 등과 함께 고종 때보다 앞선 것으로 추정되는 건물 터 5동을 추가로 발견했다. 이 일대도 복원할 예정이다.

풍기대(보물 847호) : 홍복전 터 앞에 당초문양처럼 구름을 새긴 돌기둥이 풍기대다. 눈여겨 찾지 않으면 지나치기 쉽다. 규모도 작고 발굴 작업을 마치고 복원 공사 시기를 기다리느라 잔디밭으로 처리한 홍복전 구역에 포함된 데다가 교태전, 자경전 일곽에서 향원정으로 향하는 동선과 상당한 거리가 있기 때문이다.

풍기내 : 돌기둥 위에 깃대를 꽂아 바람의 세기와 방향을 측정했던 기상관측 기구다.

풍기대는 바람의 세기와 방향을 측정했던 기상관측 기구다. 농업을 국가의 물적 토대로 삼았던 조선 왕조로서는 기상 변화를 관찰하는 일은 매우 중요했다. 풍기대는 해시계, 측우기 등과 더불어 기상관측을 목적으로 궁궐에 설치됐던 과학기구 중의 하나다. 지금은 깃대가 보이지 않지만, 돌기둥 맨 위에 판 홈에 깃발을 단 기다란 깃대〔風旗竹〕를 꽂아 바람의 세기와 방향을 측정했다.

측우기로 강우량을 측정하고 강과 개천의 강수량을 측정하는 기술은 세종 때부터 발달했으나 풍기에 의한 바람 측정은 언제부터인지 명확하지 않다. 풍향은 24방향 측정이 가능하며 풍속은 깃발의 펄럭거림이나 나뭇가지의 쏠림, 가옥의 피해 정도로 파악했다. 풍기대는 창경궁 영춘헌 뒤 언덕에도 있으며 〈동궐도〉의 중희당에는 나부끼는 풍기가 그려져 있다. 풍기의 정확한 크기는 알 수 없다. 당시 서울의 주요 궁궐과 관상감에는 풍기대가 있었다는 것이 확실하나, 지금 남아 있는 것은 창경궁 풍기대와 더불어 2점뿐이다.

영조 연간에 설치한 풍기대는 화강암에 곡선과 직선을 혼합해 반상(半晌)처럼 다듬어 네 면에 구름 모습을 돋을새김으로 꾸미고 기둥을 세웠다. 팔각기둥의 맨 위에는 풍기죽을 꽂는 구멍을 파고, 기둥 옆으로 홈에 물이 고이지 않도록 배수 구멍을 뚫었다. 기단 높이는 80.8센티미터, 팔각기둥 143.5센티미터로 전체는 224.3센티미터다.

풍기대 앞은 교태전 아미산 뒤다. 관람객의 휴식 장소로 이용되는 넓은 공간에는 말채나무, 편백, 주엽, 향나무, 문배나무가 울창하다. 왕성하게 자라 여름이면 풍성한 그늘을 드리운다.

집경당 · 함화당

집경당과 함화당은 향원정 앞에 자리 잡고 있다. 외국 사신을 접견했다는 기록이 간간이 보일 뿐 건물의 용도가 명확하지 않다. 두 건물 사이를 연결하는 높은 복도가 남아 있어서 원래 궁궐의 복잡한 통로체계의 흔적을 보여준다. 집경당에 돌출된 누마루에서 북쪽 향원정을 감상할 수 있다. 고종 초기의 건물로 간주되는 두 건물은 흥복전에 딸린 침당으로 추정된다. 창덕궁 내전 복구를 위해 내전이 모두 헐렸을 때도 두 건물만 남아 온갖 풍상을 견디며 벌판 같은 빈 터를 지키고 있었다. 한때 두 건물 앞에는 매점이 붙어 있어 관람객으로 북적거리기도 했으나 지금은 행각 터와 흥복전 터 발굴을 끝낸 뒤, 행각을 복원 · 보수하기 위한 공사장 울타리 안으로 들어갔다.

두 건물은 내부에서 통행이 가능하도록 복도각으로 연결됐다. 바깥에서는 건청궁의 장안당과 곤녕합을 잇는 복도각처럼 돌기둥 사이로 건너지를 수 있다. 원래 빈궁들의 거처였으나 고종이 건청궁에서 기거할 때는 내각회의와 사신 접견 등 치조 공간으로 활용했다. 명성황후가 시해된 뒤 고종이 러시아 공관으로 피신하자, 일제는 건청궁을 헐고 그 자리에 총독부미술관 별관을 지었다. 이때 집경당과 함화당은 미술관 관리사무소로 이용되어 철거를 면할 수 있었다.

집경당은 세 벌대 댓돌 위에 세운 앞면 8칸, 옆면 3칸 건물로 반 칸은 뒤퇴다. 중앙의 대청 앞에는 소맷돌 없이 세 틀, 동쪽 끝 내루의 사다리꼴 누하주 앞으로 내려가는 한 틀의 계단이 있고, 서쪽에도 행각에 기대어 다락 아래로 내려가는 층계를 놓았다. 팔작지붕에 양성을 바르지 않은 합각은 꽃담처럼 곱게 벽돌로 채웠다. 집경

집경당 : 1930년경의 모습.
조선고적도보.

당도 다른 건물처럼 행각을 둘렀으나 지금은 아무것도 남아 있지 않다. 옛날에는 함화당과 집경당을 잇는 행각 사이에는 샛담을 두어 일각문인 계명문은 남쪽 담의 문으로, 영춘문이란 월문은 북쪽 담 통문이었다.

함화당은 집경당과 이란성 쌍둥이 같은 건물이다. 17칸에 2칸의 내루가 있는 5량집으로 홑처마에 팔작지붕이다. 서쪽의 양청은 한 칸 앞으로 돌출시켰다.

함화당은 궁궐 전각치고는 파격적인 구조다. 세 칸 대청을 가운데 두지 않고 서쪽 양청에 밀착시켰으며, 기둥마다 주련을 걸었다. 경복궁에서 주련은 근정문 동편 회랑, 집옥재, 함화당에만 있다. 양청의 누하주는 높이가 일정하지 않고 들쭉날쭉한 것도 파격적이다.

함화당도 서행각과 남행각이 있었으며, 남행각 앞에 집경당과 공유하는 외행각이 있었다. 뒷담에는 창무문을 내고, 이 문 밖에는 역시 집경당과 공유하는 담을 두었는데, 이 담에 열린 정중문(正中門)을 나서면 향원정이 있었다. 함화당 뒤뜰은 화살나무, 사철나무, 불

두화가 자라는 덤불이다. 이 덤불 속에는 '荷池(하지)' 라고 하는 오목새김한 돌 연못이 숨어 있다. 이런 형태의 연못은 운현궁에도 남아 있는데 평소에는 연꽃을 띄워 감상했고, 화재가 발생하면 초기 진화용 소방수로 이용했다고 한다.

장고 : 함화당의 서쪽 개울을 건너면 담장과 출입문만 갖춘 지역이 나오는데, 이곳이 바로 장고다. 밖에서는 눈에 띄지 않으나 담장 안에는 크고 작은 장독과 항아리가 그득하다. 민가의 장독대에 해당하는 시설로 2005년에 복원했다. 경사지에 화계처럼 계단을 마련하고 장독을 배열했다. 이곳에 늘어선 큰 독에는 간장류와 김치, 항아리에는 젓갈류, 작은 단지에는 된장류를 담았다. 이런 장고는 향원지 동남쪽에도 있었다.

태원전 일원

임금과 왕비가 죽으면 빈전에 재궁을 안치하고 도성 밖 산릉에 재궁을 묻는 절차가 끝나면 혼전에서 3년 동안 신주를 받든 뒤 종묘로 신위를 옮긴다. 태원전 주변에는 공묵재, 영사재 등의 국상 관련 건물이 일곽을 이뤘으나 일제강점 초기에 훼철되었다. 제3공화국 이후 오랫동안 청와대 경호부대가 주둔하는 등 변화를 겪다가, 2005년 태원전 일원의 1단계 복원 공사를 마치고 부속 시설 및 조경 공사 등 마무리 공사가 진행 중이다.

조선은 유교의 나라다. 유교를 신봉하는 나라는 중국과 조선 뿐이다. 명나라가 망한 뒤에도 기개 높은 조선의 사대부들은 명나라의 적통임을 자부하고, 명나라와의 의리를 저버릴 수 없다 하여 청나라 연호 사용을 부끄럽게 여겼다.

유교의 나라에서 제례는 종교다. 신주는 곧 조상신이며, 이 신주 앞에 정성을 다해 장만한 음식을 올리는 것이야말로 가장 성스러운 의전이었다.

제사의 나라 조선에서 제사를 받드는 일은 목숨과도 바꿀 수 없는 의례였다. 태조의 경복궁 창건 과정을 살펴보면 조상 신위 받드는 일을 얼마나 중시했는지 알 수 있다. 경복궁은 1394년(태조 3년)

12월 4일 착공하여 이듬해 9월 28일에 완공했다. 그러나 종묘는 경복궁보다 먼저 준공하여 개성에서 가져온 4대조의 신위 앞에서 고유제를 올렸다. 이른바 선묘후궁(先廟後宮)의 관념에 따른 역사(役事)였다. 왕실뿐 아니라 민간에서도 이런 관념은 조선의 모든 시기를 지배했다. 그래서 일제의 온갖 만행으로도 조선의 제사 시설만은 쉽게 손대지 못했다. 조선의 유산 가운데 혹독한 일제강점기에 크게 손 타지 않고 지금까지 꿋꿋이 살아 있는 것으로 제사 시설이 압도적으로 많다. 그러나 일제는 경복궁 제례 공간만은 철저하게 유린했다. 법궁의 양쪽 어깨가 되어 궁역을 지키던 동북쪽의 선원전은 자취도 없고, 훼철되었던 서북쪽 태원전(泰元殿) 일원만 얼마 전에 겨우 되살아났다.

조선 전기의 경복궁 서북 공간은 별다른 시설이 들어서지 않은 후원 지역의 일부였다. 백악 줄기의 끝자락이 나지막한 언덕을 이루다가 슬쩍 꼬리를 감춘 한적한 지역이었다. 백악의 꼬리가 원호를 그린 안쪽 함지땅〔盆地〕이 지금의 태원전 일원이 되었다. 그래서 태원전 일원은 남쪽 일부에서 동쪽 구릉을 타고 북쪽으로 갈수록 지대가 높아진다. 나지막하게 가라앉은 서쪽 함지땅은 눈에 잘 띄지 않아 호젓했다. 조선 전기 궁궐 그림을 보면 빈 터나 다름없던 이곳에 간의대, 사복시, 우물, 연은전(延恩殿) 등이 그려져 있을 뿐이다.

함지땅에 태원전 일원이 들어선 것은 경복궁 중창 때였다. 고종 5년 6월 10일자 《일성록》을 보면 영건도감에서 새로 세울 태원전 일대의 전당(殿堂) 명칭을 작성하여 올렸다는 기사가 있다. 《고종실록》에는 태원전의 창건 당시 기록이 없다. 고종 9년(1872) 4월과 5월, "영희전에서 태조와 원종의 어진을 옮겨와 새것으로 바꿨다"는 기사가 있을 뿐이다. 고종 9년은 60갑자로 조선창업 8회차가 되는 해다. 건국 480주년을 기념하여 태조 어진을 봉안했던 태원전은 건청궁의 관문당(뒤에 관문각으로 개축)으로 이안한 후 태원전 일원은 주로 국기(國忌, 왕실의 제삿날)와 관련된 공간으로 활용하다가 조선이 통째로 일본에 넘어간 경술국치와 함께 사라진 것으로 추정하고 있다. 1900년대 작성된 〈북궐도형〉에는 나타나 있으나, 경복궁 관련 도판을 수록한 《조선고적도보》 10권(1920년 3월 발간)에는 흔적도 없기 때문이다. 경복궁에 조선총독부 청사가 세워진 뒤, 태원전 터에는 일본 군대가 주둔하여 군화 소리로 요란하고, 군사들의 구령이 백악산을 흔들었다. 일제가 물러가고 빈 터로 남아 있던 이 자리에는 1960년대 말경에 수도방위사령부 제30경비여단이 들어왔다. 1968년 1월, 북한 게릴라 부대가 청와대 턱밑까지 침투한 사건 때문이었다. 제30경비여단은 1996년까지 청와대 일원을 지키다가 서울 외곽으로 옮겨갔다.

주둔군이 떠난 뒤, 문화재청은 '경복궁 옛 모습 되살리기' 추진 계획에 따라 1997년 10월부터 이듬해 4월 초까지, 겨울철을 뺀 5개월 동안 태원전 터 발굴 작업을 마치고 2002년부터 태원전 권역 복원공사에 들어가 지금에 이르렀다.

건숙문

태원전 일곽은 태원전, 영사재, 공묵재가 한 덩어리를 이루고, 그 양쪽에 세답방(洗踏房)이 있다. 이 시설

들의 둘레는 담장과 화계가
감쌌다. 〈북궐도형〉을 보면
남쪽 일부와 서쪽은 담장이
고 북쪽과 동쪽, 동측 세답
방 앞은 화계였다. 되살린
태원전 일원 중 동측 세답방
앞은 어느 정도 화계의 제
모습을 되살렸으나 나머지

세답방
숙문당
태원전
경안문
영사재
건숙문
공묵재
세답방

태원전 일곽

화계 부분은 담장을 친 소나무 밭 언덕으로 바뀌었다.

　태원전의 정문은 건숙문이다. 국상 동안 태원전에 머물렀던 재궁
과 혼백이 나가는 문이므로 신문(神門)이다. 그래서 문 이름도 엄숙
히 하라는 뜻을 새겼다. 건숙문으로 다가가려면 함화당 서쪽의 장
고 앞으로 돌아가거나 집옥재에서 남진하여 소나무밭을 이룬 언덕
아랫길, 곧 장고 뒤로 꺾어져야 한다.

　건숙문과 약간 떨어진 서남쪽, 곧 경회루 서북쪽은 문경전(文慶
殿)과 회안전(會安殿) 터다. 문경전은 대비 신정왕후의 혼전(魂殿)
이었다. 승하한 신정왕후의 시신을 매장하고, 종묘에 배향할 때까
지 3년 동안 신주를 모셨던 건물이다. 임금이 죽으면 종묘에 입향
할 때까지만 신주를 혼전에 봉안하지만, 왕비가 먼저 죽으면 왕비
의 신주는 임금의 삼년상이 끝날 때까지 혼전에서 대기한다. 빈,
세자, 세자빈의 경우는 혼궁(魂宮)이라고 한다.

　회안전은 제례를 관장하는 신정왕후의 재전(齋殿)이었다. 임진왜
란 전에는 지금의 태원전 자리에 성종이 연은전을 세워 양아버지
덕종의 신주를 받들었고, 명종은 인종의 신주를 봉안했다는 기록이
있다. 신주는 몸을 떠난 혼령이 악귀가 되어 떠돌지 않고 의지할 수

창덕궁 선정전에 마련한 순
종 빈전, 1926년 4월 29일.

있도록 나무로 만든 안식처다.

　삼문인 건숙문 양쪽 날개는 외부와 태원전
일곽을 구분 짓는 담장이다. 건숙문 안은 태
원전이나 공묵재로 들어갈 수 있는 바깥마당
이다. 이 마당의 오른쪽으로 틀면 공묵재로
통하는 담장에 일각문이 있고, 왼쪽으로 눈
을 돌리면 서측 세답방 행각이 보인다.

　건숙문 맞은편의 행각은 태원전 남행각이다. 이 행각에는 태원전
으로 들어가는 삼문 형식의 경안문(景安門)이 있다. 경안문 안에는
5칸 보랑(步廊)이 북쪽으로 놓여 있다. 이 보랑을 따라가면 태원전
이다.

태원전

　태원전(泰元殿)은 앞면 5칸, 옆면 4칸의
이익공, 팔작집이다. 앞과 뒤는 툇간이며, 3칸 대청 좌우에는 日자
모양의 2칸 방이 있다. 앞면 퇴는 5칸 보랑이 남행각 경안문과 工
자 형태로 연결되어 있다. 경안문 동쪽은 공묵재 북행각으로 이어
지고, 서쪽은 서측 세답방 북쪽 남행각과 연결된다. 보랑을 중심으
로 동쪽 마당 면과 서쪽 마당 면에는 남북으로 행각이 늘어섰다.

　처음에 태원전은 어진을 봉안하는 곳이었다. 고종은 9년(1872) 5
월에 태조, 세조, 원종(元宗, 인조의 아버지), 숙종, 영조, 순조의 영정
을 모셨던 영희전 어진을 이곳으로 옮기고 단오제를 거행했다. 그
러다가 신정왕후가 승하(1890)하면서 빈전으로 임무가 바뀌었다.

인시에 대행 대왕대비의 영상(靈
床)을 태원전에 옮겨 받들고, 오
시에 대렴을 하였으며, 신시에 재
궁에 안치하고 빈소를 만들었다.
아울러 제사를 지냈다.

| 《고종실록》, 1890년 4월 20일 |

서남쪽 행각에서 바라본
태원전에서 행각쪽으로 이
어진 보랑은 재궁과 혼백
이 경안문 쪽으로 나가는
길이다.

그 뒤 태원전은 기본적으로 빈전 기능을 유지했다. 혼전인 문경
전과 재전인 회안전이 이웃이었기 때문이다. 명성황후가 시해된 뒤
에도 이 역할은 그대로 이어졌다.

임금이 "빈전은 태원전으로, 혼전은 문경전으로 하며 백관들이 곡하는
반열의 처소는 경유문(景維門, 회안전 서쪽 샛담에 낸 문) 바깥으로 하라"고
명령했다. | 《고종실록》, 1895년 10월 15일 |

그러나 일본 폭도들에게 왕비를 잃고 두려움에 휩싸였던 고종은
명성황후의 장례도 마무리할 겨를 없이 다음 해 2월에 러시아공관
으로 피신했다. 그래서 명성황후 혼백은 경복궁에 1년 가까이 머물
러 있다가 경운궁 경효전(景孝殿, 지금의 덕홍전 자리)으로 옮겼다
(1896). 이때까지 명성황후의 국상 절차는 비정상적이었다고 할 수
있다. 명성황후는 고종이 대한제국을 선포(1897)하고, 빈전의 왕후
를 명성황후로 추봉함으로써 비로소 대접을 받았다. 이해 11월 고
종은 청량리에 명성황후의 무덤(홍릉, 1919년 구리시 금곡으로 옮김)을
마련하고 장례를 치렀다. 시해된 지 2년이 지난 뒤였다.

태원전에 관한 과거의 기록은 매우 빈약하다. 존치 기간이 짧기

도 하지만 정전이나 편전, 침소와 거리가 있는 데다가 외진 구석에
자리 잡고 있었기 때문일 것이다.

영사재

영사재(永思齋)는 태원전 뒤퇴에서 동
쪽으로 댄 재실(齋室)이다. 이곳에서 제사에 참여하는 사람들이 지
내거나 외소주방에서 장만한 음식을 정돈했다. 앞면 7칸, 옆면 2칸
이며 앞과 뒤는 담장을 치고 일각문으로 외부와 통했다. 영사재 동
쪽은 툇간에 잇대어 남쪽으로 뻗은 동행각이 있다. 동측 세답방 쪽
에서 영사재 앞마당으로 들어가는 동행각 문은 대서문(戴瑞門), 태
원전 동쪽 마당에서 영사재로 들어가는 샛담 문은 건길문(乾吉門)
이다. 동행각에서는 동남 방향으로 시설된 복도각을 통해 동측 세
답방으로 이동할 수도 있다. 영사재 동행각 남단과 태원전 남행각
동단 사이는 공묵재 북행각이다.

공묵재

영사재 남쪽에 자리 잡은 공묵재(恭默
齋)는 앞면 5칸, 옆면 2칸 집이다. 앞면은 퇴, 뒤쪽 칸은 방과 마루,
부엌으로 구성되어 있다. 공묵재는 서북쪽으로 2칸 복도가 북행각
과 직각으로 이어졌다. 경안문 동쪽의 태원전 남행각에 이어진 북
행각에는 경사각(敬思閣), 유정당(維正堂)이라는 당호가 붙은 방이
있다. 북행각 동단에서 남쪽 태원전 외곽까지는 곧게 담장을 쳤는
데 동쪽 담에는 홍경문(弘景門), 남쪽 담과 서쪽 담에는 각각의 일

각문이 있다. 북쪽 행각을 제외한 세 면은 담을 치고 한두 개씩 샛문을 낸 것이다. 동쪽 담 밖은 세답방, 남쪽 담 밖은 태원전 외곽, 서쪽 담 너머는 태원전 정문인 건숙문 앞마당이다.

공묵재는 신정왕후 국상 때 고종의 거려청(居廬廳, 상제가 거처하도록 마련한 집)으로 이용한 건물이다. 때로는 이곳에서 외교사절을 만나기도 했다. 고종 32년(1895) 정초에 공묵재에서 프랑스 공사 르페브르(Lefèvres)를 접견했다는 기록이 있고, 명성황후 국상 중 고종의 움직임을 전하는 다음과 같은 기사도 있다.

> 빈전에 나아가 재궁을 동여맨 끈을 직접 살핀 다음 별전(別奠)과 주다례(晝茶禮)를 행하였다. 왕태자도 따라 나아가 예를 행하였다. 총리대신과 총호사, 특진관 이하 여러 신하들을 불러 만나고, 이어 공묵재에 나아가 러시아의 신임 공사 스피에르와 전 공사 베베르를 접견했다.
>
> | 《고종실록》, 1896년 1월 12일 |

숙문당 : 서측 세답방 뒤, 곧 태원전 서북쪽에 앞면 3칸, 옆면 1칸짜리 숙문당(肅聞堂)이 있다. '엄숙하게 혼령의 말씀을 듣는다' 라는 뜻을 지닌 집이다. 원래는 태원전 후원의 화계 바깥에 있었다. 복원된 숙문당은 태원전 외곽 담장 안으로 들어왔다.

문경전과 회안전 : 두 전각은 태원전 남쪽, 경회루 서북쪽에 있었다. 임금이나 왕비를 매장하고 종묘에 입향할 때까지 3년 동안 신주를 봉안하는 곳이다. 신정왕후가 승하했을 때 문경전을 혼전, 회안전을 제사하는 장소로 삼았다.

중창 이전의 혼전은 임금에 따라 영사전(永思殿, 성종), 영모전(永

慕殿, 선조), 경모전(敬慕殿, 효종)처럼 사(思)·모(慕)·경(敬)의 세 글자 중 하나를 넣어 고유한 전호를 붙이는 게 통례였다.

회안전은 문경전 서쪽 궁성에 붙어 있다시피 후미진 곳에 있는 재전(齋殿), 곧 제사 시설이다. 임진왜란 전에는 이곳에 성종이 연은전(延恩殿)을 세워 양아버지 덕종의 신주를 봉안했고, 명종은 인종의 신주를 봉안했다는 기록이 있다.

문경전의 소임이 흉례라면 회안전의 소임은 조상을 기쁘게 하는 의식이므로 길례다. 왕실의 제사는 민가의 제사와 규모만 다를 뿐 큰 차이가 없다.

신주는 몸을 떠난 혼령이 악귀가 되어 떠돌지 않고 의지할 수 있도록 나무로 만든 안식처다. "신주 모시듯 한다"는 속담처럼 가장 소중히 다뤄야 할 신성한 제례 용품이다.

국상 절차 : 조선 임금의 평균 수명은 47세였다. 환갑을 넘긴 임금은 다섯 명에 지나지 않는다. 왕비로는 신정왕후가 83세로 궁 안에서 가장 오래 지냈고, 헌종의 원비 효현왕후는 왕비 책봉 2년 만에 눈을 감았다.

임금이 단명한 이유는 과다한 영양 섭취, 운동량의 절대적 부족, 과중한 업무와 정신적인 피로감, 무절제한 성생활 등 여러 가지가 있다.

임종 : 임금이 병석에 누우면 세자는 동궁을 떠나 부왕의 간병에 전념한다. 임종이 가까워지면 휘장을 치고, 도끼 무늬 병풍을 친다. 도끼는 힘과 권력의 상징이자, 죽은 이의 시신과 영혼을 보호하는 주술성을 띤다. 이때 왕의 머리는 해 뜨는 동쪽에 둔다. 궁궐과 한

양 전역에 계엄령이 발동되고, 궐 밖에 사는 왕자와 공주들이 입궐한다. 조정의 중신은 임종 장소에 입실하며, 이 자리에서 임금은 세자나 신임하는 신하를 불러 뒷일을 부탁하는 고명(顧命)을 내린다. 후계문제, 후계왕 보필, 선정(善政), 특별한 정책수행 등에 대해서 직접 말로 전하기도 하지만 문서화한 유소〔遺詔, 유교(遺敎)〕를 건네주기도 한다. 이는 나라의 통치와 관련되기 때문에 임종한 신하는 고명지신이라 하여 대접을 받았다. 측근들이 임종을 지키도록 하는 것은 유언의 중요성 때문이다. 또 유교의 상장(喪葬)에 따라 남자는 여자 손에, 여자는 남자 손에 숨을 거두게 해서는 안 되는 게 법도였다. 왕비라 할지라도 임금의 임종 자리에 들어갈 수 없다. 그래서 임금의 임종이 가까워지면 사정전에 임어하도록 했으나 실현되지는 않았다.

숨이 넘어갈 때는 네 명의 내시가 왕의 몸을 붙든다. 옥체가 요동치는 것을 막기 위해서다. 숨이 잦아지면 코와 입 사이에 햇솜을 댄다. 햇솜의 떨림이 없으면 곡(哭)을 한다. 죽음은 넋의 나감이다. 사람의 넋에는 혼(魂)과 백(魄)이 있다. 혼백이 육신의 집에서 같이 있는 상태는 삶이고, 혼이 육신에서 빠져나와 하늘로 올라가면 죽음이다. 옛날부터 혼은 코와 입의 호흡을 통해 마음대로 드나들다가 때가 되면 하늘로 올라가 신(神)이 된다고 믿었다. 제사를 받으며 하늘에 머물던 신은 4대가 지나면 영(靈)이나 선(仙)이 되며, 백은 몸과 같이 머물다가 땅으로 돌아가 귀(鬼)가 된다고 인식했다.

초혼: 혼이 옥체를 떠나 숨이 멎으면 내시가 임금의 평상복을 들고 지붕으로 올라간다. 내시는 왼손으로 임금의 옷깃을, 오른손으로는 옷의 허리를 잡고 북쪽을 향해 '상위복(上位復, 왕이여 돌아오소

서)'이라고 세 번 외친다. 이어 시신을 쌀뜨물과 단향목(檀香木)을 달인 물로 씻은 후 새 옷 아홉 벌을 입힌다. 머리는 남쪽으로 돌려 평상에 안치한다. 평상 아래는 부패를 지연시키기 위해 동빙고에 보관하던 얼음으로 채우고, 대신들로 국장도감, 빈전도감, 산릉도감을 조직한다.

셋째 날에 다시 새 옷 열아홉 벌로 갈아입힌다[小殮]. 열아홉 벌 모두 입히는 게 아니고 일부는 입관할 때 시신이 움직이지 않도록 관의 빈곳을 채우게 된다[補空衣]. 다시 살아나기를 기대하는 뜻으로 시신을 묶거나 얼굴을 덮지 않는다.

염: 닷새째는 초혼 때 육신을 떠난 혼이 자기 옷을 보고 돌아오기를 기다리는 마지막 날이다. 임금이 회생하리라는 기대를 접고 시신을 옷으로 싸고 꽁꽁 묶는다[大殮]. 이 대렴의 옷[棺衣]은 90벌이다. 이날까지는 임금이 회생할지 모르기 때문에 세자는 즉위하지 않고 입관을 마친 뒤라야 근정문에 나아가 즉위 절차를 밟는다.

입관: 임금의 관을 재궁(梓宮)이라고 한다. 이 관은 임금이 즉위한 해에 미리 준비하는데 벽(椑)과 대관(大棺)으로 이뤄진 이중 관이다. 벽에는 팥으로 채우고 상하지 않도록 매년 옻칠을 했다. 입관 때 시신은 벽에, 벽은 대관 안에 들어간다. 입관이 끝나면 재궁에는 쌀을 태운 재로 채운다. 널감[棺材]은 금강송이다. 금강송 몸통의 누런색을 띤 부분에 송진이 적절히 배어 있어 천연적으로 잘 썩지

도, 좀이 슬지도 않기 때문에 이 나무를 이
용했다. 황장목(黃腸木)이라고도 하는데, 강
원도와 경상북도 산림지역에 분포되어 있
다. 금강송은 궁궐 전용 재목이므로 민간인
이 사용할 수 없다. 조정에서는 백성들이 도
벌하지 못하도록 군락지에 황장금표를 세워 엄중하게 관리했다.

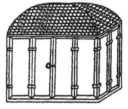

영침평상과 찬궁

성빈 : 대렴을 마친 재궁은 빈전에 안치[成殯]하고 상복으로 갈아
입는다[成服]. 일반인의 관은 빈소에 그대로 머물지만 재궁은 빈전
에 마련한 찬궁(欑宮)에 든다. 찬궁이란 빈전의 중심에서 서쪽으로
약간 물린 자리에 5치(15센티미터) 높이로 벽돌 기단을 쌓고 지은 큰
상자 집이다. 찬궁 기단은 재궁의 사방에서 2자(60센티미터) 정도 넓
힌 면적이다. 이 기단 위에 지방목(地防木)을 깔고 네 모서리에 5자
(약 150센티미터) 높이로 기둥을 세운다. 이 기둥에 들보를 걸어 서
까래를 걸쳐 지붕을 덮는다. 재궁이 들어올 동쪽을 제외한 세 면은
벽으로 막고 습기가 젖어들지 않도록 기름종이를 바른다. 재궁이
들어와 찬궁 안의 평상[靈寢平床]에 놓이면 트였던 동쪽은 별도로
마련한 벽체로 막아 외부와 차단한다. 이 절차가 끝나면 흰 장막[幄
帳]을 치고, 찬궁 남쪽에 영좌(靈座, 영위를 모시는 곳)를 설치한다.

시호와 발인 : 재궁이 안치되면 선왕의 호칭을 정한다. 이 호칭은
중국 황제가 내린 시호, 생전에 업적을 찬양해 올린 존호, 봉상시
주관 아래 2품 이상의 대신과 후계왕이 의논해 정한 시호로 구성된
다. 예컨대 세조의 정식 호칭은 '혜장 승천체도열문영무 지덕융공
성신명예흠숙인효(惠莊 承天體道烈文英武 至德隆功聖神明睿欽肅仁

孝)' 다. 맨 앞의 '혜장'은 황제가 내린 것이고, 다음의 '승천체도열문영무'는 존호, '지덕융공성신명예흠숙인효'는 봉상시에서 정한 호칭이다. 이를 모두 합치면 22자나 된다.

임금이 죽으면 조정에서는 대제학이 쓴 임금의 행장을 갖춰 중국에 청시사(請諡使)를 파견했다. 이때 임금의 죽음을 알리는 고부사(告訃使)와 후계왕의 즉위를 요청하는 청습승사(請襲承使)가 동행하는데, 이때 받아온 태조의 '강헌(康憲)', 세종의 '장헌(莊憲)' 따위가 중국에서 받아온 시호다. 그래서 태조를 강헌대왕, 세종을 장헌대왕이라고도 한다.

재궁이 빈전의 찬궁에 들면 발인할 때까지 5개월 동안 옻칠을 계속하고, 부패 방지용 얼음과 함께 흡습성이 강한 미역과 다시마를 재궁 주위에 비치한다. 이 기간 동안 민간인들에게는 미역과 다시마의 취식이 금지된다. 상주는 후계왕이다. 발인할 때까지 빈전 옆의 거려청에 거처하면서 곡하는 게 상주의 법도다.

묘호: 임금이 살아 있을 때는 고유 명칭이 없다. 주상, 상감, 전하로 부른다. 숨이 끊어지고 시호가 결정될 때까지는 '대행왕'이라고 부른다. 태조, 세종과 같은 명칭은 종묘에 신주가 옮겨진 뒤에 붙이는 묘호다. 왕비도 종묘에 배향된 뒤에야 왕후라는 호칭이 가능하다. 묘호는 발인 후 혼전에서 3년간 신주를 봉안한 후 종묘로 이관〔祔廟〕할 때 생전의 업적을 따져 결정한다.

묘호의 접미사는 공조덕종(功祖德宗)의 관례에 따른다. 혼란기에 국가를 창업하거나 중흥을 이룬 치적이 있으면 태조나 영조처럼 '조(祖)'를 붙이고, 선대의 정치 노선을 평화적으로 이어받은 임금은 그 덕을 높이 평가해 세종이나 성종처럼 '종(宗)'을 붙인다. 덕보다 공을 우선한다는 게 통설이다. 그런데 이 설명은 좀 옹색하다. '국가의 중흥'이라든가 '유업의 평화적 계승'이라는 기준이 추상적이어서 평가자의 감각에 따라 얼마든지 엉뚱한 결과가 나올 수 있다. 영조와 정조는 그렇다 치고 선조와 순조의 '조' 대우에는 답답한 느낌이 든다. '조'자 돌림의 임금들은 왕비 품계가 아닌 후궁 어머니를 두었다는 공통점이 있을 뿐이다. 선조와 영조, 정조, 순조는 처음 선종, 영종, 정종, 순종으로 불렸다가 후에 '조'로 바뀌었다. 세조는 특이하다. 조카의 왕위를 찬탈했고 서열로 치자면 단종의 후손이 아니므로 종법을 이은 것이 아니다. 선대의 정치 노선을 계승했다고 볼 수도 없다. 그러니 '종'으로 대접하는 게 곤란하다. 그것을 잘 알고 있는 예종이 묘호를 정할 때 강력히 주장해 세조로 정했다. 연산군이나 광해군처럼 재위 중 지위를 박탈당한 임금은 시호나 묘호가 없다.

세답방

세답방은 처소나인들이 빨래하는 곳이다. 제례 공간을 가운데 두고 양쪽으로 동측 세답방과 서측 세답방이 있다. 태원전 일원이지만 제사 시설은 아니다.

동측 세답방 : 동측 세답방은 동서남북으로 각각 11칸 행각으로 구성된 네모꼴 평면 구조의 행각 안에 9칸의 一자형 세답방 주건물을 끼운 曰자형 건물이다. 세답방은 부엌, 방, 마루로 구성되었다. 복원된 동측 세답방 지역은 비슷한 구조가 남·북에 쌍둥이처럼 배치되어 있으나 《궁궐지》와 〈북궐도형〉에는 북쪽 세답방이 '今無(금무,

지금은 없다)'로 기록된 것으로 보아 1910년 이전에 없어진 듯하다. 〈북궐도형〉의 북쪽 세답방 윤곽을 보여주는 도면에는 동행각 동북쪽에 네모꼴 우물 표시가 있다.

남쪽 세답방의 북행각과 一자형 주건물 사이는 세로 5칸의 마당이다. 〈북궐도형〉의 동행각 밖에는 원형 우물이 있다. 이 세답방 남행각 서쪽에 잇댄 담장에는 보강문(保康門), 더 남쪽에 있는 동서 방향의 담장에는 일중문(日中門)이 있다. 동측 세답방 서행각 밖으로는 5칸 복도가 시설되어 공묵재 북행각과 만난다. 넉넉한 동쪽 화계 밖 담장에는 집옥재 일원으로 들어가는 광임문과 마주한 일각문이 있다.

서측 세답방 : 동측 세답방이 태원전 외곽에 있는 데 비하여 서측 세답방 행각은 건숙문 안마당과 태원전 구역의 경계선 역할을 하고 있다. 〈북궐도형〉에 나타난 서측 세답방은 크기가 다른 口자가 남북으로 겹친 日자 형태다. 이 평면도의 북쪽 구역 동·서 행각은 12칸, 남행각과 북쪽의 세답방 주건물은 각각 7칸의 길쭉한 직사각 구조다. 그 안마당에는 네모꼴 우물이 표시되어 있고, 남쪽 구역 행각은 사방 각각 9칸의 정사각형 구조다.

그러나 복원한 서측 세답방은 이와 달리 다소 기형적이다. 원래 서행각과 외곽 담장 사이는 직사각형 공간이 있었다. 지금의 외곽 담장은 남쪽 구역 남행각 부근까지 동쪽으로 이동하여 북쪽 구역 주건물이 일부만 남고 잘려나갈 정도로 깊숙이 밀려 들어왔다. 밀려 들어온 공간에는 일제강점기에 조선총독부 관사가 있었다. 일제가 물러난 뒤에도 그 터는 되돌아오지 못한 채 경복궁 궁역에서 벗어나버렸고, 그래서 남쪽 구역 서행각 일부만 살려냈을 뿐, 북쪽 주건물의 상당 부분과 거기에 이르는 행각은 되살릴 공간이 없었다. 복원된 서측 세답방의 서행각 쪽은 대부분 사라진 대신 담장으로 가로막히게 된 배경이다. 세답방 동행각의 북쪽 끝에는 인수문(仁壽門), 남행각에는 기원문(綺元門)이 있고, 북행각에도 북쪽 세답방과 통하는 문이 있다.

신무문을 나서면

신무문은 사대문 중 유일하게 일반인이 드나들 수 있는 문이다. 그러나 옛날에는 친경(親耕) 행사, 문무과 시험, 회맹제 등 특별한 일이 없는 한 굳게 닫혀 출입이 불가능했다. 문 밖은 궁궐의 후원이었다. 후원은 또 하나의 담장으로 막혀 있었으므로 임금의 허락 없이 들어갈 수 없었다. 신무문 밖은 오늘의 청와대 지역이다. 2006년 이전까지도 신무문은 불가침 시설이었다. 청와대 보안과 경비 때문이었다. 지금은 정해진 절차만 밟으면 신무문으로 나가 청와대 방문은 물론 오랫동안 폐쇄했던 칠궁을 관람할 수 있다.

신무문(神武門) 쪽은 인적이 뜸한 곳이었다. 왕은 후원에서 행사가 있을 때 이 문으로 출입했다. 신무문 밖에는 공신들의 결속을 다짐하는 회맹단이 있었다. 왕이 공신들의 충성을 다잡이하는 회맹제에 참석할 때도 신무문으로 나갔다. 신무문은 음기가 드세다 하여 평소에는 닫아두었다. 그래서인지 이 문의 이력에는 음습한 어둠의 그림자가 묻어 있다.

신무(神武)는 '뛰어난 무용'이란 뜻이기도 하다. 신무문은 암문인 광무문과 계무문을 거느리고 있다. 둘 다 '무(武)' 자 돌림이다. 고금을 막론하고 신무문은 힘자랑하던 사람들이 국면을 역전시키고자 할 때 은밀하게 드나들었던 곳이다. 1519년(중종 14년), 홍경주 등 훈구 세력들이 왕의 밀명을 받고 조광조와 사림파를 일망타진하기 위해 깊은 밤중에 입직 승지들도 모르게 이 문으로 들어왔다. 그때의 참극을 기묘사화 또는 '신무의 난'이라고도 한다.

1968년 1월, 북한에서는 대한민국의 심장인 청와대에 결정적 타격을 가하려고 김신조를 비롯한 무장 게릴라 31명을 침투시켜 소동을 벌였다. 이후 대통령은 청와대 경비를 위해 신무문 안 태원전 지역에 수도경비사령부 30경비여단을 주둔시켰다. 이 부대는 뒷날 우리 현대사의 물줄기를 뒤로 돌린 세력의 온상으로 성장했다. 1979년 박정희 대통령이 시해된 뒤, 계엄사령부 합동수사본부장을 맡고 있던 보안사령관 전두환 소장을 정점으로 한 일단의 신군부세력이 30경비여단 지휘소에서 군사 반란을 모의하고, 이 모임에 가담한 지휘관들의 부대를 끌어들여 정권을 잡았다.

신무문

신무문은 태원전 일원과 집옥재 사이에서 약간 물러난 북쪽이므로 궁성의 중심, 곧 경복궁의 축선에서 한참 벗어난 곳이다. 편액은 물의 기운을 맡은 태음신을 상징하는 현무에서 따온 이름이다. 《초사(楚辭)》에 이 짐승의 모양과 이름의 유래를 설명하는 말이 나온다.

현무는 거북과 뱀이 모인 것을 이른다. 북방에 위치하고 있으므로 현(玄)이라고 이르고, 몸에 비늘과 두꺼운 껍질이 있으므로 무(武)라고 한다.

신무문은 1433년(세종 15년), 강녕전을 다시 지을 때 처음 세웠다.

신무문 : 후원(지금의 청와대 구역)에서 경복궁으로 들어가는 문이다. 조선고적도보.

사대문 중 가장 늦게 나타났다. 신무문이라는 편액도 1475년(성종 6년)에야 얻었다. 지금의 문은 경복궁 중창 때의 건물로 한국전쟁으로 훼손된 문루를 보수해 오늘에 이르렀다. 앞면 3칸, 옆면 2칸의 우진각지붕의 익공집으로 건춘문과 유사한 구조다.

조선조의 모든 시기는 물론이고 최근까지도 신무문은 일반인이 접근할 수 없었다. 1961년 5·16 군사정변 이후, 통치자의 집무 공간인 청와대의 '보안과 경호를 위하여' 45년 동안 굳게 닫혀 있었다. 문화재청은 2006년 9월 29일, '청와대 주변의 아름다운 자연환경과 공간을 국민의 품으로 돌려줘야 한다'는 방침에 따라 신무문을 개방하여 출입을 자유롭게 했다. 이로써 가장 오랫동안 닫혀 있던 신무문은 경복궁 사대문 가운데 시민들이 드나들 수 있는 유일한 문이 되었다.

신무문에 접근하는 방법은 두 가지다. 밖으로 나가려면 집옥재 서남쪽에 있는 광임문으로 나가거나 세답방에서 언덕을 오르면 된다. 광임문 밖은 닫힌 공간이다. 사방으로 샛담과 문뿐이다. 광임문 앞에 큰길처럼 길게 뻗은 공간의 남쪽은 유형문(維亨門), 북쪽은 신무문이다. 유형문으로 들어가면 집경당, 함화당 건너편의 장독[醬庫]이 나타난다. 광임문 코앞의 일각문은 태원전 일원과 통하는 샛문이다. 북쪽에 신무문이 있다. 유형문과 신무문이 마주 보고 있는 공간은 옛날에 인적이 드물었다. 신무문이 닫혀 있었기 때문이다.

지금은 다행히 개방되어 경복궁을 돌아본 사람들이 다리품을 마다하지 않고 오락가락한다. 광임문에서 오른쪽으로 돌면 현무도(玄武圖)가 굽어보는 신무문의 홍예 안으로 청와대의 푸른 기와집이 쏙 들어온다.

신무문 바깥 석축은 담쟁이덩굴로 덮여 있어 고풍스럽다. 옛날과 달리 지금 사람들은 궐문으로 들어서는 정취를 맛볼 수 있다. 건춘문과 영추문은 닫혀 있는 데다가 경복궁의 중심에서 벗어나 있어 일부러 다가가기에는 수고로울 뿐만 아니라 눈에 잘 들어오지도 않는다. 신무문에 들어서면 동쪽으로 집옥재와 부속 건물이 언뜻 보이고, 오른쪽 눈 아래로 경복궁 경비요원들의 관리사무실이 있다. 자칫 수문장청이나 수문직소로 여기기 십상이나, 〈북궐도형〉에 표시된 건물은 아니다. 신무문은 사대문 가운데 지대가 가장 높은 언덕바지에 있다. 그래서 문을 들어서자마자 태원전 구역의 까만 지붕들이 검푸른 파도처럼 넘실댄다.

신무문의 홍예 천장 : 현무도가 떠 있는 홍예문으로 백악의 모습이 눈에 들어온다.

후원 : 지금은 청와대가 버티고 있지만 신무문 밖은 원래 넓은 후원 영역이었다. 조선 초기의 후원은 상림원(上林苑)으로 불렸다. 원(苑)이란 주위에 담을 두르고 그 안에 새나 짐승 등을 기르는 곳을 말한다. 이 후원에는 색다른 풀과 나무를 옮겨 심고 진귀한 새와 짐승을 놓아 길렀다고 한다. 세종은 진기한 꽃이나 새를 좋아하는 것은 백성의 정서에 어울리지 않는다 하여 상림원의 초화(草花)를 없애고 새와 짐승을 풀어주었다.

중종 때는 청문(淸門), 예문(例門), 탁문(濁門)을 지어놓고 관리의 청탁을 가리는 시설로 삼았다. 중종은 청렴한 사람, 보통 사람, 청렴하지 못한 사람 세 단계로 구분해 조정대신과 품계가 높은 신하들로 하여금 각자 자신에게 합당한 문으로 들어가게 했다. 이때 조사수(趙士秀, 1502~1558)만 청문으로 들어갔는데, 이를 이상하게 생각하는 사람은 아무도 없었다는 일화가 있다. 영조는 즉위 직후 백악의 남서쪽 기슭에 육상궁을 세워 후궁의 신분에 머물렀던 어머니 숙빈 최씨의 사당으로 삼아 추모했다.

중창 후의 후원 지역은 융문당, 융무당, 경무대를 비롯해 오운각, 옥련정 등 232칸의 건물들이 있었고, 경농재(慶農齋)와 내농포가 있었다. 융문당과 융무당 앞에는 넓은 광장이 조성돼 있었다. 두 건물은 과거시험을 치르던 곳이며 경무대는 왕이 군사 훈련을 참관하던 시설이다. 신무문 동쪽의 암문인 계무문은 융문당, 광무문은 경농재로 향하는 통로로 행사 관련 인사들이 출입했다. 계무문은 건청궁 장안당의 북행각 서북쪽, 광무문은 건청궁 경화문 앞의 녹산 언덕바지 궁성에 있다.

내농포는 약간의 논이 있는 곳으로, 서쪽 궁성에 붙어 있었다. 이 논은 왕이 쟁기로 갈고 모를 심어 직접 농사를 지어보이는 친경(親耕)의 현장이었다. 경농재는 친경 때 왕이 잠시 머무르는 곳이다. 그 외 후원에는 금군 초소인 수궁막과 숙소, 마구간 등이 있었다고 전한다.

1927년 조선총독부는 오운각을 제외한 모든 시설을 걷어내어 융문당, 융무당, 경농재, 경무대 부재를 일본 고야산(高野山) 용산사(龍山寺) 자재로 쓰기 위해 실어갔다(1929). 그리고 그 자리에 조선총독의 관저를 지었다(1939).

일제가 물러간 뒤, 조선총독의 관저는 미군정사령관 존 하지

(John R. Hodge) 중장을 새 주인으로 맞이했다. 정부수립 후에도 이승만 대통령 관저로 쓰이며 옛 이름을 살려 경무대로 부르다가 1960년 4월혁명 후 독재의 심장부라 하여 청와대로 이름을 바꿨다. 조선총독의 관저였던 청와대 옛 건물은 1993년에 철거했다.

흥선대원군은 경복궁 중창 후, 후원 둘레에 담장을 두르고 서쪽에는 추성문과 금화문, 동쪽에는 춘생문을 두었다. 춘생문은 일본의 감시 아래 있던 고종이 경복궁을 탈출하기 위해 군사작전을 시도했다가 실패한 곳이다. 지금 이곳에 신축(1990)된 대통령 관저와 함께 프레스센터인 춘추관을 세워 언론 기관의 취재원으로 이용하고 있다.

칠궁

칠궁(七宮)은 청와대 서쪽 궁정동에 있다. 이곳은 영조 즉위년 8월, 후궁 출신의 빈(嬪)이었기 때문에 국가적인 봉사(奉祀)의 은전을 받지 못한 어머니 숙빈 최씨 사당을 짓고 제사를 올린 육상궁 터였다. 그 후 국운이 기운 1908년(융희 2년), 각 묘전의 재전을 간소하게 하기 위해 흩어졌던 임금 또는 추존왕의 어머니 신주를 봉안한 다섯 사당을 이곳에 옮겨 육궁이라 했고, 이후 고종의 후궁인 엄귀비의 사당을 보태 '칠궁'이 되었다. 칠궁은 1968년 1·21사태 이후 경비상의 이유로 출입을 통제했다가, 2001년 말부터 일반에게 공개했다.

저경궁 : 저경궁(儲慶宮)은 서인들의 반정으로 임금이 된 인조의 할머니 인빈 김씨 사당이다. 인빈은 감찰 김한우(金漢佑)의 딸로 명종의 후궁 숙의 이씨가 외사촌이었던 인연으로 궁중에서 자랐는데

칠궁 일부

어릴 적부터 재기 있고 용모가 뛰어나 눈길을 끌었다. 평소 그녀를 갸륵하게 여겨오던 명종비 인순왕후가 선조에게 부탁하여 14세 때 후궁이 되었다. 선조 6년에 귀인, 선조 39년에 인빈이 되었으며 40여 년간 선조의 지극한 사랑을 받아 4남 4녀를 낳았다.

인빈은 선조의 원비 의인왕후가 병석에 있을 때 정성을 다했고, 승하했을 때는 눈물로 염을 했다 하여 칭송을 받았는데 정적(政敵)이라 할 광해군도 인빈에게는 공손했다고 한다. 광해군 5년, 59세로 별세하여 남양주시 진접읍 순강원(順康園)에 묻혔다.

대빈궁 : 대빈궁(大嬪宮)은 1722년(경종 2년), 경종이 어머니 희빈 장씨를 옥산부대빈(玉山府大嬪)으로 추봉하면서 건립한 사당이다. 장씨는 어려서 나인으로 궁에 들어가 숙종의 사랑을 받았다. 1686년(숙종 12년) 숙원이 되었으며, 2년 후 왕자 윤(昀)을 낳았다. 얼마 안 되어 송시열 등 노론의 반대를 물리치고 윤이 원자로 책봉됨에 따라 내명부 정1품 희빈에 올랐다. 1689년(숙종 15년) 기사환국으로 남인이 집권하면서 장씨는 숙종 계비 인현왕후를 물리치고 왕비가 되었다. 그러나 5년 후, 갑술환국과 함께 서인들의 지지를 받은 인현왕후가 복권되면서 희빈으로 되돌아갔다. 숙종 27년 인현왕후가 병으로 죽자, 희빈 장씨는 왕비를 저주했다는 서인의 탄핵을 받고 사약을 마셨다. 숙종은 이때부터 후궁을 왕비로 승격하는 일을 금했다.

육상궁 : 영조가 즉위하면서 생모를 기리기 위해 경복궁 후원(종로구 궁정동)에 세운 숙빈 최씨(1670~1718)의 사당이다. 처음에는 숙빈묘라 했다가 영조 20년에 육상묘로 이름을 바꾸면서 영조의 화상 두 폭을 봉안했고 영조 29년에 육상궁(지금의 편액은 여전히 육상묘임)으로 승격했다. 고종 19년 8월, 화재로 궁이 소실되자 이듬해 다시 지었다. 지금 건물은 이때 지은 것이다.

숙빈 최씨는 임금 어머니의 자리에까지 올랐지만 출신에 대한 기록을 거의 찾아보기 어렵다. 민유중이 영광군수 시절 어려서 부모를 여읜 최씨를 가엾게 여겨 궁궐에 들여보냈다고 한다. 이후 중궁전에 머물렀던 최씨는 폐비가 된 인현왕후를 위해 기도를 올리다가 숙종의 눈에 띄어 승은을 입었다고 전해진다. 1694년(숙종 20년), 최씨가 낳은 아들이 연잉군, 경종에 이어 21대 임금이 된 영조다. 숙종 44년에 49세로 죽어 파주시 광탄면 소령원(昭寧園)에 묻혔다.

연호궁 : 영조의 세자 효장세자의 어머니 정빈 이씨의 사당이다. 이준철의 딸로 숙종 27년, 세자의 후궁이 되었다. 원비 정성왕후에게서 원자를 기대하기 어렵게 되자, 영조는 여섯 살 된 정빈 이씨가 낳은 행(효장세자)을 세자로 삼았으나 열 살 때 죽었다. 그의 죽음으로 뒤를 이어받은 영빈 이씨의 아들 선(사도세자)도 즉위하지 못하고 임오화변(1762) 때 희생되었다. 결국 사도세자의 아들 세손 산(祘, 정조)이 효장세자의 양아들로 들어가 즉위함으로써 진종으로 추존되었다. 정빈 이씨는 경종 1년, 28세로 병사하여 숙빈 최씨의 소령원과 같은 파주시 광탄면 수길원(綏吉園)에 묻혔다.

선희궁 : 정조의 할머니 영빈 이씨의 사당이다. 어려서부터 궁녀생

활을 하다 귀인이 되었으며 1730년(영조 6년) 영빈으로 봉해졌다. 영조의 사랑을 받아 네 명의 옹주와 원자 선을 낳았다. 임오화변의 한가운데서 몸부림치는 외동아들의 처절한 최후를 비통 속에서도 의연하게 처신한 것으로 알려졌다.

1764년(영조 40년), 69세로 사망하여 수경원(綏慶園, 연세대학교 수경원 안)에 안장했다. 이때 영조는 후궁 제일의 의식으로 장례를 치렀으며, 이듬해 의열(義烈)이라는 시호를 내릴 때는 그 의식을 친히 집전했다. 수경원은 1970년 이씨의 원묘와 함께 홍살문을 원형 그대로 고양시 덕양구 서오릉 능역으로 옮겼다.

영조는 의열이라는 시호를 내리고, 지금의 종로구 신교동에 의열묘(義烈廟)라는 사당을 세웠다. 의열묘는 정조 12년 선희궁이라는 궁호가 붙었고, 고종 7년 위패를 육상궁으로 옮겼다가 고종 33년 선희궁(宣禧宮)으로 되돌린 뒤 4년 후 다시 독립, 순종 2년 다시 육상궁으로 옮겼다. 옛 선희궁 자리는 제생원(濟生院)으로 사용되다가 현재는 국립맹아학교가 들어서 있다.

경우궁: 순조의 생모 수빈 박씨(정조의 후궁)의 사당이다. 박씨는 영조 46년 돈령부판사 박준원의 3녀로 태어났다. 정조 11년 후궁으로 간택되어 숙선옹주를 낳고 수빈에 책봉되었으며, 1790년 정조의 2남 공(玜, 순조)을 낳았다. 공은 의빈 성씨가 낳은 이복형 문효세자가 일찍 죽어 1800년(정조 24년) 왕세자에 책봉되고 그해 6월에 11세의 나이로 즉위하였다.

평소 성품이 온화하고 예절이 바르며, 검소한 생활을 하여 현빈(賢嬪)이라 일컬었다. 순조 22년(1822) 섣달에 사망하여 다음 해 2월 남양주시 진접읍 휘경원(徽慶園)에 안장됐다.

순조 24년 북부 양덕방(陽德坊, 종로구 계동 현대빌딩 뒤)에 사당을 짓고, 궁호를 경우궁(景祐宮)이라 하여 위패를 모셨다. 경우궁은 영조 때 용호궁(龍虎宮)이 있던 곳으로, 갑신정변을 주도한 김옥균이 고종을 이곳으로 이어하도록 하여 3일천하를 했던 곳이다. 순조 2년, 지금의 위치로 옮겼다.

덕안궁 : 고종의 후궁이자 영친왕의 어머니 순헌황귀비 엄씨의 사당이다. 그녀는 엄진삼(嚴鎭三)의 큰딸로 태어나 다섯 살 때 경복궁에 들어갔다. 이후 왕비의 시위상궁으로 있던 중 32세에 승은을 입었다가 왕비의 진노를 사 쫓겨났다. 을미사변으로 왕비가 비명에 간 뒤 5일 만에 고종의 부름을 받고 입궐하여 일본의 압력으로 시달리던 고종의 신변 안전을 위해 심혈을 기울이면서 왕을 비밀리에 러시아공관으로 탈출시키는 데 성공했다. 1897년(광무 1년) 마흔이 넘은 나이로 은(垠, 영친왕)을 낳아 귀인에 책봉되고 선영(善英)이라는 이름을 받았다. 이어 순비(純妃)로 책봉되었다가 다시 순헌귀비로 진책되어 순헌황귀비 칭호를 받았다. 이때부터 경운궁의 명례궁 터에 경선궁(慶善宮)을 세우고 이곳에서 살았다.

1905년(광무 9년) 양정의숙(養正義塾, 지금의 양정고등학교), 다음 해 진명여학교를 설립하였고, 명신여학교(지금의 숙명여중·고) 설립에 거액의 내탕금을 기부하여 근대교육에 지대한 관심을 기울었다.

1907년 열한 살 된 황태자 은이 유학이라는 형식으로 일본에 볼모로 잡혀가고, 1910년 망국의 변을 당했다. 귀비 엄씨는 망국의 슬픔과 아들에 대한 그리움에 사무쳐 지내다가 1911년 5월 한 서린 이승을 떠나 동대문구 청량리 영휘원(永徽園)에 묻혔다. 엄귀비의 신위는 경선궁을 덕안궁(德安宮)으로 고쳐 봉안하다가, 1913년 서

부학당 자리(중구 태평로 1가, 지금의 조선일보)에 새 사당을 지어 그곳
으로 옮기고, 1929년 다시 궁정동 육상궁 자리로 옮겼다. 이곳은
귀비 엄씨의 사당이 옮겨오기 전까지는 육궁으로 불리다가 덕안궁
이 보태짐으로써 칠궁이 되었다.

가구

집을 지을 때 기둥, 보, 도리 등의 구성재(부재)를 얽는 공정을 가구라고 한다. 집을 지으려면 먼저 터를 다지고 주춧돌을 놓은 다음 그 위에 기둥을 세워야 할 것이다. 기둥은 지붕의 무게를 땅에 전달하는 수직 부재다. 기둥들을 세운 다음에는 이들을 가로 세로로 짜맞추게 되는데, 이때 앞뒤 기둥을 연결하는 세로 구조재가 보다. 보는 지붕의 무게를 떠받치는 굵은 나무로, 기둥과 기둥을 건너지른다. 그 중 가장 기본이 되는 대들보를 중심으로 종보, 중보, 툇보 등이 있다. 도리는 이 들보에 직각 방향으로 걸어 처마지붕을 꾸미는 가로대를 말한다. 집의 규모에 따라 3, 5, 7, 9개까지 얹을 수 있다. 여기까지 공정이 완성되었다면 얼추 집의 뼈대를 갖추었다고 할 것인데, 도리 위에 서까래를 걸고 어떤 지붕 형태를 취하느냐에 따라 건축의 권위와 형식미가 완성된다.

기둥:

기둥은 지붕의 무게를 땅에 전달하는 수직 부재다. 또 기둥은 동량(棟樑)이라 하여 집ㆍ나라ㆍ우주(宇宙)의 안전성ㆍ건실성과 함께 직립(直立)ㆍ도리(道里)를 상징하기도 한다. 궁궐의 기둥은 태자가 제왕을 보좌함을 나타냄은 물론 주국지신(柱國之臣)이라 해서 신하는 나라를 받치는 버팀목으로 표현된다. 지붕이 하늘이라면 기둥은 하늘과 땅을 나누고 연결하는 수직축인 것이다. 기둥과 기둥

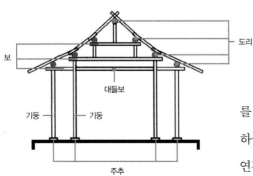

사이를 칸이라고 말한다. 예를 들어 12칸 집이라 하면 정면 칸수와 측면 칸수를 곱한 것을 말한다. 기둥과 기둥 사이를 칸이라 한다.

재료와 형태에 따른 구분

나무기둥(木柱) : 전통 건축의 주류를 이루는 기둥. 자랄 때의 생태적 특징을 그대로 살린 도량주와 손질한 가공주(加工柱)가 있다.

돌기둥(石柱) : 돌을 다듬어 만든 기둥. 경회루처럼 누마루 아래에 민흘림으로 세운다.

각기둥(角柱) : 둥근 나무를 네모, 육모, 팔모 등으로 다듬은 기둥. 대개 모서리를 모죽임(각진 부분을 둥글게 깎아냄) 한다. 각주는 일반적으로 단면이 네모인 방주(方柱)를 가리킨다. 천원지방 사상에 따라 남성은 하늘, 여성은 땅이라는 인식이 반영된 경복궁의 연조 구역은 대부분 네모기둥을 세웠다. _ 모진기둥·모기둥

도량주 : 가공하지 않고 나무의 껍질만 벗기고 거칠게 다듬어 원형을 그대로 간직한 기둥. 민가의 살림집이나 절집에 많다. 개심사 범종각은 휜 나무를 다듬지 않고 그대로 사용한 미가공성 기둥으로 유명하다. 자연친화에 관심이 많은 요즘의 목조 건물에도 자연미를 한껏 살린 도량주가 많이 쓰이고 있다. _ 두리기둥

원주(圓柱) : 둥글게 다듬은 기둥. 원목을 대강 다듬어 거친 상태로 된 기둥과 말끔하게 다듬어 좌우를 대칭으로 한 기둥의 두 가지 종류가 있는데, 살림집에서

민흘림 누하주(경회루)

원주(근정전 행각)

도량주(개심사 범종각)

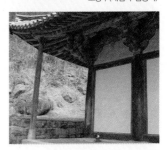

배흘림기둥과 활주(부석사 무량수전)

는 거친 상태의 원주가 많다. _ 두리기둥·둥구리기둥

민흘림기둥 : 기둥 밑동에서 꼭대기까지 직선으로 조금씩 가늘게 흘린 사다리형태의 기둥. 기둥뿌리보다 기둥머리 지름이 짧다. _ 경회루

돌기둥

배흘림기둥 : 각기둥에는 없고 원주의 중간이 불룩하고 아래위로 가면서 점점 가늘어지는 항아리 모양의 기둥. 구조의 안정감과 가운데 부분이 약해보이는 착시 현상을 바로잡기 위한 것이다. _ 배부름·배

불림기둥

직립주 : 기둥머리와 기둥뿌리의 직경이 같은 기둥. 궁궐이나 절집의 부속건물, 살림집 등 규모가 작은 집에 쓰인다.

위치와 기능에 따른 구분

간주(間柱) : 기둥과 기둥 사이에 따로 벽체를 구성하거나 문틀을 세우기 위한 기둥. 반쪽의 크기로 세우기도 한다.

고주(高柱) : 건물의 안쪽, 외진과 내진 사이에 세운 기둥. 평주보다 높은 기둥으로 지붕의 무게를 상당 부분 받아들인다.

동바리기둥(운현궁 툇마루)

동자기둥

우고주(隅高柱) : 집의 네 귀퉁이에 서 있는 기둥. 평주보다 굵고 높다. _ 우주·귀고주·귓기둥

평주(平柱) : 외진칸을 감싸고 있는 짧은 기둥. _ 외진주·외진

평주·갓기둥·퇴·툇기둥

누하주(樓下柱) : 경회루와 같은 다락집의 아랫기둥(↔ 누상주).

동바리기둥 : 마루 따위가 처지지 않도록 그 아래에 괴는 짧은 보조기둥 _ 고임기둥·받침 기둥

동자기둥(童子柱) : 1고주 5량집이나 7량집에서 대들보

또는 중보 위에 올라가는 짧은 기둥. _짧은 기둥(短柱)·왜주(矮柱)

내진주(內陣柱) : 벽이나 기둥을 겹으로 두른 건물의 안쪽(내진칸) 둘레에 돌려 세운 기둥. 외진주보다 키가 크다. 중층 건물에 주로 사용된다. _안두리기둥·안둘렛기둥

외진주(外陣柱) : 건물의 가장자리, 외곽에 돌려 세운 짧은 기둥. 집의 옆면에 세운 기둥〔側柱〕. _변두리기둥〔邊柱〕

옥심주(屋心柱) : 목조 탑 등 건물의 한가운데 세우는 기둥.

통주(通柱) : 긴 나무로 이층까지 올려 세운 고주. _통기둥

툇기둥(退柱) : 퇴량을 받는 갓기둥. 툇간에 세운 기둥.

활주 : 추녀의 처짐을 막기 위해 받치는 가늘고 긴 기둥. 지붕의 네 모서리에 세워 지붕의 무게를 받아들인다.

보 :

앞뒤 기둥을 연결하는 세로 구조재인 보는 굵은 나무를 사용하여 지붕의 무게를 떠받치는 역할을 한다. 들보와 들보 사이를 한 칸 또는 도리칸이라 한다. 서까래와 도리를 타고 내려온 지붕의 무게는 마지막으로 보를 통해 기둥에 전달된다. 기둥머리와 만나는 대들보나 툇보 밑에는 화초 무늬로 초새김(草刻)한 보아지를 끼워 짜임새를 보강한다. _들보

마룻보와 대들보(근정전 행각)

대들보 : 기둥 사이에 건너지르는 여러 개의 보 중에서 가장 기본이 되는 큰 들보. 3량집에서는 대들보만 걸린다.

종보(宗樑) : 대들보 위의 동자기둥 또는 고주에 얹혀 중

퇴량(연길당)

도리와 마룻대를 받치는 5량집의 들보. _ 마룻보

중보(中樑) : 7량집에 보이는 종보와 대들보 사이의 들보.

툇보 : 툇간의 고주와 외진평주를 연결하는 들보. _ 퇴량

도리 :

도리는 집의 규모에 따라 3, 5, 7, 9개까지 얹을 수 있다. 3량집, 5량집, 7량집, 9량집이라고 부르는 것은 바로 이 도리 수에 따른 것이다. 지붕에 물매를 주기 위해 종도리와 앞·뒤 주심도리로 짠 3량집이 최소단위다. 살림집의 문간채나 곳간은 주로 3량집이며 5량집은 주심도리와 종도리 사이에 중도리가 하나 더 걸리는 구조로 살림집의 안채에 주로 응용된다. 7량집은 근정전에 보이는 큰 구조로 궁궐이나 절집에 많다. 창경궁 명정전은 9량집이며, 경복궁 경회루는 11량집으로 궁궐 건축물로는 가장 크고 복잡하다. 모양에 따라 굴도리·납도리, 위치에 따라 종도리·주심도리·중도리·내목도리·외목도리 등으로 나뉜다.

굴도리 : 둥글게 다듬은 도리. 천원지방의 인식에 따라 남성의 생활공간에 사용한다.

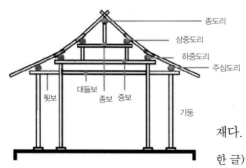

종도리
상중도리
하중도리
주심도리
툇보 대들보 종보 중보
기둥

납도리 : 네모로 다듬은 도리. 여성이 기거하는 살림집에 사용한다. _ 민도리

종도리 : 가구재의 맨 위에 놓이는 용마루 받침. 종도리에서는 앞뒤 쪽 짧은 서까래가 서로 만나는 모든 집의 기본 부재다. 상량문, 기문(記文, 건물 관련 내용을 기록한 글)을 보관하는 곳으로도 활용한다. _ 마루도리

주심도리 : 대들보나 툇보 위에 얹는다. 맞배집에서는 옆면에 서까래를 걸지 않으므로 필요 없다. _ 처마도리

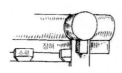

굴도리(협길당)

중도리 : 일반적으로 5량집의 주심도리와 종도리 중간의 긴 서까래와 짧은 서까래가 겹치는 곳에 자리 잡는다. 대체로 내진 고주가 있을 때는 고주에, 내진 고주가 없을 때는 마룻보에 건

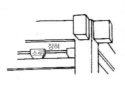

납도리(사정전)

다. 9량집 이상에서는 하중도리, 7·9량집에서는 상중도리를 더 놓는다.

내목도리 : 다포계 내부의 맨 윗부분에 얹는 출목도리. 서까래 뒷목이 걸린다.

외목도리 : 주심 밖의 도리로 여러 도리 가운데 가장 낮게 거는 출목도리. 바깥 공포의 최상단을 막고, 처마의 무게 일부를 받아 주심도리의 과중한 무게를 분산시킨다.

공포

기둥과 보 및 도리의 연결 지점에는 처마의 무게가 상당히 실리게 마련인데, 이를 떠받치기 위해 나무 쪽을 대는 것을 공포(栱包)라고 한다. 살미, 첨차, 소로, 주두 등의 부재로 이뤄진다. 처마의 무게를 지  지하는 목적도 있지만 목조 건축에서 장식적 기능을 하는 측면도 크다. 주심포식(柱心包式), 다포식(多包式)이 있다. 주심포는 기둥 위에만 공포를 배치하는 것이고, 다포식은 기둥 위뿐만 아니라 기둥 사이에도 공포를 배치하는 것을 말한다. 공포는 단청이라는 채색 과정을 거침으로써 전통 건축의 수준 높은 미감과 장식성을 드러낸다.

서까래
주두
보
장혀
도리
익공
창방
소로
기둥

공포의 부재 :

출목(出目) : 첨차가 기둥 중심에서 바깥으로 나와 도리를 받친 공포의 부재. 도리를 기둥 위로 들어올리면서 바깥쪽으로 내미는 기능과 함께 처마를 깊게 돌출시키는 역할을 한다. 출목 수는 바깥보다 안쪽이 하나 더 많다.

포(包) : 처마를 장식적으로 길게 내밀도록 도리 밑에 받힌 짧은 부재. 출목 수에 따라 3포, 5포, 7포, 9포… 따위로 구분한다. 포의 숫자는 첨차의 수로 헤아린다. 가장 간단한 1출목은 3개의 첨차로 구성되므로 '3포집'이라고 한다. 숫자는 '출목 수×2+1=포 수'로 헤아린다. 2출목이면 2×2+1이 되어 '5포집'이 된다.

살미(山彌): 기둥 위의 도리 사이를 소의 혀 모양으로 꾸민 부재의 짜임새. 보와 같은 방향으로 놓인다. 첨차와 十자로 짜고 모양에 따라 제공, 익공, 운공으로 나뉜다.

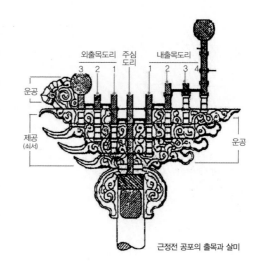

근정전 공포의 출목과 살미

- **제공(齊工)** 마구리가 소의 혀처럼 생겼다 해서 쇠서(牛舌)라고도 한다. 마구리가 치켜 오른 쇠서는 앙서(仰舌), 처진 쇠서는 수서(垂舌)라고 한다.

- **익공(翼工)** 새 날개 모양으로 깎은 공포 형식. 살미 부재가 하나면 초익공, 두 개면 이익공이다. 물익공은 살미 부재가 새 날개처럼 뾰족

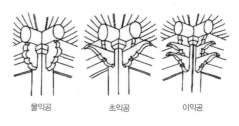

물익공 　　　 초익공 　　　 이익공

하게 빠지지 않고 뭉게구름처럼 둥글게 다듬은 익공을 말한다.

- **운공(雲工)** 마구리를 뭉게구름 모양으로 처리한 살미.

소로(小累): 첨차와 첨차, 살미와 살미 사이에 끼우는 주두 모양의 부재. 각 부재를 연결하고 이 부재들을 타고 내려오는 지붕의 무게를 아래로 내려 보내는 역할을 한다. 소로는 위치에 따라 주두처럼 윗부분에 十· 丁· 一자형 홈을 터서 부재를 맞춘다.

안초공(按草栱): 주두 안팎에 끼워 주심포를 받치는, 꽃·용 등의 무늬를 새긴 널빤지. 기둥머리에서 창방과 엮이고, 평방과 주두까지 감싸고 올라가 주두의 흔들림을 막는다. _ 근정전 기둥머리

주두: 목조 건물의 기둥 위에 놓여 공포를 떠받치는 정사각형 모양의 넓적하고 네모난 부재. 공포를 이루는 부재 중 가장 아래 놓인다. 주두

안초공(경복궁 교태전)

초익공(경복궁 자선당)

운공(경복궁 근정전 내부)

다포(경복궁 근정전 외부) : 기둥머리에 얹은 공포
는 주심포, 기둥 사이 공포는 간포, 모서리기둥
에 얹은 것은 귀포라고 한다.

의 윗부분에는 十자 홈을 터서 보와 도리를 끼우고,
초익공집은 창방과 익공이, 이익공 집은 주두를 하
나 더 올려 익공과 창방이 십十자로 짜인다. _ 기둥머리

첨차(檐遮) : 살미와 十자로 짜여 도리 방향으로 놓인
부재. 크기에 따라 대첨차와 소첨차로, 위치에 따라
주심첨차와 출목첨차로 구분한다.

지붕건축

집의 기본은 삼재 사상이다. 주추는 땅, 기둥은 사람, 지붕은 하늘이다. 용마루나 추녀는 곡선으로 처리된다. 이는 천원지방이라는 전통적 인식에 따라 무한히 큰 하늘이라는 원의 한 부분을 상징하는 것이다.

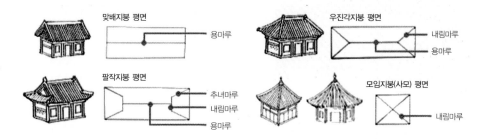

지붕의 종류 :

맞배지붕 : 펼친 책을 엎은 것처럼 경사진 지붕을 앞뒤로 맞놓아 ∧자형 합각이 생긴, 가장 간단한 지붕. 주심포 양식에 많으며 처마 양끝이 살짝 들리고 옆면은 대부분 노출된다. 이 지붕 형식으로는 종묘 정전이 유명하다.

우진각지붕 : 지붕면이 전후좌우로 물매를 갖고 있는 양식. 용마루와 내림마루만 있다. 궁궐의 정문은 모두 우진각지붕이다.

팔작지붕 : 우진각지붕에 맞배지붕을 얹은 것 같은 지붕. 용마루와 내림마루, 추녀마루를 갖춰 장식성이 강하고 화려하다. 지붕 위까지 박공이 달려 용마루 부분이 삼각형의 벽을 이루고 처마 끝은 우진각지붕과 같다. 내부 가구가 복잡하게 엉켜 있기 때문에 대개 우물천장으로 이를

맞배지붕(창덕궁 폄우사)

우진각지붕(숙정문)

팔작지붕(창덕궁 연경당)

사모지붕(창덕궁 애련정)

가린다. 가장 품위 있는 지붕으로, 궁궐의 주요 전각은 크기와 관계없이 대부분 팔작지붕이다.

모임지붕 : 용마루와 내림마루 없이 꼭짓점을 절병통으로 마감한 지붕. 추녀마루나 지붕골의 수효에 따라 사모지붕·육모지붕·팔모지붕이 있다.

정자지붕(丁字) : 왕릉의 정자각처럼 지붕의 평면이 T자형으로 된 지붕.

지붕 가구 :

박공 : 합각 부분에 ∧자형으로 설치한 널빤지. 맞배지붕에서는 긴 널빤지, 팔작지붕은 짧은 널빤지가 사용된다.

　• **지네철** 박공 두 쪽이 마주 닿는 이음매에 걸쳐 박는 지네 모양의 쇳조각.

　• **너새** 박공 위로 차양을 내민 듯한 부분에 기와를 이은 것.

부시(罘罳) : 참새나 비둘기, 제비 따위가 깃들지 못하도록 전각 처마에 치는 철망. 새의 배설물이 미관을 해칠 뿐 아니라 둥지를 틀고 알을 낳으면 구렁이가 다가와 신성한 궁 안에서 살생을 저지를 수 있으므로 이를 방지하기 위한 장치다.

서까래 : 종도리에서 도리 또는 보에 걸쳐 지른 나무. 그 위에 산자를 얹는다. 둥근 통나무를 그냥 쓴 서까래를 연(椽), 다듬어 각재(角材)를 만

들어 쓰면 각이라 한다.

- **단연과 장연** 5량집의 경우, 종도리에서 중도리까지 거는 짧은 서까래(短椽)와 중도리에서 주심도리에 거는 긴 서까래(長椽, 들연). 이 서까래 때문에 지붕면이 완만한 곡선 물매를 이룬다.
- **선자서까래** 추녀 좌우의 부챗살같이 퍼진 서까래. 선자서까래는 우리나라에만 전승되는 세련된 공법이다. _ 선자연扇子椽
- **부연(附椽·婦椽)** 서까래 끝에 거는 네모진 짧은 서까래. 지붕면이 곡선을 이루도록 한다.
- **목기연** 박공머리에 차양처럼 선반을 맨 것을 받치는 짧은 서까래. 박공의 너새기와를 얹기 위한 장치다.
- **산자(撒子)** 기와를 올리기 전에 서까래나 고미 위에 흙을 받기 위해 엮어 까는 나뭇개비나 수수깡 따위.

처마 : 지붕이 도리 밖으로 내민 부분. 여름철에는 직사광선을 막아 그늘을 만들어주고 겨울에는 햇볕이 방 안 깊숙이 투사돼 집안이 따뜻해지도록 하여 추위와 더위를 완화시키는 역할을 한다.

- **겹처마** 처마를 깊게 빼기 위하여 부연을 덧단 처마. 장식성과 함께 건물의 품위를 높인다. 경복궁의 주요 전각은 모두 겹처마다.
- **홑처마** 경복궁 행각처럼 부연이 없는 처마.

추녀 : 처마 네 귀의 기둥 위에 끝이 위로 들린 큰 서까래, 또는 그 부분의 처마.

- **사래** 겹처마의 귀에서 추녀 끝에 위쪽으로 잇댄 짧은 추녀.

평고대 : 추녀와 추녀를 연결하는 긴 곡선 부재. 기와집의 처마가 현수(懸垂, 아래로 드리워짐)곡선을 이루는 것은 평고대 때문이다.

합각(合閣) : 팔작지붕 박공 아래의 삼각형 벽체.

- **합각벽** 맞배지붕의 좌우 끝 박공 아래 설치하는 바람맞이 널빤

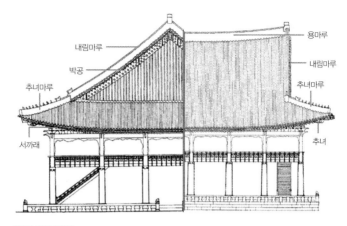

경회루 측면과 정면

지. 박공 아래로 빗물이 들이치지 못하도록 널빤지 이음매에 졸
대를 댄다. 경복궁 건물에는 합각벽을 널빤지 대신 꽃담처럼 벽
돌로 마감한 전각이 많다. _ **방풍판(防風板)**

지붕의 구성 :

지붕마루 : 서로 다른 지붕면이 만나는 부분을 높게 쌓은 경계.

- **용마루** 지붕에서 가장 높은 곳의 수평마루.
- **내림마루** 팔작지붕의 박공이 걸리는 지붕 끝 합각부분에 비스듬
  히 흘러내려 추녀마루에 닿는 지붕마루.
- **추녀마루** 건물의 모서리에서 45도 방향으로, 추녀 위에 만든 지
  붕마루.

지붕물매 : 지붕의 낙수면(落水面)을 이루는 경사도.

기와 : 지붕을 덮기 위해 점토로 형태를 빚어 굽거나 햇볕에 말린 마감재.

- **암키와** 지붕 바닥 면에 까는, 곡률(曲率)이 완만한 기와.

- **수키와** 암키와 이음매에 올리는 암키와 2분의 1폭 반원형 단면의 기와.

암수 막새

- **막새** 처마 끝의 수키와·암키와에 달린 기와. 드림새에 무늬를 베풀거나 글자를 넣어 장식한다. 대전의 막새는 용·봉황·불로초가 많고, 왕비·대비전은 불로초·박쥐·壽(수)·囍(희)자 무늬가 많다.

암막새와 암키와

장식기와 : 궁궐 지붕에 장엄을 베풀기 위한 특수기와.

숫막새와 수키와

- **망새** 지붕마루 끝에 설치하는 기와. 암막새처럼 만들거나 짐승의 머리, 독수리의 머리, 도깨비의 얼굴, 물고기 꼬리 등의 형상을 얹는 기와로, 살림집에서는 암막새처럼 만든 것을 주로 사용한다.

용두(만춘전)

- **용두(龍頭)** 전각의 용마루, 내림마루, 합각머리나 너새 끝에 얹는 용머리기와. 등에 봉래산을 지고, 바다 속에 살며, 불을 삼키기 좋아한다 하여 화재를 예방하려는 벽사적 의미를 부여했다.

- **잡상(雜像)** 궁궐의 전각 및 문루의 추녀마루에 배열되는 신상(神像). 주술적·벽사적 의미를 상징하는 것으로 나쁜 귀신을 몰아내며 살(煞)을 막고 복을 불러 건물의 안전을 수호하려는 기대감은 물론 지붕의 장엄과 위엄, 깔끔하게 지붕 마감을 하기 위한 의도도 있다. 대개 홀수로 배치하며 5개가 보편적이다. 여성이 주인인 집은 짝수가 많다. 경회루가 11개로 가장 많다. 근정전 7개, 창덕궁 인정전과 숭례문 지붕은 9개다.

취두(황룡사)

취두(건축박물관)

잡상(함원전)

지붕마루(함원전)

사래

추녀

토수(연길당)

- **절병통(節甁桶)** 모임지붕 꼭짓점에 세우는 항아리 모양의 기와.
- **취두(鷲頭)** 치미와 마찬가지로 용마루의 망새. 화재 예방의 전령이다.
- **치미(鴟尾)** 치효(鴟梟)라고도 하는 부엉이나 올빼미 꽁지모양의 기와. 머리에서부터 꽁지가 치솟은 모습이다. 반역, 병란, 화재 등을 알려준다 해서 주술적인 예방을 위해 용마루에 올린다.
- **토수(吐首)** 전각 네 귀의 추녀나 사래 끝에 끼우는 흙을 빚어 만든 물고기, 용두, 귀두(鬼頭) 모습의 기와. 빗물이 나무에 스미는 것을 방지하는 기능을 한다.

절병통

지붕 꼭지(향원정)

궁역	편액		편액에 담긴 뜻	위치	설치 연대 및 휘호자
궁성문	광화문	光化	천자 · 군주에 의한 덕화(德化)	경복궁 정문	1865년, 임태영(任泰瑛)
	건춘문	建春	봄을 세우다. 봄은 오행에서 동쪽을 상징한다.	경복궁 동문	1865년, 이경하(李景夏)
	영추문	迎秋	가을을 맞이함. 가을은 오행에서 서쪽을 상징한다.	경복궁 서문	1975년, 김충현(金忠顯)
	신무문	神武	뛰어난 무용(武勇) 또는 신령스러운 현무(玄武). 오행에서 북쪽은 어둠 · 죽음 · 살상(殺傷) 등을 뜻하며, 현무는 이를 상징한다.	경복궁 북문	1865년, 이현직(李顯稷)
	계무문	癸武	북쪽의 현무. 癸는 북쪽, 武는 북쪽을 상징하는 현무.	신무문 오른쪽	미상, 전서체 금석문
	광무문	廣武	무용(武勇)을 넓히다.	계무문 오른쪽	미상, 전서체 금석문
흥례문 일곽	흥례문	興禮	예(禮)를 일으키다. 예(禮)는 오행에서 남쪽을 상징한다.	근정전 중정문	2001년, 정도준(鄭道準)
	덕양문	德陽	덕이 밝다 · 드러나다.	흥례문 동행각	2001년, 옛 현판 집자
	유화문	維和	온화 · 화목함을 유지하다. 維는 '매다 · 유지하다 · 생각하다.' 和는 '온화하다 · 화목하다.'	흥례문 서행각	2001년, 정도준
	기별청	奇別	소식을 알리다.	유화문 북쪽	2001년, 정상옥(鄭祥玉)
근정전 일곽	근정전	勤政	부지런히 다스리다.	경복궁 정전	1866년, 이흥민(李興敏)
	근정문			근정전 전문	1866년, 신석희(申錫禧)
	일화문	日華	해의 정화(精華). 日은 양(陽)이므로 동쪽.	근정문 동편문	미상
	월화문	月華	달의 정화(精華). 月은 음(陰)이므로 서쪽.	근정문 서편문	미상
동궁 일원	자선당	資善	착한 성품을 기르다.	사정전 동쪽	1999년, 오옥진(吳玉珍)
	비현각	丕顯	덕을 크게 밝히다, 크게 드러나다.	자선당 동쪽	1999년, 오옥진
	이극문	貳極	두 번째 북극, 곧 세자. 북극은 임금.	동궁 동외행각	1999년, 옛 현판 수리
	이모문	飴謨	선대 임금이 자손에게 내리는 교훈.	비현각 남외행각	1999년, 옛 현판 수리
	구현문	求賢	어진 이를 구하다.	비현각 동외행각	1999년, 옛 현판 수리
	숭덕문	崇德	덕을 높이다, 덕이 있는 이를 높이다.	융문루 북쪽	1999년, 옛 현판 수리
	삼비문	三備	장차 훌륭한 통치자가 될 세자가 갖춰야 할 세 가지 덕목. 곧 학문, 자질(資質), 치도(治道)	자선당 입구	1999년, 옛 현판 수리
	진화문	震化	왕세자가 변화됨. 震은 '세자 · 큰아들[長男]'	자선당 중문	1999년, 옛 현판 수리
	중광문	重光	빛나는 덕을 거듭 밝히다. 부왕에 이어 덕을 거듭 베풀다.	자선당 남외행각	1999년, 옛 현판 수리
	길위문	吉爲	복되게 행동하다.	자선당 동외행각	1999년, 옛 현판 수리
	미성문	美成	아름다움이 이뤄지다. 세자의 아름다움이 크게 이뤄지려면 오랜 시간을 들여야 한다는 뜻.	자선당 서외행각	1999년, 옛 현판 수리
사정전 일곽	사정전	思政	선정(善政)을 생각하다.	근정전 북쪽	1866년, 조석우(曺錫雨)
	사정문			사정전 전문	미상
	만춘전	萬春	만년의 봄. 萬은 영원하다는 의미로 국가 기틀이 끊임없이 이어지기를 바라는 마음.	사정전 동쪽	1988년, 김충현

천추전	千秋	천년의 가을. 千은 萬과 같은 뜻.	사정전 서쪽	1865년, 정범조(鄭範朝)
사현문	思賢	임금이 어진 이 얻기를 생각하다.	사정전 동행각	1995년, 옛 현판 수리
연태문	延泰	태평을 맞이하다. 주역에서 태괘(泰卦)는 음양·상하·천지가 가장 잘 교감하는 상태다.	사정전 동행각	1995년, 옛 현판 수리
용신당	用申	인재를 써서 펼치다. 곧 재능 있고 어진 신하들을 등용하여 선정을 베풀다.	사정전 서행각	1868년, 옛 현판수리
협선당	協善	임금과 신하가 선(善)을 돕다. 《대학》에 '선하면 천명을 얻고 선하지 못하면 천명을 잃는다'라는 말이 있다.	사정전 서행각	1995년, 옛 현판 수리
내탕고	天字 …月	창고 번호. 천자문 순서에 따라 天字庫(천자고)로 시작하여 地(지), 玄(현), 黃(황), 宇(우), 宙(주), 字庫, 洪(홍), 荒(황), 日(일)을 거쳐 月字庫(월자고) 순으로 배치.	사정전 남행각	미상

수정전 경회루 일원				
수정전	修政	정사를 잘 수행하다. 정사를 바로잡다.	근정전 서쪽	1867년, 조석원(曺錫元)
경회루	慶會	경사스러운 연회.	수정전 북쪽	1867년, 신관호(申觀浩)
자시문	資始	만물이 건원(建元)에 의뢰하여 시작하다. 건원은 하늘의 크나큰 덕.	경회루 동쪽 담	2005년, 권창륜(權昌倫)
함홍문	含弘	너그럽게 포용하다. 《주역》 곤괘의 함홍광대(含弘光大)의 줄임말.		2005년, 기존 현판
이견문	利見	대인을 만나면 이롭다(利見大人).		2005년, 정도준
필관문	必觀	반드시 그 여울목을 살피다. 《맹자》의 '觀水有術 必觀其瀾, 물을 구경하려면 반드시 그 여울목을 보아야 한다'에서 따온 말.	경회루 북쪽 담	2005년, 이곤순(李坤淳)
만시문	萬始	만물이 의뢰하여 비롯하다(萬物資始).	경회루지 동북쪽	2005년, 이곤순
하향정	荷香	연꽃 향.	경회루 서북쪽	1950년대, 이승만(李承晩)

강녕전 일곽				
강녕전	康寧	편안하고 건강하다.	임금 침전	1995년, 김응현(金膺顯)
향오문	嚮五	오복을 향하다.	강녕전 전문	1867년, 미상
연생전	延生	동쪽의 생기[生]를 맞이하다[延].	강녕전 동쪽	1995년, 여원구(呂元九)
경성전	慶成	완성함을 기뻐하다. 서쪽은 완성, 결실을 뜻함.	강녕전 서쪽	1995년, 양진니(楊嗔尼)
연길당	延吉	복[吉]을 맞이하다.	강녕전 동북쪽	1995년, 김훈곤(金勳坤)
응지당	膺祉	복[祉]을 받다[膺].	강녕전 서북쪽	1995년, 조용민(趙鏞敏)
계광당	啓光	밝은 빛이 열리다[啓].	강녕전 동행각	1995년, 옛 현판 수리
지도문	志道	도에 뜻을 두다.	강녕전 동행각	1995년, 임창순(任昌淳)
수경당	壽慶	장수를 누리는 복. 오복 중 수(壽)와 관련됨.	강녕전 동행각	1995년, 옛 현판 수리
흥안당	興安	편안함을 일으키다. 편안하고 건강함을 뜻하는 정침 '강녕'과 호응한다.	강녕전 동행각	1995년, 옛 현판 수리
건의당	建宜	마땅함[의(義)·인(仁)]을 세우다. 오복 중 유호덕 (攸好德)과 관련됨.	강녕전 남행각	1995년, 옛 현판 수리

안지문	安至	편안함에 이르다.	강녕전 남행각	1995년, 옛 현판 수리
용부문	用敷	백성들에게 오복을 펴서 주다.	강녕전 남행각	1995년, 옛 현판 수리
청심당	淸心	마음을 맑게 하다. 욕심을 줄인다는 과욕(寡慾)과 합성하여 사자성어를 이룬다. 오복 중 부(富)와 관련됨.	강녕전 남행각	1995년, 옛 현판 수리
연소당	延昭	광명[昭]을 맞이하다. 오복 중 고종명(考終命)과 관련됨.	강녕전 남행각	1995년, 임창순
내성문	乃成	결실, 공(功)을 이루다. 乃는 어조사.	강녕전 서행각	1995년, 옛 현판 수리
흠경각	欽敬	하늘을 공경하여 공손히 사람에게 필요한 시간을 준다.	응지당 서북쪽	1995년, 조수호(趙守鎬) 옛 현판 수리
교태전 일곽 교태전	交泰	천지, 음양이 잘 어울려 태평을 이루다.	왕비 침전	1994년, 옛 사진 집자
양의문	兩儀	음과 양, 하늘과 땅, 남자와 여자.	교태전 전문	1995년, 미상
원길헌	元吉	크게 선하여[元] 길하다.	교태전 동쪽	1995년, 미상
함홍각	咸弘	경회루 함홍문 참고.	교태전 서쪽	1995년, 미상
체인당	體仁	인을 체득하다.	교태전 동행각	1995년, 옛 현판 수리
만통문	萬通	만물이 형통하여 태평하다. 상하의 정이 서로 통하여 그 뜻이 같아지다.	교태전 동행각	1995년, 옛 현판 수리
승순당	承順	받들어 순종하다.	교태전 남행각	1995년, 옛 현판 수리
보의당	補宜	천지의 마땅함을 보상(輔相, 대신을 거느리고 임금을 보필하는 일)하다. 편액의 '宜(선)'은 宜(의)의 잘못.	교태전 남행각	1995년, 옛 현판 수리
재성문	財成	임금이 천지의 도를 계획하여 이루다. '이룸[成]'은 오행에서 서쪽 방위.	교태전 서행각	1995년, 옛 현판 수리
내순당	乃順	이에 순종하여 하늘을 받들다[乃順承天].	교태전 서행각	1995년, 옛 현판 수리
함원전	含元	원기를 간직하다.	교태전 서쪽	1888년, 이명재(李命宰) 옛 현판 수리
자선당	資善	동궁 자선당 참고. 〈북궐도형〉은 자안(資安)으로 표기. 자안(資安)은 '평안함을 기르다.'	흠경각 서행각	1995년, 옛 현판 수리
융화당	隆化	〈북궐도형〉은 융화(隆和)로 표기. 융화(隆和)는 '조화를 융성하게 하다.'	함원전 서행각	1995년, 옛 현판 수리
대재문	大哉	위대하다. 哉는 어조사.	함원전 서행각	1995년, 옛 현판 수리
선장문	善長	선의 으뜸.	함원전 화계 뒤	1995년, 옛 현판 수리
함형문	咸亨	만물이 모두 형통하다[品物咸亨].	아미산 입구	1995년, 옛 현판 수리
낙하담	落霞	저녁노을이 내려앉은 연못.	아미산 돌연못	미상
함월지	涵月	달을 머금은 연못.		미상
건순각	健順	굳세고 유순하다[乾健坤順].	교태전 동북쪽	1995년, 임창순
건순문			아미산 동담장	
원지문	元祉	큰 복.	아미산 동담장	1995년, 옛 현판 수리

	연휘문	延輝	밝은 빛을 맞이하다.	건순각 동담장	1995년, 미상
자경전 일곽	자경전	慈慶	자친, 곧 어머니가 복을 누리다.	대비 침전	1888년, 성이호(成彛鎬)
	만세문	萬歲	긴 시간. 왕대비의 무병장수를 기원.	자경전 전문	미상
	청연루	淸讌	조촐한 연회.	자경전 누각	미상
	협경당	協慶	함께[協] 복[慶]을 누리다.	자경전 동쪽	미상
향원정	향원정	香遠	향기가 멀리 갈수록 맑다.	건청궁 남쪽	미상
	열상진원	洌上眞源	진짜 차고 맑은 샘.	향원정 서북쪽	미상, 금석문
건청궁 일곽	건청궁	乾淸	하늘이 맑다.	건청궁 남외행각	2006년, 양진니
	장안당	長安	오래 평안하게 지내다.	건청궁 서쪽구역	2006년, 고종 어필 기존 현판 모사
	추수부 용루	秋水 芙蓉	가을 물속의 연꽃. 고고한 시인을 예찬할 때 흔히 쓰는 관습적 표현.	장안당 서남쪽	2006년, 정도준
	정화당	正化	올바른 교화, 정통적인 교화.	추수부용루 북쪽	2006년, 집자
	초양문	初陽	처음 나타나는 양기(陽氣).	장안당 동남쪽	2006년, 옹방강(翁方綱) 기존 현판 모사
	필성문	弼成	도와서 이루다.	장안당 서쪽담	2006년, 양진니
	관명문	觀明	밝은 빛을 살피다.	장안당 서쪽담	2006년, 기존 현판 모사
	취규문	聚奎	별들이 규성(奎星)으로 모여들다. 규성은 28수의 하나로 문운(文運)을 주관하는 별.	장안당 서쪽담	2006년, 기존 현판 모사
	곤녕합	坤寧	땅이 평안하다. 坤은 지도(地道), 처도(妻道), 신도 (臣道)의 유순함을 나타냄.	장안당 동쪽	2006년, 고종 어필 기존 현판 모사
	옥호루	玉壺	옥병 안의 얼음(玉壺氷). 깨끗한 마음.	곤녕합 누각	2006년, 여원구
	정시합	正始	처음을 바르게 잡다. '처음'은 인륜의 시작인 부부관계.	옥호루 북쪽	2006년, 김양동(金洋東)
	사시향루	四時香	사계절 끊이지 않고 향기가 풍기다. 추수부용루와 짝을 이룸.	옥호루	2006년, 여원구
	함광문	含光	빛을 머금고 밖으로 드러내지 않는다. 지극한 덕을 지니고 있음을 비유함.	곤녕합 남행각	2006년, 기존 현판 모사
	청휘문	淸輝	맑은 빛. 곧 보름달에서 나오는 맑은 빛.	곤녕합 동행각	2006년, 양진니
	복수당	福綏	복록을 받아 편안하다.	곤녕합 북쪽	2006년, 집자
	녹금당	綠琴	녹색의 거문고. 곧 푸른 숲이 내는 아름다운 소리.	복수당 서행각	2006년, 김양동
	인유문	麟遊	기린이 노닐다. 상서로운 조짐이 나타남을 비유.	건청궁 동남쪽	2006년, 정도준
집옥재 일원	집옥재	集玉	보배를 모으다. 곧 옥처럼 귀한 책을 모아둔 집.	건청궁 서쪽	송대 미불 글씨 집자
	협길당	協吉	함께 복을 누리다.	집옥재 동쪽	청대 동기창(董其昌) 글씨
태원전	태원전	泰元	하늘.	경복궁 서북쪽	2005년, 양진니
	영사재	永思	오래 생각하여 마음에 새기다.	태원전 오른쪽	2005년, 정도준
	건길문	建吉	복을 세우다.	영사재 앞 담	2005년, 기존 현판

	대서문	戴瑞	상서로움을 느끼다.	영사재 동행각	
	유정당	維正	바른 마음을 가지다. 維는 어조사.	태원전 동행각	2005년, 권창륜
	경사합	敬思	공경하여 사모하다.	태원전 남행각	2005년, 권창륜
	공묵재	恭默	공손히 침묵하다. 곧 공경하는 마음으로 조용히 치도를 생각함.	영사재 남쪽	2005년, 기존 현판
	홍경문	弘景	사모하는 마음을 크게 하다.	공묵재 남동담	2005년, 기존 현판
	숙문당	肅聞	엄숙하게 혼령의 말씀을 듣다.	태원전 서북쪽	2005년, 김양동
	건숙문	建肅	엄숙함을 세우다.	태원전 정문	2005년, 기존 현판
	경안문	景安	크게 평안하다. 경안은 제사 음악이기도 함.	태원전 남행각	2005년, 기존 현판
	일중문	日中	해가 하늘 가운데 오다.	동세답방 남쪽	2005년, 기존 현판
	보강문	保康	평안함을 지키다.	동세답방 남쪽	2005년, 기존 현판
	기원문	綺元	아름답게 빛나는 태원전.	서세답방 남쪽	2005년, 기존 현판
	인수문	仁壽	어진 덕을 갖추고 장수하다.	서세답방 동쪽	2005년, 여원구
	유형문	維亨	형통하다. 維는 어조사.	신무문 맞은편	2005년, 김양동
	신거문	宸居	북극성의 거처, 임금의 거처.	유형문 앞	2005년, 여원구
	광임문	廣臨	널리 내려다보다. 곧 임금이 하늘에서 땅을 내려다보듯 모든 일을 밝게 살핌.	신무문 앞	2005년, 여원구
	예성문	禮成	예식을 마무리하다.	장고지 입구	2005년, 정도준
칠궁	경우궁	景祐	큰 복	칠궁 안	2001년, 이동익(李東益)
	대빈궁	大嬪	큰 부인	칠궁 안	2001년, 이동익
	덕안궁	德安	덕이 있고 편안하다.	칠궁 안	2001년, 이동익
	선희궁	宣禧	복을 널리 펴다.	칠궁 안	2001년, 이동익
	연호궁	延祜	복을 맞이하다.	칠궁 안	2001년, 이동익
	육상궁	毓祥	상서로움을 기르다[毓≒育]. 실제 현판은 '육상묘(毓祥廟)'로 되어 있다.	칠궁 안	1763년, 영조 어필
	저경궁	儲慶	경사를 모아 쌓다[儲≒貯].	칠궁 안	2001년, 이동익
	냉천정	冷泉	차가운 샘. 영조가 어머니 제삿날 재계하던 집.	칠궁 안	미상

(참고자료: 《궁궐 현판의 이해》, 문화재청, 2007)

법궁 시대

• 1392년(태조 1) 7월 태조 개경 수창궁에서 즉위, 조선왕조 창업.

• 1394년(태조 3) 9월 고려의 옛 별궁 터에 궁궐을 짓기로 하고 신궁궐조성도감 설치.

• 1394년(태조 3) 12월 종묘사직과 궁궐 조영 착수.

• 1395년(태조 4) 9월 경복궁 준공, 태조 임어.

• 1395년(태조 7) 궁성 축조.

• 1398년(태조 7) 9월 정종 근정전에서 즉위.

• 1399년(정종 1) 2월 개경 환도.

• 1400년(정종 2) 11월 개성 수창궁에서 태종 즉위. 태종, 한양 재천도를 적극 추진, 향교 자리에 창덕궁 창건.

• 1412년(태종 12) 5월 큰 누각을 짓고 경회루로 명명.

• 1418년(태종 18) 8월 세종, 근정문에서 즉위.

• 1426년(세종 8) 10월 각 문과 다리를 홍례문, 광화문, 일화문, 월화문, 건춘문, 영추문, 영제교로 명명.

• 1433년(세종 15) 문소전, 신무문 완공. 강녕전 중건.

• 1434년(세종 16) 보루각 · 간의대 · 흠경각 창건.

• 1441년(세종 23) 7월 단종 자선당에서 탄생.

• 1452년(문종 2) 5월 문종 천추전에서 승하.

- 1452년(문종 2) 5월 단종 근정문에서 즉위.

- 1455년(단종 3) 6월 세조 근정문에서 즉위.

- 1456년(세종 2) 3월 후원에 취로정을 지음.

- 1469년(예종 1) 11월 예종 자미당에서 승하.

- 1469년(성종 1) 11월 성종 근정문에서 즉위.

- 1484년(성종 15) 창덕궁 동쪽에 창경궁 영건.

- 1506년(연산 12) 경회루 연못에 만세산을 만들어 놀이터로 만듦.

- 1515년(중종 10) 2월 인종, 경복궁 자선당에서 탄생.

- 1545년(인종 1) 6월 인종, 청연루 소침에서 승하.

- 1545년(인종 1) 7월 명종, 근정전에서 즉위.

- 1553년(명종 8) 9월 근정전, 경회루, 함원전, 청연루를 제외한 편전과 침전 구역 모두 소실.

- 1554년(명종 9) 9월 소실된 경복궁 건물 재건.

- 1567년(명종 22) 6월 명종, 양심당에서 승하.

- 1567년(명종 22) 7월 선조, 근정문에서 즉위.

- 1592년(선조 25) 4월 임진왜란 발발. 궁성과 근정전 월대, 경회루 기둥만 남고 경복궁 전각이 모두 소실.

공궐기

- 1593년(선조 26) 선조, 의주 몽진에서 1년 반 만에 서울 귀환, 월산대군의 옛집을 접수하여 행궁으로 삼고 16년 살다가 이곳에서 승하.

- 1615년(광해 7) 창덕궁 · 창경궁을 재건하여 법궁으로 삼음.

- 1624년(인조 2) 2월 이괄의 난 발발, 반란군이 경복궁 옛터에 진을 침.

경복궁 중창~대한제국

- 1865년(고종 2) 4월 신정왕후의 경복궁 중창 하교로 영건도감을 설치하고 공사 시작.

- 1867년(고종 4) 11월 착수 2년 7개월, 거의 완공.

- 1868년(고종 5) 7월 경복궁 재건이 1차 마무리되어 고종이 창덕궁에서 경복궁으로

거처를 옮김에 따라 법궁이 됨.

- 1872년(고종 9) 영건도감 해체.
- 1873년(고종 10) 8월 건청궁을 짓기 시작.
- 1873년(고종 10) 12월 자경전에서 대화재가 발생, 창덕궁으로 이어.
- 1875년(고종 12) 5월 재건공사가 완료, 경복궁으로 환어.
- 1876년(고종 13) 11월 교태전에서 대화재, 내전 830여 칸이 소실.
- 1877년(고종 14) 3월 교태전 대화재 이후 경복궁에서 겨울을 나고 창덕궁으로 이어.
- 1885년(고종 22) 1월 고종, 경복궁으로 환어.
- 1888년(고종 25) 4월 소실된 교태전, 강녕전을 비롯한 내전 일대 재건 시작.
- 1895년(고종 32) 10월, 건청궁 장안당 뒤뜰에서 일인들에 의해 명성황후 시해됨.
- 1896년(건양 1) 2월 고종과 세자가 러시아 공사관으로 피신함으로써 경복궁은 궁궐의 기능 상실.
- 1897년(광무 1) 10월 고종, 원구단에서 황제 즉위식, '대한제국' 선포.
- 1905년(광무 9) 11월 경운궁 중명전에서 '을사조약' 체결, 조선통감부 설치.
- 1907년(광무 11) 7월 조선통감부, 헤이그 특사파견을 빌미로 고종 강제 퇴위.
- 1907년(융희 1) 8월 덕수궁 돈덕전에서 순종 황제 즉위.

일제강점기

- 1910년(융희 4) 8월 창덕궁 인정전에서 '한일합병조약' 강세 체결. 왕실은 이왕가(李王家)로 전락.
- 1914년 조선총독부, 시정5주년 기념 조선물산공진회 명분으로 정전, 편전, 침전 일곽을 제외한 전각 철거.
- 1915년 10월 시정5년 기념 조선물산공진회 개최.
- 1916년 6월 조선총독부 청사 착공. 광화문, 영제교 철거.
- 1918~1920년 1917년 11월 소실된 창덕궁 내전을 복구한다는 핑계로 경복궁 내전 해체.
- 1920년 건춘문과 영추문 사이 궁성 헐어냄. 서십자각이 사라지고 동십자각은 길거리에 나앉음.
- 1926년 10월 조선총독부 건물 완공. 광화문 철거하여 건춘문 북쪽으로 옮김.

- 1929년 5월 후원의 융문당, 융무당 등 해체.
- 1932년 10월 경복궁 선원전을 장충동 이토 히로부미 사당으로 쓰기 위해 뜯어감.
- 1935년 경복궁에서 대한제국 병탄 25주년 박람회를 개최, 일반에게 공개 시작.

대한민국

- 1945년 9월 조선총독부 청사에서 일본의 항복 문서를 전달받음. 이후 미군정청의 캐피탈 홀로 쓰임.
- 1955년 8월 해방 10주년 기념 산업박람회를 개최.
- 1961년 5월 근정문 앞 특설무대에서 '5·16 혁명군 위문공연' 개최.
- 1962년 5월 혁명 1주년 기념 산업박람회 개최.
- 1966년 10월 수정전에 한국민속관 개관.
- 1969년 2월 광화문을 철근 콘크리트로 복원.
- 1972년 8월 경복궁 내 국립중앙박물관 개관.
- 1995년 8월부터 이듬해 11월까지 조선총독부 청사 해체.
- 1995년 12월 강녕전, 교태전과 주변 전각 복원.
- 1999년 12월 동궁 권역 자선당, 비현각 복원.
- 2001년 10월 흥례문 권역 복원.
- 2005년 8월 국립고궁박물관 개관.
- 2005년 태원전 복원, 개방 준비 중.
- 2006년 9월 함화당, 집경당 행각지 유구 발굴을 마치고 복원 공사 시작.
- 2006년 12월 광화문 제 모습 찾기 선포식과 함께 해체, 2009년 7월 복원.
- 2006년 건청궁 복원, 개방 준비 중.
- 2008년 2월 숭례문 방화로 일부 소진, 2013년 5월 복원.

경복궁의 창건 기간 10개월, 남산과 낙산, 백악산, 인왕산으로 이어지는 도성을 49일 만에 쌓았다면 잘 믿으려 들지 않는다. 하기야 근정전을 보수하는 데만도 3년 가까이(2001년 1월~2003년 11월) 걸렸으니 그럴 법도 하다. 지금은 복원 공사가 마무리된 광화문 권역만 해도 1년 2개월이라는 시간이 걸렸다. 옛날과 비교할 수 없을 만큼 월등한 장비와 공법, 건축가의 지혜로도 12동을 짓는 데 그만한 정성과 시간을 요구한다. 흥선대원군이 이보다 30배에 가까운 330여 동을 중창한 기간도 3년을 약간 넘긴 정도였다. 이만한 규모의 궁궐을 세우는 데 쏟은 열정과 노력은 우리의 상상을 뛰어넘는다.

경복궁은 아름답다. 봄이면 향원정 주변과 교태전과 함원전의 화계를 수놓은 꽃들이 우리의 마음을 휘감고 녹산(鹿山)에서는 산새들이 귀를 즐겁게 한다. 가을이면 단풍이 몸과 마음을 온통 붉게 물들여버릴 것 같다. 짧은 가을이 지나고 함박눈이라도 펑펑 쏟아지면 삼엄하던 지붕들은 도타운 흰 고깔을 쓰고 풍성한 은빛 세계를 굽어본다. 이럴 때 경복궁은 그지없이 호젓하다. 나는 경복궁의 비 오는 여름날이 좋다. 이때는 답사객도 뜸해서 모두가 떠난 자리를 비운 궁궐은 한껏 고즈넉해진다. 비가 추적추적 내리는 여름날, 행각의 처마 밑에서 텅 빈 마당이나 겹겹으로 다가오는 지붕들을 바라보노라면 조지훈의 '봉황수(鳳凰愁)'가 피워내는 처량함이 온몸에 스며든다.

경복궁을 두고 호젓하고 고즈넉해서 좋다는 말은 아무래도 적절한 표현이 아니다. 나라의 상징이고 국가 경영의 총본산이었던 경복궁이 호젓하다고? 어림없는 소리다. 지금은 비록 텅텅 빈 곳이 한두 군데가 아니지만 예전에는 7,200칸이 넘는 전당(殿堂)이 빈틈없이 들어차 미로처럼 엉켜 있었다. 궁궐은 하나의 도시이고 나라였다. 원래의 경복궁은 수많은 집과 담장, 통로들이 빼곡했다. 온갖 시설들이 어떤 밀도로 들어차 있었는지는 교태전 서행각과 함원전 사이를 지나면서 겹친 지붕의 본새를 바라보면 쉽게 상상할 수 있다.

경복궁이 오늘처럼 다소 한가하고 여유로운 모습으로 우리 앞에 나타난 것은 물론 일본 제국주의의 야만 때문이다. 그들은 근정전, 경회루 등 10여 채의 전각만 상징적으로 남겨놓고 대부분을 걷어낸 자리에 조선지배의 사령탑인 조선총독부 청사를 세우고, 직원 관사를 짓고, 운동 시설을 만들었으며, 각종 전시장을 마련하여 갑남을녀를 마구잡이로 불러들였다. 근정전은 그렇다 치고, 답사객들을 모시고 사정전이나 자경전 일곽을 들어서면 문득 자랑스러운 말투가 저절로 나온다. "이 건물은 지금으로부터 150여 년 전 당시의 건물입니다"라고. 400여 년 전 임진왜란 때 궁궐을 깡그리 태워버린 그들의 조상과 달리 이나마 없애지 않고 남겨준 그들의 배려에 고맙다는 듯이 말이다. 그러다 보면 답사객 중에는 어김없이 남다른 애국자가 있게 마련이어서 일본에 대해 저주에 가까운 말과 함께 고개를 절레절레 흔든다. 그럴 때면 나는 혹시 일본 관광객이 곁에 있지나 않은지 당황하게 된다. 혹자는 나에게 친일분자라고 지탄할지 모른다. 그렇지 않다고 하면 일본 사람 앞에서 너희 나라가 저지른 일이니 책임을 지고 사과하라고 윽박지르면서 팔뚝을 휘두르란 말인가.

경복궁을 안내할 때 곤혹스러운 점 중의 하나는 역사적 사실과 현장의 불일치에서 오는 괴리다. 경복궁은 주로 임진왜란 이전의 역사가 연출된 곳이다. 그런데 지금의 경복궁은 중창 당시 모습 그대로이면 다행이고, 그나마 얼마 되지 않은 시설은 지은 지 15년도 채 안 된 전각들이다. 사실(史實)과 사실(事實)의 아귀가 안 맞는다. 근대사와 관련된 현장이라도 당시의 모습을 볼 수 없으니 답사객으로서는 알쏭달쏭할 뿐이다. 그래서 가정법을 많이 쓰는데, 안내자의 이 옹색함은 어쩔 수 없다. 임진왜란을 불러들이기 직전, 당파 논리에 자유롭지 못했던 옹색한 국가관의 그늘이 우리 같은 후손에게까지 드리운다.

우리 것을 지키는 것은 우리의 책임감과 역량에 달려 있다. 심신이 허약하면 병마가 춤을 춘다. 조선 말기는 가문의 영광을 나라의 체통보다 앞세운 이기주의가 판쳤던 시기다. 예지로운 국가 지도자들이 아무리 나라를 붙들려 했어도 자신의 이익을 좇는 인사들은 뒤돌아보지 않고 제 갈 길을 갔다. 지금의 판세가 그때와 다르지 않다고 진단하는 사람들이 있다. 그 분석이 오진이었으면 좋겠다. 세계화를 부르짖는 소리가 드높다. 거부할 수 없는 추세다. 그러나 세계화가 평균화, 서구화는 아닐 것이다. 내 것이 있어야 남에게 당당할 수 있다. 따라가는 세계화가 아니라 내 것을 주목해주는 세계화로 나아가야 한다. 그것이 문화적 역량이고 우리의 책임이며 다음 세대가 우리에게 지운 짐이다.

지난 해 가을인가, 보슬비가 내리던 날, 경복궁의 어도와 조정의 박석에 들러붙은 껌을 긁어냈다. 문화재를 후원하는 기업의 행사로 그 회사 직원과 자원봉사자가 참여했다. 궁궐 바닥에 버짐처럼 붙은 껌 자국을 떼내는 것도 행사로 치러질 만한 수준의 문화 환경이다. 경복궁을 오락가락하다 보면 민망한 옷차림도 많다. 가장 가까운 혈육이라는 큰집, 작은집 갈 때도 차림새는 살핀다. 그런데 경복궁 방문객 중에는 자기 방에서 건넌방에 거리낌 없이 갈 때 그대로인 것 같은 차림새가 더러 눈에 띈다. 한술 더 떠 슬리퍼도 등장한다. 샌들이 아니고 슬리퍼. 우리 겨레는 평화를 사랑하는 문화 민족, 자주 민족이다, 그런 표현의 글이 많고, 또 그것을 자랑하면서 우리는 살고 있다. 정말 그랬으면 좋겠다.

경복궁은 그냥 그렇게 그 자리에 머물고 있는 지난 시대의 유물이 아니다. 우리 조상의 혼과 땀으로 이뤄진 문화의 정화, 결정체다. 한 시대의 삶, 정신의 총체가 이만큼 응결된 유산은 없다. 이 유산은 그 자리에 말없이 머물러 있는 것이 아니고 옛 건축의 아름다움을 넘어선 기상으로 우뚝 서서 오늘을 사는 우리에게 바르게 살라고, 남과 함께 더불어 살라고, 원칙에 충실하라고 일깨워주고 있다. 경복궁을 둘러보면서 여기에 서린 정신을 헤아려보려는 마음가짐이 없다면 시간이 아깝고 발품이 수고로울 뿐이다. 굳이 경복궁을 찾지 않아도 울긋불긋 치장한 건물은 아름다운 자연 속에 얼마라도 있다.

경복궁은 조선의 법궁이다. 가장 장엄하고, 가장 치밀하며, 가장 정연한 궁궐이다. 임금이 항상 머물렀던 것은 아니지만, 창덕궁에 거처할 때라도 권위가 필요한 통치 행위는 경복궁에서 이뤄졌다. 경복궁은 조선 문화의 꽃이고 출발점이자 현재진행형이다. 아무리 영악하고 서구적인 현대 생활에 길들여졌다 해도 이 역사의 현장을 외면하거나 구경거리로 여기는 것은 과거에 대한 배신이고 멸시다. 우리의 편의적인 생각과 세상살이의 배경에는 어떤 방식이었던 간에 조상들이 감내한 곡절과 그 일깨움 때문에 가능했다. 그 응집 공간이 경복궁이다. 여기에 서린 선조들의 빛바랜 정신을 되살려 올바로 가꾸고 지켜서 다음 세대에 넘겨주는 것은 오늘을 사는 우리의 임무다.

• 《국역 조선왕조실록》

• 《국역 연려실기술》, 민족문화추진회, 1977.

• 《국역 신증동국여지승람》, 민족문화추진회, 1978,

• 《민족문화대백과사전》, 정신문화연구원.

• 《한국문화 상징사전》, 두산동아, 1996,

• 《궁궐지》(영인본), 서울시사편찬위원회.

• 조선총독부, 《조선고적도보》

• 강경선 외, 《이야기가 있는 경복궁 나들이》, 역사넷, 2003,

• 경복궁관리소, 《조선의 법궁 경복궁》, 2005.

• 김동현, 《서울의 궁궐 건축》, 시공사, 2002.

• 김순일, 《덕수궁》, 대원사, 1997.

• 김왕직, 《그림으로 보는 건축용어》, 발언, 2000.

• 김용숙, 《한국여속사》, 민음사, 1990.

• 문화재청, 《조선왕릉 답사수첩》, 미술문화, 2006.

• 박상진, 《궁궐의 우리 나무》, 눌와, 2002.

• 서울문화사학회, 《조선시대 서울 사람들》, 어진이, 2003.

• 신명호, 《(궁궐의 꽃) 궁녀》, 시공사, 2004.

• 신명호, 《(조선 왕실의 의례와 생활) 궁중 문화》, 돌베개, 2003.

• 신병주, 《하룻밤에 읽는 조선사》, 랜덤하우스중앙, 2004.

• 신영훈, 《(조선의 정궁) 경복궁》, 조선일보사, 2003.

- 안휘준 외, 《동궐도 읽기》, 창덕궁관리소, 2006.
- 연세대학교 국학연구원, 《궁궐 현판의 이해》, 문화재청, 2007.
- 유본예, 권태익 역, 《한경지략, 탐구신서》, 탐구당, 1974.
- 윤국일, (역주)《경국대전》, 여강출판사, 1991.
- 이강근, 《경복궁》, 대원사, 2003.
- 이덕수, 《新궁궐기행》, 대원사, 2004.
- 이상태, (조선사회사총서⑦)《조선역사 바로잡기》, 가람기획, 2001.
- 이순우, 《제자리를 떠난 문화재에 관한 보고서》, 하늘재, 2002.
- 이이화, 《이야기 한국사》, 한길사. 2004.
- 이훈종, 《국학도감》, 일조각, 1968.
- 조규형, 《경복궁 건청궁 복원연구》, 경기대 대학원, 2005.
- 주남철, 《비원》, 대원사, 1996.
- 한국고문서학회, 《조선시대 생활사》, 역사비평사, 2000.
- 한국문화재보호재단, 《경복궁 태원전지》(학술보고서 제9책), 국립문화재연구소, 1998.
- 한국전통건축연구회, 《한국전통건축》, 황토, 2001.
- 《향토서울》제50호, 서울시사편찬위원회, 1991.
- 허균, 《고궁 산책》, 교보문고, 2003.
- 허균, 《사료와 함께 새로 보는 경복궁》, 2005.
- 홍순민, 《우리 궁궐 이야기》, 청년사, 2000.

ㄱ

강녕전 26, 34, 36, 37, 46, 54, 68, 128, 133, 137, 191,
    202, 203, 213, 228, 230~253, 255, 257, 258, 260,
    261, 263, 266, 340, 341, 360, 387

건길문 376

건숙문 341, 372, 373, 374

건순각 54, 261, 284, 286

건순문 282, 286, 287, 308

건청궁 54, 57, 66, 69, 207, 231, 327, 328, 330, 332,
    335~341, 344~348, 350~352, 367

건춘문 26, 33, 46, 62, 65, 77, 104, 116, 119, 133, 152,
    208, 212, 289, 291, 292, 345, 388, 389

경국대전 269

경농재 390

경덕궁 42~45

경무대 390, 391

경복궁도 48, 194

경사각 376

경선궁 395

경성전 133, 191, 230, 233, 237, 245~247, 249, 252

경안문 184, 374

경우궁 394, 395

경운궁 43, 56, 58, 59, 91, 92, 97, 142, 155, 262, 345,
    353

경화문 341, 350

경회루 33, 34, 36, 45, 47, 69, 170, 179, 200, 209,
    213~229, 231, 253, 329

경회루전도 217

경효전 375

경훈각 295

경희궁 44, 45, 89, 155

경희전 300

계무문 348, 390

계방 289~291

계인문 178

계조당 128, 289, 290

곤녕합 341, 346, 348~350, 372, 376, 377

관명문 348

관문각 340

광무문 390

광복당 323

광연루 170

광원당 365

광임문 341, 358, 388

광통교 32, 86

광화문 25, 26, 33, 34, 46, 60, 65, 69, 80, 90, 92, 96,
    97, 103, 104, 108, 112~119, 121~123, 137, 152, 341

광화문 광장 96, 97

광효전 325

광희문 81, 86

교태전 34, 37, 54, 62, 68, 113, 191, 203, 213, 227,
    230, 233, 253~265, 270~285, 308, 310, 340, 365

구현문 295

국립고궁박물관 121

국립민속박물관 67, 207, 208, 324, 325

국립중앙박물관 68, 127, 199

궁궐지 68, 69, 178, 240, 270, 383

궐내각사 53, 62, 65, 68, 133, 137, 143, 172, 176, 200,
    207~212, 291

근정문 26, 28, 36, 45, 47, 49, 53, 62, 63, 65, 67, 68,
    71, 92, 113, 128, 132, 137, 144, 146, 149, 162, 172,
    173, 177, 181, 183, 247

근정전 108, 123, 128, 136~139, 144, 145, 148~152,
    160, 161, 166, 169, 170, 172, 174, 176, 178~180,
    183, 189, 208, 222, 232, 239

금천교(경복궁) 33, 130, 220

금천교(창덕궁) 124, 130

금화문 391

기념비전 98, 99, 100

기별청 127, 133, 134

기원문 385

길위문 300

꽃담(자경전) 320~323

ⓝ

난지당 360

남궁지 215, 276

남별궁 40

내성문 179, 227, 230, 231, 247, 253

내수사 185

내순당 257

내탕고 176, 184, 185

ⓓ

다경각 365

대보단 47

대빈궁 392

대서문 376

대재문 179, 231, 270

대조전 59, 233, 262, 276, 284,

덕선당 54

덕안궁 395, 396

덕양문 128

도성도 78

돈덕전 58, 59

돈의문 78, 81, 83, 84, 87~89, 92, 140

돈화문 31, 114, 124

동궁 34, 36, 37, 62, 181, 191, 288~291, 293~297, 299,
    300~304,

동문선 157

동빙고 380

동십자각 52, 62, 104, 118~121, 123

ㅁ

만경전 324, 340

만세문 309, 311

만시문 228

만춘전 116, 133, 182, 193~197

만통문 257, 308

매우틀 295

면조후시 25

명정전 155, 171

모화관 93, 147

무진진찬도병 146, 161

문경전 213, 337, 373, 375, 377, 378

문소전 34, 45, 325, 326

미성문 183, 307

ㅂ

박문사 65, 66

백악춘효 114, 124

보루각 34, 113, 202

복수당 341, 346, 349, 350

복안당 54, 311, 315, 320

복회당 360

봉선문 118

부용정 217

부용지 215

북궐도형 69, 254, 270, 288, 324, 372, 373, 384, 389

비현각 69, 288~290, 293~296, 299, 300, 347

ㅅ

사신상 26, 166

사정문 113, 137, 139, 146, 156, 183,

사정전 33, 34, 37, 46, 92, 128, 133, 151, 169, 170,
176, 182~194, 198, 200, 211, 228, 232, 296, 307,
378

사현문 183, 307

산실청 286

삼비문 307

서십자각 104, 118, 120, 123

서정일기 40

서총대 35

석사당 54

선원전 34, 65, 265, 325, 326

선잠단 47, 265

선장문 270

선정문 184

선정전 34, 171, 184

선희궁 393, 394

성균관 35, 297

세답방 268, 372, 383~385, 388

소의문 80, 81

소주방 253, 268, 309, 359~362

송백당 254, 255

수강궁 33, 34

수문당 34

수옥헌 57

수정문 200

수정전 128, 179, 183, 200, 201, 203, 207, 208

수창궁 14, 15, 31

숙문당 377

숙설소 361

숙정문 78, 81, 84~86

순희당 54

숭덕문 307

숭례문 78, 80~83, 86~89, 147

숭양문 200

숭정문 89, 142, 155

습회당 200

승순당 257

승정원 66, 134, 141, 170

시경 24, 250, 251

시민당 290

신무 문 34, 46, 104, 152, 358, 386~390

십이지신상 26, 168

십장생 굴뚝 197, 316~319

◎

아관파천 56, 212, 344, 360

아미산 142, 254, 270, 272, 276~278, 359, 364, 366

아미산 굴뚝 282~284

안압지 215, 277

안지문 253

앙부일구 195, 197, 198, 199

양심당 37, 191

양의문 113, 213, 232, 253, 255~258

여우사냥 340, 341

연경당 280, 336, 338

연길당 233, 237, 249

연생당 54

연생전 133, 191, 233, 237, 245~247, 249

연태문 183

연호궁 393

연휘문 287, 308, 348

열상진원 333, 334, 348

영사재 372, 376

영제교 33, 62, 108, 122, 125, 127, 128, 131, 132, 137~139, 143

영추문 26, 33, 46, 72, 104, 123, 133, 152, 207~209, 211, 212, 291, 345, 389

영희전 371, 374

오운각 390

오위도총부 120, 121, 123

옥련정 390

옥루기륜 199, 250, 252

옥천교 130,

옥호루 341, 349

용부문 253

용성문 62, 118, 123, 215, 341

용신당 183

용재총화 222, 271, 299

운종가 25, 31, 86~88, 92

운현궁 339

원각사 274, 275

원길헌 257, 261

원지문 286

월화문 26, 33, 133, 143

유정당 376

유형문 341, 388

유화문 62, 127, 128, 133, 134

육상궁 390, 391, 393, 394, 396

육상묘 46

육조거리 25, 64, 88, 90, 92, 93, 95, 96, 98, 100, 102, 113, 116

융무당 390

융무루 133, 170, 178, 180, 208

융문당 390

융문루 133, 170, 178~181, 289, 307

융화당 270

을사조약 58, 60

응지당 230, 233, 237, 249, 252

이견문 227, 231

이극문 288, 293~295, 346, 347

인경궁 43, 44

인소전 325

인수문 385

인유문 346

인정전 155, 170, 171, 173, 176

인지당 54, 254, 308

인화문 114

일월오봉도 26

일월오악도 157, 158

일월오악병 156, 157, 192

일화문 26, 33, 133, 143, 181

임진왜란 42, 107, 143, 181, 378

ⓩ

자경전 54, 142, 233, 308~314, 316~326, 359, 360, 363~365

자금성 26, 27, 131

자미당 37, 54, 191, 254, 308, 320, 363

자선당 69, 143, 270, 288~290, 293, 294, 299, 300, 304, 306, 307, 346

자수궁 43, 44

자시문 227, 253

장고 369, 373

장안당 332, 334, 340, 346~349

장원당 200

재성문 231, 257, 270

재수합 233, 324

저경궁 391

전기 발상지 334, 348

전조후침 25

정중문 368

정화당 348

조선건축조사보고서 60

조선경국전 27

조선고적도보 61, 69, 372

조선왕조실록 68, 84, 233, 296

조선일기 39

조선총독부 61, 64, 68, 69, 112, 117, 126, 127

종루 81, 86, 88

종회당 254, 255

좌묘우사 25

주례 25, 136

주역 217, 258, 272

중광문 300, 307

중묘조서연관사연도 143

중화문 142
중화전 155
중희당 290, 366
지도문 253
진선문 125
진화문 300, 346
집경당 69, 233, 359, 365, 367, 368, 388
집옥재 57, 69, 214, 340, 351~358, 368, 373, 389
집현전 128, 203~206

ⓒ

창경궁 28, 34, 43~45, 76
창덕궁 31, 33-36, 41·45, 54, 59, 63, 76, 175, 233, 276, 339, 345, 351, 365
창무문 368
창의문 81, 84, 85
천문도 232
천추전 133, 182, 193, 194~197, 203, 211, 230
청연루 36, 254, 255, 309, 311, 313, 314
청휘문 341, 349
체인당 257
초양문 346, 347
추성문 391
추수부용루 348
춘방 289~291, 297
춘생문 344, 391
취규문 348
취로정 330
취향교 332, 332

칠궁 391, 396

ⓔ

태극도설 232
태원전 67, 69, 184, 213, 337, 358, 370~377, 383, 388
태지당 365
태평관 32, 147, 148
통명전 262, 284, 310
팔우정 351, 357, 358
품계석 173, 174

ⓟ

풍기대 365, 366
필성문 348

ⓗ

하향정 172, 225
한경지략 132, 180,
한정당 280
함광문 346, 347, 350
함원전 36, 54, 228, 231, 254, 270, 272~276
함형문 272, 273
함홍각 257, 261, 272
함홍문 227, 231
함화당 69, 233, 333, 334, 340, 359, 365, 367~369, 373, 388
해태(해치) 64, 90, 100~103, 169

향오문 113, 128, 137, 231, 234, 236, 239, 256

향원정 113, 214, 327~332, 346, 358, 359, 364, 365, 367

향원지 332~334, 369

협경당 54, 309, 314~316, 323, 351, 354~357

협생문 62, 118, 123

협선당 183

협오당 200

협의문 178, 213

혜화문 78

홍경문 376

홍문관 203, 206

홍안당 365

홍월각 54

홍화문(혜화문) 81, 114

회광당 365

회안전 213, 337, 373, 375, 377, 378

흠경각 34, 37, 54, 191, 199, 211, 228, 230, 231, 249~252, 270

흥례문 62, 67~69, 113, 122~128, 133, 137, 146

흥복사 274, 275

흥복전 69, 340, 359, 363~365

흥복헌 59

흥인지문 79~82, 86, 88

흥천사 275

흥화문 89, 92, 114

희정당 34, 233

사진 및 그림 자료 출처

- 전영준
- 문화재청
- (사)한국의 재발견
- 세종대왕기념관
- 《서울의 문화재》, 서울특별시사편찬위원회
- 《조선고적도보》, 조선총독부 간행
- 《한국전통건축》, 한국전통건축연구회
- 이훈종, 《국학도감》

※출처를 확인하지 못한 자료는 확인하는 대로 일반적인 기준에 따라 저작권료를 지불하겠습니다.

경복궁에 대해 알아야 할 모든 것

1판 1쇄 2007년 10월 27일
1판 2쇄 2013년 5월 16일

지은이 | 양택규
펴낸이 | 류종필

편집 | 천현주, 박진경
마케팅 | 김연일, 이혜지, 노효선
디자인 | 이석운, 김미연

펴낸곳 | (주)도서출판 **책과함께**
주소 | (121-896) 서울시 마포구 서교동 444-17 덕화빌딩 5층
전화 | 335-1982~3
팩스 | 335-1316
전자우편 | prpub@hanmail.net
블로그 | blog.naver.com/prpub
등록 2003년 4월 3일 제25100-2003-392호

ISBN 978-89-91221-30-7 03900